"十四五"职业教育国家规划教材

供护理、助产专业使用

儿科护理

（第二版）

主　编　段慧琴　田　洁
副主编　姚　慧　李红霞　李　卓
编　者　（按姓氏汉语拼音排序）
白　震　河池市卫生学校
段慧琴　阳泉市卫生学校
关红丽　沈阳市中医药学校
李　卓　黑龙江省林业卫生学校
李红霞　吕梁市卫生学校
刘宾秀　来宾市卫生学校
石彦峰　阳泉市卫生学校
宋志宇　大同市卫生学校
唐玉辉　开封大学医学部
田　洁　长治卫生学校
王灿灿　安徽省淮南卫生学校
文　政　玉林市卫生学校
姚　慧　石河子大学护士学校
阴媛媛　山西省晋中市卫生学校
张菊仙　昆明卫生职业学院
张丽琴　太原市卫生学校

科学出版社
北　京

内 容 简 介

本教材是“十四五”职业教育国家规划教材之一，依照教育部教育发展规划等相关要求，紧密结合护士执业资格考试大纲，根据《儿科护理》教学大纲的基本要求和课程特点，利用数字化平台编写而成。

全教材共13章和11个实训项目。内容包括绪论、儿科护理基础、新生儿与新生儿疾病患儿的护理、营养性疾病患儿的护理、消化系统疾病患儿的护理、呼吸系统疾病患儿的护理、循环系统疾病患儿的护理、造血系统疾病患儿的护理、泌尿系统疾病患儿的护理、神经系统疾病患儿的护理、免疫性疾病患儿的护理、传染性疾病患儿的护理、常见小儿急症患儿的护理。每章节内设有案例导入、知识链接、护考链接、考点提示，可以提高学生思维能力，开阔视野，增加趣味性，同时掌握重点内容。章后有小结、自测题，方便学生复习巩固。书后附有实训指导，对学生熟悉临床工作有很大帮助。

本教材可供护理、助产专业学生使用。

图书在版编目（CIP）数据

儿科护理 / 段慧琴，田洁主编．—2版．—北京：科学出版社，2017.1
“十四五”职业教育国家规划教材
ISBN 978-7-03-050959-8
Ⅰ．儿… Ⅱ．①段… ②田… Ⅲ．儿科学－护理学－中等专业学校－教材
Ⅳ．R473.72
中国版本图书馆CIP数据核字（2016）第298504号

责任编辑：高　磊／责任校对：彭　涛
责任印制：吴兆东／封面设计：张佩战

科学出版社出版
北京东黄城根北街16号
邮政编码：100717
http://www.sciencep.com
北京中科印刷有限公司印刷
科学出版社发行　各地新华书店经销
*
2012年3月第　一　版　开本：787×1092　1/16
2017年1月第　二　版　印张：16 1/2
2025年7月第十二次印刷　字数：391 000
定价：35.00元
（如有印装质量问题，我社负责调换）

中等职业教育数字化课程建设项目 教材出版说明

为贯彻《国家中长期教育改革和发展规划纲要（2010—2020）》、《教育信息化十年发展规划（2011—2020）》等文件精神，落实教育部最新《中等职业学校专业教学标准（试行）》要求；为调动广大教师参与数字化课程建设，提高其数字化内容创作和运用能力，结合最新数字化技术促进职业教育发展，科学出版社于2015年9月正式启动了中等职业教育护理、助产专业数字化课程建设项目。

科学出版社前身是1930年成立于上海的龙门联合书局，1954年，龙门联合书局与中国科学院编译局合并组建成立科学出版社，现隶属中国科学院，员工达1200余名，其中硕士研究生及以上学历者627人（截至2016年7月1日），是我国最大的综合性科技出版机构。依托中国科学院的强大技术支持，我社于2015年推出最新研发成果："爱医课"互动教学平台（见封底）。该平台可将教学中的重点内容以视频、语音及三维模型等方式呈现，学生用手机扫描常规书页即可免费浏览书中配套3D模型、动画、视频、护考模拟试题等教学资源。

本项目分数字化教材建设与资源建设两部分。数字化课程建设项目与"爱医课"互动教学平台进行的首次有益结合而成的教材，是我国中等职业层次首套数字化创新教材。2015年10月开展了建设团队的全国遴选工作，共收到全国62所院校575位老师的申请资料，于2016年1月在湖北武汉召开了项目启动会及教材编写会。

（一）数字化教材的编写指导思想

本次编写充分体现了职业教育特色，紧紧围绕"以就业为导向，以能力为本位，以发展技能为核心"的职业教育培养理念，遵循"理论联系实际"的原则，强调"必需、够用"的编写标准，以数字化课程建设为方向，以创新教材为呈现形式。

（二）本套数字化教材的特点

1. 按照专业教学标准安排课程结构 本套数字化教材严格按照专业教学标准的要求设计科目、安排课程。全套教材分公共基础课、专业技能课、专业选修课及综合实训四类，共计39种，体系完整。

2. 紧扣最新护考大纲调整内容 本套系列教材参考了"国家护士执业资格考试大纲"的相关标准，围绕考试内容调整学习范围，突出考点与难点，方便学生的在校日常学习与护考接轨，适应护理职业岗位需求。

3. 呈现形式新颖 "数字化"是未来教育的发展方向，本项目39种教材均将传统纸质教材与"爱医课"教学平台无缝对接，形式新颖。它能充分吸引职业院校学生的学习兴趣，提高课堂教学效果。使学生用"碎片化时间"学习，寓教于乐，乐中识记、乐中理解、乐中运用，为翻转课堂提供了有效的实现手段。

（三）本项目出版教材目录

本项目经中国科学院、科学出版社领导的大力支持，获年度重大项目立项。39种教材具体情况如下：

中等职业教育数字化课程配套创新教材目录

序号	教材名	主编	书号
1	《语文》	孙　琳　王　斌	978-7-03-048363-8
2	《数学》	赵　明	978-7-03-048206-8
3	《公共英语基础教程（上册）》（双色）	秦博文	978-7-03-048366-9
4	《公共英语基础教程（下册）》（双色）	秦博文	978-7-03-048367-6
5	《体育与健康》	张洪建	978-7-03-048361-4
6	《计算机应用基础》（全彩）	施宏伟	978-7-03-048208-2
7	《计算机应用基础实训指导》	施宏伟	978-7-03-048365-2
8	《职业生涯规划》	范永丽　汪　冰	978-7-03-048362-1
9	《职业道德与法律》	许练光	978-7-03-050751-8
10	《人际沟通》（第四版，全彩）	钟　海　莫丽平	978-7-03-049938-7
11	《医护礼仪与形体训练》（全彩）	王　颖	978-7-03-048207-5
12	《医用化学基础》（双色）	李湘苏　姚光军	978-7-03-048553-3
13	《生理学基础》（双色）	陈桃荣　宁　华	978-7-03-048552-6
14	《生物化学基础》（双色）	赵勋蘼　王　懿　莫小卫	978-7-03-050956-7
15	《医学遗传学基础》（第四版，双色）	赵　斌　王　宇	978-7-03-048364-5
16	《病原生物与免疫学基础》（第四版，全彩）	刘建红　王　玲	978-7-03-050887-4
17	《解剖学基础》（第二版，全彩）	刘东方　黄嫦斌	978-7-03-050971-0
18	《病理学基础》（第四版，全彩）	贺平泽	978-7-03-050028-1
19	《药物学基础》（第四版）	赵彩珍　郭淑芳	978-7-03-050993-2
20	《正常人体学基础》（第四版，全彩）	王之一覃庆河	978-7-03-050908-6
21	《营养与膳食》（第三版，双色）	魏玉秋　戚　林	978-7-03-050886-7
22	《健康评估》（第四版，全彩）	罗卫群　崔　燕	978-7-03-050825-6
23	《内科护理》（第二版）	崔效忠	978-7-03-050885-0
24	《外科护理》（第二版）	闵晓松　阴　俊	978-7-03-050894-2
25	《妇产科护理》（第二版）	周　清　刘丽萍	978-7-03-048798-8
26	《儿科护理》（第二版）	段慧琴　田　洁	978-7-03-050959-8
27	《护理学基础》（第四版，全彩）	付能荣　吴姣鱼	978-7-03-050973-4
28	《护理技术综合实训》（第三版）	马树平　唐淑珍	978-7-03-050890-4
29	《社区护理》（第四版）	王永军　刘　蔚	978-7-03-050972-7
30	《老年护理》（第二版）	史俊萍	978-7-03-050892-8
31	《五官科护理》（第二版）	郭金兰	978-7-03-050893-5
32	《心理与精神护理》（双色）	张小燕	978-7-03-048720-9
33	《中医护理基础》（第四版，双色）	马秋平	978-7-03-050891-1
34	《急救护理技术》（第三版）	贾丽萍　王海平	978-7-03-048716-2
35	《中医学基础》（第四版，双色）	伍利民　郝志红	978-7-03-050884-3
36	《母婴保健》（助产，第二版）	王瑞珍	978-7-03-050783-9
37	《产科学及护理》（助产，第二版）	李　俭　颜丽青	978-7-03-050909-3
38	《妇科护理》（助产，第二版）	张庆桂	978-7-03-050895-9
39	《遗传与优生》（助产，第二版，双色）	潘凯元　张晓玲	978-7-03-050814-0

注：以上教材均配套教学 PPT 课件，在“爱医课”平台上提供免费试题、微视频等多种资源，欢迎扫描封底二维码下载

科学出版社
2016 年 12 月

前　言

党的二十大报告指出“人民健康是民族昌盛和国家强盛的重要标志。把保障人民健康放在优先发展的战略位置，完善人民健康促进政策。”贯彻落实党的二十大决策部署，积极推动健康事业发展，离不开人才队伍建设。“培养造就大批德才兼备的高素质人才，是国家和民族长远发展大计。”教材是教学内容的重要载体，是教学的重要依据、培养人才的重要保障。本次教材修订旨在贯彻党的二十大报告精神，坚持为党育人、为国育才。

本教材强调适应卫生职业教育、教学的发展趋势，体现“以就业为导向，以能力为本位，以发展技能为核心”的职业教育培养理念，遵循“三基”（基本知识、基本理论、基本技能）、“五性”（科学性、针对性、实用性、创新性、实践性）、“三特定”（特定学制、特定专业方向、特定对象），以通过国家护士执业资格考试为基础，理论知识强调“必需、够用”，强化技能培养，充分利用数字化平台设计数字化资源点，突出实用性，真正体现以学生为中心的教材编写理念。

本教材包括13章和实训指导。编写模式和特色如下：①数字化课程建设与教材编写同步进行，编者在本教材的编写中同时进行数字化课程设计。②本教材将案例教学法融入教材编写中，促进学生理解知识点，加强学生综合运用知识的能力。案例导入力求贴近临床与生活实际。③教材内容充分体现护士执业资格考试大纲要求，通过案例导入、知识链接、护考链接、考点提示、自测题等模块，多角度紧密联系护考内容，强化护考知识点，提升学生的应考能力。④注重人文知识、科技知识的结合，将人文与科技知识融于案例、知识链接及自测题中，增加了教材的可读性。

由于编者水平有限，经验不足，编写时间仓促，缺点和疏漏之处在所难免，恳请广大师生予以批评指正。

编　者

2023年8月

目　　录

1

第1章 绪 论

你听说过小儿年龄分期吗？你知道哪个年龄段的小儿生长发育最快吗？你知道多大的孩子应该到儿科就诊吗？小儿疾病有什么特点呢？作为护士，我们如何才能更好地取得患儿和他们父母的信任和配合呢？通过本章内容的学习，相信你一定会有很大的收获。

第1节 儿科护理的任务、范围和特点

案例 1-1

果果满6个月了，生长发育正常，一般情况良好。妈妈带她到社区卫生服务中心接种乙肝疫苗，妈妈向护士咨询：听说宝宝6个月以后容易生病，这种说法对不对？

问题：

1. 你知道果果处于哪个年龄阶段吗？
2. 你将如何向果果妈妈进行健康指导呢？

儿科护理是研究小儿生长发育规律、儿童保健、疾病防治和护理，以促进小儿身心健康的一门护理学科。增强小儿体质，降低发病率和死亡率，保障和促进小儿身心健康是儿科护理的主要目标。

一、儿科护理的任务

儿科护理的任务是通过研究小儿生长发育特点、认知行为和社会交往能力、心理特点、小儿疾病防治特征及小儿保健规律，按照护理程序，运用现代护理理论和技术，"以儿科及家庭为中心"全方位对小儿实施整体护理，促进小儿体格、智能、行为和心理等方面的健康发展，增强小儿体质，降低小儿发病率、致残率和死亡率，提高疾病治愈率，保障和促进小儿身心健康。

二、儿科护理的范围

儿科护理研究的年龄范围是从精卵细胞结合开始至青春期（18～20周岁）结束。我国原卫生部规定，儿科临床服务对象为出生至14周岁的小儿。一切涉及小儿时期健康和卫生的问题都属于儿科研究的内容，包括小儿身心方面的保健和健康促进、小儿疾病的防治与护理，与产科学、儿童心理学、营养学、教育学和社会学等多门学科有着广泛的联系。

考点提示：儿科临床服务对象为出生至14周岁的小儿。

三、儿科护理的特点

小儿从生命开始到长大成人处于不断生长发育的过程中，具有不同于成人的特征与需求，因此，熟悉和掌握小儿生长发育的特点，对儿童保健与护理工作都有着十分重要的意义。

（一）儿童生理功能特点

1. 解剖特点 由于小儿各组织、器官都处于不断生长发育的过程中，随着小儿年龄的增长进行着形态增长和功能成熟的变化。这就对护理工作提出了特殊的要求，如新生儿、小婴儿头部相对较重，颈部肌肉和颈椎发育相对较弱，怀抱时要注意保护头部；小儿体重、身长（高）、头围等的增长及身体各部分的比例变化等；新生儿皮肤薄而柔嫩，容易发生损伤和感染，故应特别注意小儿口腔及皮肤的护理；小婴儿骨骼相对柔软并富有弹性，虽不容易骨折，但长时间受压或过早负重容易变形；小儿关节附近的韧带较松弛，容易发生脱臼及损伤，故护理时动作应轻柔。

2. 生理特点 不同年龄的小儿有不同的生理、生化正常值，如心率、呼吸、血压、体液成分等方面。熟悉这些特点，对收集护理资料和进行护理评估有十分重要的意义。小儿各系统功能随着年龄增长而逐渐发育成熟，但在其功能尚未成熟时，容易发生功能紊乱。如小儿年龄越小，生长发育越快，营养需要量越多，胃肠道负担重，但其消化吸收功能尚不成熟，故容易发生腹泻、呕吐、营养缺乏等健康问题。又如婴儿代谢旺盛，体液量占体重的比例相对较大，而肾脏功能尚未成熟，故比成人更容易发生水和电解质紊乱。

3. 免疫特点 小儿免疫系统发育不完善，功能不健全，防御能力差，故容易发生各种感染。新生儿可从母体通过胎盘获得 IgG，形成被动免疫，故出生后 6 个月内患某些传染病的机会较少，但 6 个月后，来自母体的 IgG 浓度下降，而自行合成 IgG 的能力一般要到 6～7 岁才能达到成人水平。新生儿不能经母体胎盘获得 IgM，易发生革兰阴性细菌感染。婴幼儿期分泌型 IgA（sIgA）缺乏时，易患呼吸道和消化道感染，因此，对婴幼儿做好感染性疾病的预防和护理特别重要。小儿可通过母乳获得分泌型 IgA，所以母乳喂养儿呼吸道和消化道感染的发生率较人工喂养儿低。

护考链接

新生儿可从母体获得，但 5～6 个月后逐渐消失的抗体是

A. 免疫细胞　　B. 补体
C. IgG　　D. IgM
E. IgA

答案： C。

分析： 新生儿可从母体经胎盘获得 IgG，对某些传染病有一定的免疫能力，然而，6 个月后来自母体的 IgG 浓度下降，故正确答案为 C。

考点提示： 唯一能通过胎盘的免疫性抗体是 IgG。

（二）儿童心理社会特点

有研究显示，有些成人的心理问题与小儿时期的生活环境及心理卫生密切相关。小儿神经系统发育尚未完善，心理发育尚未成熟，对心理压力的应对能力较差，尤其是在患病时，大多数都不能合作，依赖性强，缺乏适应及满足需要的能力，更需要特别的保护和照顾。小儿通过与环境接触、与人交往及学习，逐渐掌握知识和技能，不断积累社会经验，使其身心得到良好的发展，但也要注意，小儿的心理发展受家庭、学校和社会环境影响，尤其是家长对儿童的影响最早，所以在护理中应与小儿的父母配合，根据不同年龄小儿的心理特点和需求，提供舒适的环境，进行耐心引导，培养小儿良好的性格和行为习惯。

（三）儿科临床特点

1. 疾病特点 小儿常见疾病种类与成人有很大差别，如心血管疾病，小儿主要是先天性心脏病，而成人则以冠心病居多。小儿疾病的临床表现及诊治与成人有很大不同，如小儿感染性疾病往往起病急、来势凶、缺乏局限能力、表现不典型，且患儿对病情的表述不准确，故易发生败血症，并常伴有呼吸、循环等系统功能紊乱，应密切观察才能及时发现问题、及时处理，达到预期的治疗效果。此外，小儿疾病的诊治还应考虑年龄的特点，如发生惊厥，新生儿多由产伤、窒息、颅内出血等原因引起；婴儿期则考虑热性惊厥或手足搐搦症；年长儿以癫痫的可能性较大。

2. 病理特点 由于小儿各组织器官发育不成熟，相同的致病因素作用于不同年龄的小儿可引起不同的病理变化，如新生儿感染易出现低体温，年长儿则表现为发热；同样是维生素 D 缺乏，婴儿容易患佝偻病，而成人表现为骨软化症；同样是肺炎链球菌感染，在婴儿常引起支气管肺炎，而成人则表现为大叶性肺炎。

3. 预后特点 小儿患病时起病急、来势猛、病情变化快，但如诊治及时、有效，护理得当，疾病好转恢复也快。由于小儿各脏器组织修复和再生能力较强，后遗症一般较成人少，预后较好。但年幼、体弱、危重患儿，因病情恶化快，病死率高，应严密监护、积极抢救，不放弃任何抢救机会使之转危为安。

4. 预防特点 加强预防措施是使小儿发病率和病死率下降的重要环节。由于开展计划免疫和加强传染病管理，已使许多小儿传染病的发病率和病死率明显降低。小儿疾病的早发现、早诊断、早干预及早矫治，可有效防止严重伤残的发生，如智力障碍、听觉及视觉异常等。小儿时期对疾病的预防非常重要，不仅可以增强小儿体质，使其不生病、少生病，还可促进小儿各方面的健康。因此，儿科医护人员的工作重点应从疾病的治疗转移至疾病的预防和健康的促进上。

（四）儿科护理特点

1. 评估难度大，观察任务重 婴幼儿不能叙述自身的病痛，学龄前儿童对病痛的描述欠准确，年长儿因害怕吃药、打针而隐瞒病情等，这些都影响了评估资料的可靠性；体检时患儿不愿意或不知道怎样配合，标本的采集及其他辅助检查较困难，这也增加了收集评估资料的难度。小儿不能陈述自己的不适及病情变化，且病情变化快，处理不及时容易恶化甚至危及生命。因此，小儿病情的状况及变化必须依靠护士及时观察发现，护士要有高度的责任心和敏锐、细致的观察力，才能使患儿得到及时有效的治疗和护理。

2. 护理项目多，操作要求高 小儿自理能力较差，在护理过程中有大量的生活护理；同时小儿好奇、好动且缺乏经验，容易发生意外伤害。因此，要加强安全管理，防止意外事故。由于小儿的解剖特点及认知水平有限，护理操作时多数不配合，操作难度大，对护士的操作技术要求更高。

3. 教育不可少，配合很重要 儿童正处于获取知识、健全心理的时期，儿科护士经常与小儿接触沟通，护士在对小儿实施整体护理的同时，还涉及许多教养的内容，应注意培养小儿生活自理能力及良好的卫生习惯，并进行科学文化知识的辅导，使小儿能积极配合治疗，争取早日康复。由于小儿的病情、护理资料大多由家长叙述，小儿能否安心接受诊疗和护理受家长的影响较大，因此儿科护理工作必须得到小儿家长的支持、理解和配合，才能使小儿得到安全有效的个体化整体护理。

考点提示：儿科护理的特点。

第 2 节　小儿年龄分期和各期特点

小儿生长发育是一个连续、动态变化的过程，各年龄段又有阶段性和特殊性。为了更确切地评价小儿的生长发育，将小儿年龄划分为七个时期：胎儿期、新生儿期、婴儿期、幼儿期、学龄前期、学龄期和青春期。儿科护士应根据各期的特点做好相应的儿童保健与护理工作。

（一）胎儿期

从精卵细胞结合（受精卵形成）到胎儿出生称为胎儿期，约 40 周（280 天）。这段时间内胎儿生长发育迅速，完全依靠母亲的胎盘来摄取营养物质。根据胎龄将胎儿期分为妊娠早期（最初 12 周）、妊娠中期（13 ～ 28 周）和妊娠晚期（29 ～ 40 周）。胎儿最初 8 周是各系统组织器官分化、初具人形的关键时期，如受不利因素影响，可致流产或先天畸形。第 9 周开始至出生是各系统器官发育完善的时期。

护理要点是注意孕母保健。母亲孕期需注意增加营养，合理膳食，保持健康的体质；坚持规律的作息习惯，情绪稳定，保持积极乐观的心态；避免接触放射性物质、滥用药物、感染、创伤、吸烟、酗酒等情况的出现。

考点提示： 胎儿期的概念及特点。

（二）新生儿期

自胎儿娩出脐带结扎到出生后满 28 天称新生儿期。此期小儿脱离母体开始独立生活，体内外环境发生了巨大的变化，而新生儿生理调节及适应能力不够成熟，免疫力低，对外界的适应能力差，易发生体温下降，体重下降，以及窒息、溶血、感染等疾病，发病率及死亡率均高，尤以新生儿早期（出生＜ 7 天）为高。胎龄满 28 周（体重≥ 1000g）至生后 7 足天称围生期，死亡率最高。

护理要点是注意保暖、合理喂养及预防各种疾病等，重点保健的时间是生后 1 周内。

考点提示： 1. 新生儿期、围生期的概念。2. 新生儿期是小儿死亡率最高的时期。

（三）婴儿期

出生至满 1 周岁前称为婴儿期，为小儿出生后生长发育最迅速的时期，呈现小儿的第一个生长发育高峰，需要的营养物质较多，但此期小儿消化、吸收功能尚不完善，喂养不当容易发生消化功能紊乱或营养缺乏症。此外，婴儿期抗病能力较弱，从母体获得的抗体逐渐消失，而自身免疫功能尚未成熟，在 6 个月以后易患各种传染病。此期小儿神经系统发育较快，特别是运动功能和感知功能发育快，条件反射逐渐形成，是早期开发智能的最佳时期。

护理要点是科学喂养，按时预防接种，预防感染，注意合理的体格锻炼及早期智能开发。

链接

什么是智护训练

智护训练是以婴幼儿生长发育特点为基础，智力发育关键期以心理学为依据，医学科研成果为支持，指导父母通过对婴儿进行智能训练、肢体被动训练、潜能引发训练、情感交流互动训练，达到提高婴儿的早期智力与体格发育的目的。智护训练主要包括智能训练（追视训练、寻声训练、交往训练、触觉训练）和体格训练（肢体被动训练、俯卧训练、翻身训练、平衡训练）等内容。智护训练一般分为四期：一期为 0 ～ 1 个月婴儿，二期为 1 ～ 3 个月婴儿，三期为 4 ～ 6 个月婴儿，四期为 7 ～ 9 个月婴儿。

考点：1. 婴儿期的概念及特点。2. 婴儿期是小儿生长发育最快的一个时期。

（四）幼儿期

1周岁后到满3周岁之前为幼儿期。此期生长发育速度较前稍减慢，活动范围广，接触周围事物的机会增多，智力发育较前增快，好奇心强，但对危险的识别能力差，最容易发生意外伤害及中毒。幼儿时期自身免疫力仍较低，各种传染病及感染性疾病的发病率仍较高。幼儿乳牙出齐，饮食从乳类逐渐过渡到普食，并逐渐过渡到成人饮食。语言、思维、心理及社会适应性渐增，应人应物能力增强，自主性及独立性不断发展。

护理要点是防止意外伤害，加强预防接种，注意膳食营养，重视早期教育。

护考链接

幼儿期的年龄段是指

A. 从出生至1周岁

B. 从出生至2岁

C. 1～3岁

D. 3～5岁

E. 4～6岁

答案：C。

分析：幼儿期是指1～3岁，此期要注意防止意外伤害，故正确答案为C。

考点提示：1. 幼儿期的概念及特点。2. 幼儿期是最容易发生意外的时期。

（五）学龄前期

3周岁到入小学前（6～7岁）为学龄前期。此期体格发育已减慢，而智力发育增快，求知欲强，好奇、喜问、喜欢模仿，知识面迅速扩大，自我观念开始形成，可塑性强。能做较复杂的动作，学会照顾自己，如穿衣、吃饭和洗澡等，自理能力增强；语言和思维能力也进一步发展。免疫功能增强，感染性疾病减少，但容易患急性肾炎、风湿病等免疫性疾病。

护理要点是注意智能发育培养，预防意外伤害、中毒及免疫性疾病。加强学前教育及自理能力的训练，为入小学做好准备。

（六）学龄期

从入小学起到青春期开始前称学龄期（6～7岁到12～14岁）。此期小儿体格仍稳步增长，除生殖系统外，其他器官的发育到本期末已基本接近成人水平，智能发育更成熟，理解、分析、综合能力逐步增强，是增长知识、接受科学文化教育的重要时期。此期小儿自身免疫力渐强，感染性疾病的发生减少。

护理要点是安排有规律的生活、学习和锻炼，保证充足的营养及休息；注意防治近视、龋齿及脊柱畸形；注意心理及行为方面的问题。

链接

青春期综合征

"青春期综合征"是青少年特有的一种生理失衡和由此引发的心理失衡病症；是青少年在青春期因适应能力和心理防卫机制尚不成熟而出现的心理失调与心理异常特征。其表现因人而异、各具特色。因此，加强青春期的心理疏导也是儿童保健的重要内容之一。

（七）青春期

从第二性征出现到生殖功能基本发育成熟，身高停止增长的时期称青春期。女孩从11～12岁到17～18岁，男孩从13～14岁到18～20岁为青春期。此期生长发育再次加速，在性激素的作用下，第二性征逐渐明显，生殖系统发育渐趋成熟，至本期末各系统发育已成熟，生长发育逐渐停止。此期小儿的发病率及死亡率较其他年龄期低，但由于接触社会增多，而神经、内分泌调节不够稳定，常引起心理、行为、精神方面的问题。

考点提示：青春期的概念及特点。

护理要点是要注意保证充足的营养，注意生理、心理卫生，加强性教育、体格锻炼及科学文化知识的学习。保持健康的生活方式，进行性知识及法律教育，培养良好的道德品质（表1-1）。

表1-1　小儿年龄分期及各期特点

分期	时间	特点	护理要点
胎儿期	受精卵形成至小儿出生，约40周（280天）	生长发育迅速，营养完全依赖母体。前3个月是胎儿器官形成时期，不利因素容易致先天畸形	加强孕期保健
新生儿期	胎儿娩出脐带结扎至生后满28天	刚脱离母体独立生活，对外界适应能力差，易发生窒息、溶血、感染等，发病率及死亡率均高	加强保暖 合理喂养
婴儿期	出生至满1周岁	生长发育最迅速的时期，但消化功能差，易患营养缺乏及腹泻；6个月后来自母体的抗体减弱，自身免疫不足，容易患传染和感染性疾病；运动、感知功能发育快，条件反射逐渐形成	合理喂养 按时预防接种 注意体格锻炼 加强早期教育 加强护理
幼儿期	1周岁至满3周岁	生长发育较前稍减慢，智力、语言发育增快，危险识别能力差，容易发生意外；活动范围广，自身免疫能力低，传染病发病率高；乳牙出齐，饮食种类改变	防止意外 按时预防接种 调整饮食 合理喂养 生活习惯的培养
学龄前期	3周岁至6～7岁	体格平稳发育，智能更趋完善，求知欲强，可塑性强；自身免疫性疾病增多	加强学前教育 注重智力开发 培养良好习惯 预防免疫性疾病
学龄期	6～7岁至青春期前	除生殖系统外体格发育接近成人，智能发育基本成熟；接受系统教育的重要时期	保证营养和休息 预防近视和龋齿 端正坐、立、行的姿势 注重身心教育
青春期	第二性征出现至生殖功能基本发育成熟、身高停止增长（女孩从11～12岁到17～18岁，男孩从13～14岁到18～20岁）	生长发育明显加快，生殖系统迅速发育，日趋成熟；第二性征逐渐明显，容易出现心理、行为和精神方面的问题	保证足够营养 加强体格锻炼 注意心理教育 加强性及法律教育 建立健康生活方式

第3节　儿科护士的角色与素质要求

儿科护士的角色是护理计划与执行者、健康咨询与支持者、健康教育与协调者和护理研究与提高者。儿科护士的素质要求包括思想道德素质，科学文化素质，专业素质和身体、心理素质。

一、儿科护士的角色

儿科护士服务的对象是正在长身体、长知识的小儿，儿科护士作为一个专业的实践者，被赋予多元化角色。随着医学模式和护理模式的转变，儿科护理在任务、范围、护理角色等方面不断更新和扩展，儿科护理已由单纯的患儿护理发展为“以儿童及家庭为中心”的身心整体护理；由单纯的医疗保健机构承担其任务逐渐发展为全社会都来承担儿童的疾病预防、保健和护理工作。因此，儿科护理工作者应树立整体护理理念，将科学育儿知识普及到社区、家庭，并取得社会各个方面的支持，以适应儿科护理学的飞速发展。

（一）护理计划与执行者

为促进小儿身心健康发展，护士必须运用专业的知识和技能，收集小儿的生理、心理、社会状况等方面的资料，全面评估小儿的健康状况，以及家庭在面临疾病和伤害时所产生的反应，找出健康问题，并制订全面的、切实可行的护理计划，帮助小儿促进、保持或恢复健康，为小儿及其家庭提供直接的护理照顾，如营养摄取、感染预防、药物给予、心理支持、健康指导等，以减轻小儿的痛苦，满足小儿身心两方面的需要。

（二）健康咨询与支持者

儿科护士作为小儿及其家庭的代言人，通过倾听患儿及其家长的疑惑和询问，认真解答他们的问题，提供有关的医疗信息，提供心理支持，如触摸、陪伴、倾听、言语和非言语的沟通等，给予健康指导，解除小儿及其家长对疾病和与健康有关问题的疑惑，使他们能够以积极有效的方法去应付压力，找到满足生理、心理、社会需要的最适宜的方法。

（三）健康教育与协调者

儿童及其家长健康意识相对较差，缺乏疾病预防和护理知识，护士应根据不同年龄阶段小儿智力发展的水平，以其能接受的方式，向他们解释疾病治疗和护理过程，帮助家长了解诊断和治疗过程。同时护士还应向家长宣传科学育儿知识，培养他们良好的生活习惯，促使他们采取健康的生活方式，以达到预防疾病、促进健康的目的。儿科护士需与有关人员和机构进行联系和协调，如与医生联系讨论有关治疗和护理方案、与营养师联系讨论有关膳食安排、与家长联系让其共同参与护理过程等。建立并维护有效的沟通网络，使儿童保健工作与有关诊断、治疗、救助等能协调配合，保证小儿得到最适宜的整体性医护照顾。

（四）护理研究与提高者

儿科护士应不断总结经验，积极进行护理研究工作，通过研究来验证、扩展护理理论和知识，发展护理新技术，指导、改进护理工作，提高儿科护理质量，促进专业发展。同时，护士还需探讨隐藏在小儿症状及表面行为下的真正问题，能更实际、更深入地帮助他们。

链接

什么是无创性照护

无创性照护是使儿科操作和程序不对小儿造成身心伤害。无创性照护的首要目的是无害，包括防止或减少小儿与家庭分离；帮助小儿建立把握感和控制感；防止或减少身体的伤害和疼痛。无创性照护是通过场所选择、人员安排、干预措施等加以实施，照护的场所可为医院、家庭、社区等，照护的人员包括所有直接提供治疗性照护的人，干预包括心理和身体干预。无创性照护是促进小儿和家庭生理、心理健康的必要条件。

二、儿科护士的素质要求

儿科护士的工作职责既包括解除患儿身体上的病痛，也包括帮助患儿心理上的康复和发展，承担一定的教育小儿的使命，为患儿营造出有益于其身心健康的氛围，使患儿实现真正意义上的健康修复。因此，儿科护士除了应具备如温馨的职业微笑、得体的举止言谈、出色的人际沟通等一般护士的职业素养及业务技能外，还必须具备儿科护士特殊的素质要求。

（一）思想道德素质

(1) 有强烈的责任感和同情心，爱护和尊重小儿，热爱护理事业，具有为小儿健康服务的奉献精神。

(2) 有诚实的品格、较高的慎独修养、高尚的道德情操，善于创造适合儿童特点的环境与气氛，以理解、友善、平等的心态为小儿及其家庭提供帮助。

(3) 有正视现实、面向未来的目光，追求崇高的理想，忠于职守，救死扶伤，廉洁奉公，实行人道主义。

（二）科学文化素质

(1) 具备一定的文化素养和自然科学、社会科学、人文科学等多学科知识。

(2) 掌握一门外语及现代科学发展的新理论、新技术。

（三）专业素质

(1) 有丰富的知识结构及比较系统的专业理论知识和较强的实践技能，操作准确，技术精湛，动作轻柔、敏捷。

(2) 有敏锐的观察力和综合分析判断能力，有整体护理观念，熟悉相关临床学科的知识和技能，能运用护理程序解决患儿的健康问题。

(3) 有开展护理教育和护理科研的能力，掌握科学的思维方法，勇于创新进取。

（四）身体、心理素质

(1) 有健康的心理，乐观、开朗，情绪稳定，有宽容豁达的胸怀和良好的言行举止，有健康的身体。

(2) 有较强的适应能力、良好的忍耐力及自我控制能力，善于应变，灵活敏捷。

(3) 有强烈的进取心，不断学习知识，丰富和完善自己。

(4) 有良好的沟通能力，与小儿及其家长建立良好的人际关系，同事间相互尊重，团结协作。

考点提示：儿科护士的角色和素质要求。

小结

增强小儿体质，降低发病率和死亡率，保障和促进小儿身心健康是儿科护理的主要任务。“以儿童及家庭为中心”全方位对小儿实施整体护理。儿科临床服务对象为出生至14周岁的小儿。小儿时期分为七个年龄阶段：胎儿期、新生儿期、婴儿期、幼儿期、学龄前期、学龄期和青春期。儿科护士的角色是护理计划与执行者、健康咨询与支持者、健康教育与协调者和护理研究与提高者。儿科护士的素质要求包括思想道德素质，科学文化素质，专业素质和身体、心理素质。

自测题

A_1 型题

1. 小儿的生理特点是
   A. 营养需要量比成人相对较小
   B. 不同年龄儿童有不同的生理、生化正常值
   C. 不易出现呼吸道感染
   D. 比成人不易发生水和电解质紊乱
   E. 不易出现腹泻、呕吐等健康问题
2. 婴幼儿易患呼吸道感染的免疫特点是
   A. 血清中 IgA 缺乏　B. 分泌型 IgA 缺乏
   C. 血清中 IgG 缺乏　D. 血清中 IgM 缺乏
   E. 细胞免疫功能低下
3. 新生儿易发生革兰阴性细菌感染的原因是
   A. 分泌型 IgA 缺乏　B. IgM 含量较低
   C. IgG 含量低　D. IgE 含量低
   E. IgA 含量低
4. 新生儿期是指
   A. 从出生后脐带结扎起至生后 26 天
   B. 从出生后脐带结扎起至生后 27 天
   C. 从出生后脐带结扎起至生后 28 天
   D. 从出生后脐带结扎起至生后 29 天
   E. 从出生后脐带结扎起至生后 30 天
5. 新生儿期保健的重点时间是
   A. 生后 1 小时内　B. 生后 1 天内
   C. 生后 3 天内　D. 生后 1 周内
   E. 生后 1 个月内
6. 国内普遍采用的围生期的定义是
   A. 胎龄 27 周至出生时
   B. 胎龄 28 周至生后 7 天
   C. 胎龄 32 周至生后 2 周
   D. 胎龄 36 周至生后 4 周
   E. 胎龄 28 周至生后 1 个月
7. 婴儿期是指
   A. 婴儿期是指从出生至满 1 周岁
   B. 婴儿期是指从出生至满 2 周岁
   C. 婴儿期是指 1 周岁到 2 周岁
   D. 婴儿期是指 1 周岁到 3 周岁
   E. 婴儿期是指 2 周岁到 3 周岁
8. 幼儿期的特点不包括
   A. 体格生长发育速度较婴儿期减慢
   B. 智力发育也逐渐减慢
   C. 语言、思维和社会适应能力发展增强
   D. 前囟闭合、乳牙出齐
   E. 饮食从乳类转为饭菜食物
9. 小儿易发生意外伤害的时期是
   A. 新生儿期　B. 婴儿期
   C. 幼儿期　D. 学龄期
   E. 青春期
10. 青春期最大的特点是
   A. 体格增长　B. 神经发育成熟
   C. 内分泌调节稳定　D. 生殖系统迅速发育
   E. 心理不成熟
11. 小儿体格发育的两个高峰期是
   A. 学龄期、青春期　B. 学龄前期、学龄期
   C. 新生儿期、青春期　D. 婴儿期、青春期
   E. 婴儿期、学龄期
12. 不属于儿科护士角色内容的一项是
   A. 直接护理者
   B. 患儿及家长的批评监督者
   C. 患儿及家庭的代言人
   D. 健康与预防的指导者
   E. 合作与协调者
13. 关于儿科护理的特点，描述错误的是
   A. 小儿身体各部分的比例与成人不同
   B. 不同年龄小儿有不同生理、生化正常值
   C. 小儿体液免疫成熟而细胞免疫不健全
   D. 儿科护理应以儿童及其家庭为中心
   E. 儿科护理项目多，操作要求高

A_2 型题

14. 壮壮是生后 2 天的男婴，护士对其家长进行预防感染的健康指导，指出发病率和死亡率最高的时期是
   A. 新生儿期　B. 婴儿期
   C. 幼儿期　D. 学龄前期
   E. 学龄期

15. 明明，男，生后 10 天，家长询问小儿出生后生长发育最迅速的时期，护士回答正确的是
A. 围生期　B. 婴儿期
C. 幼儿期　D. 学龄前期
E. 青春期

16. 妞妞，女，12 岁，身体健康，正处于青春期，关于青春期说法错误的是
A. 神经内分泌调节稳定
B. 体格生长的第二个高峰
C. 生殖系统逐渐成熟
D. 第二性征出现
E. 生理成熟但心理不成熟

17. 丁丁已经 3 个月了，还没到打麻疹疫苗的时候（8 个月接种麻疹疫苗），但丁丁妈妈有些担心孩子会感染麻疹，她请教了护士小李，小李耐心地解释了 6 个月以内的小儿很少感染麻疹等传染病，是因为小儿从母体获得了
A. sIgA　B. IgM
C. IgG　D. IgE
E. IgA

18. 儿科病房护士长正在讲解小儿保健的特点，提及儿科护理工作的中心，正确的说法是
A. 以儿童及其家庭为中心
B. 以患儿为中心
C. 以疾病为中心
D. 以患儿家属为中心
E. 以儿童预防保健为中心

（李　卓）

2

第2章　儿科护理基础

宝宝每天都发生着令父母惊喜万分的变化，你知道小儿体重、身高的正常值及临床意义吗？你知道宝宝几个月会翻身、几个月会爬、几个月会坐、几个月会走吗？你知道为什么母乳是婴儿天然理想的食品吗？你知道小儿用药量怎样计算吗？你会为宝宝更换尿布和沐浴吗？通过本章内容的学习，以上疑问都会迎刃而解的。

第1节　生长发育

案例 2-1

张女士带着3岁的女儿小莉到社区门诊进行幼儿园入园体检。体格检查结果显示：体重10kg，身高95cm，头围49cm，胸围50cm。

问题：

1. 小莉的体格发育正常吗?
2. 你能说出小儿体格发育的指标及其临床意义吗?

生长发育是小儿不同于成人的重要特点。生长是指小儿身体各系统、器官的长大和形态的变化，可用相应的测量值来表示，是量的改变；发育是指细胞、组织、器官分化逐渐完善和功能逐渐成熟，是质的改变。生长和发育两者紧密联系，不可分割。生长是发育的物质基础，发育成熟又反映在生长的量的变化上。

一、生长发育的一般规律

（一）连续性与阶段性

生长发育贯穿于整个小儿时期，是一个连续不断的过程，但不同年龄阶段生长发育速度不同，具有阶段性。例如，体重和身长在生后第1年，尤其是前3个月增长最快，第1年为出生后的第一个生长发育高峰；第2年以后速度逐渐减慢，至青春期再次加速，出现第二个生长发育高峰。

（二）各系统器官发育不平衡

各系统器官的发育各有先后，速度不同。如神经系统发育较早，速度先快后慢；生殖系统发育较晚，速度先慢后快；淋巴系统发育先快后回缩（图2-1）。

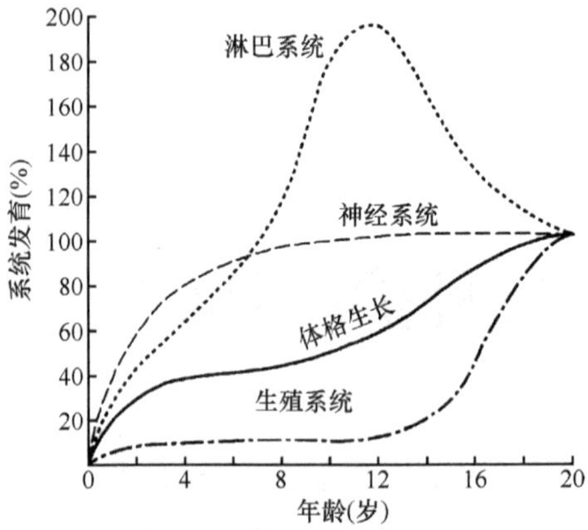

图 2-1　生后各系统发育与年龄的关系

（三）顺序规律

生长发育遵循由上到下、由近到远、由粗到细、由简单到复杂、由低级到高级的规律。如小儿出生后先会抬头，再会坐、立、走（由上到下）；从臂到手，从腿到脚的活动（由近到远）；从全掌抓握到手指捏取物体（由粗到细）；先画直线，后画圆圈、人、图形（由简单到复杂）；先会感知事物，再发展到记忆、思维、分析、判断事物（由低级到高级）。

（四）个体差异

考点提示：生长发育的一般规律。

生长发育虽遵循一定的规律，但因受遗传和环境因素的影响，存在较大的个体差异，每个人的生长“轨迹”不会完全相同。因此，小儿生长发育的“正常值”不是绝对的，具有一定的正常范围，评价时必须考虑各种因素对个体的影响，才能作出正确的判断。

二、影响小儿生长发育的因素

（一）遗传因素

小儿的生长发育受父母双方遗传因素的影响。不同种族、家族、性别间的差异会影响到小儿皮肤、头发的颜色，相貌特征，身材高矮，性成熟的早晚和对疾病的易感性等，也会影响小儿的气质、性格等方面。

（二）环境因素

1. 孕母情况　孕母的营养、生活环境、情绪、疾病等各种因素影响到胎儿在宫内的发育。如妊娠早期母亲感染病毒、接触放射线可致胎儿先天畸形；妊娠期严重营养不良可引起流产、早产和胎儿体格及脑的发育迟缓。

2. 营养　小儿的生长发育需要充足的营养。充足合理的营养加上适宜的生活环境，可使生长潜力得到充分的发挥。宫内营养不良不仅使胎儿体格生长落后，严重者还影响脑的发育；出生后营养不良，尤其是第 1 ～ 2 年的严重营养不良，可影响体重、身高及智能的发育，同时可导致器官功能低下；摄入过多能量所致的肥胖也会对生长发育造成严重影响。

3. 生活环境　良好的居住环境、卫生条件，如阳光充足、空气清新、水源清洁、居住条件舒适等，配合健康的生活方式、正确的教养、体育锻炼、完善的医疗保健服务等，是促进小儿体格、神经心理发育达到最佳状态的重要因素。

4. 疾病 疾病对小儿的生长发育影响很大。急性感染常使小儿体重减轻；慢性疾病则影响小儿体重和身高的增长；内分泌疾病常引起小儿骨骼生长和神经系统发育迟缓；先天性心脏病可导致生长迟缓。

由上可见，遗传决定了生长发育的潜力，而这个潜力又受到环境的作用与调节，表现出个人的生长发育模式。因此，生长发育水平是遗传与环境共同作用的结果。

链接

宝宝越胖越好吗

婴儿胖乎乎确实可爱，但是医学研究证明，小儿时期，特别是1岁以内的小儿过于肥胖，会大大增加其成年后肥胖症的概率。肥胖不但容易患高血压、高脂血症、糖尿病等，而且，婴儿肥胖负荷过重还会形成弓形腿等，长大后羞于体型，还会出现心理障碍。所以小儿营养应做到科学、合理、平衡膳食，并非越胖越好。

三、小儿体格发育指标评价及临床意义

（一）体重

体重是身体各器官、系统、体液的总重量。它是最容易获得的反映小儿体格生长与营养状况的重要指标。儿科临床常用体重计算药量、输液量和能量的需要。

小儿年龄越小，体重增长越快。新生儿出生平均体重为 3kg，3 个月时体重约为出生时体重的 2 倍（6kg），第 1 年内婴儿前 3 个月的增长值约等于后 9 个月的增长值，即 12 月龄时体重约为出生体重的 3 倍（10kg），是生后体重增长最快的时期，系第一个生长高峰；生后第 2 年体重增加 2.5 ～ 3.5kg；2 岁后至青春前期体重增长减慢，年增长值约 2kg。当无条件测量体重时，为便于医务人员计算小儿用药量和液体量，可用以下公式估算体重：

1 ～ 6 个月：体重（kg）= 出生体重 + 月龄 ×0.7

7 ～ 12 个月：体重（kg）=6+ 月龄 ×0.25

2 ～ 12 岁：体重（kg）= 年龄（岁）×2+8

正常同年龄、同性别小儿的体重存在个体差异，一般在均值 10% 上下。若体重低于均值 15% 或 2 个标准差为营养不良；若体重超过均值 20% 或 2 个标准差为肥胖。

考点提示： 1. 反映小儿体格生长与营养状况的重要指标是体重。2. 体重的正常值和计算公式。

（二）身高（长）

身高指头部、躯干（脊柱）和下肢长度的总和，是反映骨骼发育的重要指标。3 岁以下小儿仰卧位测量，称身长。3 岁以上立位测量，称身高。

小儿年龄越小，身高（长）增长越快，新生儿出生平均身长为 50cm，6 个月时约 65cm，前 3 个月的增长值约等于后 9 个月的增长值，1 岁时身长约 75cm，2 岁时身长约 87cm，2 岁后至青春期前增长减慢，每年增长 6 ～ 7cm，如每年增长低于 5cm，为生长速度下降。

2 ～ 12 岁小儿身高估算公式：身高 (cm)= 年龄（岁）×7 +75

小儿进入青春期后身高增长迅速，不能按以上公式估算身高。

小儿头部、躯干、下肢三部分的增长速度不一致，1 岁以内头部发育最快，躯干次之，而青春期身高增长以下肢为主，头与身长的比例在生长发育过程中发生变化，如头占身长的比例新生儿为 1/4，成人为 1/8（图 2-2）。

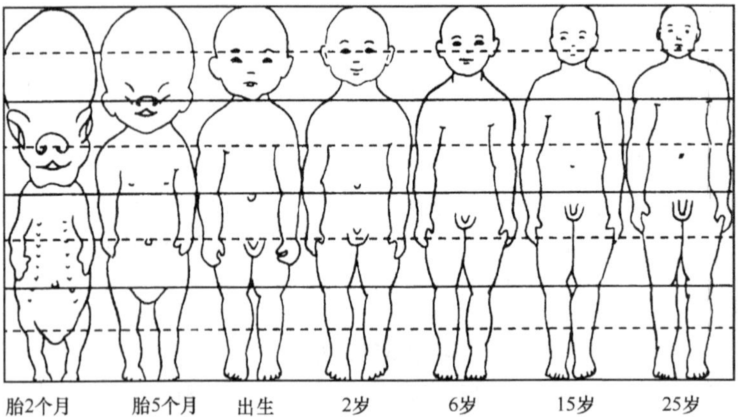

图 2-2　胎儿时期至成人身体各部比例

考点提示：1. 身长（高）是反映骨骼发育的重要指标。2. 身长（高）的正常值和计算公式。

遗传、内分泌、宫内生长水平对身高（长）增长的影响较明显，短期的疾病与营养波动不易影响身高（长）的增长。明显的身材异常（低于均值 30%）往往由甲状腺功能减低、生长激素缺乏、长期营养不良及佝偻病等引起。

（三）坐高

坐高指从头顶到坐骨结节的长度，代表头颅和脊柱的生长。3 岁以下小儿仰卧位测量，称顶臀长。坐高占身高的比例反映身材的匀称性，出生时为 67%，14 岁时为 53%，随年龄增加而下降。若小儿患克汀病、软骨营养不良时，坐高占身高的比例明显增大。

（四）头围

考点提示：头围的正常值和临床意义。

头围指从眉弓上缘经枕骨结节绕头一周的长度（图 2-3），是反映颅骨和脑发育的重要指标。头围出生时平均为 33 ～ 34cm；3 个月时约 40cm；1 岁时约 46cm；2 岁时约 48cm；5 岁时约 50cm；15 岁时为 54 ～ 58cm，接近成人。头围测量在 2 岁以内临床意义重大，头围过小常提示脑发育不良，头围过大或增长过快往往提示脑积水。

（五）胸围

考点提示：1 岁时胸围与头围相等。

平乳头下缘经肩胛角下缘绕胸一周的长度为胸围（图 2-4），代表肺与胸廓的发育，测量时取吸气和呼气的平均值。出生时胸围比头围小 1 ～ 2cm，平均为 32cm；1 岁约 46cm，胸围与头围大致相等；1 岁以后至青春期前胸围超过头围（约为头围 + 年龄 -1）。显著的胸廓畸形见于佝偻病、肺气肿和先天性心脏病等。

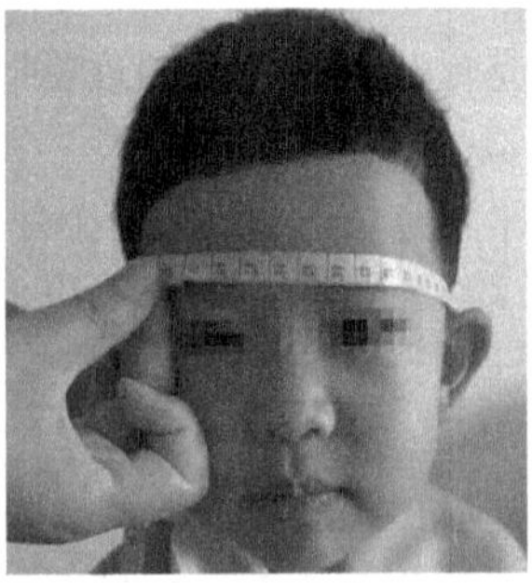

图 2-3　头围测量法

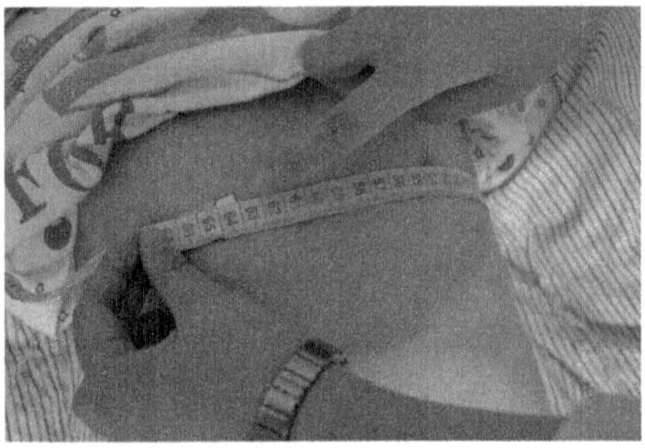

图 2-4　胸围测量法

（六）上臂围

经肩峰与尺骨鹰嘴连线中点绕上臂一周的长度为上臂围，代表上臂肌肉、骨骼、皮下脂肪和皮肤的发育水平。在无条件测量身高和体重的地方，可测量上臂围以普查 5 岁以下小儿的营养状况：上臂围＞ 13.5cm 为营养良好，12.5 ～ 13.5cm 为营养中等，＜ 12.5cm 为营养不良。

（七）囟门

囟门包括前囟和后囟（图 2-5），是反映颅骨发育的指标。后囟出生时很小或已闭合，最迟 6 ～ 8 周闭合。前囟为两块额骨与两块顶骨边缘形成的菱形间隙，出生时为 1.5 ～ 2.0cm，以后随脑和颅骨的生长而增大，6 个月左右逐渐骨化而变小，1 ～ 1.5 岁闭合，最迟于 2 岁闭合。前囟检查在临床护理中非常重要，测量方法为对边中点连线的长度。前囟早闭或过小见于脑发育不良；前囟迟闭或过大见于佝偻病、克汀病；前囟饱满提示颅内压增高，多见于脑炎、脑膜炎等疾病；前囟凹陷见于脱水、重度营养不良等。

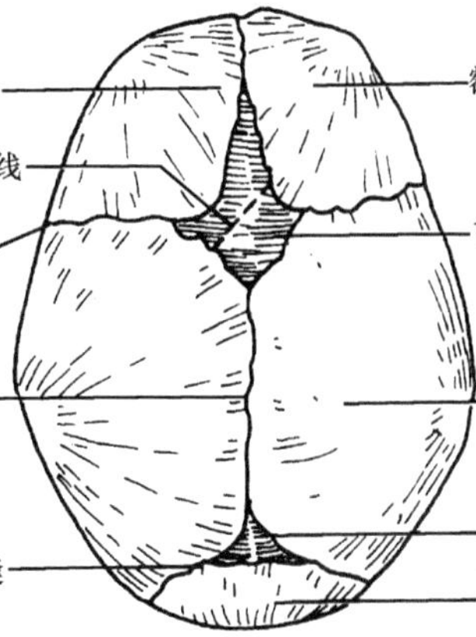

图 2-5　前囟测量法

考点提示：前囟的测量方法、闭合时间和临床意义。

护考链接

叶奶奶的孙子，10 个月。生长发育检查监测报告显示前囟未闭合，家长担心发育不正常。护士告知家长正常小儿前囟闭合的年龄是

A. 10 ～ 11 个月　　B. 12 ～ 18 个月　　C. 20 ～ 22 个月

D. 22 ～ 24 个月　　E. 24 ～ 30 个月

答案：B。

分析：前囟出生时为 1.5 ～ 2.0cm，6 个月左右逐渐骨化而变小，12 ～ 18 个月闭合，最迟于 2 岁闭合。故正确答案为 B。

（八）脊柱

1 岁以内脊柱增长快于四肢，1 岁以后则慢于四肢。新生儿脊柱仅轻微后凸，3 个月会抬头时出现颈椎前凸，6 个月会坐时出现胸椎后凸，1 岁左右会行走时出现腰椎前凸，6 ～ 7 岁时这三个自然弯曲被韧带固定。

（九）牙齿

人的一生有两副牙齿：乳牙（共 20 个）和恒牙（共 28 ～ 32 个）。生后 6 个月左右（4 ～ 10 个月）乳牙开始萌出，13 个月后未萌出为出牙延迟，2 ～ 2.5 岁出齐（图 2-6），2 岁以内乳牙数目约等于月龄 -（4 ～ 6）。6 岁左右萌出第一恒磨牙，7 ～ 8 岁开始乳牙按萌出先后逐个脱落代之以恒牙；12 岁左右萌出第二恒磨牙，约 18 岁以后萌出第三恒磨牙，也有人终生不出此牙，恒牙一般于 20 ～ 30 岁出齐。

出牙为生理现象，出牙时个别小儿可有低热、唾液分泌增多、流涎及睡眠不安、烦躁等症状。

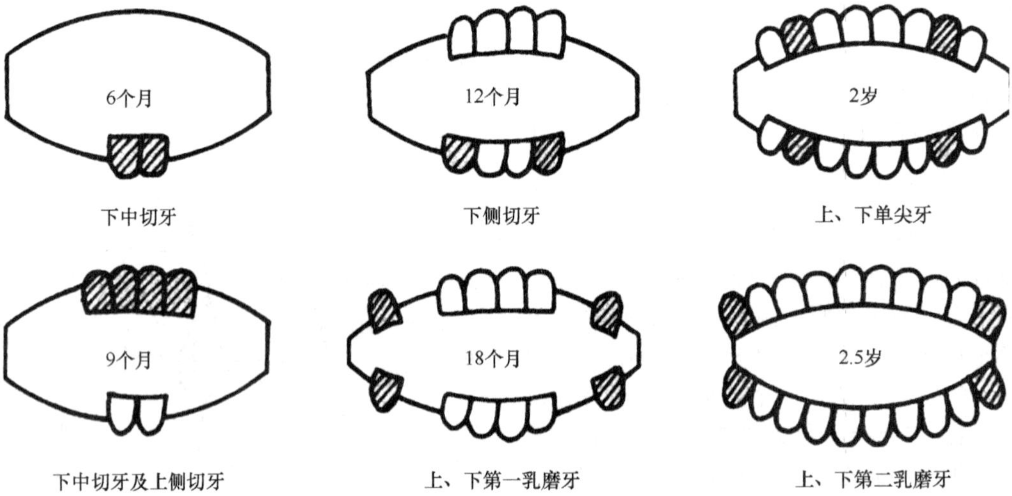

图 2-6　乳牙萌出顺序

考点提示：乳牙萌出和出齐的时间、乳牙个数的估算。

四、小儿感知觉、运动、语言和心理的发育

（一）感知觉的发育

1. 感觉的发育

(1) 视觉：新生儿已有视觉感应功能，但视觉不敏锐，在 15 ～ 20cm 内视觉清晰；2 个月起可协调注视物体；3 ～ 4 个月头眼协调较好，追寻活动的人或物体；4 ～ 5 个月认识母亲和奶瓶，见到母亲和奶瓶表示喜悦；6 ～ 7 个月目光追随跌落的物体，喜欢鲜亮的颜色；8 ～ 9 个月出现视深度的感觉，能看到小物体；18 个月能区别各种形状；2 岁时可区别垂直线与横线；5 岁能区别颜色；6 岁时视深度已充分发育，视力达 1.0。

(2) 听觉：出生时鼓室无空气，听力差；生后 3 ～ 7 天听觉已良好；3 ～ 4 个月头可转向声源，听到悦耳声时微笑；6 个月能区分父母声音；7 ～ 9 个月能确定声源，区别语言的意义；1 岁时能听懂自己的名字；2 岁时能听懂简单吩咐；4 岁时听觉发育完善。

(3) 味觉和嗅觉：出生时味觉和嗅觉发育已很完善。新生儿对不同味道有不同的反应，闻到乳香会寻找乳头；3 ～ 4 个月能区别难闻与好闻的气味；4 ～ 5 个月能区别食物微小改变，为味觉发育的关键期，故应适时添加各类辅食。

考点提示：1. 4 ～ 5 个月能认识母亲。2. 3 ～ 4 个月头可转向声源。3. 4 岁听觉发育完善。

(4) 皮肤感觉：新生儿痛觉较迟钝，2 个月起逐渐改善；新生儿触觉较灵敏，尤以眼、口周、手掌、足底等部位最为灵敏，而前臂、大腿、躯干较迟钝；新生儿温度觉很灵敏，温度骤降就会啼哭，保暖后则安静。

2. 知觉的发育　知觉的发育与听、视、触等感觉的发育密切相关。生后 5 ～ 6 个月已有手眼协调，通过看、咬、摸、闻等活动逐步了解物体的各种属性；1 岁有空间和时间知觉的萌芽；3 岁能辨上下；4 岁能辨前后；5 岁能辨左右；4 ～ 5 岁时已有时间概念，能区别早上、晚上、今天、明天、昨天；5 ～ 6 岁时能区别前天、后天、大后天、四季等。

（二）运动的发育

运动的发育分为大运动（包括平衡）和细运动两类。小儿运动的发育遵循一定的规律：由上到下、由近到远、由不协调到协调、由正向动作到反向动作。

1. 大运动与平衡（图 2-7）

(1) 抬头：新生儿俯卧位时能抬头 1 ～ 2 秒；2 个月直立和俯卧位时能抬头；3 个月抬头较稳；4 个月抬头很稳并自由转头。

(2) 翻身：4 个月能从仰卧位变为俯卧位；5 个月能从俯卧位变为仰卧位；7 个月能有意识地从仰卧位翻至俯卧位，从俯卧位翻至仰卧位。

(3) 坐：6 个月双手向前撑住独坐一会儿；8 个月坐稳并左右转身。

(4) 爬：3 ～ 4 个月用手撑起上身；7 ～ 8 个月能撑起身体，并可原地转动；8 ～ 9 个月用上肢前爬；12 个月手膝并用爬行；18 个月可爬上台阶。

(5) 站、走、跳：5 ～ 6 个月扶立时双下肢可负重，并能上下跳；8 个月可扶站片刻；10 个月能扶走；11 个月能独站片刻；12 个月独走；15 个月走稳；18 个月能跑并倒退走；2 岁时能并足跳；2.5 岁时能单足跳；3 岁能双足交替下楼梯；5 岁能跳绳。

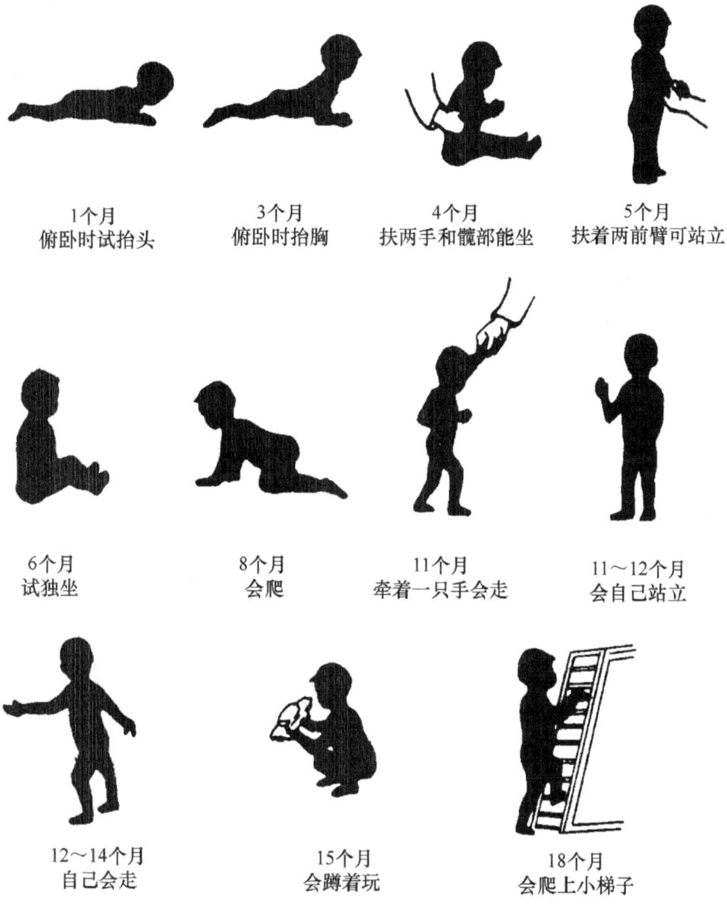

图 2-7　幼儿运动的发育

2. 细运动　新生儿两手紧握，2 个月渐松开，3 ～ 4 个月握持反射消失，开始有意识地取物；6 ～ 7 个月可摆弄小物体，出现换手与捏、敲等探索动作；9 ～ 10 个月可用拇示

考点提示：大运动发育过程。

指取物，喜欢撕纸；12～15个月会用匙、乱涂画，能几页几页地翻书；18个月可叠2～3块方积木；2岁可叠6～7块方积木，一页一页地翻书，能用勺子吃饭，握杯喝水；3岁能在别人帮助下穿衣服；4岁能自己穿、脱衣服；5岁能学习写字。

链接

婴儿大运动助记口诀

二抬四翻六会坐，七滚八爬周会走。

（三）语言的发育

语言的发育与大脑、咽喉部肌肉的正常发育及听觉的完善有关，要经过发音、理解语言、表达语言三个阶段。

1. 发音 新生儿会哭；1～2个月发喉音；3～4个月咿呀发音；7～8个月无意识地发“爸爸”、“妈妈”音；8～9个月模仿成人口唇动作练习发音。

2. 理解语言 9个月左右婴儿能听懂简单的词意，如“再见”、“谢谢”；10个月左右婴儿能有意识地叫“爸爸”、“妈妈”。

3. 表达语言 一般1岁开始说简单的词，如“再见”、“没了”；1.5岁能指认并说出家庭主要成员的称谓；2岁能指出简单的人、物品和图片，能说2～3个字的词组；3～4岁能说短句，唱歌，讲情节简单的故事；5～6岁能讲完整的故事等。小儿运动、言语、智能发育过程见表2-1。

表2-1 小儿运动、言语、智能发育过程

年龄	粗、细动作	语言	适应周围人物的能力与行为
新生儿	无规律、不协调动作；紧握拳	能哭叫	铃声能使全身活动减少
2个月	直立及俯卧位能抬头	发出和谐的喉音	能微笑，有面部表情；眼随物转动
3个月	仰卧位变侧卧位；用手摸东西	咿呀发音	头可随看到的物品或听到的声音转动180°；注意自己的手
4个月	扶髋能坐；俯卧位时用两手支持抬起胸部；手能握玩具	笑出声	抓面前物体；自己玩弄手；见食物表示喜悦；有意识哭和笑
5个月	扶腋能站直；两手各握一玩具	能喃喃地发出单词音节	伸手取物；能辨别人声；望镜中人笑
6个月	独坐片刻；用手摇玩具		能认识熟人和陌生人；自拉衣服；自握足玩
7个月	会滚；独坐久；玩具从一手换入另一手	能无意识地发出“爸爸”、“妈妈”等复音	能听懂自己的名字；自握饼干吃
8个月	会爬；会躺下又坐起；会扶栏杆站起；会拍手	重复大人所发简单音节	能注意观察大人行动；开始认识物体；两手会传递玩具
9个月	试独站；会从抽屉中取出玩具	能懂几个复杂的词句，如“再见”等	看见熟人会伸手要人抱；与人合作玩游戏
10～11个月	能独站片刻；扶物能走几步；拇、示指对指拿东西	开始用单词，一个单词表示很多意义	能模仿成人动作；招手、“再见”；抱奶瓶自食
12个月	独走；弯腰拾物；会将圆圈套在木棍上	能叫出物品的名字，如灯、碗，指出自己的手、眼	对人和事物有喜憎之分；穿衣能合作；用杯喝水
15个月	走得好；能蹲着玩；能叠一块方木	能说出几个词和自己的名字	能表示同意或不同意
18个月	能爬台阶；有目标地扔皮球	能认识和指出身体各部分	会表示大小便；懂命令；会自己进食

续表

年龄	粗、细动作	语言	适应周围人物的能力与行为
2 岁	能双足跳；手的动作更准确；会用勺吃饭	会说 2 ～ 3 个字构成的句子	能完成简单的动作；如拾起地上的物品；能表达喜、怒、怕
3 岁	能跑；会骑三轮车；会洗手和脸；脱、穿简单衣服	能说短歌谣，数几个数	能认识画上的东西；认识男、女；自称我；表示自尊心、同情心、害羞
4 岁	能爬梯子；会穿鞋	能唱歌	能画人像；初步思考问题；记忆力强，好发问
5 岁	能单腿跳；会系鞋带	开始识字	能分辨颜色；数 10 个数；知物品用途和性能
6 ～ 7 岁	能参加简单劳动，如扫地、擦桌子、泥塑、剪纸等	能讲故事，开始写字	能数几十个数，可简单加减；喜欢独立自主

（四）心理的发育

小儿出生时不具有心理现象，条件反射的形成标志着心理活动发育的开始，随着年龄增长，心理活动不断发展。了解不同年龄小儿的心理特征，对保证小儿心理活动的健康发展非常重要。

1. 注意的发展　婴儿期以无意注意为主，随着年龄的增长，小儿逐渐出现有意注意。5 ～ 6 岁后小儿能较好地控制自己的注意力。注意是一切认知的开始，应从婴幼儿开始培养小儿的注意力。

2. 记忆的发展　记忆是一种神经活动过程，包括识记、保持和回忆。回忆又分为再认和重现。1 岁以内的婴儿只有再认而无重现，随着年龄的增长，重现能力增强。婴幼儿的记忆以机械记忆为主。随着年龄的增长和理解、语言思维能力的增强，逻辑记忆逐渐发展。

3. 思维的发展　小儿 1 岁以后产生思维，3 岁以前只有最初级的形象思维；3 岁以后为具体形象思维；6 ～ 11 岁以后逐渐学会综合、分析、分类、比较等抽象思维方法，进一步发展独立思考的能力。

4. 想象的发展　新生儿无想象能力；1 ～ 2 岁的小儿仅有想象的萌芽；学龄前儿童以无意想象和再造想象为主；有意想象和创造想象到学龄期迅速发展。

5. 情绪、情感的发展　新生儿因不适应宫外环境，常处于消极情绪中，表现为不安、啼哭，而哺乳、搂抱等可使其情绪愉快。6 个月后产生对母亲的依恋和分离性焦虑，9 ～ 12 个月时依恋达高峰。婴幼儿的情绪表现特点是时间短，反应强烈，容易变化，外显而真实。随着年龄增长，能够有意识地控制自己，使情绪渐趋稳定。情感也日益分化，产生信任感、责任感等。

6. 意志的发展　新生儿无意志，婴幼儿开始有意志萌芽，随着年龄增长，意志逐步形成和发展。积极的意志有自觉、坚持、果断、自制等；消极的意志有依赖、任性、顽固、冲动等。

7. 个性和性格的发展　性格为重要的个性心理特征，是在后天生活环境中形成的，性格一旦形成即相对稳定。婴儿期因一切生理需要均依赖成人，逐渐建立对亲人的依赖性和信任感；幼儿期有一定的自主感，但又未脱离对亲人的依赖，常出现违拗言行和依赖行为相交替现象；学龄前期小儿主动性增强，但主动行为失败时易出现失望和内疚；学龄期重视自己勤奋学习的成就，如未能发现自己的学习潜力将产生自卑；青春期心理适应能力增强但易波动，在感情等问题上处理不当时易发生性格变化。

护考链接

一健康小儿，前囟约2cm×2cm，开始出牙，身长65cm，体重7kg，可辨认熟人和陌生人，可独坐片刻，发出单音节，其年龄大约是

A. 1～2个月　B. 3～4个月　C. 6个月

D. 8～9个月　E. 12个月

答案：C。

分析：根据小儿大运动发育规律："二抬四翻六会坐，七滚八爬周会走"，而且身长65cm，开始出牙的时间、体重7kg、可辨认熟人和陌生人、发出单音节也为6个月龄的特征，故正确答案为C。

第2节　小儿营养与喂养

案例 2-2

张女士的女儿小雪，11个月。母乳喂养，未添加辅食。出现体重下降2个月，到儿科就诊。经过检查，诊断为营养不良。作为护士，你将对张女士进行健康指导。

问题：

1. 请说出小儿能量与营养素的需要。
2. 婴儿喂养的方法有哪些？

小儿生长发育迅速，尤其是婴儿期和青春期，需要的能量和营养素比成人相对更多，对营养要求高，而自身消化吸收功能尚不完善，正确的膳食行为有待建立，处理好这个矛盾对小儿健康成长十分重要。

一、能量的需要

适宜的能量供应是维持小儿健康的必要前提，为人体提供能量的三大营养素为蛋白质、脂肪、糖类，它们在体内实际产能为：蛋白质16.8kJ/g（4kcal/g），脂肪37.8kJ/g（9kcal/g），糖类16.8kJ/g（4kcal/g）。小儿对能量的需要包括以下五个方面：

（一）基础代谢率

基础代谢率指在安静状态下，为维持生命各器官进行最基本的生理活动消耗的能量。婴幼儿时期基础代谢的能量需要占总能量的50%～60%，以后随年龄增长而逐渐减少，12岁时的需要量接近成人。

（二）食物热力作用

食物热力作用指人体摄入食物而引起的机体能量代谢的额外增多，也称食物特殊动力作用，它是食物在消化、吸收和代谢过程中的耗能现象。与摄入的食物成分有关，蛋白质的热力作用最大，可使能量额外增加30%。婴儿食物含蛋白质多，食物热力作用占总能量的7%～8%，年长儿为混合食物，占总能量的5%。

（三）活动所需

活动所需的能量个体差异很大，与小儿活动量大小、活动强度、活动持续时间有关。婴儿因活动量相对较少，活动所需能量占总能量的 15%，以后随年龄增长，活动量逐渐加大，能量需要也增加。当能量摄入不足时，小儿首先表现为活动减少。

（四）生长发育所需

生长发育所需的能量为小儿特有，所需的能量与小儿生长速度呈正比。婴儿期生长速度最快，所需的能量占总能量的 25% ～ 30%；以后随年龄增长而逐渐减少，至青春期又增加。

考点提示： 1. 生长发育所需的能量为小儿特有。2. 婴儿每日所需总能量约为 460kJ(110kcal)/kg。

（五）排泄损失

排泄损失是指每天摄入的产能食物中不能完全被吸收而排出体外的部分能量，该能量不超过总能量的 10%。

上述五个方面能量的总和为小儿所需总能量。一般婴儿每日所需总能量约为 460kJ(110kcal)/kg，以后每增加 3 岁，递减 42kJ(10kcal)/kg，约到 15 岁时为 250kJ(60kcal)/kg。

二、营养素的需要

（一）产能营养素

1. 蛋白质　主要功能是构成机体组织、器官的重要成分，次要功能是供能，占总能量的 8% ～ 15%。婴儿蛋白质的推荐量为 1.5 ～ 3g/(kg·d)。婴幼儿生长迅速，保证优质蛋白质的供给非常重要，优质蛋白质应占 50% 以上。母乳喂养婴儿需 2g/(kg·d)，牛乳喂养婴儿需 3.5g/(kg·d)，1 岁以后需要量相对减少，至青春期又增加。长期缺乏蛋白质可致营养不良、贫血、感染及水肿等。蛋白质主要来源于乳类、蛋、肉、鱼和豆类食物。

2. 脂肪　主要功能是供给能量、提供必需脂肪酸、协助脂溶性维生素吸收、防止散热、保护脏器。婴儿每日需 4 ～ 6g/kg，占总能量的 35% ～ 50%；随年龄增长，其比例逐渐减少，至年长儿为总能量的 25% ～ 30%。长期缺乏脂肪可致体重不增、营养不良及脂溶性维生素缺乏等。脂肪主要来源于乳类、肉类、植物油。

3. 糖类　为能量的主要来源，2 岁以上小儿膳食中糖类所产生的能量应占总能量的 50% ～ 60%。若供给糖类过多、产能超过总能量的 80%，开始体重增长快，继之面色苍白、虚胖；相反，供给不足，可发生营养不良、水肿、酸中毒。糖类主要来源于乳类和谷类食物。

链接

婴儿喂养中，为什么供给糖过少会发生酸中毒

糖类、脂肪、蛋白质是三大供能营养素，供能以糖类为主。在婴儿喂养时，若供给糖的比例过少，机体会氧化脂肪产能，脂肪代谢产生甘油及脂肪酸，释放入血供其他组织氧化，血中脂肪酸蓄积过多，导致发生酸中毒。

考点提示： 1. 产能营养素包括蛋白质、脂肪和糖类。2. 产能营养素供能比例及主要来源。

（二）非产能营养素

1. 维生素　是维持正常生长及生理功能所必需的营养素，参与调节代谢过程，分为脂溶性（维生素 A、维生素 D、维生素 E 和维生素 K）和水溶性（维生素 B 和维生素 C）两大类。脂溶性维生素溶解于脂肪及脂肪溶剂中，可储存于体内，无需每天供给，过量易中毒，缺乏时症状出现缓慢。水溶性维生素溶于水，不储存于体内，需每天供给，过量一般不引起中毒，缺乏时症状出现迅速（表 2-2）。

表 2-2　各种维生素的作用和来源

维生素种类		作用	来源
脂溶性维生素	维生素 A	促进生长发育和免疫功能，维持上皮细胞的完整性，参与视紫红质形成	肝、牛乳、鱼肝油、胡萝卜
	维生素 D	调节钙、磷代谢，促进小儿骨骼发育	鱼肝油、肝、蛋黄；人皮肤日光合成
	维生素 E	为有效的抗氧化剂，能促进细胞成熟与分化	麦胚油、豆类、蔬菜
	维生素 K	是肝脏合成凝血酶原的必需成分	肝、蛋、豆类、青菜、肠道细菌合成
水溶性维生素	维生素 B_1	促进生长发育，维持神经、心肌的活动功能，调节胃肠蠕动，是脱羧辅酶的主要成分，为糖代谢所必需	米糠、麦麸、豆、花生
	维生素 B_2	是辅黄酶的主要成分，参与机体氧化过程，维持皮肤、口腔、眼健康	肝、蛋、乳类、鱼、蔬菜
	维生素 B_6	是氨基转移酶和氨基酸脱羧酶的组成成分，参与神经、氨基酸及脂肪代谢	各种食物、肠道细菌合成
	维生素 B_{12}	参与核酸的合成，促进四氢叶酸的形成，促进细胞及细胞核的成熟，对生血和神经组织代谢有重要作用	肝、肾、肉、蛋、鱼等动物性食物
	叶酸	参与核苷酸的合成，有生血作用；预防胎儿神经管畸形	绿叶蔬菜、水果、肝、肾
	维生素 C	对神经递质的合成、类固醇的羟化、氨基酸的代谢、抗体及红细胞的生成等均有重要作用	各种新鲜水果及蔬菜

2. 矿物质

(1) 常量元素：参与机体构成，维持体液渗透压、调节酸碱平衡。每日膳食需要量超过 100mg 的元素称为常量元素，如钙、磷、镁、钾、钠、氯等。

(2) 微量元素：在体内含量很少，绝大多数小于人体重的 0.01%，需由食物供给，具有很重要的生理功能，如铁、锌、铜、碘、硒等，其中铁、锌、碘缺乏症是全球最主要的微量营养素缺乏症。

考点提示：
1. 维生素分为脂溶性和水溶性两大类。
2. 婴儿每日需水量约为 150ml/kg。

3. 水　主要功能是参与体内所有的新陈代谢和体温调节活动。婴儿新陈代谢越旺盛，需水量相对较多，约为 150ml/(kg·d)，以后年龄每增长 3 岁，递减 25ml/(kg·d)，成人需水量为 40 ～ 45ml/(kg·d)。

4. 膳食纤维　指一般不易消化的食物营养素，包括纤维素、半纤维素、木质素、果胶、树脂等。主要功能是吸收大肠水分，增加粪便体积，软化大便，促进胃肠蠕动；膳食纤维在大肠被细菌分解，可降解胆固醇、改善肝代谢，预防肠萎缩。膳食纤维主要来源于谷类、新鲜蔬菜、水果。

三、婴儿喂养

婴儿喂养的方法包括母乳喂养、部分母乳喂养和人工喂养三种，其中以母乳喂养最为理想。

（一）母乳喂养

母乳是满足婴儿生理和心理发育的天然营养品，对婴儿的生长发育有不可替代的作用。一个健康的母亲可提供足月儿正常生长到 6 个月所需的营养素、能量和液体量。因此，应大力提倡母乳喂养。

1. 母乳的成分

(1) 母乳成分的特点：母乳中的蛋白质主要是乳清蛋白，在胃内形成的凝块小，易消化吸收。母乳中不饱和脂肪酸含量较多，初乳中更高，有利于婴儿脑发育，脂肪颗粒小，易消化吸收。母乳中的糖类以乙型乳糖为主，可促进双歧杆菌和乳酸杆菌的生长，抑制大肠杆菌的生长，减少腹泻发生。母乳中三大营养素产能比例适合（表 2-3）。母乳给婴儿提供较多的免疫物质，如分泌型 IgA（sIgA）、淋巴因子、溶菌酶、乳铁蛋白、补体、双歧因子、巨噬细胞等，使婴儿的抵抗力增强，减少婴儿发生呼吸道、消化道和全身感染。母乳含矿物质低，适宜婴儿不成熟的肾发育水平，而且吸收率高。钙、磷含量比牛乳低，但比例适宜（2 ∶ 1），吸收率较高。母乳中维生素 D、维生素 E 和维生素 K 含量均较低。母乳含有丰富的牛磺酸，尤其是初乳，能促进婴儿大脑和视网膜发育。

考点提示：母乳中蛋白质、脂肪和糖类的特点。

表 2-3　母乳与牛乳三大营养素产能比（100ml）

	母乳	牛乳
糖类	41%(6.9g)	29%(5.0g)
脂肪	50%(3.7g)	52%(4.0g)
蛋白质	9%(1.5g)	19%(3.3g)
能量	280kJ(67kcal)	288kJ(69kcal)

(2) 母乳成分的变化：在产后的不同时间段及每次哺乳开始和结束，母乳成分相差较多，如每次哺乳开始时所分泌的乳汁含蛋白高而脂肪低，以后则脂肪越来越高于蛋白质。

1) 初乳：指产后 4 ～ 5 天内分泌的乳汁。量少、质黄而略稠，脂肪少而蛋白质多，其中主要是免疫球蛋白，尤其是 sIgA。含丰富的维生素 A、牛磺酸、微量元素、免疫活性细胞等，对新生儿的生长发育和抗感染能力十分重要。

2) 过渡乳：指产后 5 ～ 14 天分泌的乳汁，量增多，脂肪最高，蛋白质与矿物质逐渐减少。

考点提示：初乳。

3) 成熟乳：指产后 14 天至 9 个月分泌的乳汁，量随婴儿生长而增多，营养成分适当。

4) 晚乳：指产后 10 个月以后分泌的乳汁，量和营养成分均有所下降。

2. 母乳喂养的优点

(1) 满足婴儿的营养需求：母乳营养充足、比例适宜，如蛋白质、脂肪、糖类的比例为 1 ∶ 3 ∶ 6，适合婴儿消化功能和生长需要。

(2) 增强婴儿免疫力：母乳中免疫物质丰富。

(3) 喂哺简便易行：可直接喂哺，且温度适宜，经济方便，不易过敏和污染。

(4) 增进母婴感情：使婴儿得到更多母爱和促进母婴感情的交流，增强婴儿的安全感，有利于婴儿心理和智能发育。

考点提示：母乳喂养的优点。

(5) 有利于母亲产后康复：刺激母亲子宫收缩，加速子宫复原；推迟月经，抑制排卵；减少乳腺癌和卵巢癌的发病率。

3. 母乳喂养的护理　建立良好的母乳喂养有三个条件：①孕母能分泌充足的乳汁；②哺乳时出现有效的射乳反射；③婴儿吸吮有力。世界卫生组织（WHO）和我国原卫生部制定的《婴幼儿喂养策略》建议生后 6 个月内完全接受母乳喂养。

(1) 指导正确喂养

1) 开奶时间：产后在母婴健康的情况下，WHO 建议应该在婴儿出生的头一个小时就开始母乳喂养，一般在生后 15 分钟。将婴儿置于母亲胸前进行皮肤接触，同时吸吮乳头，以促进母亲乳汁早分泌、多分泌。

2) 哺乳次数及时间：在婴儿满月前，提倡按需哺乳，2 个月以内 2 ～ 3 小时喂哺一次，3 个月后夜间可停一次，每日共喂哺 6 ～ 7 次，4 ～ 5 个月可减至每日 5 次。每次哺乳时间为 15 ～ 20 分钟。

3) 哺乳方法：哺乳前先给婴儿更换尿布、乳母洗手、清洁乳头和乳晕。一般宜采用坐位喂哺，抱婴儿于斜坐位，使其头、肩部枕于母亲哺乳侧肘弯，使婴儿含住乳头及大部分乳晕，采用乳母另一手拇指和四指分别放在乳房上、下方，哺乳时将整个乳房托起的“拇四指托乳房”喂哺法（图 2-8)，并观察婴儿呼吸、吸吮及吞咽情况。当乳汁流出过急，婴儿有呛、溢乳时，可用示、中指轻夹乳晕两旁的“剪刀式”喂哺姿势（图 2-9)。两侧乳房交替进行哺乳，每次尽量使一侧乳房排空后再喂另一侧，下次哺乳时则先喂哺上次未排空的一侧。哺乳后应将婴儿竖直抱起，头部靠在母亲肩上，轻拍其背部，使空气排出，然后保持右侧卧位，以防溢乳。

图 2-8　拇四指托乳房喂哺法

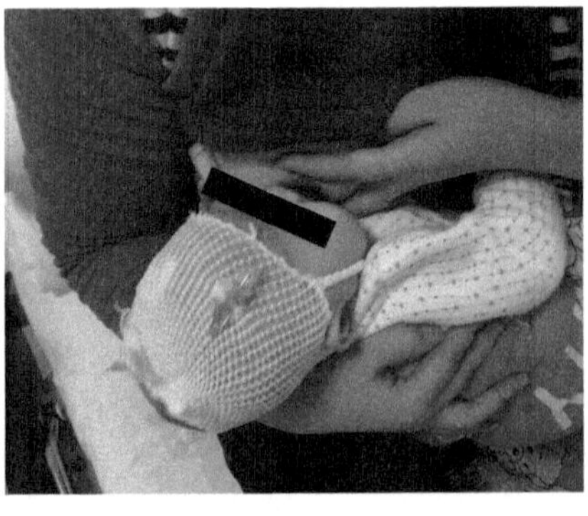

图 2-9　“剪刀式”喂哺法

(2) 注意事项：乳母保证充足营养和睡眠，保持心情愉快，劳逸结合，不随便用药；保持乳房清洁，预防乳头、乳房疾病。

(3) 评估乳量是否充足：如婴儿每天尿次在 8 ～ 10 次以上，喂哺时能听到婴儿吞咽母乳的声音，每次哺喂后婴儿能安静入睡，体重增长正常，表明乳量充足。

(4) 母乳喂养禁忌证：乳母感染人类免疫缺陷病毒（HIV)；患有严重疾病，如糖尿病、恶性肿瘤、精神病、活动性肺结核、心功能不全等不宜喂哺。若患急性传染病、乳腺炎时，可将乳汁吸出，经消毒后哺喂。母亲乙肝表面抗原阳性时，婴儿常规注射乙肝免疫球蛋白和乙肝疫苗，并非母乳喂养禁忌证。丙型肝炎者母乳喂养不是禁忌证。

(5) 指导断乳：WHO 建议，在婴儿最初 6 个月内给予纯母乳喂养，6 个月至 2 岁或更长时间内，在断续母乳喂养的同时，要补充其他食物。逐渐减少哺乳次数，以补充营养不足，同时为断乳做准备。

考点提示：断乳的时间。

链接

如何成功实现母乳喂养

产后没有奶水，这是目前困扰很多年轻妈妈的问题。那么，你知道如何才能成功实现母乳喂养吗?

首先应该对自己能够胜任母乳喂养有自信心，暂时的奶水不多，不要着急，心情越急奶水越少。此时，第一要做到劳逸结合，精神愉快；第二要多吃些鱼汤、骨头汤、蛋类、豆类、蔬菜等营养品；第三要让孩子频繁吸吮刺激妈妈的乳头，尽量吸空；第四要采取正确的哺乳姿势，宝宝的下巴要紧贴妈妈的乳房，让宝宝一定要吸到乳晕，这样妈妈的奶水就会逐渐增多。总之，千万不要放弃，要坚持母乳喂养。有的母亲“满月”后甚至“百日”后奶水才会越来越多。此外，也可服一些中草药与单方等，促进乳汁分泌。

（二）部分母乳喂养

部分母乳喂养指 6 个月以内婴儿采用母乳与配方奶或其他乳制品喂养的方法，有以下两种方法。

1. 补授法　指补充母乳量不足的方法。即母乳哺喂次数不变，每次先喂母乳将乳房排空后，再根据小儿需要适当补充配方奶或其他乳制品。

2. 代授法　指母乳量已足够，但因特殊原因不能完全喂哺母乳，而用配方奶或其他乳制品 1 次或数次代替母乳的方法。仍应以母乳为主，每天母乳哺喂次数最好不少于 3 次。

（三）人工喂养

人工喂养指 6 个月以内婴儿，母亲因各种原因不能哺喂母乳，完全使用配方奶或其他乳品喂养婴儿的方法。

1. 常用乳制品及代乳品

(1) 鲜牛乳：为人工喂养最常用的乳制品。

1) 成分：①牛乳蛋白质含量较人乳高，但以酪蛋白为主，在胃里形成的凝块较大。②牛乳脂肪含不饱和脂肪酸较人乳少，脂肪颗粒大，缺乏脂肪酶，不容易消化。③牛乳含乳糖较少且以甲型乳糖为主，不能满足婴儿的能量需要，还可促进大肠杆菌的生长。④牛乳矿物质含量较高，加重了肾脏负荷，钙、磷的比例为 1.2:1，不利于钙的吸收。⑤缺乏各种免疫因子，且加热后易破坏。

2) 全牛乳的家庭改造：通过稀释、加糖、煮沸等加工方法矫正鲜牛乳的缺点后，使其适合婴儿的消化能力与营养需求。①稀释：根据婴儿月龄在牛奶中加入一定量的水或米汤，主要是为了降低牛奶中酪蛋白的浓度，以利于消化吸收。早产儿可用 1 ∶ 1 乳（1 份鲜牛乳加 1 份水），1 ～ 2 周新生儿可用 2 ∶ 1 乳（2 份鲜牛乳加 1 份水），以后逐渐增至 3 ∶ 1 乳或 4 ∶ 1 乳，至 1 ～ 2 个月后即可不必稀释。②加糖：在鲜牛乳中加入 5% ～ 8% 的糖（每

100ml 牛乳中加 5～8g 糖）配成糖牛乳，使三大营养素比例适宜。③煮沸：用温火煮沸鲜牛乳 3～4 分钟，既可灭菌，又可使蛋白质凝块变小，利于消化。

(2) 配方乳粉

1) 概念：是以鲜牛乳为基础，参照母乳成分对牛乳进行改造的乳制品，使营养成分尽量接近于母乳，使之适合婴儿的消化能力和肾功能，如降低其酪蛋白、无机盐的含量；添加一些重要营养素，如乳清蛋白、不饱和脂肪酸、乳糖；强化婴儿生长时所需要的微量营养素，如核苷酸、维生素 A、维生素 D、β 胡萝卜素、铁、锌等。配方奶粉不具备母乳喂养的优点，尤其缺乏免疫活性物质和消化酶，但较鲜牛乳和全脂乳粉营养全面、易消化、应用方便，故在不能母乳喂养时首选配方乳粉喂哺。

2) 种类：①以牛乳为基础的婴儿配方乳粉，是以牛乳为基础的改造乳制品，营养接近母乳，适用于一般婴儿。②特殊配方的婴儿配方乳粉，有特殊体质如对牛乳蛋白过敏、对乳糖不耐受的婴儿，需要食用经过特别加工处理的婴儿配方乳粉，如水解蛋白奶粉、无乳糖奶粉、苯丙酮尿症奶粉等。③早产儿配方乳粉，是专门针对早产儿消化能力和肾功能差的生理特点设计的，热量高且容易消化吸收。

(3) 全脂奶粉：指将鲜牛乳经过高温灭菌、干燥脱水而制成的粉末，便于储存和运输。喂哺时按重量比 1 ∶ 8(1g 奶粉加 8g 水）或按容量比 1 ∶ 4(1 勺奶粉加 4 勺水）加水配成全牛乳，成分与鲜牛乳相似，但较鲜牛乳容易消化。

链接

怎样用全脂奶粉配制成 200ml 全牛乳

配制全牛乳时，全脂奶粉、水按容量比是 1 ∶ 4，因此需要全脂奶粉的量＝200×1/5＝40ml，温开水的量＝200×4/5＝160ml。

(4) 羊乳：成分与牛乳相似，蛋白质和脂肪较牛乳高，以白蛋白为主，凝块细而软，脂肪颗粒与母乳接近，易消化，为婴儿良好的食品。但含叶酸和维生素 B_{12} 极低，长期单纯羊乳喂养的婴儿可致巨幼细胞性贫血。

(5) 代乳品：常用大豆类代乳品如豆浆、豆粉等，其营养价值比一般谷类高，但不如乳类易消化。适用于对乳类过敏的婴儿或乳类获得困难的地区，也可作 3 个月以上婴儿的辅助食品。

链接

如何选购配方奶粉

1. 根据年龄段选择　奶粉大致分为 0～6 个月年龄段、6～12 个月年龄段、1～2 岁年龄段和 2 岁以上年龄段四个阶段。

2. 包装要正规　在外包装上必须标明厂名、生产日期、保质期、配料表、营养成分表、适用对象及食用方法等。若缺少上述任何一项最好不要购买。

3. 手感、颜色和口感　罐装奶粉摇动无撞击声；袋装奶粉手捏手感松软平滑，内容物有流动感；质量好的奶粉颗粒均匀、无结块，颜色呈均匀一致的乳黄色，杂质量少；液体呈乳白色，品尝奶香味浓。

考点提示：
1. 牛乳与母乳成分的区别。2. 全脂奶粉配制成全牛乳的比例。3. 羊乳的缺点。

2. 人工喂养的护理

(1) 乳量的计算

1) 配方奶粉量的计算：使用时按年龄选用，合理的奶粉调配在保证婴儿营养摄入中至关重要。一般市售配方奶粉 100g 供能约 500kcal，婴儿每日需要能量约 110kcal/kg，故婴儿每日需配方奶粉 20g/kg。按规定调配的配方奶接近母乳，只要奶量适当，总液量也满足需要。配方奶粉配有统一规格的专用小勺，如盛 4.4g 奶粉的专用小勺，一勺奶粉宜加入 30ml 温开水。

2）鲜牛乳量的计算：根据婴儿每日所需的能量计算。婴儿每日的能量需要为 460kJ（110kcal）/kg，100ml 牛乳加 8g 糖可产生能量 418kJ（100kcal）。每日另补水量为每日需水量（150ml/kg）减去牛乳的量。

考点提示：鲜牛乳量的计算方法。

例：4 个月婴儿，体重 6kg。

此婴儿每日的能量需要为 110kcal/kg×6kg=660kcal

每日需要 8% 糖牛乳：660kcal÷100 kcal/100ml=660ml

需加糖：660ml×8%=52.8g

每日需水量：150ml/kg×6kg=900ml

每日另补水量：900ml-660ml=240ml

以上计算出的牛乳量和水量可分 6 次喂哺，每次喂乳量约 110ml，两次喂乳之间喂水，每次约 40ml。

⑵ 喂哺方法

1）选择合适的奶具：奶瓶以大口直立式玻璃制品最为合适，奶嘴孔大小要适宜，以奶瓶盛水倒置时液体呈滴状连续滴出为宜。奶具每次使用完毕应彻底清洗消毒。

2）测试乳汁温度：哺喂前先将乳汁滴在哺喂者的手背部或前臂内侧，以不烫手为宜（图 2-10）。

3）喂哺方法：喂哺前给婴儿更换尿布、洗手。哺喂时将婴儿抱起，斜卧于哺喂者怀中，手持奶瓶为斜位，使奶嘴充满乳汁进行哺喂（图 2-11）。每 3 ～ 4 小时喂一次，每次喂哺时间为 15 ～ 20 分钟。哺喂结束后，竖抱婴儿轻拍背部，使其将吞入的空气排出，再将婴儿置于右侧卧位。

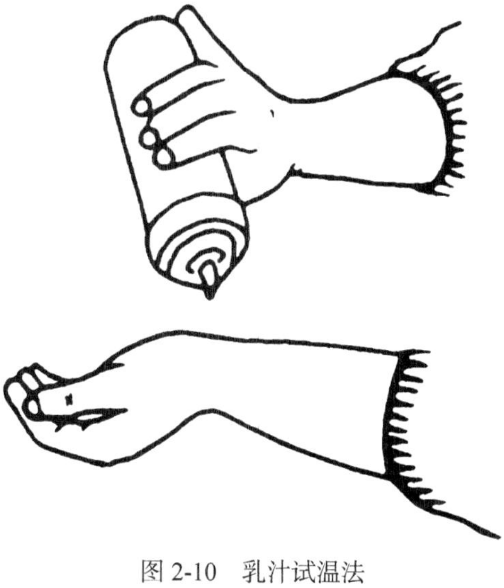

图 2-10　乳汁试温法

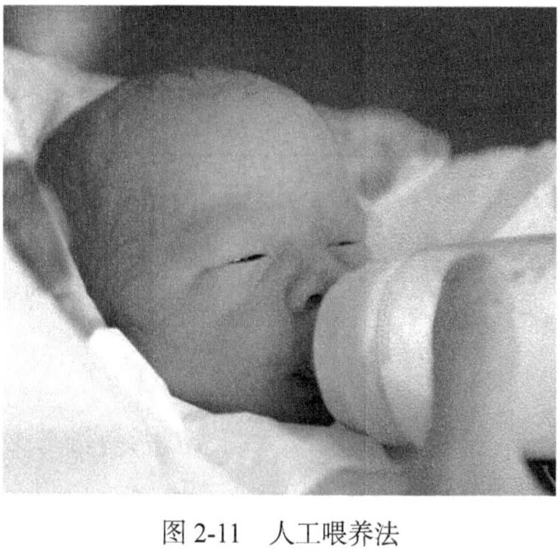

图 2-11　人工喂养法

⑶ 注意事项

1）随时调整乳量：婴儿进食乳量存在个体差异，在初次配乳后，要观察婴儿食欲、体重及粪便性状，及时调整乳量。

2）应由母亲亲自喂哺，使母亲与婴儿经常接触与交流，促进婴儿的心理发育。

（四）婴儿食物转换

6个月以上的婴儿，单纯乳类喂养已不能满足其生长发育的需求，需要进入到由出生时的纯乳类向固体食物转换的转乳期。过渡到成人固体食物所引入的富含能量和维生素的食物为转乳期食物，也称辅助食品，它不仅提供营养素，还对小儿功能发育和能力获得有重要促进作用。

1. 不同喂养方式婴儿的食物转换 婴儿的食物转换过程不仅训练了婴儿的吞咽、咀嚼能力，还使婴儿逐渐适应各种食物的味道，培养婴儿对其他食物的兴趣，逐渐由乳类为主食物转换为进食固体食物为主。母乳喂养婴儿的食物转换是逐渐用配方奶完全代替母乳，同时引入其他食物；部分母乳喂养和人工喂养婴儿的食物转换是逐渐引入其他食物。

2. 辅助食品引入的原则 给婴儿引入辅助食品的质和量应适合婴儿的消化能力，注意循序渐进。

(1) 由少到多：如哺乳前给予婴儿少量含强化铁的米粉，逐渐增加，用勺进食，逐渐代替1次乳量。

(2) 由稀到稠：如先从米汤开始到稀粥，再逐渐到软饭。

(3) 由细到粗：如蔬菜从菜汤到菜泥，再逐渐到碎菜。

(4) 由一种到多种：每次添加一种，待习惯后再添加另一种。

(5) 应在婴儿健康、消化功能正常时添加：炎热季节、婴儿腹泻或患病时应暂停添加辅食。

3. 转乳期食物的引入（表2-4）

考点提示：添加辅食的顺序。

表2-4 转乳期食物的引入

月龄	食物性状	辅食名称	餐数	
			主食	辅食
6个月	泥状食物	含铁配方米粉、稀粥、蛋黄、鱼泥、菜泥、水果泥、配方奶	6次奶（断夜间奶）	逐渐加至1次
7～9个月	末状食物	稀粥（饭）、烂面、饼干、蛋、鱼、肝泥、肉泥、肉末、菜末、土豆、胡萝卜泥、动物血、豆腐、水果、配方米粉	4次奶	1餐粥1次水果
10～12个月	碎食物	稠粥、软饭、面条、馒头、面包、碎肉、带馅食品、豆制品、碎菜、碎肉、水果	3餐饭	2～3次奶1次水果

护考链接

6个月女婴灵儿，已添加辅食有菜泥和米汤，母亲带其到儿保门诊进行健康咨询，此时护士应指导家长给小儿添加的辅食是

A. 蛋黄 B. 饼干 C. 肉末 D. 馒头 E. 软饭

答案：A。

分析：添加辅食要符合婴儿的消化能力及营养需要，由稀到稠，由细到粗。6个月可添加泥状食物，如米汤、菜泥、米糊、蛋黄、鱼泥等；7～9个月可添加末状食物，如烂面、饼干、肉末等；10～12个月可添加碎食物如稠粥、软饭，如面条、馒头等。故正确答案为A。

四、幼儿膳食

（一）幼儿进食特点

1. 幼儿进食相对稳定　幼儿生长发育快，乳牙逐渐出齐，咀嚼和消化功能逐渐成熟，食物由流质变成固体，由乳类转换成以谷类为主，进食相对稳定。

2. 心理行为的改变　幼儿的神经心理发育迅速，充满好奇心，表现出探索性行为，进食时也表现出强烈的自我进食欲望，成人要鼓励并满足幼儿自我进食的欲望，培养独立进食的能力和良好的进食习惯。

3. 家庭成员的影响　家庭成员进食行为和对食物的反应对幼儿起到榜样的作用，应注意培养幼儿的良好饮食习惯。

4. 进食技能发育状况　幼儿进食技能发育状况与婴儿期的训练有关，错过训练吞咽、咀嚼的关键期，长期进食过细食物，会使幼儿不愿意吃固体食物。

（二）幼儿膳食安排

1. 供给充足的能量和优质蛋白质　注意三大营养素的比例，糖类占总能量的 50% ～ 60%、脂肪占 25% ～ 30%、蛋白质占 12% ～ 15% 为宜。优质蛋白质占总蛋白质的 1/2。

2. 食物种类多样化　供给肉、蛋、鱼、豆制品、水果、蔬菜，要注意荤素合理搭配，最好每日给予 500ml 左右牛奶或豆浆。

3. 合理烹调制作　制作食物宜细、软、碎、烂、易于咀嚼和消化，少加盐，不加味精，注意色、香、味俱全。

4. 饮食次数　每日 3 餐，加 1 ～ 2 次点心和（或）乳品，不宜进食过频。

第 3 节　计划免疫

案例 2-3

赵阿姨的儿子大海，8 个月。近日出现鼻塞、流鼻涕、发热，体温为 37.8℃。社区卫生服务站大夫诊断为“感冒”。家长按计划免疫程序带他到儿保门诊接种麻疹疫苗。

问题：

1. 该男婴能否按计划接种麻疹疫苗？
2. 请对赵阿姨进行预防接种的健康教育。

计划免疫是指根据小儿的免疫特点和传染病发生的情况而制订的免疫程序，通过有计划地使用生物制品进行预防接种，以提高小儿的免疫水平，达到控制、消灭传染病的目的。预防接种是计划免疫的核心。

一、免疫方式

（一）主动免疫

1. 概念　主动免疫是指给易感者接种特异性抗原，刺激机体产生特异性抗体，从而产生获得性免疫力。这是预防接种的主要内容。但主动免疫制剂在接种后一定期限内产生的抗体，在持续 1 ～ 5 年后逐渐减少，故还要适时安排加强免疫，以巩固免疫效果。

2. 主动免疫常用制剂

(1) 死疫苗：接种到人体后不能生长繁殖，但仍有免疫原性。这类疫苗安全、易于保存，但接种量大，需多次重复注射。如霍乱、乙型脑炎、百日咳、伤寒、甲型肝炎疫苗等。

(2) 活疫苗：接种到人体后可生长繁殖，但不引起疾病，免疫力持久且效果好。这类疫苗接种量少、次数少，但有效期短，需冷藏，死后失效。如卡介苗、脊髓灰质炎三价混合减毒活疫苗、麻疹减毒活疫苗等。

(3) 类毒素：用细菌所产生的外毒素加入甲醛，使其变成无毒性，但仍有免疫原性的制剂。如白喉和破伤风类毒素。

（二）被动免疫

1. 概念 被动免疫是指未接受主动免疫的易感者在接触传染病后，可给予相应的抗体而立即获得免疫力。但抗体留在机体内的时间短暂，一般约3周，主要用于应急预防和治疗。如给未注射麻疹疫苗的麻疹患儿注射丙种球蛋白以预防麻疹，受伤时注射抗毒素以预防破伤风。

2. 被动免疫常用制剂 包括特异性免疫血清、丙种球蛋白、胎盘球蛋白、转移因子等，其中特异性免疫血清又包括抗毒素、抗菌血清、抗病毒血清。这类制剂来源于动物血清，对人体是一种异型蛋白，注射后易引起过敏反应或血清病，特别是重复使用时，更容易发生。

链接

卡介苗的发明

法国细菌学家卡尔麦特和介林历经13年试验研究，1921年成功研成灭毒的活性牛型结核杆菌疫苗，用于预防儿童结核病。为了纪念发明者，将预防结核病的疫苗定名为“卡介苗”。

二、计划免疫程序

免疫程序是指接种疫苗的先后顺序及要求。我国原卫生部规定，小儿必须在1岁内完成卡介苗、乙肝疫苗、脊髓灰质炎疫苗、百白破混合制剂、麻疹减毒活疫苗接种的基础免疫（表2-5）。还可根据本地流行情况或家长意愿接种乙型脑炎疫苗、流行性脑脊髓膜炎疫苗、甲型肝炎疫苗等。

表2-5 我国规定的儿童计划免疫程序表

年龄	接种疫苗		
出生	卡介苗		乙肝疫苗
1个月			乙肝疫苗
2个月	脊髓灰质炎疫苗		
3个月	脊髓灰质炎疫苗	百白破混合制剂	
4个月	脊髓灰质炎疫苗	百白破混合制剂	
5个月		百白破混合制剂	
6个月			乙肝疫苗
8个月	麻疹疫苗		
1.5～2岁		百白破混合制剂复种	
4岁	脊髓灰质炎疫苗复种		
6岁	麻疹疫苗	百白破混合制剂复种	

注：我国响应WHO决议，于2016年5月1日起实施新的脊髓灰质炎（脊灰）疫苗免疫策略，停用三价脊灰减毒活疫苗（tOPV），用二价脊灰减毒活疫苗（bOPV）替代tOPV，并将脊灰炎活疫苗（IPV）纳入国家免疫程序。

考点提示：1周岁以内基础免疫程序。

三、预防接种的注意事项

1. 环境准备　接种场所光线充足、空气新鲜、温度适宜；接种及急救物品摆放有序。

2. 做好儿童及家长工作　做好解释、宣传工作，宜饭后接种以免晕厥。

3. 严格掌握禁忌证

(1) 一般禁忌证：急性传染病，包括有传染病接触史而未过检疫期者；严重慢性病，如风湿热、心脏病、高血压、肝肾疾病等；哮喘、荨麻疹等过敏者；化脓性皮肤病者；有癫痫、惊厥史的小儿；免疫功能缺陷者及正在接受免疫抑制剂治疗的小儿。

(2) 特殊禁忌证：近 1 个月内注射过丙种球蛋白，不能接种活疫苗。各种制品的特殊禁忌证应严格按照使用说明执行，如未能按时接种卡介苗 PPD 试验阴性再补种。

4. 严格执行免疫程序　掌握接种的剂量、次数、间隔时间和不同疫苗的联合免疫方案，按使用说明完成全程基础免疫和加强免疫。按各种制品要求的间隔时间接种，一般为接种活疫苗后 4 周，接种死疫苗后 2 周。应及时记录及预约，交代接种的注意事项，如口服脊髓灰质炎疫苗用冷开水送服或含服，接种后需要观察至少 30 分钟方可离开，多饮水，24 小时内禁止洗澡，避免刺激性食物，观察接种后反应及处理措施。

5. 严格执行查对制度　认真查对接种小儿的姓名、年龄；制剂的标签，包括名称、批号、有效期及生产单位，并登记；药液，包括安瓿是否有裂痕、药液有无发霉、异物、凝块、变色、冻结等，若发现药液异常，立即停用。

6. 严格无菌操作　做到一人一针一管；接种活疫苗时，只用 75% 乙醇消毒皮肤，而且待干后再接种，以防活疫苗被灭活，影响免疫效果；抽吸后如有剩余药液，需用无菌干纱布覆盖安瓿口，在空气中放置不能超过 2 小时；接种后废弃剩余药液，烧毁活疫苗。

护考提示：接种活疫苗用 75% 乙醇消毒皮肤。

链接

五苗初种口诀

出生乙肝卡介苗，234 月脊灰好，

345 月百白破，8 月麻疹刚刚好。

护考链接

在小儿计划免疫中，以下哪项不属于基础免疫制品

A. 卡介苗　　B. 百白破联合制剂　　C. 脊髓灰质炎疫苗

D. 麻疹疫苗　　E. 乙脑疫苗

答案：E。

分析：我国原卫生部规定，小儿必须在 1 岁内完成卡介苗、乙肝疫苗、脊髓灰质炎疫苗、百白破混合制剂、麻疹减毒活疫苗接种的基础免疫。故正确答案为 E。

四、预防接种后的反应及处理

（一）一般反应

1. 局部反应　接种后数小时至 24 小时左右，注射部位可有红、肿、热、痛，有时可伴

有局部淋巴结肿大，一般持续 2 ～ 3 天。

2. 全身反应 一般于接种后 24 小时内体温升高，多为低、中度发热，持续 1 ～ 2 天，还可伴有头晕、恶心、呕吐、腹痛、腹泻、全身不适等。

多数小儿的局部和（或）全身反应轻微，无需特殊处理，适当休息、多饮水即可，局部反应较重时可用清洁毛巾热敷；全身反应严重者可对症处理，如红肿继续扩大、高热持续不退，应到医院诊治。

（二）异常反应

1. 过敏性休克 一般于注射后数秒或数分钟内发生，表现为烦躁不安、面色苍白、呼吸困难、口周青紫、四肢湿冷、脉搏细速、血压下降、恶心呕吐、惊厥、大小便失禁甚至昏迷。如不及时抢救，可在短期内危及生命。此时应使患儿平卧，头稍低，注意保暖，吸氧，并立即皮下或静脉注射 1:1000 肾上腺素 0.5 ～ 1ml，必要时可重复注射，在病情稍稳定后尽快转至医院继续治疗。

2. 晕针 也称晕厥，个别小儿在接种时或接种后数分钟突然发生，表现为面色苍白、出冷汗、手足冰凉、头晕、心悸、心跳加快等症状，重者意识丧失、呼吸减慢。是由于空腹、疲劳、室内闷热、精神紧张等原因刺激引起反射性周围血管扩张所致的一过性脑缺血。应立即使患儿平卧、头稍低，保持安静，给予少量热开水或糖水，可针刺水沟、合谷穴，必要时注射肾上腺素，短时间可恢复正常。

3. 过敏性皮疹 以荨麻疹最多见，一般于接种后几小时至几天内出现。服用抗组胺药治疗。

4. 全身感染 有严重原发性免疫缺陷或继发性免疫功能受损者，接种活疫苗后可扩散为全身感染，应住院抗感染和对症治疗。

第 4 节　儿科医疗机构的设施及护理管理

目前我国儿科医疗机构有三种形式：儿童医院、妇幼保健院及综合医院中的儿科。其中以儿童医院的设施最为全面，包括儿科门诊、儿科急诊、儿科病房。

一、儿科门诊

（一）儿科门诊设施及特点

1. 预诊处 是儿童医疗机构特有的部门，设在儿科门诊入口处或在医院内距大门最近处。预诊处设有两个出口，分别通向候诊室和隔离室，主要目的是早期检出传染病，防止交叉感染。区分病情轻重缓急，争取就诊和抢救时间。预诊人员主要通过望诊、问诊及简单体检，在较短时间内迅速判断后将患儿分诊至普通门诊、隔离门诊、急救室等。因此，预诊人员要求经验丰富、责任心强、决断能力强、动作敏捷。

2. 挂号处 小儿经过预诊后挂号就诊。

3. 体温测量处 发热患儿就诊前测量体温，体温超过 38.5℃者应先给予退热，以防高热惊厥。

4. 候诊室 要求宽敞、明亮、空气流通，有足够的候诊椅，并设 1 ～ 2 张床供患儿包裹、换尿布之用。可设供患儿娱乐的场地及玩具，可设宣传栏或通过电视进行儿科健康教育。

5. 诊查室 数量不限，最好设为单间，以减少就诊患儿之间相互干扰。内设诊查桌、椅、床及洗手设备等。

6. 化验室 应设在诊查室附近，便于患儿就近化验检查。

7. 治疗室 备有各种治疗设备、器械及药品，可以进行常规治疗，如各种注射、穿刺等。

8. 其他 药房、收费处、饮水处、厕所等。

（二）儿科门诊的护理管理

儿科门诊的特点是患儿及陪伴家属较多，门诊人员流动量大，而且家长的焦急程度常常大于其他科别的就诊人员，护士应做好组织工作。

1. 保证就诊秩序有条不紊 安排专门人员进行初步分诊，做就诊前的准备、诊查中的协助及诊疗后的解释工作。

2. 密切观察病情 小儿病情变化快，在预诊及诊治过程中，护士应经常巡视患儿，一旦发生紧急状况，应及时进行抢救。

3. 预防院内感染 严格执行消毒隔离制度，严格遵守无菌技术操作规程，及时发现传染病并给予处理。

4. 杜绝差错事故 严格执行核对制度，给药、注射等时应认真、仔细。

5. 提供健康教育 包括促进小儿生长发育、合理喂养及常见病的预防和早期发现等知识；了解慢性病患儿平时用药、营养、生长发育等情况；给予正确的自我保健指导。

二、儿科急诊

小儿疾病具有起病急、表现常不典型、病情变化快、突发情况多、死亡率高等特点，因此，危重患儿的就诊顺序应特殊安排，采取先抢救后挂号，先用药后缴费的顺序，及时进行抢救。

（一）儿科急诊设施及特点

1. 抢救室 内设病床2～3张，配有人工呼吸机、心电监护仪、气管插管用具、供氧设备、吸引装置、雾化吸入器等必要设备及治疗用具，包括穿刺包、切开包、导尿包等。室内放置抢救车一台，备有常用急救药品、物品、记录本及笔，以满足抢救危重患儿的需要。

2. 观察室 设有病床及一般抢救设备，如供氧和吸引装置等，如有条件可装备监护仪器、远红外线辐射床等，备有各种医疗文件如护理记录单。

3. 治疗室 设有治疗床、药品柜，备有注射用具、各种治疗、穿刺用物及各种导管等。

4. 小手术室 除一般手术室的基本设备外，应准备清创缝合小手术、大面积烧伤的初步处理、骨折固定等器械用具及抢救药品。

（二）儿科急诊的护理管理

1. 重视急救抢救的五要素 人、医疗技术、药品、仪器设备和时间是急诊急救的五要素，其中人起主要作用。急诊护士应有高度的责任心、娴熟的操作技术、敏锐的观察力、较强的组织和处理能力。此外，药品种类齐全、仪器设备先进、时间争分夺秒都是保证抢救成功缺一不可的重要环节。

2. 执行急诊岗位责任制度 分工明确，各司其职，坚守岗位，随时做好抢救准备。

3. 建立并执行各科常见急诊的抢救护理常规　掌握儿科常见疾病的抢救程序、护理要点，提高抢救效率。

4. 加强急诊文件管理　应有完整的病历材料，记录患儿就诊时间、一般情况、诊治过程等。紧急抢救中遇口头医嘱，须当面复述确保无误后执行，再及时补记于病历上。

三、儿科病房

儿科病房要根据小儿的年龄、病种和身心特点合理安排，儿科病房最适宜的床位数是30～40张。

（一）儿科病房设施及特点

1. 病室　大病室放置4～6张床，小病室放1～2张床。每张床占地$2m^2$，床间隔1m，床头设有呼叫器，床设有床栏，床与窗台距离1m，窗外设有护栏。病室墙壁粉刷柔和颜色并装饰小儿喜爱的图案，减少患儿的恐惧感和陌生感。病室还应设有洗手设备和夜间照明装置。

2. 重症监护室　收治病情危重、需要观察及抢救的患儿，配有各种抢救设备及药品。

3. 医护人员办公室　设在病区中间，靠近重症监护室，以便观察和抢救。

4. 治疗室　备有治疗设备、器械、药品，可进行注射和必要的治疗。

5. 配膳（奶）室　最好设在病房入口处，配备有冰箱、配膳桌、消毒锅、碗柜、配乳用具及分发膳食用的餐车。

6. 游戏室　室内阳光充足，通风条件好，地面采用木板或塑料材料，桌椅边缘用软材料包裹，防止患儿磕碰跌伤；备有适合不同年龄小儿的玩具、书籍，有条件可备电视机。

7. 厕所、浴室　各种设备应适合小儿使用，浴室宽敞，便于护理人员协助小儿沐浴。厕所有门，但不要加锁，以防发生意外。

8. 其他　库房、值班室、仪器室等。

（二）儿科病房的护理管理

1. 环境管理　病房环境要适合小儿心理、生理特点，可张贴动物形象卡通画，窗帘及患儿被服颜色鲜艳、图案活泼，把患儿喜爱的玩具或物品放在床旁。新生儿适宜的室温为22～24℃、婴幼儿为20～22℃、年长儿为18～20℃，相对湿度为55%～65%。

2. 生活管理　根据患儿年龄、生活习惯及病情合理安排饮食和休息。6～7岁之前患儿因与父母分离、对住院环境不熟悉、生活不习惯而缺乏安全感，对住院的主要反应是分离性焦虑，如有部分小儿出现了尿床、吮吸手指等退化性行为，因此应鼓励父母陪伴、照顾患儿并参与治疗与护理计划，尽量固定护士对患儿进行连续性的、全面的护理，多与患儿交谈，关爱尊重患儿，组织患儿适当玩游戏、看电视、讲故事或学习，尽可能保持患儿住院前的生活习惯，使患儿逐渐适应住院环境。

3. 安全管理　防止跌伤、烫伤，防止误饮误服。病房用于特殊情况的消防、照明器材，应有固定位置，安全出口要保持通畅。

4. 感染控制　严格执行清洁、消毒、隔离、探视制度。病室定时通风和消毒，操作前后要洗手。加强健康教育，提高患儿自我保护意识。

第 5 节　小儿用药特点及护理

案例 2-4

6 个月的小儿，精神状态差，有发热、咳嗽、流鼻涕的症状。妈妈带孩子到儿科就诊，医生诊断为上呼吸道感染，并给予治疗上呼吸道感染的口服药物，妈妈向护士咨询有关药物的使用方法。

问题：

1. 示范小儿口服给药的方法。
2. 向妈妈解释“为什么孩子咳嗽却没有用止咳药”的原因。

药物治疗是小儿综合治疗的重要组成部分。药物虽然有防治疾病的有利方面，但也有产生不良反应的有害方面。因此，合理、正确地用药在治疗中常常起到关键作用。但由于小儿有许多和成人不相同的解剖生理特点，且小儿病情多变，因此，对小儿用药必须慎重、准确、针对性强，做到合理用药。

一、小儿用药特点及药物选择

（一）小儿用药的特点

由于药物在体内的分布受体液的 pH、细胞膜的通透性、药物与蛋白质的结合程度、药物在肝脏内的代谢和肾脏排泄等因素影响，小儿时期的药物治疗具有以下特点：

1. 肝肾功能及某些酶系统发育不完善，对药物的代谢及解毒功能较差　小儿肝脏酶系统发育欠佳，延长了药物的半衰期，加大了药物的血药浓度及毒性作用。巴比妥类、庆大霉素等也可因小儿肾功能不全、排泄缓慢而产生毒副作用，特别是新生儿和早产儿。

2. 药物在组织内的分布因年龄而异　如巴比妥类、吗啡、四环素在幼儿脑浓度明显高于年长儿。

3. 年龄不同，对药物反应不同，药物的毒副作用有所差别　小儿不同年龄阶段，对药物的反应不一样。3 个月以内婴儿慎用退热药，因为可以使小婴儿出现虚脱；8 岁以内小儿，特别是小婴儿服用四环素容易引起黄斑牙（四环素牙），还有些外用药如萘甲唑啉用于治疗婴儿鼻炎，可引起昏迷或呼吸暂停。

4. 胎儿、乳儿可受母亲用药的影响　孕妇用药时，药物通过胎盘屏障，进入胎儿体内循环，对胎儿的影响与胎龄（孕周）及其成熟度有关。用药剂量越大、时间越长，越易通过胎盘的药物，达到胎儿的血药浓度亦越高、越持久，影响亦越大。乳母应慎用苯巴比妥、地西泮、阿托品，禁用放射性药物、抗癌药、抗甲状腺激素药物。

5. 先天遗传因素　要考虑家族中有遗传性疾病史的患儿对某些药物的先天性异常反应；对家族中有药物过敏史者要慎用某些药物。

（二）药物选择

小儿用药应根据小儿的年龄、病情、个体情况及药物的特殊反应慎重选择，应合并使用药物，并注意药物的配伍禁忌。

1. 抗生素 小儿容易患感染性疾病，故常用抗生素等抗感染药物。儿科工作者既要掌握抗生素的药理作用和用药指征，更要重视其毒、副作用。对个体而言，除抗生素本身的毒、副作用外，过量使用抗生素还容易引起肠道菌群失衡，使体内微生态紊乱，引起真菌或耐药菌感染；对群体和社会来讲，广泛、长时间地滥用广谱抗生素，容易产生微生物对药物的耐受性，进而对人们的健康产生极为有害的影响。临床应用某些抗生素时必须注意其毒、副作用，如肾毒性、对造血功能的抑制作用等。另外，抗生素对病毒感染是无效的，勿用抗生素来预防。

2. 肾上腺皮质激素 短疗程常用于过敏性疾病、重症感染性疾病等；长疗程则用于治疗肾病综合征、某些血液病、自身免疫性疾病等。哮喘、某些皮肤病则提倡局部用药。在使用中必须重视其副作用：①短期大量使用可掩盖病情，故诊断未明确时一般不用。②较长期使用可抑制骨骼生长，影响水、电解质、蛋白质、脂肪代谢，也可引起血压增高和库欣综合征。③长期使用除以上副作用外，尚可导致肾上腺皮质萎缩，可降低免疫力，使病灶扩散。④水痘患儿禁用糖皮质激素，以防加重病情。

3. 退热药 发热时机体的防御性反应，不宜随便退热，一般体温达38.5℃以上者才需要退热，并且婴幼儿首选物理降温，效果不佳者采用药物降温。常用的药物有对乙酰氨基酚和布洛芬，剂量不宜过大，可反复使用。婴儿不宜使用阿司匹林，以免发生Reye综合征。

4. 镇静止惊药 在患儿高热、烦躁不安、剧咳不止等情况下可考虑给予镇静药。发生惊厥时可用苯巴比妥、水合氯醛、地西泮等镇静止惊药。

5. 镇咳止喘药 婴幼儿一般不用镇咳药，咳嗽伴咳痰困难，应使用祛痰药口服或雾化吸入稀释分泌物，配合体位引流进行排痰，慎用镇咳药，以免痰液排出不畅，阻塞呼吸道，加重呼吸困难、缺氧，甚至引起窒息。哮喘患儿提倡局部吸入β_2受体激动剂类药物，必要时也可用茶碱类，但新生儿、小婴儿慎用。

6. 止泻药与泻药 对腹泻患儿慎用止泻药，除用口服补液疗法防治脱水和电解质紊乱外，可适当使用保护肠黏膜的药物，或辅以含双歧杆菌或乳酸杆菌制剂以调节肠道的微生态环境。小儿便秘一般不用泻药，多采用调整饮食和松软大便的通便法。

7. 乳母用药 阿托品、苯巴比妥、水杨酸盐等药物可经母乳影响哺乳婴儿，应慎用。

8. 新生儿、早产儿用药 小婴儿的肝、肾等代谢功能均不成熟，不少药物易引起毒、副反应，如磺胺类药、维生素K_3可引起高胆红素血症；氯霉素可引起“灰婴综合征”等，故应慎重。

二、给药方法

根据年龄、疾病及病情选择合适的给药途径、药物剂型和用药次数，以保证药效和尽量减少对患儿的不良影响。在选择给药途径时，应尽量选用患儿及其家长可以接受的方式给药。

1. 口服法 是最常用的给药方法，对患儿身心的影响较小，只要条件许可，尽量采用口服给药。幼儿以服用糖浆、水剂、冲剂等较合适，也可将药片捣碎后加糖水吞服，年长儿可用片剂或药丸。小婴儿喂药时最好将小儿抱起或头略抬高，以免呛咳时将药吐出。病情需要时可采用鼻饲给药。婴儿喂药应在喂乳前或两次喂乳间进行，以免因服药时呕吐而将乳汁吐出引起误吸。药物不要混入乳中哺喂。

2. 注射法　比口服法奏效快，但对小儿刺激大，肌内注射次数过多还可造成臀肌挛缩，影响下肢功能，故非病情必需，否则不宜采用。肌内注射部位多选择臀大肌外上方，对不合作、哭闹挣扎的婴幼儿采取"三快"（进针、注药及拔针均快）的注射技术，防止发生意外。静脉注射多用于抢救时；静脉滴注应根据年龄大小、病情严重程度控制滴速。

3. 外用药　剂型较多，但以软膏为多，也可用水剂、混悬剂、粉剂等。要注意小儿用手抓摸药物，误入眼、口引起意外。

4. 其他方法　雾化吸入常用；灌肠法小儿采用不多，可用缓释栓剂；含剂、漱剂很少用于婴幼儿，年长儿可采用。

三、药物剂量计算

考点提示：药物剂量按体重的计算方法。

小儿用药剂量较成人更须准确。可按以下方法计算：

1. 按体重计算　是最常用、最基本的计算方法，可算出每日或每次需用量：每日（次）剂量 = 患儿体重（kg）× 每日（次）每千克体重所需药量。须连续应用数日的药，如抗生素、维生素等，都按每日剂量计算，再分 2 ～ 3 次服用；临时对症治疗用药，如退热药、催眠药等，常按每次剂量计算。患儿体重应以实际测得值为准。年长儿按体重计算如已超过成人量，则以成人量为上限。

2. 按体表面积计算　此法较按年龄、体重计算更为准确，因其与基础代谢、肾小球滤过率等生理活动的关系更为密切。

链接

体表面积的计算公式

体重＜ 30kg 的小儿体表面积（m^2）= 体重（kg）×0.035+0.1

体重＞ 30kg 的小儿体表面积（m^2）=[体重（kg）−30]×0.02+1.05

3. 按年龄计算　剂量幅度大、不需十分精确的药物，如营养类药物、止咳药等可按年龄计算，比较简单易行。

4. 按成人剂量折算　小儿剂量 = 成人剂量 × 小儿体重（kg）/50，此法仅用于未提供小儿剂量的药物，所得剂量一般都偏小，故不常用。

链接

怎样换算并准确抽取药量

针剂抽取量：需要药物的剂量 / 每支药物的剂量 × 药物的毫升数

粉剂抽取量：需要药物的剂量 / 每支药物的剂量 × 药物溶剂的毫升数

采用上述任何方法计算的剂量，还必须与患儿具体情况相结合，才能得出比较确切的药物用量，如新生儿或小婴儿肾功能较差，一般药物剂量宜偏小；但对新生儿耐受较强的药物，如苯巴比妥，则可适当增大用量；重症患儿用药剂量宜比轻症患儿大；须通过血脑屏障发挥作用的药物，如治疗化脓性脑膜炎的磺胺类药或青霉素类药物剂量也应相应增大。用药目的不同，剂量也不同，如阿托品用于抢救中毒性休克。

护考链接

患儿，男，14个月。因“发热、流涕2天”就诊。查体T 39.7℃，P 135次/分；神志清，咽部充血，心肺检查无异常，查体时患儿突然双眼上翻，四肢强直性、阵挛性抽搐。按医嘱静脉注射地西泮2mg(1ml含10mg地西泮)，应抽取药液的量是

A. 0.2ml　　B. 0.4ml　　C. 0.6ml　　D. 0.8ml　　E. 1ml

答案：A。

分析：小儿用药时应准确计算注射的量，计算的方法可以根据体重、成人用量、体表面积、年龄计算，计算时有粉剂的计算及针剂的计算方法，该题涉及的是针剂，计算方法为：注射量＝需要药物的剂量/每支药物的剂量×药物的毫升数。即注射量=2mg/10mg×1ml。故正确答案为A。

第6节　儿科护理常用技术

案例 2-5

王女士，28岁。3天前顺产娩出一足月女婴，体重3500g。今日准备出院，王女士向护士咨询如何护理新生儿。

问题：

1. 示范更换尿布法和婴儿沐浴法。
2. 对王女士进行更换尿布法及婴儿沐浴法的健康指导。

一、尿布更换法

【目的】

保持小儿臀部皮肤的清洁、干燥和舒适，预防皮肤破损和尿布皮炎或使原有的尿布皮炎逐渐痊愈。

【准备】

1. 护士准备　了解患儿诊断，观察臀部皮肤情况，操作前洗手。

2. 物品准备　清洁尿布或一次性尿布、尿布桶，必要时备小盆及温水（有尿布皮炎时备1:5000高锰酸钾溶液）、小毛巾，按臀部皮肤情况准备治疗药物（如油类、软膏、抗生素）及烤灯等。

3. 环境准备　病室温度、湿度适宜，避免对流风。

【操作步骤】

(1) 携用物至床旁，放下床栏，轻轻掀开盖被，解开尿布带，露出臀部，以原尿布上端两角洁净处由前向后轻拭会阴部及臀部，并以此盖上污湿部分垫臀部下面。

(2) 如有大便，用温水洗净，用软毛巾轻轻吸干。

(3) 用一手轻轻提起双足，使臀部略抬高，另一手取下污湿尿布，再将清洁尿布垫于腰下，放下双足，尿布的底边两角折到腹部，两腿间的一角上拉，系好尿布带，结带松紧适宜，拉平衣服，盖好被子，整理床单位。

(4) 打开污尿布，观察大便性质（必要时留取标本送检）后放入尿布桶内。

(5) 整理用物、洗手、记录。

【注意事项】

(1) 选择质地柔软、透气性好、吸水性强的棉质尿布，或采用一次性尿布，以减少对臀部皮肤的刺激。

(2) 动作应轻快，避免过度暴露。

(3) 尿布包扎应松紧合适，防止因过紧而影响患儿活动或过松造成大便外溢。

(4) 若小儿较胖或尿量较多，可在尿布上再垫一长方形尿布增加厚度，女婴将加厚层垫于臀下，男婴则将加厚层放于会阴部。

二、婴儿沐浴法

【目的】

保持婴儿皮肤清洁、舒适，协助皮肤排泄和散热，促进血液循环；观察全身情况，及早发现疾病和治疗疾病。

【准备】

1. 护士准备　了解患儿病情、意识状态，测量体温，检查全身皮肤情况，估计常见的护理问题；操作前洗手。

2. 物品准备

(1) 婴儿尿布及衣服、大毛巾、毛巾被及包布、系带、面巾 1 块、浴巾 2 块。

(2) 护理盘：内备梳子、指甲剪、棉签、液体石蜡、75%乙醇、过氧化氢溶液、婴儿爽身粉、护臀霜或鞣酸软膏、肥皂。

(3) 浴盆：内备温热水（2/3 满），水温在冬季为 38 ～ 39℃，夏季为 37 ～ 38℃，备水时水温稍高 2 ～ 3℃，另外，可再备一壶 50 ～ 60℃的热水，以备添加。

(4) 其他：必要时准备床单、被套、枕套、磅秤等。

3. 患儿准备　沐浴于喂奶前或喂奶后 1 小时进行，以防呕吐和溢奶。

4. 环境准备　关闭门窗，调节室温在 26 ～ 28℃。

【操作步骤】

(1) 核对床号、姓名，抱婴儿至沐浴处。

(2) 脱衣，用大毛巾包裹婴儿全身，测体重并记录（图 2-12）。

图 2-12　大毛巾包裹婴儿

(3) 擦洗面部：用面巾从内眦向外眦擦拭眼睛（图 2-13），然后擦耳，最后擦面部，擦时禁用肥皂。用棉签清洁鼻孔。

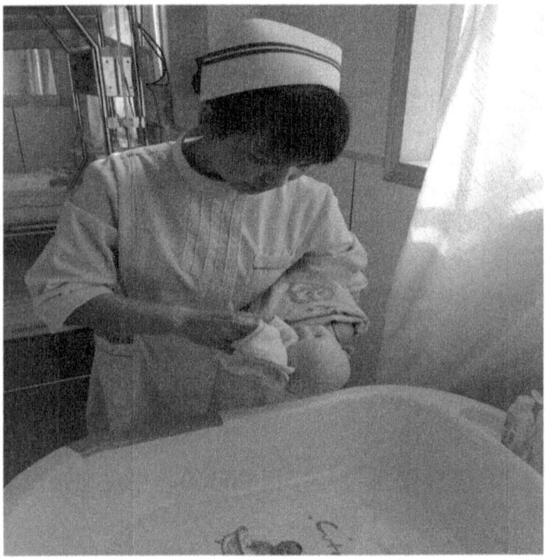

图 2-13　擦拭眼睛的方法

(4) 擦洗头部：抱起婴儿，用左手托住头颈部，拇指与中指分别将婴儿双耳郭折向前方，轻轻按住，堵住外耳道口，左臂及腋下夹住婴儿臀部及下肢（图 2-14）。

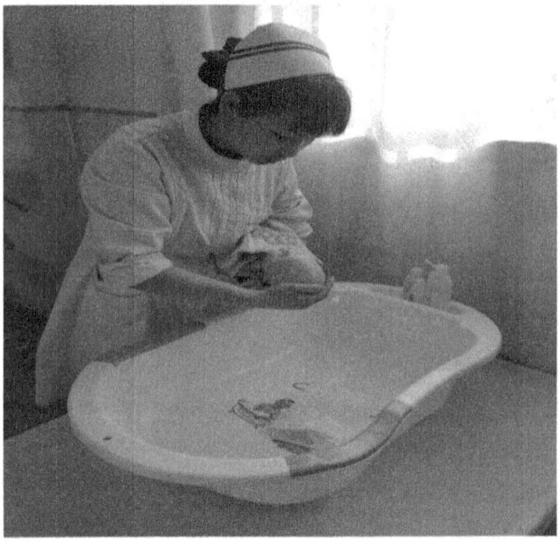

图 2-14　擦洗头部的方法

(5) 左手握住婴儿左肩及腋窝处，使其头颈部枕于操作者前臂；用右手握住患儿左腿靠近腹股沟处，使其臀部位于护士手掌上，轻放婴儿于水中（图 2-15）。

(6) 松开右手，用浴巾淋湿婴儿全身，涂抹肥皂按顺序洗颈下、胸、腹、腋下、手臂、手、会阴、臀部、腿、脚。在清洗过程中，护士左手始终将患儿握牢，随洗随冲净，同时，观察皮肤有无异常情况。

(7) 以右手从婴儿前方握住婴儿左肩及腋窝处，使其头颈部俯于操作者右前臂，左手抹肥皂清洗婴儿后颈及背部，以水冲净。

(8) 洗毕，迅速将患儿依照放入水中的方法抱出，用大毛巾包裹全身并将水分吸干。必要时用棉签蘸水擦净女婴大阴唇及男婴包皮处污垢。

(9) 为小儿穿衣垫尿布，必要时修剪指甲。

图 2-15　婴儿入盆的方法

【注意事项】

(1) 动作轻快，减少暴露，注意保暖。

(2) 婴儿沐浴于喂乳前或喂乳后 1 小时进行，以免呕吐和溢奶。

(3) 水或肥皂沫不得进入耳、眼内。

(4) 不可用力清洗患儿头顶部的皮脂结痂，可涂液体石蜡浸润，待次日轻轻梳去结痂再予洗净。

(5) 沐浴时注意观察全身情况，有异常及时报告医生。

三、新生儿抚触

【目的】

通过对新生儿的肌肤实施抚触，促进新生儿的生长发育和心理发育。

【准备】

1. 护士准备　洗净双手，修剪指甲。

2. 物品准备　润肤油、爽身粉、干净衣物。

3. 环境准备

(1) 房间内布置温馨、舒服，可选择性播放一些柔和的音乐。

(2) 室温 28℃以上，操作台面温度应稍高于皮肤 0.5℃。

【操作步骤】

(1) 选择合适的姿势：操作者最常用的是站立姿势，保持双肩放松，背部挺直。

(2) 倒少量润肤油于操作者手掌内，涂布均匀，按头、胸、腹、四肢、手足、背部依次进行抚触。

(3) 头部抚触

1) 两拇指腹从前额中央推至两侧太阳穴按摩。

2) 两手拇指从下颌部中央向外上方按摩，让上下唇形成微笑状。

3) 一手托头，用另一手的指腹从前额发际向上、向后按摩，至两耳后乳突处，轻轻按摩。

(4) 胸部按摩：两手分别从胸部的两侧肋缘向对侧上方推行至肩部进行胸部抚触，应避开乳头。

(5) 腹部抚触：双手交替从右向左按顺时针方向画半圆按摩腹部；用右手指腹从右上腹部滑向右下腹部画一个英文字母"I"，由右上腹经左上腹滑向左下腹画一个倒的"L"(LOVE)，由右下腹经右上腹、左上腹画向左下腹画一个倒的"U"(YOU)，结束腹部的抚触。

(6) 四肢抚触：双手交替从上肢近端向远端滑行达腕部，然后再重复，滑行过程中节段性用力，挤压肌肉，由近至远用手指进行抚触手掌、手背，再抚触每个手指。同法抚触下肢。

(7) 背部抚触：新生儿呈俯卧位，脊柱为中点，双手示、中、环指腹向外滑行，从上到下抚触脊柱两侧。

以上每一个操作各重复 5 ～ 8 次，每次以 15 分钟为宜。

【注意事项】

(1) 抚触一般在喂哺新生儿后 1 小时左右进行，沐浴后最好。

(2) 注意室内温度一定不低于 25℃，以防婴儿着凉。

(3) 抚触前操作者要摘下手上的所有饰物，包括戒指、手表等，同时剪短指甲，以免刮伤婴儿。

(4) 抚触前需温暖双手，将新生儿润滑油倒在掌心，轻轻按摩，随后逐渐增加压力，以便新生儿适应。避免按摩乳腺及脐部。

(5) 抚触过程中要注意观察新生儿的肤色变化或有无呕吐等，有异常时要停止抚触。

四、臀红护理法

臀红是婴儿臀部皮肤长期受尿液、粪便及漂洗不净的污湿尿布刺激、摩擦或局部湿热如用塑料膜、橡胶布等，引起皮肤潮红、溃破甚至糜烂及表皮剥脱，又称尿布皮炎。臀红多发生于外生殖器、会阴及臀部，皮损易继发感染。

(一) 臀红分度

1. 轻度　主要表现为表皮潮红。

2. 重度　又分为三度：重Ⅰ度表现为局部皮肤潮红，伴有皮疹；重Ⅱ度除以上表现外，并有皮肤溃破、脱皮；重Ⅲ度局部大片糜烂或表皮剥脱，可继发感染。

(二) 臀红预防

(1) 保持婴儿臀部清洁干燥，勤换尿布。

(2) 腹泻患儿应勤洗臀部，涂油保护。

(3) 勿用油布或塑料布直接包裹婴儿臀部。

(4) 应选用质地柔软、吸水性强的棉织品做尿布。

(5) 洗涤尿布应漂净肥皂沫。

(三) 臀红护理

【目的】

保持臀部皮肤清洁、干燥，减轻患儿疼痛，促进受损皮肤康复。

【准备】

1. 护士准备　评估患儿年龄和病情，向家长解释注意事项，洗净双手。

2. 用物准备　尿布、面盆内盛温开水、小毛巾、尿布桶、棉签、药物（紫草油、3%～5%

鞣酸软膏、氧化锌软膏、鱼肝油软膏、康复新溶液、硝酸咪康唑霜、0.02% 高锰酸钾等)、弯盘、红外线灯或鹅颈灯。

3. 环境准备　关上窗户，保持室内温度、湿度适宜。

【操作步骤】

(1) 备好用物按操作顺序将用物放于治疗车上，推至床旁，降下床栏杆。

(2) 清洗臀部：轻轻掀开患儿下半身盖被，解开污湿尿布，用上端尚洁净处的尿布轻拭会阴及臀部，对折盖上污湿部分垫于臀下。冲洗臀部，并用软毛巾吸干水分，取出污湿尿布，卷折放入尿布桶内。

(3) 暴露或照射臀部：用清洁尿布垫于臀下，条件许可时将臀部暴露于空气或阳光下 10 ～ 20 分钟；重度臀红者可用红外线灯或鹅颈灯照射臀部 10 ～ 15 分钟，灯泡 25 ～ 40W，灯泡距臀部患处 30 ～ 40cm。

(4) 局部涂药：暴露或照射后将蘸有油类或药膏的棉签贴在皮肤上轻轻滚动涂药，用后的棉签放入弯盘内。

(5) 整理记录：给患儿松兜尿布，拉平衣服，盖好被子，整理用物并记录。

【注意事项】

(1) 重度臀红患儿所用尿布应煮沸、消毒液浸泡或阳光下暴晒。

(2) 暴露臀部时应注意保暖，一般每日 2 ～ 3 次。

(3) 照射臀部时必须有护士守护，避免烫伤；如是男孩，用尿布遮住会阴部。

(4) 根据臀部皮肤受损程度选择油类或药膏：轻度臀红涂紫草油或鞣酸软膏；重Ⅰ、Ⅱ度涂鱼肝油软膏；重Ⅲ度涂鱼肝油软膏或康复新溶液，每日 3 ～ 4 次，继发感染时，用 1∶5000 高锰酸钾溶液冲洗并吸干，然后涂红霉素软膏或硝酸咪康唑霜（达克宁霜），每日 2 次，直至局部感染控制。

(5) 涂抹油类或药膏时，不可在皮肤上反复涂擦，以免加剧疼痛和导致脱皮。

五、温箱使用法

【目的】

为婴儿创造一个温度和湿度均相适宜的环境，以保持患儿体温的恒定，用以提高未成熟儿的成活率，有利于高危新生儿的成长发育；避免体温过低造成缺氧、低血糖、硬肿等一系列不良反应。

【适应证】

(1) 出生体重在 2000g 以下者，包括足月小样儿及早产儿。

(2) 体温不升、新生儿寒冷损伤综合征及病情危重的新生儿。

(3) 有皮肤疾患需行暴露疗法的患儿。

【准备】

1. 护士准备　了解患儿的孕周、出生体重、日龄、生命体征、有无并发症等。估计常见的护理问题，操作前洗手。

2. 物品准备　婴儿温箱（图 2-16），检查其性能完好，保证安全，用前清洁消毒。

3. 患儿准备　穿单衣，裹尿布，测体温、体重。

4. 环境准备　调节室温 25 ～ 27℃，以减少辐射散

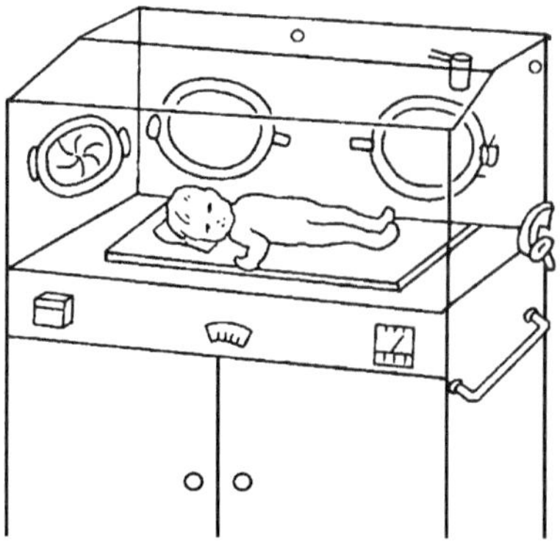

图 2-16　婴儿保温箱

热，温箱避免放置在阳光直射、有对流风或取暖设备附近，以免影响箱内温度。

【操作步骤】

1. 入箱前准备 使用前应将温箱预热，调至28～32℃，预热2小时温度能升到所需温度，此时，红、绿灯交替亮，湿度维持在55%～65%。温箱的温度、湿度应根据患儿体重及出生日龄而定（表2-6）。

表2-6 不同出生体重早产儿温箱的温度、湿度参数

出生体重（g）	温度				相对湿度
	35℃	34℃	33℃	32℃	
1000～1500	出生10天内	10天后	3周后	5周后	55%～65%
1500～2000	—	出生10天内	10天后	4周后	
2000～2500	—	出生2天	2天后	3周后	
＞2500	—	—	出生2天内	2天后	

2. 入箱后护理

(1) 定时测量体温，根据体温调节箱温，并做好记录，在患儿体温未升至正常之前应每小时监测1次，体温正常后可每4小时测1次，注意保持体温在36～37℃，并维持相对湿度为55%～65%。

(2) 一切护理操作应尽量在箱内进行，如喂奶、换尿布、清洁皮肤、观察病情及检查等，可从边门或袖孔伸入进行，以免箱内温度波动。

3. 出箱条件

(1) 患儿体重达2000g或以上，体温正常者。

(2) 在室温24～26℃的情况下，患儿穿衣在不加热的温箱内，能维持正常体温者。

(3) 患儿在温箱内生活了1个月以上，体重虽不到2000g，但一般情况良好者。

【注意事项】

(1) 掌握温箱性能，严格执行操作规程，定期检查有无故障，保证绝对安全。

(2) 观察使用效果，如温箱发出报警信号，应及时查找原因，妥善处理。

(3) 严禁骤然提高温箱温度，以免患儿体温上升造成不良后果。

(4) 工作人员入箱操作、检查、接触患儿前，必须洗手，防止交叉感染。

(5) 保持温箱的清洁：①每天用消毒液及清水擦拭温箱内外，若遇奶渍、葡萄糖液等玷污应随时将污迹擦去，每周更换温箱1次，以便清洁、消毒，定期细菌培养。②湿化器水箱用水每天更换一次，以免细菌滋生；机箱下面的空气净化垫每月清洗1次，如有破损则及时更换。③患儿出箱后，温箱应进行终末清洁消毒。

六、光照疗法

【目的】

光照疗法是一种通过荧光照射治疗新生儿高胆红素血症的辅助疗法。主要作用是使未结合胆红素转变为水溶性异构体，易于从胆汁和尿液中排出体外。

【适应证】

(1) 新生儿病理性黄疸。

(2) 轻度溶血性疾病。

(3) 胆红素代谢先天性缺陷。

【准备】

1. 护士准备　了解患儿诊断、日龄、体重、黄疸的范围和程度、胆红素检查结果、生命体征、精神反应等。操作前戴墨镜、洗手。

2. 物品准备

(1) 光疗箱：一般采用波长 420 ～ 470nm 的蓝光最为有效，还可用绿光、日光灯或太阳光照射，光亮度以单面光 160W、双面光 320W 为宜，双面光优于单面光。灯管与患儿皮肤距离 33 ～ 50cm（图 2-17）。

(2) 遮光眼罩：用不透光的布或纸制成。

3. 患儿准备　患儿入箱前须进行皮肤清洁，眼佩戴遮光眼罩，避免光线损伤视网膜；剪短指甲，防止抓破皮肤；脱去患儿衣裤，全身裸露，只用长条尿布遮盖会阴、肛门部，男婴注意保护阴囊。

4. 环境准备　光疗最好在空调病室内进行，室温至 25 ～ 27℃。

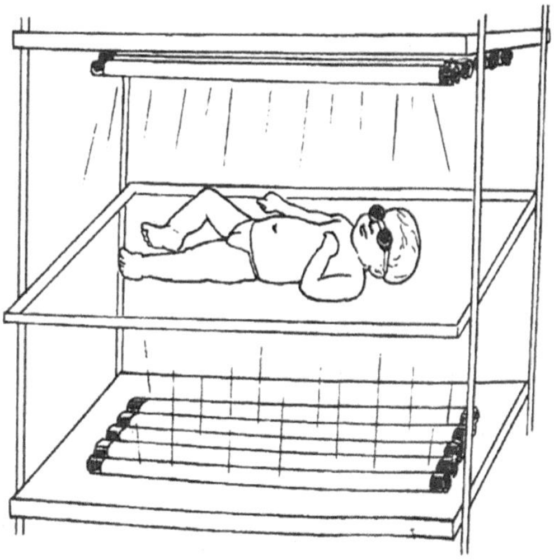

图 2-17　光疗箱

【操作步骤】

1. 准备　光疗前准备清洁光疗箱，特别注意清除灯管及反射板的灰尘。接通电源，检查线路及灯管亮度。使箱温升至患儿适中温度（30 ～ 32℃），相对湿度 55%～ 65%。禁忌在皮肤上涂粉和油类。

> **考点提示：**入蓝光箱患儿要全身裸露，兜尿布，戴眼罩。

2. 入箱　将患儿全身裸露，用尿布遮盖会阴部，佩戴护眼罩，放入已预热好的光疗箱中，记录开始照射时间（图 2-18）。

3. 光疗　使患儿皮肤均匀受光，并尽量使身体广泛照射。若使用单面光疗箱一般每 2 小时更换体位一次，可以仰卧、侧卧、俯卧交替更换。俯卧照射时要有专人巡视，以免口鼻受压影响呼吸。

4. 监测体温和温箱变化　光疗时应每小时测体温 1 次或根据病情、体温情况随时测量，使体温保持在 36 ～ 37℃，根据体温调节箱温。若光疗时体温超过 38.5℃，要暂停光疗。

5. 出箱　一般情况下，血清胆红素＜ 171mmol/L（10mg/dl）时可停止光疗。出箱前，先将患儿衣服预热，再给患儿穿好，切断电源，除去护眼罩，抱回病床，并做好各项记录，如出箱时间、生命体征等。

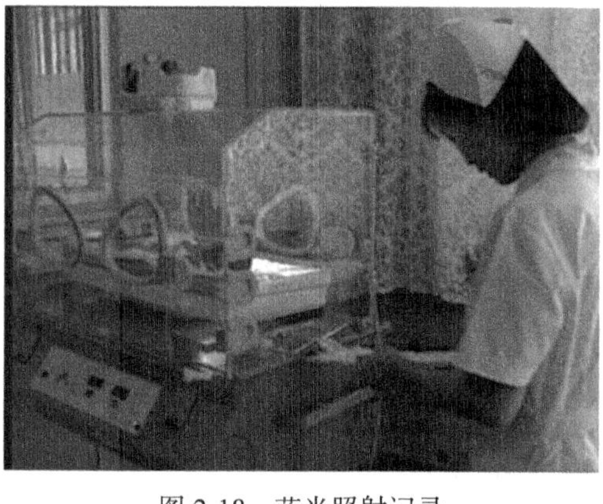

图 2-18　蓝光照射记录

【注意事项】

(1) 保证水分及营养供给：光疗过程中，应按医嘱静脉输液，按需喂奶，保证水分及营养供给，记录出入量。

(2) 严密观察病情：监测血清胆红素变化，以判断疗效；观察患儿精神反应及生命体征；注意黄疸的部位、程度及变化，大小便颜色与性状，皮肤有无发红、干燥、皮疹，有无呼吸暂停、烦躁、嗜睡、发热、腹胀、呕吐、惊厥等；注意吸吮能力、哭声变化。若有异常须及时与医师联系，及时进行处理。

(3) 保持灯管及反射板清洁，并及时更换灯管：每天清洁灯管及反射板，蓝光灯管使用300小时后其能量输出减弱20%，900小时后减弱35%，因此灯管使用1000小时必须更换。

(4) 光疗箱的维护与保养：光疗结束后，关好电源，拔出电源插座，将湿化器水箱内水倒尽，做好整机的清洗、消毒工作，有机玻璃制品忌用乙醇擦洗。光疗箱应放置在干净，温、湿度变化较小，无阳光直射的场所。

(5) 为患儿进行检查、治疗、护理时要戴墨镜，严格交接班。

(6) 肥胖或特别瘦小患儿骶尾部易受压摩擦而引起皮损，要经常更换体位或改用单面光照射。

护考链接

患儿，女，生后7天。诊断为新生儿黄疸，收入院进行蓝光照射治疗。光疗时护士应特别注意的是

A. 保护眼睛　B. 及时喂养　C. 监测血压　D. 保持安静　E. 皮肤清洁

答案：A。

分析：光照治疗是一种通过荧光灯照射治疗新生儿高胆红素血症的辅助疗法，由于蓝光会损伤视网膜，所以在进行蓝光照射时要注意保护双眼，以免失明。故正确答案为A。

小结

本章介绍了儿科护理基础部分。生长发育是小儿特有的，遵循一定的规律。能够运用小儿体格发育的各项指标，认真评价其生长发育状况；指导科学喂养，宣传母乳喂养的优点和及时添加辅食的重要性；指导预防接种和合理用药；了解儿科医疗机构的特点，有效地进行护理管理；掌握儿科常见护理操作。

自测题

A_1 型题

1. 最能反映婴儿营养状况的体格发育指标是
   A. 胸围　B. 牙齿　C. 身长
   D. 体重　E. 头围
2. 对儿童生长发育规律的描述，错误的是
   A. 生长发育是一个连续的过程
   B. 生长发育遵循一定的顺序
   C. 有一定的个体差异性
   D. 各系统器官发育的速度一致
   E. 生长发育是由低级到高级
3. 人体的热能营养素是
   A. 糖类、维生素、矿物质
   B. 糖类、脂肪、蛋白质
   C. 脂肪、糖类、维生素
   D. 蛋白质、脂肪、维生素
   E. 蛋白质、糖类、微量元素
4. 小儿喂养中，若供给糖的比例过少，机体会氧化脂肪产能，此时，机体最可能出现的病理生理改变是
   A. 脱水　B. 水中毒　C. 酸中毒
   D. 碱中毒　E. 氮质血症
5. 纯母乳喂养多长时间最好
   A. 2个月　B. 4个月　C. 6个月
   D. 9个月　E. 12个月
6. 脊髓灰质炎疫苗属于
   A. 灭活疫苗　B. 减毒活疫苗
   C. 类毒素疫苗　D. 组分疫苗
   E. 基因工程疫苗

7. 卡介苗接种的时间是在出生后
A. 出生　B. 7 ~ 10 天　C. 1 个月
D. 3 个月　E. 6 个月
8. 出生后 4 小时的新生儿应预防接种的疫苗是
A. 卡介苗、乙脑疫苗
B. 卡介苗、乙肝疫苗
C. 乙肝疫苗、麻疹疫苗
D. 百白破疫苗、脊髓灰质炎疫苗
E. 脊髓灰质炎疫苗、流脑疫苗
9. 接种活疫苗时，可用作皮肤消毒的是
A. 75% 乙醇　B. 90% 乙醇
C. 0.5% 聚维酮碘　D. 2% 碘酊
E. 0.9% 生理盐水
10. 下列哪项不属于儿科抢救室需配备的设备
A. 心电监护仪　B. 人式呼吸机
C. 供氧设备　D. 玩具柜
E. 喉镜
11. 以下哪项不属于温箱使用的适应证
A. 出生体重低于 2kg 者
B. 早产儿
C. 体温低于正常的新生儿
D. 冬季出生的新生儿
E. 新生儿硬肿症
12. 臀红的预防错误的是
A. 保持臀部清洁干燥，勤换尿布
B. 腹泻患儿应勤洗臀部，涂粉保护
C. 勿用油布或塑料布直接包裹患儿臀部
D. 应选用质地柔软吸水性好的棉织品做尿布
E. 洗涤尿布应漂净肥皂沫
13. 臀红护理的步骤中，描述不妥的是
A. 臀部清洗时禁用肥皂，并避免用小毛巾直接擦洗
B. 采用暴露疗法时应注意保暖
C. 照射臀部时护士离开的时间不能超过 1 小时
D. 臀红涂药时应采用滚动式
E. 用红外线照射臀部时，灯泡距离臀部患处 30 ～ 40cm
14. 更换尿布的操作中不妥的是
A. 暴露下半身，解开污湿的尿布
B. 尿布洁净的上端由后向前擦净会阴部
C. 尿布宜选择质地柔软的棉织品
D. 尿布大小应适宜
E. 更换时动作应轻、快
15. 婴儿沐浴中哪项操作不妥
A. 喂乳后马上洗澡
B. 盆浴时尽量减少身体的暴露
C. 面部禁用肥皂
D. 沐浴中注意观察全身情况
E. 头顶部的皮脂结痂不可用力清洗
16. 水痘患儿禁止使用的药物是
A. 肾上腺糖皮质激素　B. 阿昔洛韦
C. 青霉素　D. 盐酸吗啉胍
E. 红霉素

A_2 型题

17. 患儿男，2 岁，神志清醒。入院后查体：头围 48cm，胸围 49cm，身长 85cm，该小儿的体重是
A. 6kg　B. 8kg　C. 10kg
D. 12kg　E. 14kg
18. 8 个月女婴，提示其发育正常的运动特征是
A. 会抬头　B. 会翻身
C. 会爬行　D. 用手握玩具
E. 独自行走
19. 社区保健室护士正在为一正常小儿体检，小儿体重 7.2kg，身长 65cm，头围 44cm，尚未出牙，能独坐。护士判断该小儿最可能的月龄是
A. 5 个月　B. 6 个月　C. 7 个月
D. 9 个月　E. 12 个月
20. 2 个月婴儿来院体检。护士指导家长每日定时播放音乐，近距离和孩子说话，在房间内张贴鲜艳图片。拿颜色鲜明能发声的玩具逗引孩子，其目的是促进该婴儿
A. 新陈代谢　B. 神经精神发育
C. 消化吸收功能　D. 体格发育
E. 内分泌系统发育
21. 女婴，6 个月。足月儿，体检指标正常，此月龄最适合添加的辅食是
A. 蛋黄　B. 饼干　C. 粥
D. 烂面　E. 土豆泥
22. 某胎龄 35 周早产儿，生后 32 天，冬天出生，母乳喂养。体重已由出生时的 2.0kg 增至 3.0kg。关于母乳成分正确的是
A. 母乳含蛋白质多，尤其是酪蛋白明显高于牛乳
B. 母乳虽不含脂肪酶，但因其脂肪颗粒小，

所以易消化吸收

C. 母乳中含丰富的维生素

D. 母乳中含丰富的矿物质，钙、铁、锌含量高于牛乳

E. 母乳中乳糖含量较高，且以乙型乳糖为主

23. 体重5kg婴儿，每天需8%糖牛奶量应为多少，才能满足机体需要

A. 250ml　B. 300ml　C. 400ml

D. 550ml　E. 650ml

24. 患儿，男，因病理性黄疸住院治疗未及时注射卡介苗。目前患儿3个月，母亲询问何时能补种卡介苗。护士正确的解释是

A. 立即接种

B. PPD试验阴性再接种

C. 6个月再接种

D. 无需接种

E. PPD试验阳性再接种

25. 8个月男婴，在社区准备接种麻疹疫苗。护士在为其消毒时，应采用的消毒剂是

A. 2% 碘酊　B. 0.5% 聚维酮碘

C. 0.9% 生理盐水　D. 75% 乙醇

E. 90% 乙醇

26. 保健中心的护士要给3个月的婴儿口服脊髓灰质炎减毒活疫苗，应告知家长正确的做法是

A. 用温热水送服　B. 用热开水送服

C. 冷开水送服或含服　D. 热开水溶解后服用

E. 服后半小时可饮用热牛奶

27. 患儿，3.5岁，住院后出现尿床，吮吸手指，这种表现说明患儿

A. 与父母分离时的正常表现

B. 不适应

C. 没有安全感

D. 适应能力差

E. 与父母分离出现的退化性行为

28. 张女士，28岁，孕32周早产一女婴，出生体重900g，生命体征弱，体温34.2℃，针对该小儿情况应首选的治疗是

A. 及时给予母乳喂养　B. 按足月儿护理

C. 放置温箱保暖　D. 调整室温

E. 热水袋保暖

29. 给某3岁小儿注射氯丙嗪，应抽取的注射量是（氯丙嗪注射液为25mg/ml，小儿剂量为每次每公斤体重0.5mg）

A. 0.2ml　B. 0.4ml　C. 0.28ml

D. 0.6ml　E. 1ml

30. 新生儿、早产儿用药应特别注意药物的不良反应，下列哪种药物能引起小儿“灰婴综合征”

A. 氯霉素　B. 青霉素　C. 红霉素

D. 庆大霉素　E. 卡那霉素

A_3/A_4 型题

（31、32题共用题干）

有一健康男孩，7岁，要参加学校的体能训练，为了解其身体发育情况，对其进行相关指标测量。

31. 按生长发育公式，此儿童的身高是

A. 100cm　B. 110cm　C. 120cm

D. 124cm　E. 129cm

32. 按生长发育公式，此儿童的体重是

A. 18kg　B. 20kg　C. 22kg

D. 25kg　E. 30kg

（33、36题共用题干）

患儿，女，3个月。母亲带其去儿童保健门诊接种百白破混合制剂。

33. 接种前，护士应询问的内容不包括

A. 家庭史　B. 疾病史

C. 过敏史　D. 目前健康状况

E. 接种史

34. 接种结束后，错误的健康指导是

A. 可以立即回家　B. 多饮水

C. 多休息　D. 饮食需忌口

E. 观察接种后反应

35. 接种结束后，患儿出现烦躁不安、面色苍白、四肢湿冷、脉搏细速等症状。该患儿最可能发生

A. 低血钙　B. 过敏性休克

C. 全身反应　D. 全身感染

E. 低血糖

36. 患儿母亲非常焦虑，不停哭泣。针对患儿母亲的心理护理，错误的是

A. 告诉其当前采取的措施及原因

B. 告知其以往类似情况的处理结果

C. 告诉其患儿目前的状况

D. 帮助其选择缓解焦虑情绪的方法

E. 告诉其不可陪伴患儿，以免交叉感染

（文　政　张菊仙）

3

第3章　新生儿与新生儿疾病患儿的护理

"十月怀胎，一朝分娩"，每个人都沉浸在新生命的来临之中。但是如何更好地护理和喂养新生儿呢？宝宝的皮肤为什么会变黄呢？为什么有的宝宝出生后不会哭呢？你会观察小儿受凉后的反应吗？让我们一起开始本章的内容探究吧！

第1节　正常足月新生儿与早产儿的特点及护理

新生儿是指从出生后脐带结扎开始到生后满28天内的婴儿。新生儿既是胎儿期的延续，又是人类发育的基础阶段。新生儿娩出后，机体内、外环境发生了巨大的变化，各系统、器官发育不甚成熟，生理功能尚未完善，适应外界环境能力差，生活能力低下，易患各种疾病，是小儿时期发病率和死亡率最高的阶段。围生期指产前、产时和产后的一个特定时期，在我国围生期是指从妊娠28周至生后7天的一段时间。国际上常以新生儿期和围生期的死亡率作为衡量一个国家卫生保健水平的重要标准。

一、新生儿的分类

（一）根据胎龄分类

1. 足月儿　指胎龄≥37周至＜42周出生的新生儿（图3-1）。

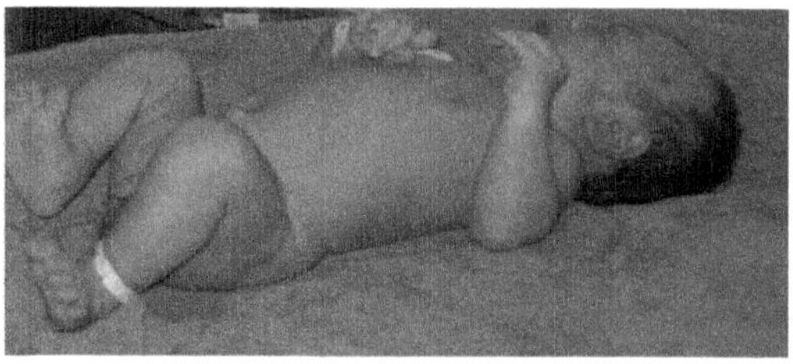

图3-1　足月儿

2. 早产儿　指胎龄＜37周出生的新生儿（图3-2）。其中胎龄＜28周者称为极早早产儿或超未成熟儿。

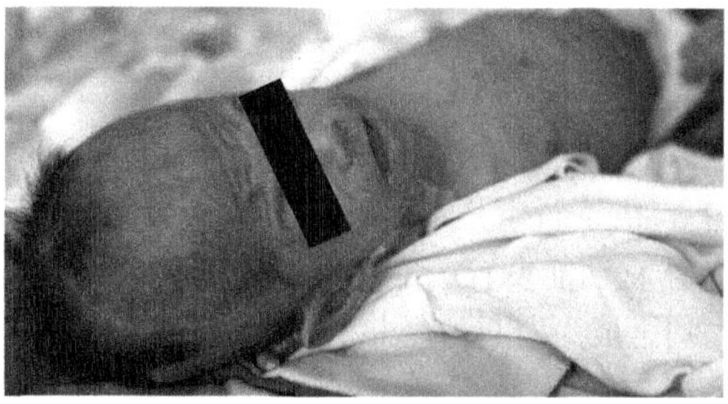

图3-2　早产儿

3. 过期产儿 指胎龄≥42周出生的新生儿。

（二）根据出生体重分类

1. 正常出生体重儿 指出生体重为2500～4000g的新生儿。

2. 低出生体重儿 指出生1小时内体重不足2500g的新生儿，不论是否足月或过期，其中大多数为早产儿或小于胎龄儿。凡体重不足1500g者称极低出生体重儿，体重不足1000g者称超低出生体重儿或微小儿。

3. 巨大儿 指出生体重超过4000g的新生儿，包括正常儿和有疾病的新生儿。

（三）根据出生体重和胎龄的关系分类

1. 适于胎龄儿 指出生体重在同胎龄儿平均体重的第10～90百分位的新生儿。

2. 小于胎龄儿 指出生体重在同胎龄儿平均体重的第10百分位以下的新生儿。我国习惯上将胎龄已足月而出生体重在2500g以下的新生儿称足月小样儿，是小于胎龄儿中最常见的一种，多由于宫内发育迟缓引起。

3. 大于胎龄儿 指出生体重在同胎龄儿平均体重的第90百分位以上的新生儿。

（四）高危儿

高危儿指已经发生或可能发生危重情况而需要积极救治或密切观察的新生儿。包括以下几种：

考点提示：足月儿、早产儿、过期产儿、正常出生体重儿、低出生体重儿的定义。

1. 母亲有异常妊娠史的新生儿 母亲有糖尿病史、孕期阴道流血史、感染史；孕期吸烟、吸毒、酗酒史；妊娠高血压综合征（简称妊高症）、先兆子痫、子痫；过去有死胎、死产史等。

2. 母亲有异常分娩史的新生儿 羊膜早破、羊水胎粪污染、胎盘早剥、前置胎盘、各种难产、手术产、急产、产程延长；分娩过程中使用镇静剂和止痛药物史等。

3. 出生时有异常的新生儿 出生时Apgar评分低于7分、早产儿、极低出生体重儿、小于胎龄儿、大于胎龄儿、脐带绕颈、产伤、各种先天性严重畸形和疾病等。

二、正常足月新生儿的特点及护理

案例3-1

李大妈的儿媳妇，怀孕39周顺产娩出一个男婴，体重3500g，身长52cm，皮肤红嫩，胎毛少，头发分条清楚，足底纹理多。娩出后男婴哭声响亮，四肢呈屈曲状，Apgar评分9分。

问题：

1. 该男婴是正常足月新生儿吗？
2. 如何对该婴儿进行护理？

正常足月新生儿是指胎龄≥37周至＜42周，出生体重≥2500g且≤4000g，身长在47cm以上（平均50cm），无畸形或疾病的活产婴儿。

（一）护理评估

考点提示：正常足月新生儿的定义。

1. 致病因素/健康史 由于新生儿刚刚脱离母体开始独立生活，所处的内、外环境发生了巨大的变化，加之各器官功能发育不完善，适应能力差，若保暖、喂养、护理不当，以及消毒隔离制度不严，均可成为引起新生儿疾病的原因。

2. 身体状况

(1) 外貌特点：足月新生儿出生时哭声响亮，四肢屈曲；皮肤红润，皮下脂肪丰满，全身覆盖胎脂，毳毛少；头发分条清楚有光泽；耳壳软骨发育良好，耳舟成形，直挺；指（趾）甲超过或达到指（趾）端；足底纹理遍及整个足底；乳腺结节＞4mm；男婴睾丸已下降至阴囊，女婴大阴唇可遮盖小阴唇。

(2) 生理特点

1) 皮肤黏膜及脐带：新生儿皮肤薄嫩，血管丰富，易损伤而引起感染。脐带生后 1 ～ 7 天脱落。

2) 体温调节：新生儿体温调节中枢发育不完善，体温调节功能差，故体温不稳定，易随外界环境温度变化而变化，若保暖不当易产生低体温。

3) 呼吸系统：新生儿呼吸中枢发育不成熟，呼吸肌弱，胸腔小，主要靠膈肌运动，为腹式呼吸，呼吸浅表，呼吸节律不规则，呼吸频率较快，安静时约每分钟 40 次。

4) 循环系统：出生后血液循环动力学发生重大改变。新生儿心率波动范围较大，通常为 90 ～ 160 次/分。由于血流多集中于躯干、内脏，而四肢较少，故四肢易发冷，末梢易出现发绀。足月儿血压平均为 70/50mmHg。

5) 消化系统：新生儿胃呈水平位，容量小，贲门松弛，幽门紧张，易发生溢乳。生后 24 小时内排出墨绿色胎粪，2 ～ 3 天排完。若生后 24 小时仍不排胎粪，应检查有无消化道畸形。

6) 泌尿系统：新生儿多在生后 24 小时内开始排尿，如 48 小时仍无尿，需查找原因。新生儿肾脏发育不成熟，易出现脱水、水肿和代谢性酸中毒。

7) 血液系统：足月儿出生时血红蛋白为 170g/L（140 ～ 200g/L）。血红蛋白中胎儿血红蛋白占 70% ～ 80%，以后逐渐被成人型血红蛋白取代。足月儿出生时白细胞计数为（15 ～ 20）$\times 10^9$/L，分类以中性粒细胞为主。血红蛋白和白细胞计数在 1 周后逐步下降。

8) 神经系统：新生儿脑相对较大，皮质功能发育不完善，神经髓鞘形成不完全，故常出现无意识、不协调的动作。足月儿出生时已具备多种暂时性原始反射（拥抱反射、觅食反射、吸吮反射、握持反射），生后数月自然消失。

9) 免疫系统：新生儿特异性和非特异性免疫功能均不成熟。胎儿通过胎盘可从母体得到 IgG，因此，新生儿对一些传染病如麻疹有免疫力而不易感染；而 IgA 和 IgM 则不能通过胎盘传给新生儿，因此，新生儿易患呼吸道、消化道感染和大肠杆菌、金黄色葡萄球菌败血症。

3. 社会、心理状态　初做父母的双亲由于缺乏护理新生儿的知识，不知道如何爱抚新生儿，如何给新生儿哺喂、沐浴、穿衣、更换尿布等；不了解新生儿如何表示饥饿、大小便或不适，故在护理新生儿时经常感到紧张，甚至胆怯。

（二）护理诊断 / 问题

1. 有体温改变的危险　与体温调节功能不成熟有关。

2. 有窒息的危险　与溢乳和呕吐物吸入有关。

3. 有感染的危险　与免疫功能不完善，脐部或交叉感染等有关。

4. 知识缺乏　家长缺乏护理新生儿的经验。

（三）护理目标

(1) 新生儿体温正常。

(2) 新生儿不发生窒息。

(3) 新生儿不发生感染。

(4) 家长学会新生儿护理技术。

(四) 护理措施

1. 有体温改变的护理

(1) 居室环境：阳光充足、空气流通、避免对流风。保持最适宜的环境温度、湿度即中性温度（又称适中温度，是指一种适宜的环境温度。在这个温度下，机体耗氧量最少，代谢率最低，蒸发散热量亦少，又能保持正常的体温）。在中性温度的环境中，新生儿不需消耗额外的能量来产热或降温，更多的能量被用于生长发育。一般正常足月新生儿在穿衣、包裹棉被的情况下，室内温度保持在 22 ～ 24℃，相对湿度达 55% ～ 65%，即可达到中性温度，是维持正常体温的重要条件。

护考链接

患儿，女，足月顺产，日龄 5 天。现母乳喂养，拟出院。家长询问小儿室内应保持的温度，护士正确的告知是

A. 18 ～ 22℃　　B. 20 ～ 22℃　　C. 22 ～ 24℃

D. 24 ～ 26℃　　E. 26 ～ 28℃

答案：C。

分析：一般正常足月新生儿在穿衣、包裹棉被的情况下，室内温度保持在 22 ～ 24℃，相对湿度达 55% ～ 65%，即可达到中性温度，是维持正常体温的重要条件。故正确答案为 C。

考点提示：新生儿的保暖措施。

(2) 保暖：新生儿分娩室室温应在 26 ～ 28℃，出生后应放在远红外辐射台，立即擦干身体，用温暖的棉被包裹后置于中性温度的环境中，并应因地制宜采取不同的保暖措施，如应用婴儿温箱、远红外辐射床、热水袋、添加包被、头戴绒布帽及母体胸前怀抱等，同时须观察体温的变化，使新生儿体温维持在 36.5 ～ 37℃，避免保暖过度、烫伤、窒息等保暖意外。此外，接触新生儿的手、仪器物品等应预热，护理操作时不要过分暴露新生儿。

2. 有窒息危险的护理　喂乳后应竖抱小儿，轻拍背部，待小儿打饱嗝然后取右侧卧位，以防止溢乳和呕吐引起窒息。

3. 有感染危险的护理

(1) 建立隔离、消毒、清洁制度：病室应采用湿式清扫，以免灰尘飞扬。空气最好予以净化或每日用紫外线灯照射 30 分钟。每月对空气、物品及工作人员的手等进行监测；每季度对工作人员做一次咽拭子培养，对患病或带菌者暂时调离新生儿室。对患有感染性疾病者应避免探视新生儿，避免交叉感染。

(2) 严格执行无菌操作制度：工作人员在护理每个新生儿前必须洗手或涂抹消毒液，工作时勿用手接触自己的鼻孔、面部及口腔，切忌将身体倚靠在新生儿床或检查台上，或将检查用具、病历卡随手放在婴儿床上。

考点提示：新生儿皮肤黏膜及脐带的护理。

(3) 皮肤黏膜护理：①勤洗澡，保持皮肤清洁，新生儿沐浴室温应在 26 ～ 28℃，水温在 39 ～ 41℃，沐浴时注意勿使水进入小儿耳、鼻、口和眼内。②每次排便后用温水清洗臀部，或用婴儿湿巾从前向后擦拭干净，勤换尿布，不垫橡胶单塑料布，防止臀红或尿布疹发生。③保持脐带残端清洁和干燥。脐带脱落后，如脐窝有渗出物，可涂 75% 乙醇保持干燥；有脓性分泌物，可先用 3% 过氧化氢溶液清洗，然后涂 2% 碘酊；若有肉芽形成，可用 5% ～ 10% 硝酸银溶液点灼。④注意口腔护理。⑤衣服宜宽大、质软，不用纽扣，易穿、易脱。应选用柔软、吸水性强的尿布。

(4) 预防疾病：新生儿期应接种卡介苗和乙肝疫苗。

4. 知识缺乏的护理

(1) 促进母婴感情建立：正常足月儿提倡早哺乳，一般出生后半小时即可让母亲怀抱新生儿让其吸吮，以促进乳汁分泌。人工喂养者，奶具专用并消毒，乳温、乳速适宜，提倡 24 小时母婴同室和母乳喂养。鼓励母亲通过哺乳、抚摸皮肤、与孩子眼神交流、说话等增加母婴的密切接触，促进母婴感情的建立，使新生儿得到良好的身心照顾，促进其体重增长和智能发育。

(2) 宣传有关育儿保健知识：教会家长新生儿日常护理方法，如更换尿布、沐浴、保暖、喂养等；介绍新生儿日常观察的内容及方法，使家长能及早发现新生儿的异常情况，及早就诊。

(3) 进行新生儿疾病筛查：向家长解释尽早为新生儿筛查甲状腺功能减低症、苯丙酮尿症和半乳糖血症等疾病的重要性，以取得他们的合作。

(4) 进行新生儿访视：新生儿回家后 1 ～ 2 天要初访；5 ～ 7 天周访；半月访视和满月访视。

(5) 向家长提供预防接种及生长发育监测的相关信息。

链接

保护宝宝的听力从听力筛查开始

2011 年 3 月 3 日是我国第 12 个“爱耳日”，主题为：康复从发现开始——大力推广新生儿听力筛查。先天性听力损失是常见致残性疾病之一，已成为全球关注的重大公共卫生问题。正常新生儿中，双侧先天性听力损失的发病率约为 3‰，居目前可筛查的出生缺陷疾病之首。在我国，平均每年大约要新增 2.3 万名听力残疾儿童，而我国目前的新生儿听力筛查率仍然很低。婴儿出生前无法诊断出其是否存在听力障碍，所以，早发现、早诊断、早治疗对于有听力障碍的儿童来说至关重要，可以及时对他们开展早期干预，提高康复效果。

5. 其他护理

(1) 每日除观察新生儿的生命体征，如体温、呼吸、脉搏外，还应密切观察小儿的精神反应、哭声（有无高声尖叫、哭声低弱或不哭）、面色、吸乳情况（有无溢乳、吸吮无力或拒奶等）。注意大、小便及睡眠情况，注意皮肤颜色、有无出血点及化脓感染灶等。如发现异常情况应及时报告医生。

(2) 保持呼吸道通畅：新生儿娩出后，开始呼吸前，应迅速清除口、鼻腔的黏液及羊水，及时清除鼻腔内分泌物。避免物品遮挡新生儿口鼻或压迫其胸部，保持呼吸道通畅。保持新生儿合适的体位，取仰卧位时应避免颈部前屈或过度后仰；俯卧位时应使头偏向一侧，有专人看护，防止窒息。

三、新生儿的特殊生理状态

新生儿刚脱离母体，会有许多不同于成人的生理状况出现，常见的新生儿特殊的生理状态有以下几种：

（一）乳腺肿大

部分新生儿（男、女均可）出生后 3 ～ 5 天出现乳腺肿大如蚕豆或鸽蛋大小，系由于来自母亲体内的雌激素中断所致，一般 2 ～ 3 周自然消退，切忌挤压，以免发生感染。

（二）假月经

部分女婴生后5～7天阴道可见少许血性分泌物，可持续1～3天后自行停止，称假月经，系由于来自母亲体内的雌激素中断所致，一般不必处理。

（三）生理性体重下降

新生儿出生数日内由于进食少、水分丢失及胎粪排出等原因，会出现体重下降，但一般不超过 10%，生后 10 天左右恢复到出生时体重。

（四）生理性黄疸

详见本章第 5 节。

（五）上皮珠

在新生儿口腔上腭中线或齿龈切缘上常有黄白色米粒大小的颗粒，是由上皮细胞堆积或黏液腺分泌物积聚所致，俗称“马牙”，于生后数周至数月自行消退。不可挑割，以免发生感染。

护考链接

新生儿，日龄 5 天。出生体重 3kg，目前体重 2.8kg，妈妈很担心孩子的体重会继续降低，护士向妈妈解释孩子的体重将会恢复正常，下列解释正确的是

A. 3 天内恢复正常　B. 7 天内恢复正常　C. 10 天左右恢复正常

D. 2 周内恢复正常　E. 3 周内恢复正常

答案：C。

分析：新生儿生理性体重下降一般不超过 10%，生后 10 天左右恢复到出生时体重。

考点提示：新生儿的特殊生理状态。

四、早产儿的特点及护理

案例 3-2

张阿姨的宝宝出生半小时，体重 2000g，皮肤毳毛多，头发细软、分条不清，指甲未达到指尖，胸部平坦，足底没有纹理。张阿姨非常担心宝宝体重低，会发育不好。

问题：

1. 该新生儿分类属于哪一种？
2. 示范如何护理这类宝宝？

（一）概述

早产儿是指胎龄不足 37 周，出生体重＜ 2500g，身长＜ 47cm 的活产婴儿。其身体各器官尚未发育成熟，故又称为未成熟儿。

（二）护理评估

1. 致病因素 / 健康史　由于早产儿各器官功能均不成熟，其生活能力、对外界环境

的适应能力及抗病能力比足月儿更差。因此，胎龄越小，体重越低，发病率及死亡率越高。

2. 身体状况

(1) 外貌特点：早产儿出生时哭声低微，四肢肌张力低；皮肤薄嫩多皱纹，发亮有水肿，毳毛多；头发细软，乱如绒线；耳壳缺乏软骨，耳舟不清楚；指（趾）甲未达指（趾）端；足底纹理少；无乳腺结节或＜ 4mm；男婴睾丸未下降至阴囊，女婴大阴唇不能遮盖小阴唇（表 3-1）。

表 3-1　足月儿与早产儿的外观特点

	足月儿	早产儿
外表	四肢屈曲状	肌张力差
皮肤	红润，皮下脂肪丰富，毳毛少	绛红，水肿，发亮，毳毛多
头发	分条清楚	细而卷，乱如绒线
耳壳	软骨发育良好，耳舟成形、直挺	软骨发育不良，耳舟不清
乳腺结节	＞ 4mm（平均 7mm）	无结节，或结节＜ 4mm
指、趾甲	达到或超过指趾尖	未达指趾尖
跖纹	遍及整个足底	少或无纹理
外生殖器	男婴：睾丸已降至阴囊	男婴：睾丸未降至阴囊
	女婴：大阴唇遮盖小阴唇	女婴：大阴唇不能遮盖小阴唇

考点提示：1. 足月儿与早产儿的外观特点。2. 早产儿呼吸暂停现象。

(2) 生理特点：早产儿各系统发育不成熟，调节功能差，表现为生活能力低下，易出现低体温、低血糖、低蛋白血症和出血症，有呼吸暂停现象（指呼吸停止 20 秒以上，伴心率减慢＜ 100 次 / 分，并出现发绀），故应用监护仪监测体温、脉搏、呼吸等生命体征。

3. 社会、心理评估　由于孩子的早产，家长感到失望沮丧。孩子出生后由于需要特殊的监护和治疗，会使父母感到恐惧和悲观，甚至对孩子能否存活、将来的健康状况而感到焦虑。同时，由于初做父母，家长缺乏护理早产儿的经验和知识。

（三）护理诊断 / 问题

1. 体温调节无效　与体温调节功能不成熟、环境温度不良等有关。

2. 不能维持自主呼吸　与呼吸中枢和肺发育不成熟有关。

3. 喂养困难　与吸吮吞咽能力弱和消化吸收功能差有关。

4. 有感染的危险　与免疫功能低下有关。

5. 焦虑　与家长担心早产儿预后及缺乏护理经验有关。

（四）护理目标

(1) 体温稳定在正常范围。

(2) 呼吸道保持通畅，呼吸平稳，无呼吸暂停和发绀发生。

(3) 获得所需的营养，体重逐渐增长。

(4) 皮肤、黏膜、脐部不发生感染。

(5) 家长了解早产儿的预后，焦虑减轻，学会照顾早产儿。

（五）护理措施

1. 体温调节无效的护理

(1) 居室环境：早产儿室温应保持在 24 ～ 26℃，相对湿度在 55% ～ 65%。

(2) 保暖：根据早产儿的体重和成熟度，采取不同的保暖措施，使体温维持在 36.5 ～ 37℃。一般体重小于 2000g 者，应尽早放入婴儿温箱中保暖，并应根据出生体重和胎龄调节暖箱温度，待体重增至 2000g 以上，体温能保持正常，吸吮良好，即可出温箱（详见第 2 章第 6 节）。若无温箱设备可采取其他保暖方法，如热水袋、热炕、电热毯等，但应防止烫伤。体重大于 2000g 在箱外保暖者应给予头部戴帽保暖。

(3) 防止散热：为降低氧耗量和散热量，护理早产儿时，护理人员双手必须温暖，各种操作应集中进行，更衣、换尿布前应先预热衣物；进行必要的医疗护理操作需解包时，应在远红外线辐射床保暖的情况下进行，没有条件者，则应加强保暖，尽量缩短操作时间。

(4) 监测体温：及时调整中性温度。一般每 4 小时测体温 1 次，体温稳定后每日测 2 次并记录。

2. 不能维持自主呼吸的护理

(1) 及时清除呼吸道分泌物，保持呼吸道通畅。

(2) 有缺氧症状者给予低流量间断吸氧，吸氧浓度及时间根据缺氧程度及用氧方法而定，经皮血氧饱和度维持在 90% ～ 95%，一旦症状改善立即停用，以防视网膜病变等氧疗并发症。

链接

什么是早产儿视网膜病变

早产儿视网膜尚未发育完整，若处于高氧环境下，视网膜血管收缩、阻塞，使局部缺血、缺氧，诱发视网膜血管异常增生。异常增生的视网膜血管，穿过内界膜向视网膜表面发展并伸入玻璃体内，由于渗出玻璃体内血管机化，在晶体后形成结缔组织膜而牵拉引起视网膜脱离。

(3) 呼吸暂停时可采用拍打足底、托背等方法帮助早产儿恢复自主呼吸，条件允许可放置水囊床垫，利用水振动减少呼吸暂停发生，必要时静脉滴注氨茶碱或机械正压通气。随时备好氧气、吸痰器、新生儿呼吸复苏囊、直接喉镜、气管导管和急救药品等，若发生异常情况应及时进行抢救。

3. 喂养困难的护理　因早产儿吸吮能力和吞咽反射弱，消化功能差，易呕吐和溢乳，应耐心喂养，以保证营养供给。哺乳后取右侧卧位并注意观察有无溢乳及发绀等发生。

(1) 开乳时间：主张提早喂养以预防低血糖。一般在生后 2 ～ 4 小时试喂 10% 葡萄糖溶液 1 ～ 2 次 (2ml/kg)，成功后可于生后 4 ～ 6 小时开始喂乳。

(2) 乳汁选择：首选母乳，无母乳者可选用早产儿配方乳或低脂牛乳，开始浓度为 1 ： 1（牛乳 ：水），以后逐渐增浓。

(3) 喂乳量与间隔时间：根据出生体重和耐受能力而定，喂乳量以喂乳后不发生呕吐为宜。体重 1000g 以下者，开始喂乳每次 2ml；体重 1000g 以上者，开始喂乳每次 4ml；体重 1500g 以上者，开始喂乳每次 8ml；体重 2000g 以上者，开始喂乳每次 12ml。以后根据消化能力及食欲逐渐加量，一般每次加 1 ～ 2ml。体重 1500g 以下者，喂乳间隔时间为 1 ～ 2 小时；体重 1500g 以上者，喂乳间隔时间为 2 ～ 3 小时。

(4) 喂乳方法：可根据早产儿的生活能力选择不同的喂养方式。有吸吮、吞咽能力者直接哺喂母乳或用奶瓶喂养；有吞咽能力、无吸吮能力者，可用滴管小匙喂养；吸吮、吞咽能力均差者，可采用鼻胃管，鼻肠管喂养或肠道外营养（又称静脉内营养）。

(5) 补充维生素和铁剂：足月儿生后应肌内注射 1 次维生素 K_1，早产儿连用 3 天，以预防出血症；此外，还应补充维生素 A、维生素 D（生后第 2 周补充）、维生素 B、维生素 C、维生素 E 及铁剂（生后 1 个月补充）、叶酸等物质。

(6) 每天详细记录出入量，准确称体重，以便分析、调整营养补充量。

4. 有感染危险的护理　早产儿室内空气最好进行净化，工作人员、母亲要强化洗手意识，严格执行消毒隔离制度，并严格控制参观和示教人数。室内物品应定期更换、消毒，做好暖箱的日常清洁消毒工作，每日更换氧气湿化瓶、吸引器、暖箱水槽中的水，防止细菌滋生。早产儿皮肤屏障功能更差，因此更应加强皮肤、脐带的护理，保持皮肤的完整性和清洁。

（六）健康教育

(1) 鼓励早产儿父母尽早探视及参与照顾早产儿，耐心解答其提出的有关问题。

(2) 指导并示范护理早产儿的方法，指导家长如何冲调奶粉、沐浴、预防接种和门诊随访等。向家长阐明保暖、喂养及预防感染等护理措施的重要性及注意事项。

第 2 节　新生儿窒息患儿的护理

案例 3-3

柴大哥的儿子，出生 6 小时。胎膜早破 4 小时，羊水呈黄绿色，黏稠状。胎心率减慢，95 次/分，剖宫产娩出，脐带绕颈 2 周。出生后 1 分钟 Apgar 评分 5 分。体检：神志清楚，呼吸不规则，哭声低弱，四肢青紫，肌张力低下。

问题：

1. 该患儿的主要护理诊断是什么？
2. 应及时采取的护理措施是什么？

一、疾病概述

新生儿窒息是指胎儿娩出后 1 分钟内无自主呼吸或未建立规律呼吸的缺氧状态。本病是新生儿死亡及伤残的重要原因之一，国内发病率为 5% ～ 10%。

新生儿窒息的病因是缺氧。胎儿或新生儿窒息缺氧时，初起 1 ～ 2 分钟呼吸深快，如缺氧未及时纠正，即转为呼吸抑制和反射性心率减慢，此为原发性呼吸暂停。此时患儿肌张力存在，血管轻微收缩，血压升高，循环尚好，但有发绀，如及时给氧或予以适当刺激，仍能恢复呼吸。如缺氧持续存在，患儿出现喘息样呼吸，心率继续减慢，血压开始下降，肌张力消失，面色苍白，呼吸运动减弱，进入继发性呼吸暂停，如无外界正压呼吸帮助则无法恢复而死亡。

考点提示： 新生儿窒息的病因是缺氧。

引起新生儿窒息的原因有孕母因素、分娩因素和胎儿因素，可分为宫内窒息及生后窒息，严重时可引起新生儿多系统功能受损。治疗要点为预防及积极治疗孕母疾病、早期预测、及时复苏及复苏后处理。

二、护理评估

（一）健康史 / 致病因素

1. 孕母因素　母亲患糖尿病，严重贫血和心、肾等全身性疾病，患妊娠高血压、胎盘异常等产科疾病；孕母吸毒、吸烟；孕母年龄大于 35 岁或小于 16 岁等。

2. 分娩因素 因脐带打结、受压、绕颈、脱垂等造成脐带血流中断；难产、手术产、产科中麻醉剂等使用不当。

3. 胎儿因素 各种高危新生儿、早产儿、小于胎龄儿；羊水或胎粪吸入气道；宫内感染所致神经系统受损。

了解孕母有无慢性疾病、妊娠合并症，有无胎盘和脐带的异常；评估新生儿有无畸形、胎粪和羊水吸入等；了解是顺产还是难产，有无过度使用麻醉剂等。

（二）身体状况

1. 胎儿缺氧（宫内窒息） 早期胎动增加，胎心率加快，≥ 160 次/分；晚期胎动减少甚至消失，胎心率变慢或不规则，＜ 100 次/分，羊水被胎粪污染呈黄绿色或墨绿色。

2. 生后窒息 Apgar 评分（表 3-2）是一种临床上评价新生儿窒息程度的简易方法。内容包括心率、呼吸、对刺激的反应、肌张力和皮肤颜色五项，每项 0 ～ 2 分，总共 10 分。8 ～ 10 分为正常，4 ～ 7 分为轻度窒息，0 ～ 3 分为重度窒息。出生后 1 分钟评分可区别窒息程度，5 分钟及 10 分钟评分有助于判断复苏效果和预后。

(1) 轻度（青紫）窒息：1 分钟 Apgar 评分 4 ～ 7 分。新生儿全身皮肤呈青紫色；呼吸表浅或不规律；心跳规则且有力，心率减慢（80 ～ 120 次/分）；对外界刺激有反应，喉反射存在；肌张力好，四肢稍屈。若不及时治疗，可转变为重度窒息。

(2) 重度（苍白）窒息：1 分钟 Apgar 评分 0 ～ 3 分。新生儿皮肤青紫或苍白；无呼吸或呼吸微弱；心跳微弱且不规则，心率少于 80 次/分；对外界刺激无反应，喉反射消失；肌张力松弛。如不及时抢救可致死亡。

考点提示：新生儿 Apgar 评分方法。

表 3-2 新生儿 Apgar 评分标准

体征	出生后 1 分钟内		
	0 分	1 分	2 分
心跳次数（次 / 分）	0	＜ 100	＞ 100
呼吸	无	浅表，哭声弱	正常，哭声响
肌张力	松弛	四肢略屈曲	四肢活动
弹足底或导管插鼻反应	无反应	有些动作	哭，喷嚏
皮肤颜色	紫或白	躯干红，四肢紫	全身红

护考链接

患儿，女，足月儿，出生后 1 分钟评估患儿情况，躯干皮肤红色，四肢较紫，心率 120 次 / 分，哭声响亮，肌张力好，呼吸 45 次 / 分，该足月儿最终的 Apgar 评分是

A. 6 分 B. 7 分 C. 8 分 D. 9 分 E. 10 分

答案： D。

分析： 根据 Apgar 评分方法，足月新生儿，出生后 1 分钟，心率 120 次/分，2 分；呼吸 45 次 / 分，2 分；躯干皮肤红色，四肢较紫，1 分；四肢肌张力好，2 分，哭声响亮，2 分。Apgar 评分总分 2 分，故正确答案为 D。

(3) 各器官受损表现：窒息、缺氧缺血造成多器官损伤。①心血管系统：轻症时传导系统和心肌受损；严重者可有心源性休克或心力衰竭。②呼吸系统：易发生羊水栓塞或胎

粪吸入综合征、肺出血、肺动脉高压、肺透明膜病、呼吸暂停等。③泌尿系统：可发生急性肾衰竭、肾静脉栓塞等。④神经系统：主要是缺氧缺血性脑病和颅内出血。⑤消化系统：可有应激性溃疡和坏死性小肠结肠炎或黄疸加重等。⑥代谢方面：可有低血糖、低钠血症、低钙血症等。

（三）社会、心理状态

患儿家长因缺乏新生儿窒息的有关知识，担心发生不良后果，会产生焦虑、失望、恐惧等心理反应，也会带来一系列社会问题。

（四）辅助检查资料

血气分析可显示呼吸性酸中毒或代谢性酸中毒。当胎儿头皮血 pH ≤ 7.25 时提示胎儿有严重缺氧。出生后应多次检测 pH、$PaCO_2$、PaO_2，并根据病情选择检测血糖、血电解质、血尿素氮及肌酐等生化指标。

三、护理诊断 / 问题

1. 气体交换受损　与羊水、气道分泌物吸入导致低氧血症和高碳酸血症有关。

2. 体温过低　与缺氧有关。

3. 焦虑（家长）　与病情危重及预后不良有关。

四、护理目标

(1) 患儿维持正常的呼吸形态，无呼吸暂停现象。

(2) 维持患儿体温在正常范围。

(3) 家长获得相关医疗信息，焦虑减轻。

五、护理措施

（一）复苏

新生儿窒息的复苏应由产科及儿科医生、护士共同合作进行。

1. 复苏程序　严格按照 A → B → C → D 步骤进行，顺序不能颠倒。

(1) 通畅气道（A）：要求在生后 15 ～ 20 秒内完成。①新生儿娩出后立即置于远红外或其他方法预热的保暖台上；②温热干毛巾拭干头部及全身，减少散热；③摆好体位，肩部垫高 2 ～ 2.5cm，使头颈部轻微后仰；④立即吸净口、咽、鼻黏液，吸引时间不超过 10 秒，先吸口腔再吸鼻腔黏液。

(2) 建立呼吸（B）：①触觉刺激：拍打足底和摩擦新生儿背部促使呼吸出现。新生儿经触觉刺激后，如出现正常呼吸、心率＞ 100 次/分、肤色红润或仅手足青紫者可予观察；②正压通气：触觉刺激无自主呼吸建立或心率＜ 100 次/分，应立即用复苏器加压给氧；面罩应密闭遮盖下巴尖端、口鼻，但不盖住眼睛；通气频率为 40 ～ 60 次/分，吸呼比为 1 ：2，压力以可见胸动和听诊呼吸音正常为宜。15 ～ 30 秒后再评估，如心率＞ 100 次/分，出现自主呼吸可予以观察；如无规律呼吸或心率＜ 100 次/分，须进行气管插管正压通气。

(3) 恢复循环（C）：气管插管正压通气 30 秒后，心率＜ 60 次/分或心率在 60 ～ 80 次/分不再增加，应同时进行胸外心脏按压。可采用双拇指法：新生儿仰卧，操作者双拇指并排或重叠于患儿胸骨体下 1/3 处，其他手指围绕胸廓托在后背；中、示指法：操作者一手的中、

考点提示：新生儿心肺复苏胸外按压的频率。

示指按压胸骨体下1/3处，另一只手或硬垫支撑患儿背部。按压频率为120次/分（每按压3次，正压通气1次），按压深度为1.5～2.0cm，按压放松过程中，手指不离开胸壁；按压有效时可摸到股动脉搏动。

(4) 药物治疗 (D)：①建立有效的静脉通路；②保证药物的应用：胸外心脏按压不能恢复正常循环时，遵医嘱给予1∶10 000肾上腺素0.1～0.3ml/kg，首选脐静脉注入或气管导管内注入，剂量为1∶10 000肾上腺素0.3～1.0ml/kg；如心率仍＜100次/分，可根据病情酌情使用纠酸、扩容剂，有休克症状者可给多巴胺或多巴酚丁胺；对其母在婴儿出生前6小时内曾用过麻醉药者，可用纳洛酮静脉或气管内注入。

2. 复苏后监护 主要内容为生命体征、尿量、肤色和窒息所导致的神经系统症状；注意酸碱失衡、电解质紊乱、大小便异常、感染和喂养问题。认真观察并做好相关记录。

考点提示：新生儿抢救过程中应注意保暖，维持肛温36.5～37℃。

（二）保温

治疗过程中应注意患儿的保温，可将患儿置于远红外辐射保暖床上，病情稳定后置温箱中保暖或用热水袋保暖，维持患儿肛温36.5～37℃。

六、健康教育

(1) 加强孕晚期保健，积极预防及治疗孕母疾病；早期预测胎儿娩出后有窒息危险时，应充分做好准备工作，包括人员、仪器和物品等。

(2) 耐心细致地解答病情，告诉家长患儿目前的情况和可能的预后，帮助家长树立信心，促进父母角色的转变。

第3节　新生儿缺氧缺血性脑病患儿的护理

案例3-4

孕妇张女士超过预产期10天了，脐带绕颈1周，于2016年3月28日剖宫产娩出一个男婴。该男婴出生时脸色发青，不哭，经复苏抢救后，仍反应迟钝，吃奶、喝水都吐，哭一会儿嘴唇会哆嗦，前囟略饱满，四肢软，诊断：缺氧缺血性脑病。

问题：

1. 该患儿的主要病因是什么？
2. 首选什么药物降颅压与止惊？

一、疾病概述

新生儿缺氧缺血性脑病是由于围生期各种因素引起的脑血流减少、缺氧而导致胎儿及新生儿的脑损伤，是新生儿窒息后严重并发症之一。本病病情重，病死率高，常并发永久性神经功能障碍如智力低下、癫痫、脑性瘫痪等。

凡是造成胎儿或新生儿血氧浓度降低的任何因素均可引起窒息而导致脑组织缺氧缺血性损害。

缺氧缺血性脑病的发病机制与脑血流改变、脑组织生化代谢改变和神经病理学改变有关。

新生儿缺氧缺血性脑病临床上分为轻、中、重三度（表3-3）。

表 3-3　新生儿缺氧缺血性脑病临床分度

临床表现	分度		
	轻度	中度	重度
意识	兴奋	嗜睡	昏迷
肌张力	正常	减低	松软
原始反射			
拥抱反射	活跃	不完全	消失
吸吮反射	正常	减弱	消失
惊厥	可有肌阵挛	常有	多见，频繁发作
中枢性呼吸衰竭	无	有	严重
瞳孔改变	正常或扩大	常缩小，对光反射迟钝	不对称或扩大
前囟张力	正常	正常或稍饱满	饱满，紧张
病程及预后	症状在 72 小时内消失，预后好	症状在 14 天内消失，可能有后遗症	症状可持续数周，病死率高，存活者多有后遗症

治疗原则是给氧、控制惊厥、降低颅内压、控制液体量、纠正酸中毒、低血糖及低血压，及时给予脑代谢激活剂，以减少并发症及后遗症。

二、护理评估

考点提示： 新生儿缺血缺氧性脑病最主要的致病因素是围生期窒息。

（一）致病因素 / 健康史

缺氧是发病的核心，最主要的致病因素是围生期窒息。另外，出生后心脏病变、肺部疾患及严重失血或贫血也可引起脑损伤。

（二）身体状况

主要表现为意识改变与肌张力变化，根据病情可分为轻、中、重三度。

1. 轻度　生后 12～24 小时内症状最明显，常表现为兴奋、激惹、肢体及下颏可出现抖动，于 3～5 日后症状逐渐减轻或消失，预后良好。

2. 中度　生后 24～72 小时症状最明显，常表现为轻度抑制症状，如意识淡漠、嗜睡、反应迟钝、肌张力降低、吸吮和拥抱反射均减弱、瞳孔缩小、对光反应迟钝，可出现惊厥，预后不定。

考点提示： 新生儿缺血缺氧性脑病轻、中、重度的鉴别要点。

3. 重度　出生至 72 小时症状最明显，突出表现为重度抑制状态，如昏迷、深浅反射消失、肌张力低下、惊厥频繁、呈去大脑强直状态，严重时呼吸衰竭。死亡率高或留有永久性后遗症。

（三）社会、心理状态

本病死亡率高或留有永久性后遗症，由此家长极易产生焦虑、恐惧、悲伤和失望心理，治疗积极性不高，有的家长甚至做出遗弃孩子的行为，由此带来很多社会问题。

（四）辅助检查资料

头颅 B 超检查、CT 检查、脑电图和磁共振成像等均可提供诊断和判断预后。

三、护理诊断 / 问题

1. 潜在并发症 颅内压增高。

2. 有失用综合征的危险 与缺氧缺血后脑损伤导致后遗症有关。

3. 恐惧（家长） 与病情预后不良有关。

四、护理目标

(1) 患儿颅内压维持正常，生命体征平稳。

(2) 患儿减少失用综合征发生的机会及程度。

(3) 家长获得相关的医疗信息和心理支持，心理压力减轻。

五、护理措施

（一）潜在并发症的护理

密切观察患儿呼吸、意识、体温、心率、血压；监测患儿前囟张力、肌张力改变。如有惊厥、瞳孔大小不等和对光反应迟钝或消失、呼吸节律改变等，提示有颅内压增高的可能。应遵医嘱首选苯巴比妥钠止惊，如效果不佳时可选用地西泮等药物止惊，但应注意对呼吸中枢的抑制；首选呋塞米降低颅内压，也可选 20% 甘露醇降低颅内压。

及时清理呼吸道分泌物和呕吐物，保持呼吸道通畅；发现呼吸暂停及时给予皮肤刺激及人工辅助呼吸；合理用氧，酌情予以不同方式氧疗，如头罩、鼻导管给氧等，必要时及时进行高压氧治疗。

（二）预防失用综合征的护理

为防止、减轻后遗症，遵医嘱给予胞磷胆碱、脑活素等脑代谢激活剂。对疑有运动功能障碍者，将其肢体固定于功能位，早期给予患儿动作训练和感知刺激等干预措施，应多抚触患儿，以进行情感的交流，促进脑功能恢复。

（三）心理护理

(1) 向家长讲解本病的严重性及可能出现的后遗症，耐心细致地解答相关医疗知识，并给予心理上的安慰，减轻他们的恐惧心理。

(2) 解释只要早期进行功能训练和智能开发可减轻后遗症症状，为家长提供心理、社会支持，改变家庭应对能力。

（四）其他护理

1. 保暖 置患儿于中性温度的环境中，维持患儿体温在 36.5℃左右，减少氧的消耗。

2. 供给液体与营养 轻症患儿可直接哺喂母乳或采用奶瓶喂养，吸吮反射弱者可采用滴管或鼻饲喂养，重症患儿可遵医嘱给予全静脉营养。

六、健康教育

(1) 建议家长尽早带孩子到有条件的医院进行新生儿行为神经测定，以早期发现脑损伤引起的异常，尽早采取护理干预对策。

链接

新生儿干预

影响儿童智能发育的后天因素有环境高危因素和生物学高危因素。围生高危儿（如早产儿和低体重儿、围生期窒息、持续低氧、颅内出血等）属于后者。早期干预是指一种有组织、有目的的丰富环境的教育活动，使发育偏离正常或有可能偏离正常的 5 ～ 6 岁以前，特别是 3 岁以前小儿的智能有所提高，或赶上正常儿童的发育。新生儿期可在母婴室由专业人员或指导家长进行干预。干预方式有听觉、视觉、触觉刺激和前庭运动刺激等。

⑵ 指导家长对有后遗症的患儿进行智能开发，对瘫痪患儿进行皮肤护理和运动功能训练，强调出院后患儿应继续使用促脑细胞代谢等药物恢复脑细胞功能。

第 4 节　新生儿颅内出血患儿的护理

案例 3-5

李女士的宝宝是足月臀位产儿，生后第 2 天突然开始抽搐，出现阵发性发绀及呼吸暂停，有时尖叫，不好好吃奶。经检查发现孩子前囟饱满，肌张力下降，经过一系列实验室检查，最后诊断：颅内出血。

问题：

1. 该患儿应采取什么体位?
2. 如何对李女士进行健康指导?

一、疾病概述

新生儿颅内出血是由产伤或缺氧等原因引起的脑血管损伤，是新生儿期最严重的脑损伤。早产儿多见，死亡率高，存活者常遗留有神经系统后遗症。

新生儿颅内出血的病因主要为产伤及缺氧。输注高渗液体、输液过快、频繁吸引等均可导致颅内出血。临床主要表现为神经系统的兴奋症状（早期）或抑制症状，以及神经系统定位体征。并发症为颅内压增高及神经系统后遗症等。

治疗原则是给氧，控制惊厥，止血，降低颅内压，纠正酸中毒、低血糖、低血压，并及时给予脑代谢激活剂，减少并发症及后遗症。

二、护理评估

（一）致病因素 / 健康史

1. 产伤　因胎头过大、头盆不称、急产、臀位产、高位产钳或负压吸引助产等使胎儿头部受挤压和牵拉而引起产伤性颅内出血。大脑表面静脉撕裂常伴有蛛网膜下腔出血。以足月儿或巨大儿多见。

2. 缺氧　见于围生期重度窒息，尤其是胎儿严重宫内窘迫或 Apgar 评分 0 ～ 3 分的重度窒息者，经复苏抢救时间超过 10 分钟未能建立有效的呼吸循环而发生缺氧和酸中毒的状况。以早产儿多见。

3. 其他 快速输入高渗溶液或机械通气不当等使血压波动过大，或频繁进行头皮静脉穿刺、搬动、吸痰、气管插管等操作而造成头部过分受压的医源性因素。

（二）身体状况

主要与出血部位和出血量有关，轻者可无症状，大量出血者可在短期内死亡。常见的症状与体征有：①意识改变：激惹、嗜睡或昏迷；②呼吸改变：增快或减慢，不规则或暂停；③颅内压增高：前囟隆起、血压增高、抽搐、角弓反张、脑性尖叫；④眼征：凝神、斜视、眼球上转困难、眼球震颤等；⑤瞳孔对光反射消失；⑥肌张力：增高、减弱或消失；⑦其他：不明原因的苍白、贫血和黄疸。

考点提示：新生儿颅内出血的症状和体征。

根据出血部位不同，临床上分为以下几型：①脑室周围 - 脑室内出血；②原发性蛛网膜下腔出血；③脑实质出血；④硬膜下出血；⑤小脑出血。

（三）社会、心理状态

家长对本病的严重性、预后缺乏认识，如果孩子致残家长会出现焦虑、内疚、失望和悲伤等心理反应。有的家长甚至会做出遗弃孩子的选择来摆脱自身的痛苦，进而带来一系列社会问题。

（四）辅助检查资料

脑 CT 和脑 B 超等检查可提供出血部位和范围，有助于确诊和判断预后。脑脊液检查如发现呈均匀血性或有皱缩红细胞有助于诊断。

三、护理诊断 / 问题

1. 潜在并发症 颅内压增高。

2. 低效性呼吸形态 与呼吸中枢抑制有关。

3. 营养失调：低于机体需要量 与患儿意识障碍、昏迷有关。

4. 焦虑 与担心疾病预后和后遗症有关。

护考链接

早产儿，生后16小时。第二产程延长，吸引器助产，出生时窒息2分钟，复苏后嗜睡、尖叫。查体：体温36℃，口周略青，前囟饱满，心肺(-)。

1. 该患儿的临床诊断为

A. 新生儿化脓性脑膜炎　B. 新生儿破伤风　C. 新生儿脐炎
D. 新生儿颅内出血　E. 新生儿败血症

2. 该患儿首要的护理诊断为

A. 有窒息的危险　B. 有受伤的危险　C. 有感染的危险
D. 营养不良　E. 潜在并发症：脑疝

答案：1. D。2. E。

分析：根据题干早产儿，生后16小时，第二产程延长，吸引器助产，出生时窒息2分钟，复苏后嗜睡、尖叫。查体：体温36℃，口周略青，前囟饱满，心肺(-)。患儿有窒息史，体温正常，前囟饱满，该患儿最可能的诊断为新生儿颅内出血。故第1题的正确答案为D。由于患儿有颅内出血，颅内压增高，所以该患儿首要的护理诊断为潜在并发症脑疝的发生。故第2题的正确答案为E。

四、护理目标

(1) 患儿颅内压恢复正常，生命体征平稳。

(2) 患儿维持正常的呼吸形态，无呼吸暂停现象。

(3) 患儿能够获得所需的热量和水分。

(4) 家长获得相关医疗信息，焦虑减轻。

五、护理措施

(一) 潜在并发症的护理

1. 严密观察病情 密切观察患儿呼吸、意识、体温、心率、血压；监测患儿前囟张力、囟门有无隆起、肌张力改变；注意有无惊厥、对光反射迟钝或消失、烦躁、脑性尖叫等颅内压增高的表现；观察有无瞳孔大小不等、呼吸节律改变等脑疝及呼吸衰竭表现；发现问题及时报告医生，并做好抢救准备。

考点提示： 新生儿颅内出血的病情观察内容。

并发高颅压者，遵医嘱给予镇静剂、止血剂、脱水剂及苯巴比妥钠、地西泮等止惊剂；地西泮静脉注射要缓慢，以免抑制呼吸中枢；给予维生素 K_1、酚磺乙胺（止血敏）等药物控制出血，贫血患儿输入少量新鲜血浆或全血；遵医嘱首选呋塞米降颅内压，严重时可给予甘露醇降颅压；为防止、减轻后遗症，遵医嘱给予胞磷胆碱、脑活素等脑代谢激活剂。

2. 保持安静 为防止出血加重和减轻脑水肿，应将患儿头肩部抬高 15°～30°，取侧卧位；绝对静卧减少搬动，喂乳时不能抱喂；除臀部护理外，免去其他清洁护理，各项护理操作集中进行，避免引起小儿烦躁而加重缺氧和出血；在进行头皮静脉穿刺、面罩加压吸氧、气管插管等操作时，动作要轻、稳、准，静脉穿刺最好用留置针，减少反复穿刺。

(二) 低效性呼吸形态的护理

(1) 遵医嘱降低颅内压。

(2) 合理用氧可减轻颅内出血，注意给氧的方式和浓度，以维持 PaO_2 在 7.9～10.6kPa 60～80mmHg)。呼吸困难者给氧，呼吸暂停过于频繁者应采用人工呼吸机。

(3) 根据医嘱使用呼吸兴奋剂。

(4) 及时清除呼吸道分泌物，避免外在因素如奶瓶、被子遮盖等压迫患儿，引起窒息。

(三) 营养失调的护理

病情稳定后让患儿自行吸吮或滴管喂养，不能吸吮者可给予鼻饲。因患儿脑水肿，故输液量不宜过多，总液量按每日 60～80ml/kg 计算，以保证生理需要量为准，且输液速度应慢。

(四) 其他护理

维持正常体温，注意保暖，维持中性温度，病初一般宜置于保温箱中。

(五) 心理护理

要耐心解释家长所提出的问题，并安慰家长，以减轻其心理压力和焦虑程度。尽早指导功能训练。

六、健康教育

(1) 建议家长尽早带孩子到有条件的医院进行新生儿行为神经测定，及早发现脑损伤的异常，尽早采取护理干预对策。

(2) 若有后遗症出现，应尽早指导功能训练。指导家长对有智能低下的患儿及早进行智能开发，配合理疗、体疗进行肢体运动功能的康复训练，以改善后遗症症状。继续服用脑代谢激活药物。

第 5 节　新生儿黄疸患儿的护理

案例 3-6

吴阿姨发现宝宝出生第 2 天皮肤黄染，呈进行性加重，吃奶好，胎粪排出正常，无呕吐、惊厥。吴阿姨的血型为 O 型，Rh(+)，宝宝的血型为 A 型，Rh(+)，血清胆红素浓度：303μmol/L。经进一步检查，诊断为新生儿溶血病。

问题：

1. 该宝宝黄疸的治疗措施有哪些？
2. 在疾病过程中，宝宝出现了嗜睡、尖叫、肌张力下降，胆红素上升至 385μmol/L，可能发生了什么情况？

一、疾病概述

新生儿黄疸指新生儿时期发生的血清胆红素浓度过高而引起的皮肤、黏膜、巩膜和组织被黄染的症状，分为生理性黄疸和病理性黄疸。严重者可发展为胆红素脑病（核黄疸），引起严重后遗症。

（一）新生儿胆红素代谢特点（图 3-3）

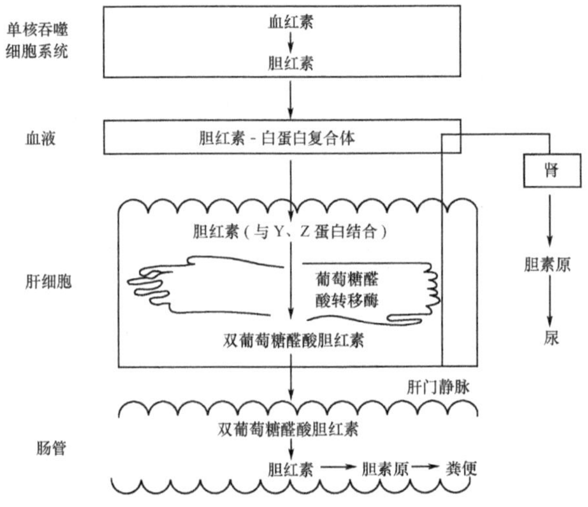

图 3-3　胆红素代谢示意图

（1）胆红素产生较多：由于胎儿血氧分压低，红细胞代偿性增加，出生后血氧分压升高，过多的红细胞被破坏。

考点提示：新生儿胆红素代谢特点。

（2）肝细胞 Y、Z 蛋白不足：致使肝脏对胆红素的摄取不足。

（3）肝脏酶发育不完善：肝内脲苷二磷酸葡萄糖醛酸转移酶的数量及活力不足。

（4）肠肝循环特点：新生儿肠道的正常菌群未建立，不能将胆红素转化成尿胆原和粪胆原，而此时肠道的 β- 葡萄糖醛酸苷酶活性高，使肠道的结合胆红素转变成未结合胆红素吸收入血。

（5）排泄结合胆红素能力差。

（二）新生儿黄疸的分类

1. 生理性黄疸 其特点为：①一般情况良好；②足月儿生后 2 ～ 3 天出现黄疸，4 ～ 5 天达高峰，5 ～ 7 天消退，最迟不超过 2 周，早产儿可延至 3 ～ 4 周，血清胆红素足月儿＜ 221μmol/L（12.9mg/dl），早产儿＜ 256μmol/L（15mg /dl）。

2. 病理性黄疸 其特点为：①黄疸出现早（生后 24 小时出现）；②黄疸程度重，血清胆红素足月儿＞ 221μmol/L（12.9mg/dl），早产儿＞ 256μmol/L（15mg/dl），或每日上升＞ 85μmol/L，当血清胆红素＞ 342μmol/L，可引起胆红素脑病（核黄疸）；③黄疸进展快；④黄疸持续时间长，足月儿＞ 2 周以上，早产儿＞ 4 周以上；⑤黄疸进行性加重或者退而复现。

考点提示：生理性黄疸和病理性黄疸的特点。

（三）黄疸的治疗

生理性黄疸常不需要特殊治疗，病理性黄疸除积极治疗原发疾病外，其治疗要点为：①采用蓝光疗法；②提倡早期喂养，诱导建立正常菌群，减少肝肠循环；③保持大便通畅，减少肠壁再吸收胆红素；④保护肝脏，不使用对肝脏有损害及可能引起溶血、黄疸的药物；⑤控制感染，注意保暖，供给营养，及时纠正酸中毒和缺氧；⑥根据病情，适当输入血浆和白蛋白，降低游离的胆红素。

考点提示：黄疸的治疗。

二、护 理 评 估

（一）致病因素 / 健康史

应重点评估黄疸出现的时间及程度。

1. 感染性疾病

（1）新生儿败血症：是由于细菌毒素加快红细胞破坏及损害肝功能所致。

（2）新生儿肝炎综合征：大多为胎儿在宫内由病毒感染所致，以巨细胞病毒最常见。其他为乙型肝炎病毒、风疹病毒、单纯疱疹病毒、梅毒螺旋体和弓形体等所致。

2. 非感染性疾病

（1）新生儿溶血病：是指母婴血型不合引起的新生儿同种免疫性溶血，以 ABO 血型不合为最常见，约占 70%，Rh 血型不合约占 30%。

（2）新生儿胆道闭锁：宫内病毒感染所导致的生后进行性胆管炎、胆管纤维化和胆管闭锁。

（3）母乳性黄疸：大约 1% 母乳喂养的婴儿可发生母乳性黄疸。

（二）身体状况

生理性黄疸除黄疸外，一般情况好。不同病因引起的病理性黄疸有不同的特点。

1. 感染性疾病

(1) 新生儿败血症：有感染灶、全身感染中毒症状、肝脾肿大、出血倾向、血象改变和血培养阳性。

(2) 新生儿肝炎：黄疸出现晚，伴厌食、大便色浅、肝脾肿大和肝功能异常等。

2. 非感染性疾病

(1) 新生儿溶血症：黄疸在生后24小时出现，呈进行性加重，每日胆红素上升超过5mg/dl，伴贫血、水肿、肝脾肿大等。血清中未结合胆红素增高，透过血脑屏障使大脑神经核黄染、变性，产生神经系统症状称胆红素脑病（核黄疸）。患儿可出现喂养困难、肌张力下降、生理反射减弱或消失，继而很快出现双目凝视、角弓反张、前囟隆起、尖叫、惊厥等症状。该症病死率高，存活者可留下智力低下等后遗症。

考点提示： 不同病因所致的黄疸和胆红素脑病的临床特点。

(2) 新生儿胆道闭锁：黄疸进行性加重、肝进行性肿大，粪便呈灰白色，血清结合胆红素增高为主。

(3) 母乳性黄疸：黄疸出现时间同生理性黄疸，一般情况良好，有停止哺乳2～3日，黄疸即可下降的特点。

（三）社会、心理状态

家长对新生儿黄疸的病因、并发症和预后等知识缺乏，表现出担忧、焦虑或忽视。

（四）辅助检查资料

根据情况可做血常规、网织红细胞、血清胆红素、血型（母、婴）、肝功能等检查。

三、护理诊断/问题

1. 潜在并发症 胆红素脑病。

2. 焦虑（家长） 与担心黄疸预后有关。

四、护理目标

(1) 患儿血清胆红素下降，黄疸减轻。

(2) 家长情绪稳定，配合医护工作。

五、护理措施

（一）潜在并发症的护理

(1) 遵医嘱进行蓝光疗法（详见第2章第6节）和换血疗法（清除血清中的特异性抗体、致敏的红细胞，减轻溶血，防止胆红素脑病）。

(2) 遵医嘱输入血浆与白蛋白，增加与未结合胆红素的结合，预防胆红素脑病；给予肝酶诱导剂（苯巴比妥、尼可刹米等），加速胆红素的转化和排出。

考点提示： 新生儿黄疸病情的观察。

(3) 密切观察病情：①注意黄疸的颜色、程度、出现时间、范围与出生天数的关系；②生命体征：体温、脉搏、呼吸、出血倾向；③神经系统：哭声、吸吮力、肌张力、生理反射、前囟有无隆起、有无双目凝视与抽搐等；④大、小便：次数、量及色泽，保持大便通畅，促使胆红素排出。

（二）焦虑的护理

耐心向家长讲解新生儿黄疸的病因、治疗方案和预后等知识，消除家长忽视、担心、焦虑等心理。

（三）其他护理

将患儿置于中性温度环境中，维持体温稳定，防止低体温加重黄疸。提早喂乳可刺激肠蠕动以利胎粪排出，又可建立肠道正常菌群，减少胆红素的肠肝循环，同时可避免低血糖的发生，有助于黄疸程度的减轻。

护考链接

女婴，足月顺产，日龄 6 天。生后第 3 天出现皮肤轻度黄染，吃奶好，无发热，精神状态好，心肺 (-)，脐 (-)，血清胆红素 170μmol/L。

1. 引起该女婴发生黄疸的原因可能是

A. 新生儿败血症　B. 新生儿溶血症　C. 先天性胆道闭锁

D. 新生儿肝炎　E. 生理性黄疸

2. 以下处理正确的是

A. 光照疗法　B. 给予苯巴比妥　C. 输白蛋白

D. 应用抗生素　E. 暂不需要治疗

答案： 1. E。2. E。

分析： 生理性黄疸是指足月新生儿常在生后 2～3 天出现黄疸，第 4～5 天达高峰，一般在 2 周内消退，血清胆红素＜ 221μmol/L，而早产儿可延至 3～4 周消退，一般无其他临床症状。根据题干，女婴为足月新生儿，生后第 3 天出现皮肤轻度黄染，一般情况良好，血清胆红素 170μmol/L，符合生理性黄疸的特点。生理性黄疸不需要特殊治疗。故第 1 题和第 2 题正确答案均为 E。

六、健康教育

(1) 宣传孕期保健知识，指导孕母预防感染性疾病，避免新生儿肺炎、胆道闭锁、败血症的发生。

(2) 对曾因新生儿溶血症而死胎、流产的孕母，应指导母亲加强产前检查，做好产前咨询及预防性服药。

(3) 若为母乳性黄疸，可继续母乳喂养，若黄疸严重，可暂停母乳喂养，待黄疸消退后恢复母乳喂养。

(4) 若为红细胞葡萄糖 -6- 磷酸脱氢酶 (G-6-PD) 缺乏者，应忌食蚕豆及其制品，避免使用有氧化作用的药物（抗疟药、阿司匹林、磺胺类药物）。

第 6 节　新生儿寒冷损伤综合征患儿的护理

案例 3-7

范奶奶的孙女，出生 3 天，早产儿，急产于家中，出生体重 2.1kg。生后 12 小时发现体温不升、反应迟钝、吮乳差、哭声弱、两下肢及臀部皮肤硬肿，医生诊断为新生儿硬肿症。

问题：

1. 该患儿易感因素有哪些？

2. 首要的护理诊断与护理措施是什么？

一、疾病概述

新生儿寒冷损伤综合征又称新生儿硬肿症，是指新生儿期因受寒、早产、感染、缺氧等多种原因引起的皮肤和皮下脂肪变硬和水肿的一种疾病。临床特征为低体温、皮肤硬肿及多器官功能低下，严重者出现多器官功能衰竭。冬、春寒冷季节多见。

新生儿寒冷损伤综合征患儿的易感因素：①体温调节中枢发育不成熟，调节功能差；②体表面积相对较大，皮下脂肪薄，易散热；③皮下脂肪多为饱和脂肪酸，熔点高，体温低时易凝固；④棕色脂肪含量少（新生儿寒冷时靠棕色脂肪产热），寒冷时消耗过多，不能保持体温。早产儿棕色脂肪含量更少，更容易发病，在感染、缺氧时不但增加热量消耗，还可使棕色脂肪产热受抑制导致硬肿。

治疗原则应首先强调复温，也是低体温患儿治疗的关键；同时加强支持疗法；纠正器官功能紊乱；及时处理肺出血、微循环衰竭、肾衰竭及弥散性血管内凝血（DIC）；合理使用抗生素及对症处理。

二、护理评估

（一）致病因素 / 健康史

1. 寒冷 寒冷环境或保温不当可使新生儿散热增加，当散热超过产热时，体温随即下降，继而出现寒冷损伤和皮肤及皮下脂肪硬肿。严重时可发生多器官功能损伤。

2. 其他 新生儿严重感染（肺炎、败血症、化脓性脑膜炎等）、早产、窒息和缺氧、颅内出血等也易发生体温调节和能量代谢紊乱，出现低体温和硬肿。

（二）身体状况

本病多发生在冬、春寒冷季节，以低日龄的新生儿和早产儿多见。发病初期表现为体温降低，常伴吸吮差或拒乳、哭声低弱、反应低下。严重者有三大临床特征即低体温、硬肿和多器官功能低下或衰竭。

1. 低体温 体温常＜35℃，严重者＜30℃，夏季因感染所致可无低体温。

2. 皮肤硬肿 皮肤发凉、颜色暗红、硬肿，紧贴皮下组织，不易捏起，水肿时压之凹陷。皮肤硬肿的顺序为：小腿→大腿外侧→整个下肢→臀部→面颊→上肢→全身。

3. 多器官功能损害 早期常有心音低钝、心率减慢、微循环障碍等表现；严重时可呈现休克、DIC、急性肾衰竭及肺出血等多器官功能衰竭表现。

4. 病情分度 根据临床表现，病情可分为轻、中、重三度（表 3-4）。

考点提示：新生儿寒冷损伤综合征的临床特征及病情分度。

表 3-4 新生儿寒冷损伤综合征的临床分度

分度	肛温	硬肿范围	全身情况及脏器功能
轻度	≥ 35℃	＜ 20%	稍差
中度	＜ 35℃	20% ～ 50%	差、功能明显低下
重度	＜ 30℃	＞ 50%	急性肾衰竭、休克、DIC、肺出血

（三）社会、心理状态

由于家长对本病的知识缺乏而未能正确保暖、喂养等，了解新生儿病情后，家长出现自责、担忧、焦虑和恐惧等心理。

（四）辅助检查资料

根据病情选择动脉血气分析、血糖、电解质、尿素氮、血小板、凝血酶原时间、凝血时间、纤维蛋白原等监测。必要时进行心电图（ECG）和胸部 X 线检查。

三、护理诊断 / 问题

1. 体温过低 与受寒、早产、感染、窒息有关。

2. 营养失调：低于机体需要量 与吸吮困难、热量摄入不足有关。

3. 有感染的危险 持续低体温使机体免疫功能降低。

4. 潜在并发症 感染、肺出血、DIC。

四、护理目标

⑴ 患儿体温在 12 ～ 24 小时内恢复正常，硬肿逐渐消退。

⑵ 患儿能维持良好的营养状况。

⑶ 患儿住院期间未发生交叉感染。

⑷ 患儿未发生并发症或发生时能及时发现并处理。

五、护理措施

（一）体温过低的护理

复温是护理低体温患儿的关键，其原则是逐渐复温，循序渐进。

⑴ 体温＞ 30℃，腋 - 肛温差为正值的患儿，可放入 30℃的暖箱内，根据患儿体温恢复情况，将箱温调至 30 ～ 34℃范围内，使患儿于 6 ～ 12 小时恢复正常体温。

⑵ 体温＜ 30℃，腋 - 肛温差为负值重度患儿，将患儿置入高于患儿体温 1 ～ 2℃暖箱内，每小时升高 1℃箱温，于 12 ～ 24 小时内恢复正常体温；有条件可采用恒温水浴、辐射保暖床等方法复温。

⑶ 家庭可采用温水浴后，包裹温暖小棉被，外置热水袋，并提高室温至 24 ～ 26℃，也可采用电热毯、热炕、母怀取暖等措施。

考点提示：新生儿寒冷损伤综合征复温的方法。

（二）营养失调的护理

保证热量和水分的供给，开始可口服葡萄糖，无力吸吮者用滴管、鼻饲，病重者按医嘱静脉补充营养和液体，也可用静脉高营养液、血浆、新鲜血等。有明显心、肾功能损害者，应严格控制速度和液量，静脉滴入的液体应加温到 35℃左右。当消化功能正常后再喂乳，首选母乳，哺喂时要耐心，少量多次。

（三）感染的护理

病室的室温应保持在 24 ～ 26℃，相对湿度 55% ～ 65%，病室内要空气新鲜，做好消毒隔离，硬肿症患儿应与感染者分开，严格探视制度，防止皮肤破损感染与交叉感染，并密切观察有无感染的征象，遵医嘱使用抗生素。

（四）潜在并发症的护理

密切观察患儿体温、呼吸、心率、哭声、反应、吸吮、尿量等情况。观察DIC的早期表现，如皮肤黏膜出血、消化道出血等。如患儿出现呼吸急促、面色发灰、口鼻流血、肺部湿啰音，提示肺出血，应及时报告医生，做好抢救准备。

（五）心理护理

耐心解答家长的询问，介绍本病的防治知识，指导家长学会保暖、复温的方法。护理工作中关爱患儿，缓解和消除家长的焦虑和恐惧心理，争取家长配合治疗和护理工作。

护考链接

患儿，男，日龄4天，诊断为新生儿硬肿症，下列护理措施哪项不妥

A. 供给足够液体和热量　　B. 尽量减少肌内注射　　C. 应快速复温

D. 积极治疗原发病及并发症　　E. 注意有无出血倾向

答案：C。

分析：由题干信息可知患儿为新生儿硬肿症，此症患儿最重要的护理措施为逐渐复温，供给足够液体和热量，尽量减少肌内注射，积极治疗原发病及并发症，注意有无出血倾向。选项C快速复温是不妥的，故正确答案为C。

六、健康教育

(1) 宣传新生儿寒冷损伤综合征预防知识，讲解新生儿出生后保暖、预防感染、缺氧、窒息等护理工作的重要性和方法。

(2) 宣传孕期保健的重要性，尽早干预早产和宫内缺氧的发生。

链接

新生儿寒冷损伤综合征特点口诀

小儿硬肿冬寒多，缺氧感染早产见；
不吃不哭也不动，体温不升皮肤硬。
复温治疗是关键，控制感染保能热；
积极预防并发症，护理措施是关键。

第7节　新生儿脐炎患儿的护理

案例3-8

刘阿姨的宝宝，日龄3天，足月顺产。食欲与精神较好，刘阿姨在给其换衣服时发现脐窝有少许脓性分泌物。

问题：

1. 该新生儿首要护理诊断是什么？
2. 脐带应如何进行护理？

一、疾病概述

新生儿脐炎是指新生儿脐带残端被细菌入侵，并且繁殖所引起的急性炎症。

新生儿脐炎是由于断脐时或出生后脐部处理不当，脐带残端被细菌入侵、繁殖所引起的急性炎症，或是脐带创口未愈合受爽身粉等异物刺激引起脐部慢性炎症而形成肉芽肿。

发生脐炎后如积极处理，一般均能治愈，但如延误治疗可造成感染扩散形成腹壁蜂窝织炎、皮下坏疽；向邻近腹膜蔓延可导致腹膜炎；沿未愈合的脐血管蔓延可引起败血症，甚至危及生命。

二、护理评估

（一）致病因素 / 健康史

断脐时或断脐后，消毒处理不严，护理不当就很容易造成细菌污染，引起脐部发炎。常见的病原菌为金黄色葡萄球菌、大肠杆菌，其次为溶血性链球菌或混合细菌感染等。

（二）身体状况

脐带根部发红或脱落后伤口不愈合，脐窝湿润、流液，这是脐炎的早期表现。以后脐周围皮肤发生红肿，脐窝有浆液脓性分泌物，带臭味，脐周皮肤红肿加重，或形成局部脓肿、败血症，病情危重会引起腹膜炎，并有全身中毒症状如发热、拒乳、精神差、烦躁不安等。慢性脐炎时局部形成脐部肉芽肿，为一小樱红色肿物突出、常常流黏性分泌物，经久不愈。

考点提示：新生儿脐炎的早期表现。

（三）社会、心理状态

由于家长对疾病的认识不足及缺乏正确护理新生儿的知识，会出现担忧、焦虑等心理反应。

（四）辅助检查资料

检查血常规，严重时白细胞增高，取脐带脓性分泌物进行细菌培养，可确定致病菌。

三、护理诊断 / 问题

1. 皮肤完整性受损　与脐炎有关。

2. 有体温改变的危险　与细菌感染有关。

四、护理目标

(1) 皮肤完整性恢复正常。

(2) 体温恢复正常。

五、护理措施

（一）皮肤完整性受损的护理

(1) 脐带根部发红或脐带脱落后伤口不愈合，脐周皮肤轻度红肿，伴有少量浆液，应遵医嘱进行局部处理，用 2% 碘酒及 75% 乙醇清洗，每日 2 ～ 3 次。

(2) 脐部炎症明显，有脓性分泌物应遵医嘱使用敏感抗生素。

(3) 有脓肿形成，遵医嘱行切开引流。

（二）维持体温稳定

注意保暖，将患儿置于中性温度（室温 22 ～ 24℃）环境中，维持体温稳定。

（三）病情观察

重点观察患儿脐带红肿、渗出及化脓的变化。按需调整喂养方式如少量多次、间歇喂养等，保证奶量摄入。

（四）心理护理

对于精神高度紧张、焦虑的家长给予安慰，介绍病情的发展、治疗效果及预后，消除顾虑，配合治疗。

六、健康教育

(1) 做好断脐后的护理，保持局部清洁卫生。

(2) 在脐带未脱落前，洗澡时注意不弄湿脐部，洗完要将脐带周围的水用消毒干棉棒吸干，并用 75% 乙醇消毒残端，再换上无菌的纱布包裹好。

(3) 勤换尿布，防止尿液污染脐带。

第 8 节　新生儿败血症患儿的护理

案例 3-9

赵女士的儿子，日龄 5 天。3 天前孩子哭闹不停，吃奶减少，继而不吃，不哭，活动减少。体检：体温 38.5℃，检查发现宝宝精神委靡，面色、皮肤黄染，肝右肋缘下 3cm，脐部发红，有脓性分泌物。初步诊断：新生儿败血症。

问题：

1. 入院后首要的辅助检查是什么？
2. 如果该患儿高热，护士应选用什么方法为其降温？

一、疾病概述

新生儿败血症是指细菌侵入血循环并在其中生长繁殖及产生毒素，由此造成全身各系统的严重病变。新生儿时期本病发病率与死亡率较高。

新生儿特异性和非特异性免疫功能不成熟，皮肤黏膜屏障功能差，IgM、IgA 含量少，特别是 sIgA 缺乏，故容易受到细菌感染而发生败血症。

引起新生儿败血症最常见的病原菌在我国是葡萄球菌，其次是大肠杆菌等革兰阴性杆菌。感染途径分产前感染、产时感染和产后感染。

治疗原则为早期、联合、足量、静脉选用敏感抗生素，疗程要足，一般应用 10 ～ 14 日；对症支持治疗，如保暖，供氧，以及纠正水、电解质酸碱平衡紊乱，及时处理感染灶；必要时输新鲜血、血浆等。

二、护理评估

（一）致病因素 / 健康史

1. 病原菌　我国以葡萄球菌多见，其次为大肠杆菌等革兰阴性杆菌。

2. 感染途径　①产前感染：孕母患感染性疾病，细菌可通过胎盘经血行感染胎儿。致病菌以大肠杆菌多见。②产时感染：产程延长、难产、羊膜早破，细菌由产道上行导致胎膜、脐带和胎盘炎，或胎儿吸入或吞下污染的羊水感染。致病菌以大肠杆菌多见。③产后感染：细菌从脐部、破损皮肤黏膜及呼吸道和消化道等侵入，以脐炎所致者最常见。也可通过被细菌污染的吸痰器、超声雾化器、暖箱内的水，以及各种医疗导管、插管损伤而感染。致病菌以葡萄球菌多见。

护考链接

患儿，女，足月新生儿，出生后 10 天，吃奶差，精神欠佳，脐部出现红肿，渗液，最可能的诊断是

A. 新生儿感染　B. 新生儿脐炎　C. 新生儿湿疹
D. 新生儿破伤风　E. 新生儿败血症

答案：E。

分析：新生儿败血症一般表现为反应低下、拒食、不哭、不吃、不动、体重不增。故正确答案为 E。

考点提示：常见的病原菌及感染途径。

链接

脐带是胎儿的生命线

脐带是胎儿与妈妈之间的通道，她将胎儿排泄的代谢废物和二氧化碳等送到胎盘，由妈妈帮助处理。这是由脐动脉完成的，也就是说，脐动脉中流的是胎儿的静脉血。她从妈妈那里获取氧气和营养物质供给胎儿，这是由脐静脉完成输送的，也就是说，脐静脉中流的是胎儿的动脉血。脐带是胎儿的生命线，如果脐带受压，致使血流受阻，胎儿的生命就受到了威胁，生后脐带消毒不严格，细菌就会乘虚而入，引起败血症。

（二）身体状况

新生儿败血症无特异性表现。产前、产时感染多在出生后 3 天内发病；产后感染多发生在出生 3 天以后。一般表现为反应低下、嗜睡、拒食、不哭、不吃、不动、体重不增（“四不”症状）和体温不稳定。若出现病理性黄疸、休克、肝脾肿大、出血倾向并伴有皮肤感染病灶，应高度怀疑新生儿败血症。严重者可并发肺炎、化脓性脑膜炎等。

考点提示：新生儿败血症的一般表现。

（三）社会、心理状态

由于患儿病情较重，以及预后的不确定，家长会出现担忧、焦虑和恐惧心理。有些家长因病情较重，加上经济原因，而出现焦虑心理或不配合治疗行为。

（四）辅助检查资料

1. 外周血检查　血白细胞计数升高或降低，中性粒细胞增高，可见中毒颗粒。

2. 血培养　阳性可以确诊，阴性不能排除。应争取在用药前进行细菌培养，应同时做

考点提示：新生儿败血症的血培养阳性可以确诊。

药敏试验，以指导抗生素治疗。

三、护理诊断 / 问题

1. 有体温改变的危险 与细菌感染有关。

2. 营养失调：低于机体需要量 与摄入不足有关。

3. 皮肤完整性受损 与脐炎、皮肤黏膜感染有关。

4. 潜在并发症 化脓性脑膜炎或肺炎等。

四、护理目标

(1) 患儿体温保持在正常范围。

(2) 患儿获得足够营养，体重不降或增加。

(3) 患儿脐部无红肿及脓性分泌物，皮肤、黏膜组织完整无损。

(4) 患儿不发生并发症，或发生时能及时发现与处理。

五、护理措施

(一) 有体温改变的护理

1. 抗生素的应用 由于体温增高主要为感染所致，因此，应遵医嘱早期、联合、足量、静脉应用抗生素，有条件者根据药敏结果选用。应用时要注意按时、足量给药，一般应用10～14日。注意抗生素与溶媒的配伍禁忌，密切观察药物的疗效和不良反应。

考点提示：降温的护理方法。

2. 维持体温稳定 发热时，调节环境温度，松开包被，供给足够的水分或温水浴，体温即可下降。新生儿不宜用退热药、乙醇擦浴、冷盐水灌肠等刺激性强的降温方法，否则容易出现体温过低。如患儿体温过低时，及时保暖，使体温恢复正常。体温波动大时，1～2小时测体温1次，物理降温后半小时测体温，体温平稳后每4小时测体温1次，病情稳定后每天测体温2次并记录。

(二) 营养失调的护理

保证营养供给，坚持母乳喂养，少量多次耐心哺喂。体弱者可用鼻胃管喂乳或静脉输入高营养液。

(三) 皮肤完整性受损的护理

如患儿有脐部和皮肤黏膜感染，应及时换药，处理局部感染病灶，保持皮肤黏膜清洁、干燥，促进组织恢复。

(四) 潜在并发症的护理

考点提示：新生儿败血症并发症的观察。

密切观察患儿有无突然尖叫、呕吐频繁、前囟饱满、两眼凝视、面肌抽动等化脓性脑膜炎征象；观察有无咳嗽、气促、口唇发绀、口吐白沫等肺炎表现；有无面色青灰、皮肤发花、血压下降、少尿、无尿等休克表现。发现时及时报告医生并配合抢救。

(五) 其他护理

遵医嘱给予吸氧，纠正酸中毒，以及输新鲜血、血浆；早产儿遵医嘱静脉注射免疫球蛋白等支持治疗。

（六）心理护理

向家长讲解本病的防治知识及治疗情况，耐心解答家长的疑虑，消除家长的焦虑。

六、健康教育

(1) 向家长讲解预防新生儿感染的方法，讲解割治“上皮珠”、“螳螂嘴”及挤压生理性乳腺肿大的危害性。

(2) 脐部要保持干燥，勤洗臀部，勤换尿布，防止脐炎和尿布性皮炎的发生。

(3) 指导家长学会观察新生儿感染性疾病的征象，如精神反应、面色、哭声、吮乳、体温、体重与皮肤黏膜等情况，及早发现，及时诊治。

第 9 节　新生儿低血糖患儿的护理

案例 3-10

阿玲患有糖尿病。阿玲的女儿，早产儿，日龄5天。近日来发现嗜睡、拒乳，偶有肌肉震颤，体温 36℃。

问题：

1. 选取哪项辅助检查来协助诊断？
2. 该病最常见的病因是什么？

一、疾病概述

新生儿低血糖是指新生儿全血血糖 < 2.2mmol/L (40mg/dl) 者，不考虑出生体重、胎龄和日龄。临床分为暂时性和持续性两大类。

新生儿低血糖症是新生儿期常见病。持续性低血糖或反复发作可引起严重的中枢神经病变，临床上出现智力低下、脑瘫等神经系统后遗症。有些营养不易被吸收的新生儿直至长大后也依然会持续这些症状。一般能及时诊断处理，预后良好。

二、护理评估

（一）致病因素 / 健康史

新生儿低血糖有暂时性或持续性两种。

1. 暂时性低血糖　持续时间较短，不超过新生儿期。常见病因为：①葡萄糖储存不足，见于早产儿、败血症、小于胎龄儿、窒息、先天性心脏病等；②葡萄糖利用增加，多见于母亲患有糖尿病的婴儿。

2. 持续性低血糖　持续到婴儿期或儿童期，多见于遗传代谢病、胰岛细胞瘤等疾病。

（二）身体状况

(1) 症状多发生在生后数小时至1周内，表现为嗜睡、拒乳、震颤、呼吸暂停、阵发性发绀、昏迷、眼球异常转动、心动过速，有时有多汗、苍白和体温不升。

(2) 也可表现为激惹、兴奋和惊厥。

考点提示：新生儿低血糖的临床表现。

(3) 部分患儿为无症状性低血糖，尤其多见于早产儿。

（三）社会、心理状态

家长因对本病的知识缺乏而出现担忧、焦虑和恐惧的心理反应。

（四）辅助检查资料

(1) 血糖测定：是确诊和早期发现本病的主要手段。对有可能发生低血糖者于生后第3、6、12、24小时监测血糖。

(2) 持续性低血糖者，根据病情测定血胰岛素、胰高血糖素、生长激素等。

三、护理诊断/问题

1. 营养失调：低于机体需要量 与摄入量不足有关。

2. 潜在并发症 呼吸暂停。

四、护理目标

(1) 保证患儿营养，满足患儿生长发育的需要。

(2) 患儿不出现呼吸暂停的现象。

五、护理措施

（一）营养失调的护理

1. 尽早喂养 生后能进食者根据病情给予10%葡萄糖溶液或母乳喂养。早产儿或窒息儿尽快建立静脉通路，保证葡萄糖输入。

考点提示：静脉输注葡萄糖时应定期监测血糖变化。

2. 定期监测血糖 及时调整葡萄糖的输注量和速度。给予10%葡萄糖溶液，足月适于胎龄儿以3～5mg/(kg·min)、早产适于胎龄儿以4～6mg/(kg·min)、小于胎龄儿以6～8mg/(kg·min)速率静脉输注，用输液泵控制并每小时观察记录1次。

（二）病情观察

应加强巡视，及时发现病情变化。除生命体征外，随时观察患儿反应，注意有无震颤、多汗、呼吸暂停等，并与滴注葡萄糖以后的状况做比较。对呼吸暂停者立即进行刺激皮肤、托背、吸氧等处理，并及时报告医生。

（三）生活护理

注意保暖，将患儿置于中性温度（室温22～24℃）环境中，维持体温稳定。合理喂养，按需调整喂养方式，如少量多次，保证乳量摄入。

（四）心理护理

介绍病情的发展、治疗效果及预后，使其消除顾虑，积极配合医护治疗。

六、健康教育

(1) 避免可预防的高危因素（如寒冷损伤），高危儿定期监测血糖。

(2) 向家长讲解有关低血糖的知识，让家长了解低血糖发生时的表现，定期门诊复查。

第10节　新生儿低钙血症患儿的护理

案例 3-11

高奶奶的孙子，日龄5天，1天来出现嘴角惊跳，每天数次，一般情况良好。查血清钙离子0.7 mmol/L。初步诊断为新生儿低钙血症。

问题：

1. 该患儿首要的护理诊断是什么？
2. 列出该患儿惊厥的护理措施。

一、疾病概述

新生儿低钙血症是指新生儿血清总钙低于1.75mmol/L（7.0mg/dl）或游离钙低于1mmol/L（4mg/dl）。新生儿易发生低钙血症，该病也是新生儿惊厥的常见原因之一。

新生儿低钙血症主要与暂时的生理性甲状旁腺功能低下有关。当血清总钙低于1.75mmol/L（7.0mg/dl）或游离钙低于1mmol/L（4mg/dl）时称低钙血症。

治疗原则为静脉或口服补钙，晚期低钙血症患儿应给母乳或配方乳喂养，甲状旁腺功能不全者除补钙外，加服维生素D。

二、护理评估

（一）致病因素/健康史

低钙血症按发病时间分为早期低血钙和晚期低血钙。

1. 早期低血钙　发生在生后48小时内，多见于早产儿，缺氧、窒息、颅内出血儿和糖尿病母亲的婴儿。由于胎儿钙储存不足、甲状旁腺功能抑制或降钙素增多引起。

2. 晚期低血钙　发生在出生48小时后，多见于牛乳喂养的足月儿。因牛乳含磷比人乳高，使血总钙降低。

3. 其他低血钙　甲状旁腺功能低下、低血镁、呼吸机使用不当、换血等也可使血钙降低。

（二）身体状况

症状多出现于生后5～10天。早期低血钙的临床表现差异很大，与血钙浓度不一定平行。主要表现为神经肌肉兴奋性增高，如烦躁不安、肌肉抽动及震颤，可有惊跳及惊厥等，手足搐搦和喉痉挛较少见。惊厥发作时可出现不同程度的呼吸改变和发绀，惊厥发作间歇患儿意识清楚、一般情况良好，但肌张力稍高，腱反射亢进，踝阵挛可呈阳性。早产儿生后3天内易出现血钙降低，其降低程度一般与胎龄呈正比，通常无明显体征。

（三）社会、心理状态

由于家长对疾病不了解会出现担忧、焦虑和恐惧等心理反应。

（四）辅助检查资料

考点提示： 低钙惊厥时血清钙的浓度。

血清总钙低于1.75mmol/L（7.0mg/dl），游离钙低于1mmol/L（4mg/dl），血清磷高于2.6mmol/L（8.0mg/dl）。心电图QT间期延长（早产儿＞0.2秒，足月儿＞0.19秒）。

三、护理诊断/问题

1. 有惊厥的危险 与低血钙有关。
2. 知识缺乏（家长） 与缺乏育儿知识有关。

四、护理目标

(1) 患儿不发生惊厥。
(2) 家长掌握科学育儿的知识。

五、护理措施

（一）有惊厥危险的护理

考点提示：钙剂应用的方法及注意事项。

(1) 惊厥发作，立即遵医嘱给予止惊药物，如水合氯醛等。静脉缓慢注射或点滴稀释的10%葡萄糖酸钙溶液，时间不得少于10分钟，并专人监护心率以免注入过快引起呕吐和心脏停止等毒性反应。如心率＜80次/分，应停用。

(2) 静脉用药整个过程应确保输液通畅，以免药物外渗而造成局部组织坏死。一旦发现药液外渗，应立即拔针停止注射，局部用25%～50%硫酸镁溶液湿敷。

(3) 严密观察病情变化，备好抢救物品，避免不必要的操作，防止喉痉挛和惊厥的发生。

(4) 口服补钙时，应在两次喂乳期间给药，禁忌与牛奶搅拌在一起，影响钙吸收，并遵医嘱给予维生素D制剂。

（二）生活护理

将患儿置于中性温度环境中，维持体温稳定，提倡母乳或配方奶粉喂养。

（三）心理护理

介绍病情的发展、治疗效果及预后，使其消除顾虑，配合治疗和护理。

六、健康教育

介绍育儿知识，鼓励母乳喂养，向家长解释病因及预后，合理搭配营养素，坚持户外活动。

小结

新生儿期是小儿时期发病率和死亡率最高的阶段。①正常足月儿和早产儿要做好保暖、喂养、预防感染等护理工作。②新生儿窒息和缺氧有关，采用Apgar评分方法将窒息分为轻度窒息和重度窒息，按ABCDE程序进行复苏。③新生儿缺氧缺血性脑病的治疗和护理要点为：维持正常呼吸、循环功能，保证大脑的供氧、供血和能量需要，及时控制惊厥、颅内高压等症状。④新生儿颅内出血是由于缺氧或产伤引起的，其护理重点为：维持正常颅内压、止血等，并采取早期干预措施以减少后遗症发生。⑤新生儿黄疸分为生理性黄疸和病理性黄疸，生理性黄疸不予处理，病理性黄疸的治疗与护理要点为：积极治疗原发病、退黄、对症等。⑥新生儿寒冷损伤综合征是由受寒、早产、感染、窒息等多种原因引起的皮肤及皮下脂肪变硬和水肿的一种疾病，其治疗护理要点为：积极复温、预防感染和营养支持疗法。⑦新生儿脐炎是指新生儿脐带残端被细菌入侵、繁殖所引起的急性炎症，其治疗、护理要点为：积极控制感染，维持体温稳定等。⑧新生儿败血症是指细菌侵入血循环并在其中生长繁殖及产生毒素，造成全身各系统的严重感染病变，其治疗及护理要点为：控制感染，合理用氧，维持体温正常和营养支持治疗等。⑨新生儿低血糖是指新生儿全血血糖 < 2.2mmol/L，其治疗护理要点是：及时发现，迅速补充葡萄糖。⑩新生儿低钙血症是指血液中总钙低于 1.75mmol/L（7mg/dl）或游离钙低于 1mmol/L（4mg/dl），治疗及护理要点为：静脉或口服补钙。此外，由于新生儿疾病症状不典型，病情变化快，应密切观察病情变化，积极配合医生抢救。

自测题

A_1 型题

1. 新生儿生理性黄疸的主要原因为
   A. 新生儿胆道狭窄
   B. 新生儿胆汁黏稠
   C. 新生儿胆囊较小
   D. 出生后过多的红细胞破坏
   E. 肝脏生成胆红素能力强
2. 处理新生儿生理性黄疸的方法是
   A. 使用白蛋白　B. 使用血浆
   C. 光照治疗　D. 能量合剂
   E. 无需特殊处理
3. 早产儿有呼吸窘迫或发绀表现时，给氧应注意
   A. 间断低浓度给氧　B. 持续低浓度给氧
   C. 间断高浓度给氧　D. 持续高浓度给氧
   E. 持续吸纯氧
4. 新生儿寒冷损伤综合征复温的原则是
   A. 逐步升温、循序渐进
   B. 供给足够液量，帮助复温
   C. 立即升温，使体温迅速达正常
   D. 立即放入 34℃暖箱，逐步升温
   E. 保证体温每小时升高 1℃
5. 中性温度是指
   A. 肛温　B. 腋温　C. 环境温度
   D. 皮肤温度　E. 体温
6. 新生儿败血症出生后感染的主要途径是经
   A. 口腔黏膜　B. 呼吸道
   C. 脐部和皮肤　D. 泌尿道
   E. 消化道
7. 出生后 24 小时内出现黄疸者应首先考虑
   A. 新生儿生理性黄疸　B. 新生儿溶血症
   C. 新生儿肝炎　D. 新生儿败血症
   E. 胆道闭锁
8. 新生儿败血症早期最主要的特点是
   A. 高热　B. 血白细胞总数增高
   C. 皮肤有感染灶　D. 硬肿
   E. 缺乏特异症状

A_2 型题

9. 女婴，足月臀位产，生后即出现不安，前囟饱满，唇微发绀，双肺呼吸音清，心率 128 次/分，最可能的诊断是
   A. 维生素 D 缺乏性手足搐搦症
   B. 化脓性脑膜炎
   C. 新生儿败血症
   D. 新生儿颅内出血
   E. 感染性肺炎
10. 男婴，出生 6 天，足月顺产，体重 3kg，排便正常，一般情况好。生后第 4 天出现双乳腺肿大，检查如蚕豆大小，局部不红，乳腺肿大，原因及处理原则是
    A. 乳腺炎，肌内注射青霉素
    B. 乳腺脓肿，切开引流
    C. 乳汁滞留，立即挤压排除乳汁
    D. 乳腺肿大，观察 1 周不消失则静脉滴注抗生素
    E. 生理性乳腺肿大，不必处理，2 ～ 3 周后自然消退

11. 足月新生儿，生后 3 天确诊为新生儿硬肿症。下列患儿恢复体温的护理措施错误的是
   A. 入院后先用体温计正确测量肛温，做好记录
   B. 监测体温变化，每 1 小时测体温 1 次
   C. 轻、中度硬肿症力争 6 ～ 12 小时内复温
   D. 重度低体温应让患儿在比其体温高 2 ～ 4℃ 的暖箱内复温
   E. 重度低体温患儿在 12 ～ 24 小时内恢复正常体温
12. 早产儿，出生体重为 2.2kg，皮肤红嫩，体温 35℃，以下护理措施中哪项是错误的
   A. 置温箱中保温
   B. 及早使用抗生素预防感染
   C. 生后第 2 周后加维生素 D
   D. 母乳缺乏时可先用 1∶1 牛奶喂哺
   E. 实行保护性隔离
13. 患儿，男，足月新生儿，臀位产。出生后 24 小时突发惊厥，烦躁不安。查体：心率 128 次/分，前囟饱满，双眼凝视，肌张力高，四肢抽搐，双肺呼吸音清，诊断为新生儿颅内出血。以下护理措施哪项是错误的
   A. 保持安静，避免各种惊扰
   B. 头肩部抬高 15° ～ 30°，以减轻脑水肿
   C. 经常翻身，防止肺部淤血
   D. 注意保暖，必要时给氧
   E. 喂乳时不要抱起患儿
14. 患儿，女，39 周剖宫产出生。出生后 1 分钟无呼吸，心率 96 次/分，全身皮肤发绀，四肢略屈曲，弹足底无反应。对其进行 Apgar 评分正确的是
   A. 0 分　B. 1 分　C. 2 分
   D. 3 分　E. 4 分

A_3/A_4 型题

（15 ～ 17 题共用题干）

足月新生儿，男，日龄 3 天。第 1 胎，母乳喂养，生后 24 小时出现黄疸，皮肤黄染逐渐加重，查体：血红蛋白 110g/L，母亲血型为 O 型，孩子血型为 B 型。

15. 该患儿最有可能的诊断为
   A. 新生儿 ABO 血型不合溶血症
   B. 新生儿生理性黄疸
   C. 胆道闭锁
   D. 母乳性黄疸
   E. 新生儿败血症
16. 该患儿护理措施不包括
   A. 给予光照疗法　B. 输血浆
   C. 保暖　D. 停止母乳喂养
   E. 给予苯巴比妥
17. 若患儿出现嗜睡，尖声哭叫，肌张力下降，胆红素上升至 386μmol/L，可能发生了
   A. 颅内出血　B. 胆红素脑病
   C. 呼吸衰竭　D. 新生儿化脓性脑膜炎
   E. 低血糖

（18 ～ 20 题共用题干）

女婴，日龄 18 天。胎龄 38 周，出生体重 3.4kg，身长 52cm。皮肤红嫩，胎毛少，头发分条清楚，足底纹理多。该女婴于生后第 3 天出现皮肤轻度黄染，2 周消退，一般情况良好，血清胆红素 168μmol/L。

18. 该新生儿分类属于
   A. 足月小样儿　B. 足月儿
   C. 高危儿　D. 早产儿
   E. 低出生体重儿
19. 该女婴发生黄疸的原因最可能是
   A. 生理性黄疸
   B. 新生儿溶血症
   C. 先天性胆道闭锁
   D. 新生儿肝炎
   E. 新生儿脐炎、败血症
20. 关于该患儿的处理，以下不正确的是
   A. 尽快调节环境温度，松开包被
   B. 遵医嘱进行蓝光治疗
   C. 黄疸为生理性的，不予处理
   D. 应用抗生素抗感染
   E. 处理局部感染病灶

（石彦峰）

4

第4章 营养性疾病患儿的护理

临床上经常有这样的病例，有的孩子天天在阳台上晒太阳，天天补钙，结果还患上佝偻病。有的家长则抱怨："春暖花开，我们赶紧抱孩子去晒太阳，结果反而出现了低钙抽搐。"这又是为什么呢？

第1节 营养不良患儿的护理

案例 4-1

陈女士的儿子，2岁。平素体弱，反复呼吸道感染，体重8kg，消瘦，面色苍白，皮肤弹性差，四肢、面部皮下脂肪减少，腹部皮褶的厚度为0.3cm，肌肉松弛，精神、食欲差。临床诊断：营养不良。

问题：

1. 该患儿最主要的护理诊断/问题是什么？
2. 该患儿属于哪种程度的营养不良？

一、疾病概述

营养不良是指因缺乏能量和（或）蛋白质所致的慢性营养缺乏症。多见于3岁以下的婴幼儿。临床特征为体重减轻，皮下脂肪减少或皮下水肿，并伴有各系统器官不同程度的功能紊乱。临床上以能量供给不足为主，表现为消瘦型；以蛋白质供给不足为主，表现为水肿型；介于两者之间的表现为消瘦-水肿型。

营养不良的病因主要为喂养不当和疾病因素，轻者病理改变仅为皮下脂肪减少，肌肉轻度萎缩；重者则常有肠壁变薄、黏膜皱襞消失，心肌纤维浑浊肿胀，肝脏脂肪浸润，淋巴、胸腺显著萎缩，从而产生一系列病理生理改变。

考点提示：营养不良的概念和好发年龄。

营养不良患儿，由于肝糖原不足或消耗过多易导致低血糖；由于体内脂肪大量消耗使血清胆固醇下降；蛋白质摄入不足而消耗增加导致负氮平衡，严重时出现营养不良性水肿；消化液和酶分泌减少，酶活性降低，导致小儿食欲下降并可影响各种营养素的消化吸收；免疫功能低下，容易并发各种感染。

该病早期表现为体重不增，以后皮下脂肪逐渐减少以致消失，体重减轻，重症患儿身高也会低于正常，并伴有各器官功能障碍。常见并发症有营养性贫血、维生素A缺乏、锌缺乏、感染，偶可发生自发性低血糖，如不及时诊治，可导致死亡。

本病无特异性治疗方法，尽早发现，早期治疗，多采取调整饮食、祛除病因、治疗原发病、控制感染、促进消化、治疗并发症等综合性治疗措施。

二、护理评估

（一）致病因素/健康史

1. 长期摄入不足 喂养不当是导致婴儿营养不良的主要原因，如母乳不足而未及时添加辅食；长期以淀粉类食品喂养；突然断奶而未及时添加辅食；奶粉配制比例不合理或食用劣质奶粉；年长儿不良的饮食习惯（挑食、偏食、不吃早餐、零食过多）等。

2. 消化吸收障碍 消化道畸形或功能异常，如唇裂、腭裂、幽门梗阻等均可影响食物的消化和吸收。

3. 需要量增多 小儿生长发育过快、双胎、早产及传染病（如麻疹、结核）的恢复期等，因需要量增多而造成相对不足。

考点提示：喂养不当是导致营养不良的主要原因。

4. 消耗量过大 患有消耗性疾病如糖尿病、发热性疾病、甲状腺功能亢进症、恶性肿瘤等均可使蛋白质消耗或丢失增多。

（二）身体状况

考点提示：1. 营养不良患儿最早的表现是体重不增。2. 营养不良患儿皮下脂肪消减的顺序。

体重不增是营养不良患儿的最早表现。随后患儿皮下脂肪逐渐减少，体重下降，毛发枯黄，皮肤苍白、干燥，肌肉松弛，精神不振，体格发育速度减慢，直至停顿。全身各部位皮下脂肪消减的顺序为：最先是腹部，其次躯干→臀部→四肢→面部，故判断腹部皮下脂肪厚度是区别营养不良程度的重要指标之一。临床上根据各种症状的程度，将营养不良分为三度（表4-1）。

表 4-1 婴幼儿不同程度营养不良的特点

	营养不良程度		
	轻度（Ⅰ度）	中度（Ⅱ度）	重度（Ⅲ度）
体重低于正常均值	15%～25%	25%～40%	40%以上
腹部皮下脂肪厚度	0.4～0.8cm	＜0.4cm	消失
身高（长）	正常	低于正常	明显低于正常
消瘦	不明显	明显	皮包骨样
皮肤	正常，稍苍白	干燥、苍白、弹性差	明显苍白，弹性消失，可出现瘀点
肌张力	基本正常	张力降低、肌肉松弛	肌张力明显降低、肌肉萎缩
精神状态	正常	烦躁不安	委靡，呆滞，烦躁与抑郁交替

考点提示：1. 不同程度营养不良患儿的特点。2. 营养不良常见的并发症。

营养不良患儿的并发症有营养性贫血，最常见的为营养性缺铁性贫血；多种维生素和微量元素缺乏，以维生素A、维生素D缺乏常见，小婴儿维生素A缺乏可患干眼症；易患各种感染性疾病，如上呼吸道感染、支气管肺炎、腹泻等；还可并发自发性低血糖，若不及时治疗，可致死亡。

（三）社会、心理状态

营养不良多见于3岁以下小儿，家长因不了解病程和病情而产生焦虑。同时因喂养不当或强迫小儿进食造成的畏食性营养不良者，父母感觉无能为力。经济条件差的地区或家庭，因无力购买小儿需要的食品如奶粉等，家长容易产生愧疚感。

（四）辅助检查资料

1. 血浆白蛋白浓度降低　为营养不良患儿的特征性改变。

2. 血浆胰岛素样生长因子 -1(IGF-1) 降低　营养不良患儿在身高（长）、体重发生改变之前，IGF-1 已下降，所以该项指标是早期诊断营养不良的可靠指标。

3. 其他　多种血清酶活性降低，血糖、血清锌、铁等降低。

考点提示：血浆白蛋白浓度降低是营养不良患儿的特征性改变。

三、护理诊断 / 问题

1. 营养失调：低于机体需要量　与蛋白质、能量等缺乏、丢失和消耗过多有关。

2. 有感染的危险　与机体免疫功能低下有关。

3. 生长发育迟缓　与营养物质缺乏，不能满足生长发育的需要有关。

4. 潜在并发症　自发性低血糖、营养性贫血和多种维生素缺乏。

5. 知识缺乏　患儿家长缺乏科学喂养的知识。

四、护理目标

(1) 患儿营养改善，生长发育逐步恢复正常。

(2) 患儿不发生感染。

(3) 患儿的体格发育指标逐步达到正常水平。

(4) 患儿不发生并发症或发生时能及时发现并处理。

(5) 家长能说出小儿营养和喂养知识。

五、护理措施

1. 营养失调的护理

(1) 调整饮食：调整饮食的量和种类，应根据实际的消化能力和病情来逐步完成，不可急于求成。调整饮食的原则为：由少到多、由稀到稠、循序渐进、逐渐增加，直至恢复正常。

1) 轻度营养不良：因患儿生理功能与正常小儿接近，可在维持原膳食的基础上，较早添加含蛋白质和能量较高的食物。供给能量可从每日 250 ～ 330kJ/kg(60 ～ 80kcal/kg) 开始，以后逐渐递增。当供给能量达每日 585 kJ/kg(140 kcal/kg) 时，体重常可获满意增长。待接近正常后，再恢复正常需要量。

2) 中度以上营养不良：患儿的消化能力弱，对食物的耐受性较差，食欲低下，需用较长的时间调整饮食，能量供应先从每日 165 ～ 230 kJ/kg(45 ～ 55 kcal/kg) 开始，以满足基础代谢需要，如消化吸收较好可逐渐增加至每日 500 ～ 727 kJ/kg(120 ～ 170 kcal/kg)，待体重接近正常时，再逐渐恢复正常能量的供应。

3) 食物选择：选择易消化吸收又含有高热能、高蛋白质与高维生素的食物。婴儿以乳类为最好，重度营养不良患儿可短期采用稀释奶、酸奶、脱脂奶或高蛋白配方奶。对乳类过敏者可选用豆浆、豆类代乳品。较大婴儿还可添加米面制品、蛋类、鱼、肝、瘦肉、豆制品等食物。此外，应给予充足的维生素和矿物质。

考点提示：饮食调整的原则和方法。

(2) 改进喂养方法：鼓励母乳喂养，无母乳或母乳不足者根据病情选择适当的喂养方法。

病情危重拒绝进食者，可采用鼻饲法，待吸吮和吞咽功能增强后改用滴管或奶瓶喂哺。喂哺时要耐心缓慢喂入，以防呕吐、窒息。同时注意饮食卫生，防止消化道感染。

(3) 促进消化、增强食欲：遵医嘱口服各种消化酶（胃蛋白酶、胰酶等）和B族维生素帮助消化；必要时肌内注射蛋白同化类固醇制剂如苯丙酸诺龙，促进蛋白质合成和增进食欲；给予锌制剂，可提高味觉敏感度、增加食欲；食欲极差者可试用胰岛素葡萄糖疗法增强食欲；给予中医、中药，以及针灸、推拿、捏脊等疗法。

(4) 加强营养：病重者可遵医嘱静脉输注白蛋白、静脉高营养或少量多次输全血或血浆。输液时注意速度要慢，以免加重心脏负担。

(5) 治疗原发病：如患有慢性腹泻、肝炎、结核等慢性病，要积极治疗原发病。

(6) 建立良好的饮食习惯：纠正挑食、偏食、吃零食、不吃早餐的不良习惯，帮助患儿建立良好的饮食习惯。

2. 有感染危险的护理 保持居室安静，室内空气清新、温湿度适宜和阳光充足；保持皮肤清洁、干燥，防止皮肤破损，要勤洗头，勤更换尿布、内衣、被褥和枕套；注意做好保护性隔离，避免交叉感染。

3. 生长发育迟缓的护理 重点是调整饮食，加强营养。治疗期间，每周测体重1次，每月测身高1次，并做好记录。如发现疗效欠佳，及时向医生汇报，调整治疗和护理方案。

4. 潜在并发症的护理

(1) 重度营养不良的患儿如夜间或清晨出现面色苍白、冷汗、意识不清、血压下降、脉搏减弱和呼吸暂停，提示并发自发性低血糖，严重时可导致死亡。一旦发现上述表现，立即配合抢救，按医嘱静脉缓慢注射高渗葡萄糖溶液。

考点提示：自发性低血糖的评估和抢救措施。

(2) 如患儿出现营养性贫血与多种维生素缺乏，应遵医嘱纠正贫血（详见第8章）和补充维生素。

5. 心理护理 对于贫困和知识缺乏的家长，要耐心做好病情解释工作，消除其焦虑心理并尽最大努力帮助他们排忧解难。对患儿要充满爱心，多与患儿交流沟通，缓解其紧张心情，帮助选择合适的食物，鼓励患儿进食，促进疾病恢复。

护考链接

患儿，男，1岁。主因“间断腹泻3个月”入院。体重5kg，身长60cm，皮包骨样，腹壁皮下脂肪消失，皮肤明显苍白，肌张力低下，精神委靡。

1. 该患儿的诊断考虑为

A. 正常儿童　　B. 佝偻病　　C. 营养不良Ⅰ度

D. 营养不良Ⅱ度　　E. 营养不良Ⅲ度

2. 护士凌晨巡视时发现患儿突然发生面色苍白、意识不清、脉搏减弱、呼吸暂停等，应首先考虑

A. 心力衰竭　　B. 低钠血症　　C. 低血糖症　　D. 低钙血症　　E. 呼吸衰竭

答案：1. E。2. C。

分析：患儿“间断腹泻3个月”，体重5kg，身长60cm，皮包骨样，腹壁皮下脂肪消失，皮肤明显苍白，肌张力低下，精神委靡。符合重度（Ⅲ度）营养不良的特点。故第1题正确答案为E。患儿突然发生面色苍白、意识不清、脉搏减弱、呼吸暂停，提示并发自发性低血糖。故第2题正确答案为C。

六、健康教育

(1) 向家长解释导致营养不良的原因，介绍科学喂养知识、合理搭配饮食，指导母乳喂养及其他喂养方法的护理知识，培养小儿不挑食、不偏食、少吃零食的良好的饮食习惯。

(2) 合理安排作息制度，保证患儿有充足的睡眠和休息时间、适当的户外活动和体格锻炼，使小儿保持良好的食欲。

(3) 按时进行预防接种，预防各种传染病。定期体格检查，对有先天畸形的小儿及时矫正。

(4) 为小儿提供良好的生活环境，给予更多的心理支持，促进小儿身心各方面发展。

(5) 做好生长监测，教会家长认识病情、及时发现病情变化，定期测体重等。

第2节　维生素D缺乏性佝偻病患儿的护理

案例4-2

小李的侄儿，9个月。人工喂养，平素多汗，因近来烦躁、易哭、睡眠不安来就诊。体检：前囟2cm×2cm，乳牙未出，头颅外观呈方颅，可见枕秃。初步诊断为维生素D缺乏性佝偻病。

问题：

1. 该患儿最主要的病因是什么？
2. 该患儿有哪些佝偻病症状与体征？

一、疾病概述

维生素D缺乏性佝偻病，是由于儿童体内维生素D不足引起全身钙、磷代谢失常和骨骼发育障碍为特征的全身慢性营养性疾病。临床以神经精神症状、骨样组织堆积和骨钙化不良为特征。本病多见于2岁以下婴幼儿，北方发病率高于南方，是我国儿童保健重点防治的“四病”之一。

维生素D的来源：①人类皮肤中的7-脱氢胆固醇，经紫外线照射可转变为内源性维生素D_3，是维生素D的主要来源；②胎儿通过胎盘从母体获得的维生素D；③母乳、肝、蛋等食物中的维生素D。

维生素D的作用：①促进肠道对钙、磷的吸收；②促进肾小管对钙、磷的重吸收；③促使血中的钙与磷在骨中沉着，形成新骨；④促使旧骨骨盐溶解，增加血钙、血磷浓度。

维生素D缺乏时，肠道钙、磷吸收减少，血钙、血磷下降。血钙降低刺激甲状旁腺激素分泌增加，从而加速旧骨溶解，释放骨钙入血，使血钙恢复正常。但甲状旁腺素同时也抑制肾小管对磷的重吸收而使尿磷排出增加，血磷降低，钙磷乘积下降，导致骨样组织钙化障碍（颅骨软化、肋膈沟等），局部骨样组织堆积（肋骨串珠、方颅、手镯与脚镯），临床出现骨骼畸形（如鸡胸、漏斗胸、“O”形腿与“X”形腿等）及肌肉韧带松弛（蛙形腹、脊柱侧弯等）等一系列佝偻病症状。

佝偻病临床分为四期：①活动早期：一般仅有非特异性神经精神症状；②活动期：除有非特异性神经精神症状外，主要表现为骨骼改变、运动功能及智力发育迟缓；③恢复期：临床症状和体征逐渐减轻；④后遗症期：临床症状消失，仅遗留不同程度的骨骼畸形。

该病的治疗要点是补充维生素 D，增加日光照射及供给富含维生素 D 和钙的食物，控制病情活动，防止发生骨骼畸形。

二、护理评估

（一）致病因素 / 健康史

1. 日光照射不足 是引起本病最常见的原因。如小儿缺少户外活动、隔着玻璃晒太阳（玻璃可阻挡紫外线）、空气污染（大气污染可吸收部分紫外线）等，可造成内源性维生素 D 生成不足。

2. 维生素 D 储存不足 母亲严重营养不良，肝肾疾病，以及早产、双胎均可导致婴儿体内维生素 D 储存不足。

3. 维生素 D 摄入不足 天然食物中含维生素 D 少，不能满足婴幼儿需要，若单纯乳类喂养，户外活动少，又未添加富含维生素 D 的食物，则容易患本病。

4. 生长发育过速 婴幼儿生长发育速度快（尤其是早产儿、双胎儿），维生素 D 的需要量多，若未及时补充，容易发生佝偻病。

考点提示：佝偻病最常见的原因是日光照射不足。

5. 疾病与药物影响 ①胃肠道疾病（如慢性腹泻）或肝胆疾病影响维生素 D 和钙磷的吸收与利用；②严重的肝肾损害影响维生素 D 的羟化作用（人体内维生素 D 必须在肝脏羟化生成 25- 羟维生素 D，然后在肾脏进一步羟化生成 1，25- 二羟维生素 D，才具有较强的生物活性）；③长期服用抗惊厥药物加速维生素 D 分解为无活性的代谢产物，糖皮质激素有对抗维生素 D 转运钙的作用。

（二）身体状况

考点提示：佝偻病初期的主要症状为非特异性神经精神症状。

1. 活动早期（初期） 多见于 3 个月以内小婴儿，主要表现为易激惹、烦躁、夜间啼哭、易惊、睡眠不安、多汗、枕秃（图 4-1，为患儿睡眠不安，多汗刺激头皮致患儿摇头擦枕所致）等非特异性神经精神症状。

2. 活动期（激期） 初期患儿未经适当治疗，可发展为激期。除以上神经精神症状外，主要表现为骨骼改变、运动功能及智力发育迟缓。

(1) 头部：可见颅骨软化（3 ～ 6 个月），重者可出现乒乓球样感觉；7 ～ 8 个月以上可出现方颅（图 4-2），呈鞍状或“十”字状颅形；前囟过大或迟闭，重者可延迟到 2 ～ 3 岁；出牙延迟、牙釉质发育不全。

(2) 胸部：胸部畸形出现在 1 岁左右，可见鸡胸或漏斗胸，严重的可影响小儿呼吸功能；肋骨串珠以 7 ～ 10 肋最明显（图 4-3）；由于膈肌附着处肋骨软化，受膈肌牵拉而内陷形成肋膈沟（也称郝氏沟）。

(3) 四肢：6 个月以上小儿出现手镯、脚镯样改变等；独立行走后（1 岁左右）下肢出现“X”形腿或“O”形腿（图 4-4、图 4-5）。

(4) 脊柱、骨盆：长久坐位者有脊柱后突、侧弯。骨盆软化出现扁平骨盆。

(5) 其他：运动功能发育迟缓，肌张力低下，韧带松弛，表现为头颈软弱，坐、立、行等功能落后；腹部膨隆如蛙腹；神经、精神发育迟缓，患儿表情淡漠，语言发育迟缓，免疫功能低下，常伴感染。

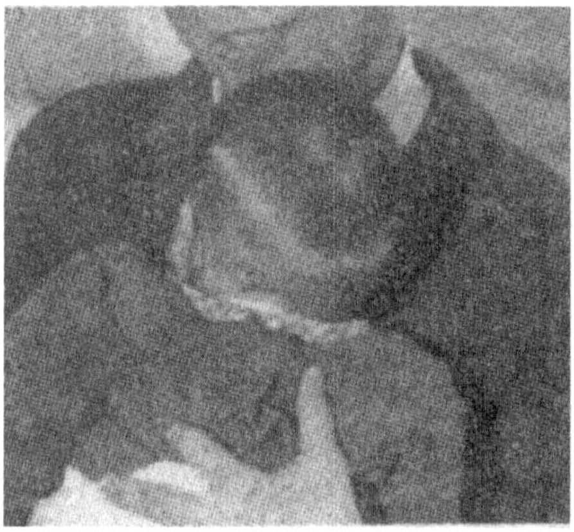
图4-1　佝偻病枕秃

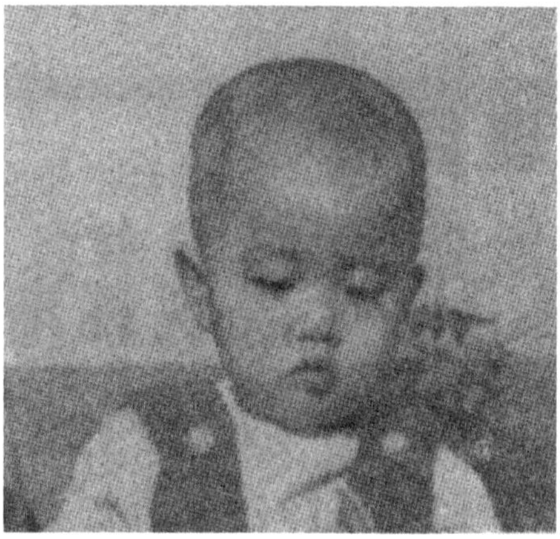
图4-2　佝偻病方颅

考点提示：1. 佝偻病激期的主要症状是骨骼改变。2. 激期骨骼改变的表现。

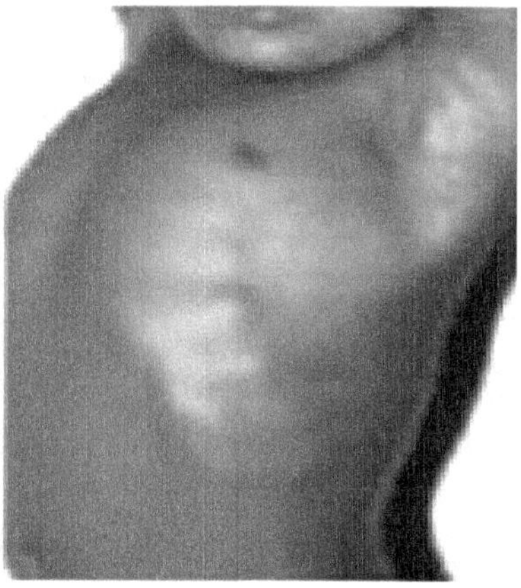
图4-3　佝偻病肋骨串珠

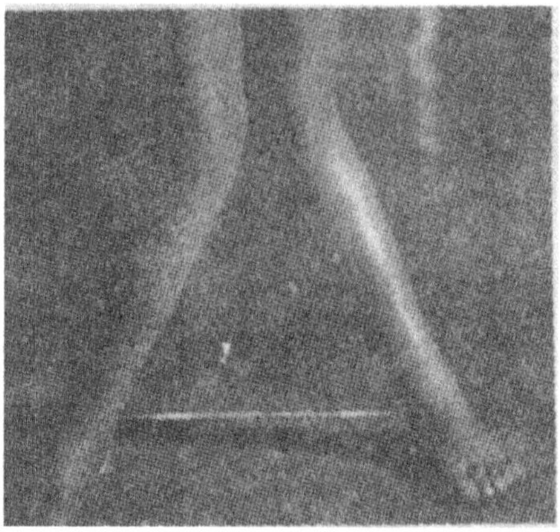
图4-4　佝偻病“X”形腿

3. 恢复期　经过适当治疗后，患儿临床症状和体征减轻或基本消失，精神活泼，肌张力恢复。

4. 后遗症期　临床症状消失，仅遗留不同程度的骨骼畸形，多见于2岁以上小儿。

考点提示：佝偻病后遗症期常见于2岁以上小儿。

（三）社会、心理状态

由于重症患儿可留有骨骼畸形的后遗症，随着年龄增长，对自身形象的感知、运动能力的认识不断增强，可能会产生不良的心理活动如自卑等，从而影响心理健康及社会交往。家长则因孩子发生骨骼改变及可能遗留的骨骼畸形感到焦虑或歉疚。此外，城市建筑密集，空气污染严重，导致采光不足使小儿接受日光照射减少，已成为不容忽视的社会问题。

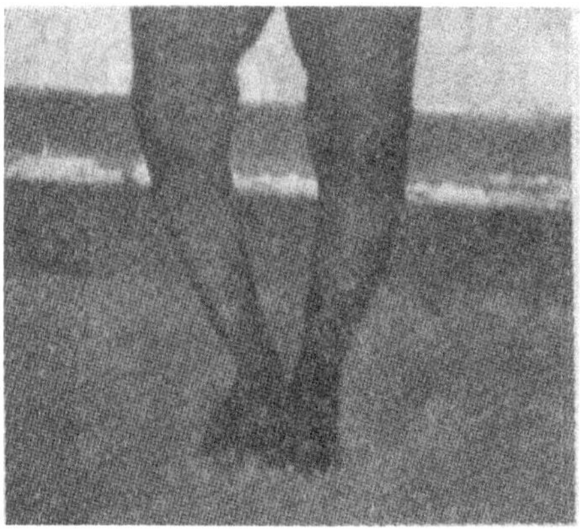
图4-5　佝偻病“O”形腿

（四）辅助检查资料

(1) 初期：无明显骨骼改变，血清25-(OH) D_3 下降，甲状旁腺激素升高，血钙、血磷降低，碱性磷酸酶升高。

(2) 激期：X线长骨摄片显示干骺端增宽，临时钙化带消失，呈毛刷样或杯口样改变，骨干密度减低。

(3) 恢复期：各项检查逐步恢复正常。

(4) 后遗症期：血生化正常，X线检查骨骼干骺端病变消失。

三、护理诊断 / 问题

1. 营养失调：低于机体需要量 与日光照射不足及维生素D摄入不足有关。

2. 生长发育改变 与骨骼及肌肉韧带发育障碍有关。

3. 潜在并发症 维生素D中毒、感染。

4. 知识缺乏 家长缺乏佝偻病的预防和护理知识。

四、护理目标

(1) 患儿及时获得维生素D，症状逐步改善。

(2) 生长发育逐步达到正常。

(3) 治疗期间不发生维生素D中毒与感染。

(4) 家长能说出该病的防治知识和护理方法。

五、护理措施

考点提示：增加日光照射是治疗佝偻病最有效的方法。

1. 营养失调的护理

(1) 户外活动：增加日光照射是最有效的治疗方法。定期户外活动，一般越早越好，根据不同年龄、不同季节选用不同的方法，在不影响保暖的情况下尽量暴露皮肤。新生儿在生后1～2个月即可开始，活动时间每次可从数分钟逐渐延长至1～2小时。夏季气温太高，应避免太阳直射，可在阴凉处活动。因紫外线不能透过玻璃，在室内应开窗照射。

链接

佝偻病巧补钙

时下，补钙广告铺天盖地，品种繁多，那么宝宝究竟怎样补钙？这个问题是年轻父母最关心的。

根据研究，全世界包括先进国家的儿童钙的摄取量也只能达到需求量的30%～60%，因此，大多数孩子都存在缺钙的问题。那么，是不是补钙越多就越好呢？有资料表明，佝偻病治疗与钙剂用量大小并没有直接的关系，而与维生素D有关，即补钙的同时必须补充维生素D，才能取得满意效果。一般来说，人体所需的钙大部分都可以从食物中获得，应注意食补，如多食鱼虾、木耳、蘑菇、胡萝卜、苹果、花生、牛奶和豆浆等。

目前市场上的钙制剂主要有碳酸钙、柠檬酸钙和葡萄糖酸钙等。其中吸收好的是碳酸钙，而口感好、服用方便的是葡萄糖酸钙，可分别选用。

考点提示：佝偻病患儿口服维生素D的剂量和疗程。

(2) 补充维生素D：提倡母乳喂养，按时添加辅食，给予富含维生素D、钙和磷的食物，并遵医嘱给予维生素D制剂。治疗应以口服为主，每日剂量为50～125μg(2000～5000U)，1个月后改为预防量400U；有并发症的佝偻病患儿或无法口服者，一次肌内注射维生素D 20万～30万U/d，2～3个月后改为预防量口服。

2. 生长发育改变的护理 患儿衣着应宽松，不要束缚过紧；床铺要松软，以免影响骨骼发育。活动期佝偻病患儿应避免过早、过久地坐、站和行走，防止出现脊柱弯曲或下肢畸形。

对于已有骨骼畸形的患儿，胸部畸形可让小儿做俯卧位抬头展胸运动；下肢畸形（“O”形腿按摩外侧肌群，“X”形腿按摩内侧肌群）增强肌张力，矫正畸形。严重时行外科手术矫正。

考点提示：佝偻病患儿避免过早、过久地坐、站和走。

护考链接

患儿，男，4 个月，近 1 个月来烦躁，夜间啼哭，睡眠不安，易惊醒，汗多，吃奶少，大便稀，每天 2～3 次。出生后一直牛奶喂养，引起其睡眠不安最可能的原因是

A. 生活环境不良　　B. 缺少母乳喂养　　C. 父母日常护理不当

D. 缺乏维生素 D　　E. 慢性腹泻

答案：D。

分析：4 个月患儿，牛奶喂养，有神经精神症状，是维生素 D 缺乏性佝偻病的初期表现。故正确答案为 D。

3. 潜在并发症的护理

(1) 保持室内清洁、空气流通、冷暖适宜、阳光充足，避免交叉感染。

(2) 注意观察维生素 D 中毒的表现。如患儿服用浓缩鱼肝油制剂，应观察有无前囟门隆起、头痛、呕吐、厌食等维生素 A 中毒症状；如服用单纯维生素 D 制剂应观察有无全身乏力、食欲减退、口渴多饮、恶心、呕吐、便秘或腹泻等维生素 D 中毒的表现，一旦发现，及时报告医生。

4. 心理护理　做好安慰解释工作，充分理解家长的心情，缓解家长的焦虑和歉疚心理。耐心解释本病的原因和预后，消除家长的顾虑，使其树立信心，积极配合治疗，促进患儿早日康复。

六、健康教育

(1) 向家长宣传有关佝偻病的护理知识，如多晒太阳、合理喂养等。尽量少带患儿去公共场所，减少呼吸道感染的机会。激期患儿衣服应宽松，避免过早坐、立或行走。

(2) 介绍佝偻病的预防方法

1) 鼓励孕妇多进行户外活动，多食富含维生素 D、钙、磷和蛋白质的饮食，在妊娠后期 3 个月，酌情给予维生素 D 预防量 800U/d 口服。

2) 提倡母乳喂养，母乳中钙磷比例适当，吸收率高；足月儿生后 2 周开始补充维生素 D 400U/d，早产、双胎、低出生体重儿及北方冬季日照时间短者，应提前到生后 1 周开始补充维生素 D800U/d 口服，3 个月后改为预防量 400U/d，补充至 2 岁。如果饮食中含钙量不足，同时补充钙剂。在预防用药的同时，告知家长过量服用可造成中毒。

3) 指导家长加强患儿体格锻炼，增强体质；告知户外活动、日光浴、服用维生素 D 及按摩肌肉矫正畸形的方法。

考点提示：
1. 预防佝偻病补充维生素 D 的时间。
2. 维生素 D 的预防剂量为 400～800U/d。

第 3 节　维生素 D 缺乏性手足搐搦症患儿的护理

案例 4-3

小刚的外甥亮亮，6 个月。因惊厥 3 次到医院就诊。昨晚亮亮突然发生四肢抽动，双眼上翻，面肌抽动，意识不清，持续 1 分钟左右缓解，抽搐停止后一切活动如常。查体：体温 37℃，可见枕秃，其余无特殊发现。临床诊断：维生素 D 缺乏性手足搐搦症。

问题：

1. 亮亮惊厥的原因是什么？
2. 如果亮亮再次抽搐发作，家长应该怎么办？

一、疾病概述

维生素 D 缺乏性手足搐搦症又称为佝偻病性低钙惊厥、维生素 D 缺乏性手足抽搐症。主要由于维生素 D 缺乏，甲状旁腺代偿功能不足或其他因素的影响，导致血中游离钙降低，神经肌肉兴奋性增高，引起局部或全身肌肉搐搦。多见于 6 个月以下婴儿，冬春季多见。

血清离子钙降低是引起手足搐搦症的直接原因。正常血清钙浓度为 2.25 ～ 2.27mmol/L，维生素 D 缺乏时，钙吸收减少，血钙降低，而甲状旁腺分泌不足，致使血钙进一步下降，当血清总钙浓度低于 1.75 ～ 1.88mmol/L 或离子钙浓度低于 1.0mmol/L 时，即可出现神经肌肉兴奋性增高的表现。

考点提示：1. 婴儿血清离子钙浓度低于 1.0mmol/L 时发生低钙惊厥。2. 维生素 D 缺乏性手足搐搦症的治疗要点。

该病典型发作时表现为：惊厥、手足搐搦和喉痉挛；隐匿型没有典型发作的症状，可通过刺激神经肌肉引出下列体征：面神经征、陶瑟征、腓神经征。

治疗要点：如有惊厥发作，首先止惊，然后补充钙剂和维生素 D（同佝偻病）。本病愈后大多良好，少数喉痉挛者可突发窒息，造成严重缺氧甚至死亡。

二、护理评估

（一）致病因素 / 健康史

(1) 春季阳光充足时或应用维生素 D 治疗佝偻病使钙沉积于骨骼，但肠道吸收钙相对不足造成低血钙。

(2) 体重＜ 1500g 的早产儿因来自母体的钙储存不足，且娩出后常有呼吸障碍、颅内出血等并发症，容易导致低钙血症。

(3) 人工喂养儿食用含磷过高的奶制品会导致高血磷、低血钙。

(4) 长期腹泻或慢性疾病使维生素 D 和钙的吸收减少。

(5) 当合并发热、感染、饥饿时，组织细胞分解释放磷，使血磷增加。

链接

为什么晒太阳反而出现低钙惊厥

冬去春来，春暖花开，久居高楼内的小宝宝们纷纷下楼晒太阳。谁知有的孩子晒了几天太阳后，突然出现了手足抽搐症状。晒太阳是为了预防佝偻病，怎么晒太阳反而抽搐起来呢？究其原因是：孩子晒太阳后，皮肤内的 7- 脱氢胆固醇大量形成内源性维生素 D_3，而维生素 D_3 可促使血中的钙、磷向骨质生长部位沉着，致使血钙降低。而孩子钙又未及时补充，故出现手足搐搦。预防的方法是：如患儿血钙低或者有低钙的隐性体征，在晒太阳前后应及时补充钙剂。

（二）身体状况

主要表现为惊厥、手足搐搦和喉痉挛，并伴有不同程度的活动期佝偻病表现。

1. 典型表现

(1) 惊厥：多见于小婴儿，是最常见的症状。患儿突然出现双眼上翻、意识不清、面肌及四肢抽动，时间长短不一。轻者仅见眼球上窜和面肌抽动，意识清楚。低钙惊厥的特点是发作后意识恢复，精神委靡入睡，醒后活泼如常，一般不发热。发作次数可数日 1 次或 1 日数次。

护考链接

某 4 个月患儿，人工喂养，近日反复出现发作性呼吸困难，伴有吸气时喉鸣音，急诊入院，查血钙 1.7mmol/L，其余正常，首先考虑该患儿出现了

A. 中毒性肺炎　　B. 喉痉挛　　C. 气管异物

D. 惊厥　　E. 支气管哮喘

答案：B。

分析：本题的考点是维生素 D 缺乏性手足搐搦症的临床表现。维生素 D 缺乏性手足搐搦症主要是甲状旁腺代偿功能不足导致血中离子钙下降，神经、肌肉兴奋性增加，临床典型表现为惊厥、手足搐搦和喉痉挛。患儿血钙 1.7mmol/L，发作性呼吸困难，伴有吸气时喉鸣音，是喉痉挛的表现。故正确答案为 D。

⑵ 手足搐搦：多见于较大的婴幼儿，为本病特有的症状。发作时双手腕呈屈曲状，手指伸直，拇指内收掌心，强直痉挛，呈“助产士手”（图 4-6），足部踝关节伸直，呈“芭蕾舞足”（图 4-7），活动停止后活泼自如。

⑶ 喉痉挛：婴儿多见。表现为喉部肌肉、声门突发痉挛，出现呼吸困难、吸气时喉鸣甚至窒息死亡。

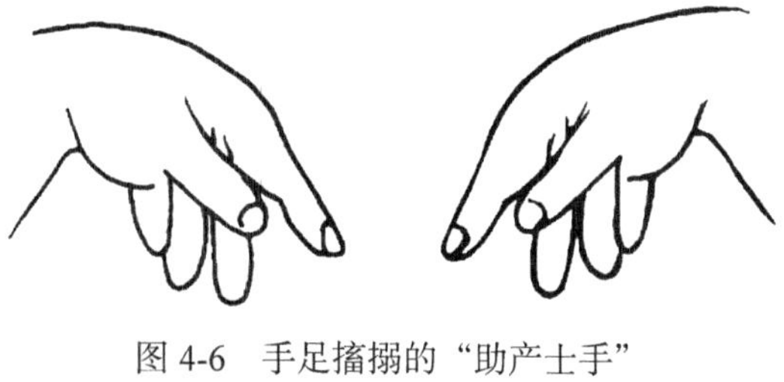

图 4-6　手足搐搦的“助产士手”

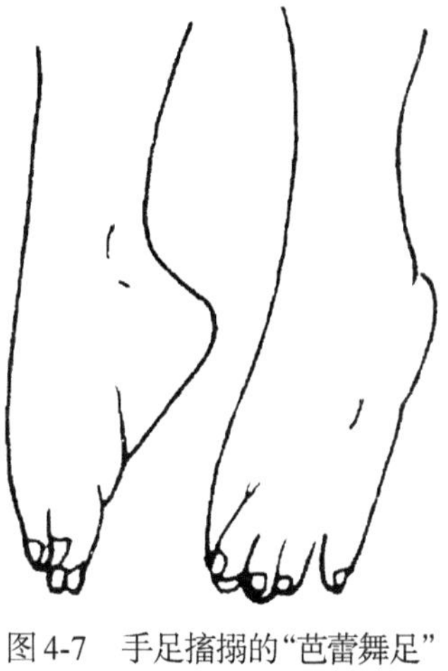

图 4-7　手足搐搦的“芭蕾舞足”

2. 隐匿型　没有典型发作的症状，可通过刺激神经肌肉引出下列体征，血清钙多在 1.75 ～ 1.88mmol/L。

⑴ 面神经征：以指尖或叩诊锤叩击颧弓与口角间面颊部，出现同侧口角及面颊抽动为阳性，新生儿可呈假阳性。

⑵ 陶瑟征：以血压计袖带包裹上臂，将血压维持在收缩压与舒张压之间，5 分钟内该手出现痉挛状为阳性。

⑶ 腓神经征：用叩诊锤叩击膝下外侧腓骨上方的腓神经，出现足向外侧收缩者为阳性。

考点提示：1. 最常见的症状是惊厥。2. 惊厥的特点。3. 最严重的症状是喉痉挛。

（三）社会、心理状态

由于家长知识缺乏，低钙惊厥和喉痉挛时担心造成大脑损害，留下后遗症，容易产生紧张焦虑和恐惧心理。

（四）辅助检查资料

血清总钙低于 1.75 ～ 1.88mmol/L 或血清钙离子低于 1.0mmol/L，可发生惊厥、手足搐搦和喉痉挛。

三、护理诊断 / 问题

1. 营养失调：低于机体需要量 与维生素 D 缺乏、血钙下降有关。

2. 有窒息的危险 与喉痉挛有关。

3. 有受伤的危险 与惊厥、手足搐搦有关。

4. 知识缺乏 家长缺乏有关防治与护理知识。

四、护理目标

(1) 患儿血钙恢复正常。

(2) 患儿不发生窒息。

(3) 患儿不发生外伤。

(4) 家长能了解本病的有关防治和护理知识。

五、护理措施

（一）营养失调的护理

1. 钙剂治疗 遵医嘱给予 10% 葡萄糖酸钙 5 ～ 10ml 加入 10% 葡萄糖液 10 ～ 20ml 中，缓慢静脉注射（10 分钟以上），如注射过快，可致血钙骤升、发生呕吐甚至心搏骤停。钙剂不可皮下或肌内注射以免造成局部坏死。惊厥反复发作时可每日静脉注射 1 ～ 2 次，直至惊厥停止后改为口服钙剂。轻症手足搐搦患儿可用 10% 氯化钙加入糖水服用。每日 3 次，每次 5 ～ 10ml，1 ～ 2 周。

2. 维生素 D 治疗 症状控制后，遵医嘱治疗维生素 D 缺乏性佝偻病（详见本章第 2 节），补充维生素 D。

考点提示：钙剂使用的注意事项。

（二）有窒息与受伤危险的护理

1. 一般处理 惊厥发作时，迅速解开衣扣，头偏向一侧，清除口鼻分泌物，保持呼吸道通畅，避免窒息。同时在上下磨牙之间置一用纱布包裹的压舌板，防止舌头咬伤。如牙关紧密，切勿撬开，以免损伤牙齿。有喉痉挛者立即将舌头拉出口外，头偏向一侧以免窒息。密切观察患儿意识、体温、呼吸、脉搏等生命体征，注意患儿有无神经肌肉的兴奋性增高表现，有无搐搦后脑水肿表现，如有异常情况及时报告医生，并做好记录。

2. 氧气吸入 惊厥时应立即吸氧，喉痉挛者须立即将舌头拉出口外，并进行口对口人工呼吸或加压给氧，必要时做气管插管或气管切开以保证呼吸道通畅。

3. 迅速控制惊厥或喉痉挛 遵医嘱使用地西泮、苯巴比妥钠、水合氯醛等止惊剂。小婴儿予地西泮静脉注射，速度要缓慢，以免抑制小儿呼吸中枢。

考点提示：惊厥的护理要点。

（三）其他护理

1. 保持室内清洁卫生 室内应空气流通、冷暖适宜、阳光充足，避免交叉感染。

2. 做好皮肤护理 多汗的患儿要勤洗头，勤更换尿布、内衣、被褥和枕套，保持皮肤清洁。

（四）心理护理

做好安慰解释工作，充分理解家长的心情，缓解家长的焦虑和恐惧心理。耐心解释本病的原因和预后，消除家长的顾虑，树立信心，积极配合治疗，促进患儿早日康复。

六、健康教育

(1) 讲解本病的主要致病因素、诱因和搐搦发作时的正确处理方法，如就地抢救、患儿平卧、松解衣扣、头偏向一侧、保持呼吸道通畅，并及时联系医护人员救助。

(2) 做好出院指导，指导家长要坚持日光照射，合理喂养，补充维生素 D 和钙剂，防止疾病复发。

小结

本章主要介绍了营养不良、维生素D缺乏性佝偻病和维生素D缺乏性手足搐搦症。营养不良的临床表现主要是体重减轻、皮下脂肪减少，而体重不增是最先出现的症状。患儿皮下脂肪减少的顺序为：腹部→躯干→臀部→四肢→面部。营养不良最常见的并发症是缺铁性贫血，并发自发性低血糖可致死亡。治疗与护理要点主要是祛除病因、调整饮食、补充营养、促进消化和预防并发症等。

维生素D缺乏性佝偻病的主要病因是日光照射不足。初期以非特异性神经精神症状为主；激期除神经精神症状外，主要表现为骨骼改变、运动功能及智力发育迟缓；治疗与护理措施关键是加强日光照射，补充维生素D和钙剂等。

维生素D缺乏性手足搐搦症病因与佝偻病相同，主要是甲状旁腺代偿功能不足导致血中离子钙下降，神经肌肉兴奋性增加而引起惊厥、手足搐搦和喉痉挛症状。本病的直接原因是血钙下降，根本的原因是维生素D缺乏。治疗和护理措施关键是防止窒息、吸氧、止痉、补钙和防止外伤。此外，护理工作中要关爱患儿，充分体现护士的爱心、责任心和同情心。

自测题

A_1 型题

1. 营养不良患儿的辅助检查中，最突出的表现是
   A. 血浆胆固醇降低　B. 血糖降低
   C. 血清酶活性降低　D. 生长激素分泌增多
   E. 血清白蛋白浓度降低
2. Ⅰ度营养不良患儿体重低于正常比例
   A. 5% ～ 10%　B. 10% ～ 15%
   C. 15% ～ 25%　D. 25% ～ 40%
   E. 40% 以上
3. 引起维生素 D 缺乏性佝偻病的最主要原因是
   A. 日光照射不足
   B. 未添加富含维生素 D 的食物
   C. 食物中钙、磷比例不适宜
   D. 生长发育迅速，维生素 D 需要量增加
   E. 肝、肾疾病影响
4. 佝偻病初期的主要临床表现是
   A. 非特异性神经精神症状
   B. 运动发育迟缓
   C. 骨骼改变
   D. 肌肉松弛
   E. 手足搐搦
5. 维生素 D 缺乏性佝偻病激期的主要表现是

A. 抽搐
B. 骨骼改变
C. 烦躁好哭、多汗
D. 动作、语言发育迟缓
E. 睡眠不安、夜惊

6. 营养不良患儿皮下脂肪最早消减的部位是
A. 面部　B. 腹部　C. 胸部
D. 臀部　E. 下肢

A_2 型题

7. 女孩，4个月。冬季出生，足月顺产，单纯牛乳喂养，近半个月来烦躁、多汗、夜间睡眠不好。门诊体检时特别应注意的体征是
A. "O" 形腿　B. 方颅
C. 肋骨串珠　D. 手镯征
E. 颅骨软化

8. 患儿，男，1岁。因食欲差、母乳少，以米糊、稀饭喂养，未添加其他辅食，诊断为营养不良Ⅰ度。最先出现的症状是
A. 身长低于正常　B. 体重不增
C. 皮肤干燥　D. 肌张力低下
E. 皮下脂肪减少

9. 患儿，女，12个月。体重8.5kg，身长68cm，头围46cm，前囟门未闭，牙齿未萌出，有肋骨串珠，血钙稍低，血磷明显降低，碱性磷酸酶增高，拟诊断为
A. 佝偻病　B. 克汀病
C. 先天愚型　D. 脑积水
E. 重度营养不良

10. 患儿，女，7个月。平日烦躁、多汗、易惊，近日来间断抽搐而就诊。患儿发作时体温37.4℃，意识不清、两眼上翻、四肢和面肌抽动，可自行缓解入睡，醒后活泼如常。应首先考虑的诊断是
A. 癫痫
B. 低血糖
C. 低血镁
D. 维生素D缺乏性手足搐搦症
E. 低血钠

11. 患儿，女，10个月。易激惹，多汗、夜间常哭闹、睡眠不安。方颅、肋骨串珠，至今扶起时尚站立不稳，经查诊断为佝偻病活动期，下列护理措施错误的是
A. 指导母乳喂养
B. 添加含维生素D的食物
C. 多抱患儿到户外晒太阳
D. 操作轻柔以防骨折
E. 加强站立和行走锻炼

12. 患儿，男，4个月。人工喂养，平时多汗、睡眠不安，枕秃。考虑为佝偻病初期，门诊护士指导家长正确给患儿日光照射的方法是
A. 每天在树荫下活动30分钟
B. 每天在家室内隔着玻璃窗晒太阳1小时
C. 每天户外活动不超过1小时
D. 每天户外活动3小时以上为宜
E. 直接接受阳光照射，每天户外活动1～2小时

13. 患儿，女，6个月。人工喂养，睡眠不安，平时多汗，突然出现惊厥，查血钙1.3mmol/L，在静脉补钙前应采取的紧急处理是
A. 做人工呼吸　B. 肌内注射维生素
C. 肌内注射苯巴比妥　D. 口服钙剂 D_3
E. 使用脱水剂

14. 5个月小儿，人工喂养，体重4kg，腹部皮下脂肪0.3cm，皮肤弹性差，肌肉明显松弛，两眼近角膜外侧缘有结膜干燥斑，其最可能的诊断是
A. Ⅲ度营养不良伴维生素A缺乏
B. Ⅲ度营养不良伴维生素C缺乏
C. Ⅰ度营养不良伴维生素A缺乏
D. Ⅱ度营养不良伴维生素C缺乏
E. Ⅱ度营养不良伴维生素A缺乏

15. 患儿，男，1岁10个月。反应灵敏，多汗、易惊、烦躁、前囟未闭、可见肋骨串珠。最主要的护理措施是
A. 补充维生素D　B. 补充叶酸
C. 补充维生素 B_{12}　D. 补充铁剂
E. 使用抗生素

16. 患儿，男，1岁半。有肋骨串珠、肋膈沟、手镯及脚镯征，下肢为"O"形腿，长骨X线片干骺端呈毛刷状及杯口状改变。最可能的医疗诊断是
A. 软骨营养不良　B. 佝偻病初期
C. 佝偻病激期　D. 佝偻病恢复期
E. 佝偻病后遗症期

17. 患儿，女，4个月。人工喂养，未添加维生素

D 制剂，很少户外活动，平时易惊、多汗、睡眠少，近 2 日来咳嗽、低热，今晨突然双眼凝视，手足抽动。查体：枕后有乒乓球感。导致该患儿抽搐的直接原因是

A. 钙剂过量　B. 维生素 D 缺乏
C. 维生素 D 过量　D. 甲状旁腺功能低下
E. 低血钙导致神经肌肉兴奋性增高

A_3/A_4 型题

（18～20 题共用题干）

患儿，女，10 个月。人工喂养，平时睡眠不安、多汗、易惊。今日吃奶后突然发生惊厥，表现为两眼上翻，双目凝视，肢体搐搦，持续 1 分钟左右缓解，患儿搐搦停止后，一切活动如常。体查：体温正常，可见方颅和枕秃，其他无特殊发现。

18. 为明确诊断，下列哪项实验室检查最有意义
A. 血钙　B. 血磷　C. 血糖
D. 红细胞沉降率　E. 碱性磷酸酶

19. 患儿经检查诊断为低钙惊厥，其治疗原则是
A. 立即使用维生素 D
B. 先使用维生素 D 后用钙剂
C. 用足钙剂后，再用维生素 D
D. 维生素 D 和钙剂同时使用
E. 立即晒太阳

20. 经过治疗，该患儿准备出院，护士对家长进行健康指导最主要的内容是
A. 添加含维生素 D 的食物
B. 提倡进行坐、站动作训练
C. 减轻家长心理压力
D. 多抱患儿到户外晒太阳
E. 教会家长患儿惊厥发作时的处理方法

（21～23 题共用题干）

患儿，男，3 个月。人工喂养，睡眠差、夜啼。查体：体温 37.4℃，有枕秃、颅骨软化。初步诊断：佝偻病。给予维生素 D_3 30 万 U 肌内注射后，患儿突然发生全身搐搦，两眼上翻、意识不清。实验室检查：血清钙 1.68mmol/L。

21. 该患儿搐搦最可能的原因是
A. 维生素 D 缺乏　B. 血清钙减少
C. 高热惊厥　D. 癫痫发作
E. 碱中毒

22. 该患儿的主要护理诊断为
A. 皮肤完整性受损
B. 清理呼吸道无效
C. 有窒息的危险
D. 气体交换受损
E. 潜在并发症：低血糖

23. 该患儿首选的护理措施应为
A. 继续补充维生素 D
B. 降低患儿体温
C. 迅速止惊
D. 尽快给予葡萄糖酸钙
E. 及时纠正酸中毒

（24、25 题共用题干）

患儿，男，5 岁。体重 12kg，身高 96cm，经常烦躁不安，皮肤干燥苍白，肌肉松弛，腹部皮下脂肪 0.3cm。

24. 护士对该患儿的诊断首先考虑为
A. 中度脱水　B. 营养不良性贫血
C. 轻度营养不良　D. 中度营养不良
E. 重度营养不良

25. 营养不良早期诊断的可靠指标是
A. 血糖　B. 血浆蛋白
C. 血浆胆固醇　D. 血浆转铁蛋白
E. 血浆胰岛素生长因子 -1

（田　洁）

5

第5章 消化系统疾病患儿的护理

你知道宝宝为什么经常“流涎”吗？宝宝发生口腔炎，你会涂药吗？你知道引起婴儿腹泻最常见的病原体是什么吗？你了解腹泻引起的脱水有哪些表现吗？你知道不同年龄、不同疾病小儿如何补液吗？面对以上种种疑问，通过本章的学习，你一定能找到答案。

第1节 小儿消化系统解剖、生理特点

一、口 腔

新生儿及婴幼儿唾液腺发育不完善，唾液分泌少，口腔黏膜干燥且柔嫩，血管丰富，易受损伤和细菌感染。3个月以下小儿唾液中淀粉酶分泌较少，故不宜喂淀粉类食物。婴儿3～4个月唾液腺开始分泌唾液，5～6个月时唾液量明显增加，但由于口腔底浅，不能及时吞咽唾液，常出现生理性流涎。

考点提示：3个月以下小儿不宜添加淀粉类食物。

二、食 管

新生儿和婴儿的食管呈漏斗状，黏膜柔嫩，腺体、弹力组织及肌层尚不发达，特别是食管下段贲门括约肌发育不成熟、控制能力差，常发生胃食管反流，一般在8～10个月时症状消失。

三、胃

新生儿胃容量30～60ml，1～3个月90～150ml，1岁后250～300ml，5岁时为700～850ml。由于哺乳后不久幽门开放，故实际哺乳量常超过上述胃容量。婴儿胃呈水平位，贲门括约肌发育不成熟，幽门括约肌发育较好，自主神经调节差，容易发生幽门痉挛而出现溢乳和呕吐。胃排空时间因食物种类不同而异，水的排空时间为1.5～2小时，母乳为2～3小时，牛乳为3～4小时。早产儿胃排空慢，容易发生胃潴留。

考点提示：婴儿容易发生溢乳的原因。

四、肠

小儿肠管相对比成人长，吸收面积较大，黏膜血管丰富，有利于消化吸收。肠系膜长且柔软，活动度大，容易发生肠套叠和肠扭转。肠乳糖酶活性较低，易发生乳糖吸收不良。肠壁薄，通透性高，肠黏膜屏障功能差，肠内毒素、消化不全产物和过敏原等可经肠黏膜吸收进入体内，引起全身感染和变态反应性疾病。

五、肝

小儿年龄越小，肝脏相对越大。婴幼儿肝可在右肋下触及1～2cm，6岁后肋下一般触不到。小儿肝细胞及肝功能不成熟，解毒能力差，在缺氧、感染、药物中毒等情况下易发生肝脏淤血肿大。婴儿时期胆汁分泌较少，故对脂肪的消化、吸收功能较差。

六、胰　腺

6个月以内小儿的胰淀粉酶活性较低，1岁后接近成人，故3～4个月以前不宜喂淀粉类食物。新生儿及婴幼儿胰脂肪酶和胰蛋白酶的活性不高，对脂肪和蛋白质的消化和吸收功能较差。

考点提示： 小儿消化系统解剖与生理特点。

护考链接

下列哪种因素不是婴儿易发生溢乳和呕吐的原因

A. 幽门括约肌紧张　B. 贲门括约肌较松弛　C. 胃呈水平位

D. 自主神经调节差　E. 胃酸分泌多

答案： E。

分析： 婴儿胃呈水平位，贲门括约肌发育不成熟，幽门括约肌发育较好，自主神经调节差，容易发生幽门痉挛而出现溢乳和呕吐。故正确答案为E。

七、肠道细菌

单纯母乳喂养儿以双歧杆菌为主；人工喂养和混合喂养儿肠内的大肠杆菌、嗜酸杆菌、双歧杆菌及肠球菌所占比例几乎相等。正常肠道菌群对入侵的致病菌有一定拮抗作用。婴幼儿肠道正常菌群脆弱，容易受许多内外界因素的影响而致菌群失调，引起消化功能紊乱。

八、健康小儿粪便

1. 胎粪　新生儿生后12小时内开始排出的粪便称胎粪，为深墨绿色、黏稠、无臭味，由肠道内脱落的上皮细胞、消化液及吞下的羊水组成。2～3天后即转为正常婴儿粪便。如出生后24小时内无胎粪排出，应注意检查有无消化道畸形。

2. 人乳喂养儿粪便　呈金黄色、糊状、不臭，呈酸性反应，每日排出2～4次。

3. 人工喂养儿粪便　呈淡黄色、较干稠，呈中性或碱性反应，有时混有白色酪蛋白乳凝块。每日排出1～2次，有明显臭味。因蛋白质及矿物质含量较高，容易引起便秘。

4. 混合喂养儿粪便　人乳加牛乳喂养者粪便与人工喂养者相似，但较软、黄。添加淀粉类食物可使大便量增多和变软，颜色呈暗褐色，臭味加重。添加各种辅食后粪便性状接近成人，每日1～2次。

第2节　口腔炎患儿的护理

案例5-1

黄阿姨的侄子豆豆，1岁。因拒食、流涎、哭闹1天就诊。查体：体温38.5℃，口腔唇内、颊黏膜上可见成簇水疱和水疱破溃后形成的小溃疡，表面覆盖黄白色纤维素渗出物，颌下淋巴结肿大，临床诊断：疱疹性口炎。

问题：

1. 遇到这种情况你应该怎么办？
2. 向家长讲解并示教清洁口腔及局部涂药的方法。

一、疾病概述

口腔炎是指口腔黏膜的炎症，可由微生物（细菌、病毒、真菌等）引起，亦可因局部受理化因素刺激而引起。

本病在小儿时期较为多见，可单独发病也可继发于急性感染，腹泻，营养不良和维生素 B、维生素 C 缺乏等全身性疾病。食具消毒不严、口腔不卫生或由于各种疾病导致机体抵抗力下降均可引起口腔炎的发生。如病变仅局限于局部如舌、齿龈、口角亦可称舌炎、齿龈炎或口角炎。

治疗原则以清洁口腔及局部涂药为主，严重者可全身用药。

链接

你知道什么是白色念珠菌吗

白色念珠菌亦称白假丝酵母菌，是真菌中的致病菌，往往寄居于正常人的口腔、肠道、上呼吸道及阴道黏膜表面。有些患儿长期或大量使用广谱抗生素，抑制了口腔内正常存在的一些细菌，但不能抑制口腔内的白色念珠菌，因而白色念珠菌借机繁殖。另外，有些拮抗念珠菌的细菌也被抗生素抑制，口腔内的白色念珠菌就更容易繁殖而引起疾病。此外，长期大量使用激素，还可以抑制人体的免疫功能，使机体抗感染能力减低，导致白色念珠菌感染而致病。

二、护理评估

（一）致病因素 / 健康史

1. 鹅口疮 为白色念珠菌感染所致。多见于营养不良、腹泻、长期应用广谱抗生素或糖皮质激素的患儿，新生儿也可因奶具不洁或经产道感染所致。

2. 疱疹性口炎 由单纯疱疹病毒感染所致。起病时常有上呼吸道感染症状，传染性强，多见于 1 ～ 3 岁的小儿。常在集体托幼机构引起小流行。

3. 溃疡性口炎 由链球菌、金黄色葡萄球菌和肺炎链球菌等感染所致，口炎可单独发生，亦可继发于全身疾病如急性感染，营养不良，久病体弱和维生素 B、维生素 C 缺乏等。

（二）身体状况

1. 鹅口疮 一般无全身症状，患处不痛、不流涎，不影响吃奶。口腔黏膜出现白色或灰白色乳凝样物质，表面粗糙，不易拭去，强行剥离后局部黏膜潮红并可渗血。

2. 疱疹性口炎 起病时有发热，体温可达 38 ～ 40℃，出现局部疼痛、哭闹、拒食、流涎和烦躁等症状。齿龈红肿，触之易出血，在齿龈、舌、唇内、颊黏膜等处有成簇黄白色水疱，或水疱破裂后形成浅表溃疡，上面覆盖有黄白色纤维素样渗出物，局部淋巴结肿大。

体温在 3 ～ 5 天后恢复正常，病程 1 ～ 2 周。本病应与柯萨奇病毒引起的疱疹性咽峡炎鉴别。后者多发生于夏秋季节，疱疹主要在咽部和软腭，颌下淋巴结不肿大。

3. 溃疡性口炎　主要为齿龈、唇、颊黏膜等处的口腔黏膜充血、水肿、糜烂或溃疡，溃疡表面覆盖有灰白色纤维素性假膜，易拭去，但遗留溢血的创伤面。患儿可有发热、哭闹、拒食、流涎和烦躁等，颌下淋巴结肿大。

考点提示：三种口腔炎的鉴别要点。

（三）社会、心理状态

家长因患儿哭闹、烦躁、拒食、流涎等而产生焦虑、担忧等情绪反应。

三、护理诊断 / 问题

1. 口腔黏膜改变　与感染有关。

2. 疼痛　与口腔黏膜炎症和破损有关。

3. 体温过高　与感染有关。

考点提示：口腔炎首要护理问题。

四、护 理 目 标

(1) 患儿口腔黏膜破损逐渐恢复完整。

(2) 患儿口腔疼痛逐渐缓解和消失。

(3) 患儿体温维持正常。

五、护 理 措 施

（一）促进口腔黏膜愈合

1. 清洁口腔　用 3% 的过氧化氢溶液清洗溃疡面，以减少继发感染，促进溃疡愈合。鹅口疮患儿应用 2% 的碳酸氢钠溶液清洗口腔，每日 2 ～ 4 次，以餐后 1 小时为宜。

2. 局部用药　①鹅口疮可局部涂抹 10 万～ 20 万 U/ml 制霉菌素鱼肝油混悬液，每日 2 ～ 3 次；②疱疹性口炎局部可涂碘苷，亦可喷洒西瓜霜、锡类散、冰硼散等，如预防继发感染可涂 2.5% ～ 5% 金霉素鱼肝油；③溃疡性口炎遵医嘱使用抗生素，局部可涂 2.5% ～ 5% 金霉素鱼肝油。

考点提示：鹅口疮应用 2% 碳酸氢钠溶液清洁口腔。

3. 正确涂药　涂药前应先将纱布或干棉球放在颊黏膜腮腺管开口处或舌系带两侧，以阻断唾液，再用干棉球将病变部黏膜表面吸干净后再涂药。涂药后嘱患儿闭口 10 分钟，然后取出隔离唾液的纱布或棉球并叮嘱患儿不可马上漱口、饮水或进食。小婴儿不配合时可直接涂药。在清洁口腔及局部涂药时应注意手法，用棉签在溃疡面上滚动式涂药，切不可摩擦，以免患儿疼痛加重。

4. 防止继发感染及交叉感染　患儿的食具、奶具、玩具要及时消毒，食具专用。护士护理患儿前后要洗手，鹅口疮患儿使用过的奶具、食具应放于 5% 的碳酸氢钠溶液中浸泡 30 分钟后洗净再煮沸消毒。疱疹性口炎传染性较强，应与健康儿隔离，以防传染。

（二）疼痛的护理

以高热量、高蛋白和富含维生素的温凉流质或半流质饮食为宜，鼓励患儿多饮水。保持口腔清洁，避免酸、辣、热、粗、硬等刺激性食物以减轻疼痛。如口腔炎疼痛影响进食，可在进食前局部涂 2%利多卡因止痛。对不能进食者，遵医嘱给予静脉营养等。对于流涎者要及时清理，保持皮肤清洁干燥，避免引起皮疹及糜烂。

（三）体温过高的护理

体温超过38.5℃时，给予松解衣服、置冷水袋、冰袋等物理降温，必要时给予药物降温。同时做好皮肤护理。

考点提示：口腔炎的护理措施。

（四）心理护理

针对患儿家长存在的心理问题，耐心讲解本病的有关知识。护理工作中关心体贴患儿，缓解家长的担忧和焦虑心理。

护考链接

患儿，女，5个月。主因发热、咳嗽2周，拟诊为“支气管炎”，给予口服“头孢克肟”治疗。今日体检发现口腔黏膜有白色点片乳凝块样物，不易拭去。护士为该患儿进行口腔护理时，应选择下列哪种溶液

A. 生理盐水　　B. 2% 碳酸氢钠　　C. 10% 葡萄糖

D. 3% 过氧化氢　　E. 0.1% 依沙吖啶

答案：B。

分析：鹅口疮一般无全身症状，患处不痛、不流涎，不影响吃奶。口腔黏膜出现灰白色乳凝样物，不易拭去，为白色念珠菌感染所致，多见于营养不良、腹泻、长期应用广谱抗生素或糖皮质激素的患儿。鹅口疮患儿应用2%碳酸氢钠溶液清洁口腔，每日2～4次，以餐后1小时为宜。故正确答案为B。

六、健康教育

(1) 向家长讲解口腔炎发生的原因，讲解并示教清洁口腔及局部涂药的方法。

(2) 讲解饮食和口腔卫生的重要性，教育小儿养成良好的卫生习惯，指导家长做好奶具、玩具等的清洁、消毒工作。

(3) 指导家长不滥用抗生素和糖皮质激素。

第3节　腹泻患儿的护理

案例 5-2

李大爷的孙子小斌，1岁。因“呕吐、腹泻3天”到医院儿科就诊。患儿3天前出现呕吐、腹泻稀水便，每天10余次。臀部皮肤发红，伴有皮疹。1天来尿量减少，精神委靡，体温37.8℃。经过大便检查诊断为轮状病毒肠炎。

问题：

1. 轮状病毒肠炎有哪些特点？
2. 向家长示范臀部护理的方法。

一、疾病概述

小儿腹泻（也称腹泻病）是由多病原、多因素引起的以大便次数增多和大便性状改变

为主的消化道综合征，严重者常引起脱水、电解质紊乱及酸中毒。发病年龄以6个月至2岁多见，一年四季均可发病，但夏秋季发病率高，为我国儿童保健重点防治的“四病”之一。

考点提示：小儿腹泻的好发年龄。

临床上根据腹泻的病因分为感染性腹泻和非感染性腹泻。根据病程分为急性腹泻（病程在2周以内）、迁延性腹泻（病程在2周至2个月）和慢性腹泻（病程在2个月以上）。根据病情分为轻型腹泻和重型腹泻。

感染性腹泻时，病原微生物多随污染的食物、日用品、手或水进入消化道，当机体防御功能下降，大量病原微生物侵入并产生毒素，可引起腹泻。①产毒性大肠杆菌主要通过其产生的肠毒素促使水和电解质向肠腔内转移，肠道分泌增加导致水样泻；②侵袭性大肠杆菌、空肠弯曲菌、鼠伤寒沙门菌及金黄色葡萄球菌等，可侵入肠黏膜组织，产生广泛的炎性反应，出现血便或胶胨状粪便；③轮状病毒侵袭肠绒毛上皮细胞，使之变性坏死，绒毛变短脱落，引起水及电解质吸收减少，同时，轮状病毒导致双糖酶分泌不足，使食物中糖类消化不全而积滞在肠腔内，并被细菌分解成小分子的短链有机物，使肠液的渗透压增高，导致腹泻。

非感染性腹泻多因进食过量或饮食不当引起。消化、吸收不良的食物积滞于小肠上部，使肠内酸度降低，有利于肠道下部细菌上移并繁殖。食物发酵和腐败，其毒性产物刺激肠壁，使肠蠕动增加，导致腹泻，进而发生脱水和电解质紊乱。

本病治疗和护理要点是调整饮食、控制感染、纠正水和电解质紊乱和对症护理。

二、护理评估

（一）致病因素/健康史

1. 易感因素

(1) 消化道特点：婴儿消化系统发育不成熟，胃酸和消化酶分泌不足，酶活性低，消化道负担重。

(2) 免疫力差：婴儿免疫球蛋白、胃肠道sIgA水平及胃内酸度低，肠道正常菌群尚未建立，拮抗能力差。

(3) 人工喂养：食具、玩具易污染等。

2. 非感染因素

(1) 饮食不当：多为人工喂养儿，喂养不定时、不定量，食物性质改变等。

(2) 过敏性腹泻：患儿对牛奶、豆浆等过敏，喂养后所引起的腹泻。

(3) 气候因素：如腹部着凉，肠蠕动增加；天气热，消化酶也分泌减少等。

3. 感染因素

(1) 病毒：80%的腹泻是由病毒感染引起的，以轮状病毒引起的秋冬季腹泻最常见。

考点提示：引起秋冬季腹泻最常见的病原体是轮状病毒。

(2) 细菌：（不包括法定传染病）以产毒性、侵袭性和出血性大肠杆菌感染为主，其次是空肠弯曲菌、耶尔森菌等。

(3) 其他：真菌（白色念珠菌）和寄生虫等。

(4) 肠道外感染：如中耳炎、上呼吸道感染和肺炎等也可引起腹泻。

（二）身体状况

1. 轻型腹泻　多由饮食因素或肠道外感染引起，以胃肠道症状为主。常有食欲缺乏，偶有恶心、呕吐。每日大便多在10次以下，每次大便量较少，呈黄色或黄绿色，有酸味，可见奶瓣和泡沫，一般无感染中毒症状和脱水、电解质紊乱。

2. 重型腹泻 多由肠道内感染引起，也可由轻型加重而致。除有较重的胃肠道症状外，还有明显的全身感染中毒症状和脱水、电解质紊乱。

(1) 胃肠道症状：食欲低下，常伴呕吐，严重者可吐咖啡样液体。腹泻频繁，大便每日十次至数十次，多为黄色水样便或蛋花汤样便，量较多，可有少量黏液。

考点提示：轻型腹泻和重型腹泻的区别。

(2) 全身中毒症状：发热、烦躁不安、精神委靡、嗜睡甚至昏迷、休克等。

(3) 水、电解质和酸碱平衡紊乱：主要表现为脱水、代谢性酸中毒、低血钾、低血钙和低血镁等症状（详见本章第4节）。

3. 不同原因所致腹泻的临床特点

(1) 轮状病毒肠炎：又称秋季腹泻。多发生在秋冬季节，6个月至2岁的婴幼儿多见，常伴发热与上呼吸道感染症状。大便呈黄色水样或蛋花汤样，次数多，无腥臭味。由于病毒导致病变的肠黏膜细胞分泌双糖酶不足，活性降低，故不喂乳类的患儿恢复较快，3～8天自行恢复。常伴脱水、电解质紊乱及酸中毒，无明显感染和中毒症状。

(2) 大肠杆菌肠炎：产毒性大肠杆菌肠炎多发生在夏季，大便呈蛋花汤样或水样混有黏液，镜检无白细胞，有脱水、电解质及酸碱平衡紊乱。侵袭性大肠杆菌肠炎可排出痢疾样黏液脓血便。出血性大肠杆菌肠炎开始为黄色水样便，后转为血水便，有特殊的臭味，大便镜检有大量红细胞，常无白细胞。

(3) 真菌性肠炎：主要为白色念珠菌感染所致，多见于营养不良、长期应用广谱抗生素或糖皮质激素患儿。大便呈黄色稀便，泡沫较多带黏液，有时可见豆腐渣样细块（菌落）。大便镜检可见真菌孢子和假菌丝，真菌培养阳性，常伴有鹅口疮。

(4) 迁延性腹泻和慢性腹泻：多由急性腹泻治疗不彻底或治疗不当所引起，人工喂养及营养不良小儿多见。

考点提示：不同病因腹泻的特点。

(5) 生理性腹泻：多见于出生6个月以内的婴儿，小儿虚胖，常伴湿疹，出生后不久即出现腹泻，但除大便次数增多外，无其他症状，食欲好，生长发育正常。常于添加辅食后，大便即逐渐转为正常。

护考链接

患儿，男，5个月，6kg，面部湿疹，生后不久即开始腹泻，大便5～6次/天，食欲好，大便常规检查：未见异常。该患儿最可能的诊断是

A. 急性腹泻　　B. 慢性腹泻　　C. 病毒性腹泻

D. 细菌性腹泻　　E. 生理性腹泻

答案：E。

分析：生理性腹泻多见于出生6个月以内的婴儿，虚胖，常伴湿疹，出生后不久即出现腹泻，但除大便次数增多外，无其他症状，食欲好，生长发育正常。常于添加辅食后，大便即逐渐转为正常。故正确答案为E。

（三）社会、心理状况

评估家长对疾病的病因、防治及预后的了解程度。有无缺乏小儿喂养及卫生常识；有无担忧、焦虑等情绪反应。

（四）辅助检查资料

1. 大便常规检查 大便中出现少量白细胞为非侵袭性细菌和其他原因所致；白细胞较

多为侵袭性细菌所致。必要时可做大便细菌培养加药敏试验。

2. 血生化检查　分析血清钠、钾、钙、镁和二氧化碳结合力等，可了解患儿水、电解质和酸碱平衡紊乱情况。

三、护理诊断/问题

1. 腹泻　与喂养不当、感染等导致胃肠道功能紊乱有关。

2. 腹痛　与感染、肠蠕动亢进及肠痉挛有关。

3. 体液不足　与腹泻、呕吐丢失过多和摄入量不足有关。

4. 体温过高　与感染有关。

5. 潜在并发症　皮肤完整性受损、电解质紊乱、酸中毒及休克等。

四、护理目标

(1) 患儿排便次数逐渐减少至正常，大便性状恢复正常。

(2) 患儿疼痛缓解或消失。

(3) 患儿体液恢复正常。

(4) 患儿体温逐渐恢复正常。

(5) 患儿不发生并发症或发生时能及时发现并正确治疗与护理。

链接

你知道什么是微生态疗法吗

肠道内菌群失调是婴幼儿腹泻的一个重要原因，为了恢复肠道正常菌群的生态平衡，抑制病原菌的定植与侵袭，临床上常用双歧杆菌、嗜乳酸杆菌、粪链球菌、需氧芽孢杆菌等活菌制剂，补充肠道益生菌，恢复肠道菌群平衡而达到止泻功效。服用时不可与抗生素同用，以免降低疗效。

五、护理措施

（一）腹泻的护理

1. 调整饮食　除严重呕吐者暂禁食4～6小时（不禁水）外，均应继续进食。母乳喂养者继续哺乳，暂停辅食；人工喂养儿及混合喂养儿可喂米汤或稀释牛奶等，待腹泻次数减少后，给予流质或半流质饮食，如粥、面条，少量多餐，随着病情稳定和好转，逐步过渡到正常饮食；双糖酶缺乏者，不宜用蔗糖，应暂停乳类喂养或去乳糖奶粉、发酵奶或豆制品等。

2. 严格做好消毒隔离　对感染性腹泻患儿应实行床边隔离，食具、衣物、尿布应专用，护理患儿前后要认真洗手，防止交叉感染。

考点提示： 严重呕吐的腹泻患儿暂禁食4～6小时（不禁水）。

3. 控制感染　对细菌感染者根据医嘱应用抗生素治疗，慎用止泻剂；对病毒性肠炎和非感染性因素所致的腹泻主要选用饮食疗法、助消化药、微生态疗法、肠黏膜保护剂等治疗。

护考链接

患儿，女，10个月。腹泻3天，每天大便5～6次，伴有轻度呕吐，皮肤弹性稍差，口腔黏膜稍干燥。护士给予家长饮食指导不正确的是

A. 继续母乳喂养，暂停辅食　　B. 减少食量，停止不当饮食

C. 暂禁食4～6小时　　D. 病毒性腹泻，用去乳糖奶粉

E. 病情稳定和好转后，逐步过渡到正常饮食

答案：C。

分析：腹泻患儿除严重呕吐者暂禁食4～6小时（不禁水）外，均应继续进食。母乳喂养者继续哺乳，暂停辅食；人工喂养儿及混合喂养儿可喂米汤或稀释牛奶等，待腹泻次数减少后，给予流质或半流质饮食，如粥、面条，少量多餐，随着病情稳定和好转，逐步过渡到正常饮食；病毒性肠炎双糖酶缺乏，不宜用蔗糖，对可疑病例暂停乳类喂养，改为去乳糖奶粉、发酵奶或豆制代乳品。故正确答案为C。

（二）疼痛的护理

疼痛患儿可采取下肢屈曲侧卧位，给予腹部热敷，并遵医嘱给予解痉剂；若伴有明显肠胀气者，可给予肛管排气等。

（三）液体不足的护理

补充液体，纠正水、电解质紊乱及酸碱失衡。脱水往往是导致急性腹泻患儿死亡的主要原因，合理的液体疗法是降低死亡率的关键。根据病情选择口服或静脉补液治疗（详见本章第4节）。

（四）体温过高的护理

密切观察患儿体温的变化，如体温超过38.5℃时，应给予物理降温，如头部冷敷、枕冰袋，颈部及腹股沟处放置冰袋，温水擦浴或乙醇擦浴等，必要时遵医嘱用退热药。发热出汗多者，及时更换污湿衣服，避免着凉，保持皮肤清洁干燥。

（五）潜在并发症的护理

(1) 密切观察病情并记录腹泻、呕吐的次数、量、性质并及时报告医生。做好动态比较，为制订输液方案和治疗提供可靠依据。

(2) 加强臀部皮肤护理：为防止臀部及肛周皮肤糜烂可选质地柔软、吸水性强的尿布，避免使用不透气的塑料布，防止臀红的发生。每次便后用温水清洗臀部并拭干，扑上滑石粉或3%～5%的鞣酸软膏，保持会阴及臀部皮肤干燥、清洁。如已发生臀红，局部可涂紫草油或鞣酸软膏，重者可局部涂鱼肝油软膏或氧化锌软膏等（详见第2章第6节臀红护理法）。

考点提示：腹泻患儿的臀部皮肤护理。

(3) 密切观察代谢性酸中毒的表现：注意患儿面色及呼吸的改变，当患儿出现呼吸深快、精神委靡、口唇樱红等酸中毒症状时，及时报告医生，遵医嘱使用碱性药物纠正。

(4) 密切观察低血钾的表现：观察患儿有无肌张力改变、有无心音低钝或心律不齐，当出现全身乏力、哭声低下或不哭、肌张力低下、反应迟钝、恶心、呕吐、腹胀及肠鸣音减弱或消失时，提示有低钾存在，及时报告医生，遵医嘱补充钾盐。

(5) 密切观察低血钙及低血镁的表现：腹泻患儿在输液纠正脱水和酸中毒过程中，如出现惊厥或手足抽搐应考虑低钙血症，应遵医嘱及时补充钙剂，经补钙后仍不见好转者，应考虑可能有低血镁。

（六）心理护理

针对患儿家长存在的心理问题，耐心讲解本病的相关知识。指导家长科学合理喂养及腹泻的护理方法。护理工作中关心、体贴患儿，缓解家长的担忧和焦虑心理。

六、健康教育

(1) 指导合理喂养：宣传母乳喂养的优点，避免在夏季断奶。按时逐步添加辅食，切忌几种辅食同时添加，防止过食、偏食及饮食结构突然变动。

(2) 注意饮食卫生：培养良好的卫生习惯，注意食物新鲜、清洁和食具消毒，避免肠道内感染。教育儿童饭前、便后要洗手，勤剪指甲。

(3) 增强体质，消除病因：发现营养不良、佝偻病时及早治疗，适当户外活动。

(4) 注意气候变化，防止受凉和过热，冬天注意保暖，夏天多喝水。

第 4 节　小儿液体疗法及其护理

案例 5-3

李女士的女儿，6 个月。因“呕吐、腹泻 3 天”入院治疗。诊断为小儿腹泻合并中度低渗性脱水。经 6 小时补液后患儿出现明显眼睑浮肿。

问题：

1. 该患儿眼睑水肿的原因是什么？
2. 在补液过程中应注意哪些问题？

一、小儿体液平衡特点

（一）体液总量和分布

小儿体液的分布可分为三大区：①血浆区；②间质区；③细胞区。其中血浆和间质液区的液体称细胞外液，细胞区的液体称为细胞内液（图 5-1）。小儿年龄越小，体液总量越多，间质液所占的比例也越大（表 5-1）。因此，小儿发生急性脱水时，由于细胞外液首先丢失，故脱水症状可在短期内立即出现。

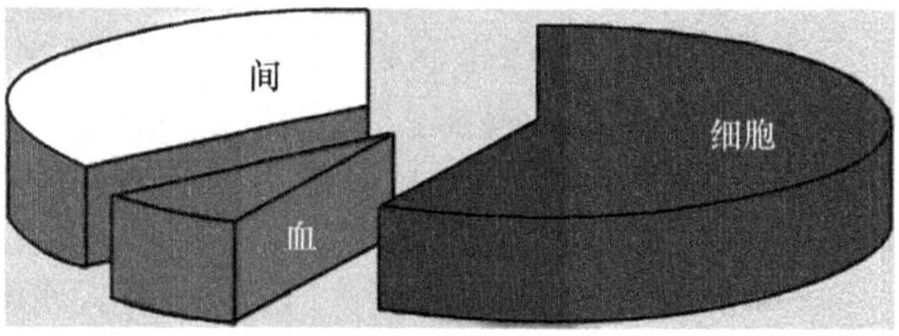

图 5-1　小儿体液的分布

表 5-1　不同年龄的体液分布（占体重的百分比）

年龄	细胞内液	细胞外液		体液总量
		间质液	血浆	
新生儿	35	37	6	78
～1 岁	40	25	5	70
2～14 岁	40	20	5	65
成人	40～45	10～15	5	55～60

（二）体液的电解质组成

小儿体液电解质成分与成人相似。新生儿生后数日血钾、血氯、血磷和乳酸偏高，血钠、血钙和碳酸氢盐偏低。

（三）水代谢的特点

1. 水的需要量较多　小儿时期，由于生长发育迅速、新陈代谢旺盛及体表面积相对较大等特点，每日所需水量相对较多。按体重计算，年龄越小，每日需水量相对越多。

2. 水的交换率高　年龄越小，水的进出量越多，交换量越大。婴儿每日水的交换量是细胞外液的 1/2，而成人仅占 1/7。婴儿体内水的交换率比成人快 3～4 倍，所以婴儿对缺水的耐受力比成人差。因此，在病理情况下，如呕吐、腹泻等情况发生时，小儿比成人更容易发生脱水。

（四）体液调节功能不成熟

考点提示：小儿体液的特点。

体液调节主要靠肾脏、肺脏、神经、内分泌和血浆中的缓冲系统。小儿的体液调节功能较成人差，容易出现水和电解质代谢紊乱。如小儿年龄越小，肾脏排钠、排酸能力越差，容易发生高钠血症和酸中毒；而肾小球滤过率低，当摄入水分较多时，则容易引起水肿和低钠血症。

二、水、电解质及酸碱平衡紊乱

（一）脱水

脱水是指由于水分摄入不足或丢失过多所造成的体液总量（尤其是细胞外液量）减少。脱水时除水分丢失外，同时还伴有钠、钾和其他电解质的丢失。

1. 脱水程度　指患病后累积丢失的体液量。根据其体液丢失程度，将脱水分为轻度、中度和重度脱水（表 5-2）。临床上应注意，估计脱水程度时，营养不良患儿皮下脂肪少，皮肤弹性差，容易将脱水程度估计过重；肥胖小儿皮下脂肪多，脱水程度常易估计过低。

表 5-2　不同程度脱水的临床表现

	轻度脱水	中度脱水	重度脱水
精神状态	稍差或略烦躁	烦躁或委靡	昏睡或昏迷
皮肤及黏膜	皮肤弹性稍差	皮肤弹性差	皮肤弹性极差
	口腔黏膜稍干燥	口腔黏膜干燥	口腔黏膜极干燥
眼窝及前囟凹陷	轻度	明显	极明显
眼泪	有	少	无

续表

	轻度脱水	中度脱水	重度脱水
尿量	略减少	明显减少	少尿或无尿
周围循环衰竭	无	不明显	明显
代谢性酸中毒	无	有	严重
估计累积失水（ml/kg）	损失细胞外液量 1/5 40 ～ 50	损失细胞外液量 1/3 50 ～ 100	损失细胞外液量 1/2 100 ～ 200
失水占体重百分比	5% 以下	5% ～ 10%	10% 以上

2. 脱水性质　指现存体液渗透压的改变。临床上根据水与电解质丢失比例的不同，将脱水分为等渗性脱水、低渗性脱水和高渗性脱水三种（表 5-3）。其中以等渗性脱水最常见，其次为低渗性脱水，高渗性脱水少见。

考点提示：不同程度脱水的临床表现。

表 5-3　不同性质脱水的临床表现

	低渗性脱水	等渗性脱水	高渗性脱水
原因及诱因	以失盐为主，补充非电解质过多，常见于病程较长、营养不良和重度脱水者	水与电解质丢失大致相同，常见于病程较短、营养状况较好者	以失水为主，补充高钠液体过多、高热、入水量少、大量出汗等
血钠浓度（mmol/L）	＜ 130	130 ～ 150	＞ 150
口渴	不明显	明显	极明显
皮肤弹性	极差	稍差	尚可
血压	很低	低	正常或稍低
神志	嗜睡或昏迷	精神委靡	烦躁、易激惹

考点提示：不同性质脱水的临床表现。

（二）代谢性酸中毒

1. 病因　腹泻使大量碱性物质从大便中丢失；进食少和肠吸收不良，体内脂肪氧化增加，酮体生成增多；脱水时血液循环不良，组织缺氧，乳酸产生增多；脱水时肾血流量下降，酸性产物排出减少。

2. 临床表现　重度脱水常伴有不同程度的代谢性酸中毒，可分为轻、中、重三度。新生儿和小婴儿呼吸代偿功能差，酸中毒时其呼吸改变可不典型，往往仅有精神委靡、拒食和面色苍白等（表 5-4）。

表 5-4　代谢性酸中毒的临床表现

		轻度酸中毒	中度酸中毒	重度酸中毒
精神状态		正常或稍烦躁	烦躁或委靡	昏睡或昏迷
口唇颜色		正常	樱桃红色	暗红或发绀
呼吸改变		深而慢	深而快	不规则，有烂苹果味
周围循环衰竭		无	无	有
面色		苍白	苍白或灰白	灰白或发绀
CO_2CP	mmol/L	18 ～ 13	13 ～ 9	＜ 9
	Vol%	40 ～ 30	30 ～ 20	＜ 20

考点提示：代谢性酸中毒的分度及其临床表现。

（三）低钾血症

血清钾低于3.5mmol/L称为低钾血症。

1. 病因 呕吐和腹泻丢失钾增多；钾的摄入不足；肾保钾能力差，钾从尿中排出。故腹泻时患儿多有不同程度的低钾。

2. 临床表现 临床上低钾血症多出现在脱水、酸中毒被纠正后（血钾稀释、尿量增加，钾从尿中排出增多；输入葡萄糖后，合成糖原增加，消耗大量钾；酸中毒纠正后，钾又回到细胞内）。其表现为：神经肌肉兴奋性减低，精神萎靡、反应低下、四肢肌肉无力、腱反射减弱或消失、腹胀、肠鸣音减弱；严重时出现膀胱麻痹、呼吸肌麻痹、心肌收缩力下降、心律失常，甚至发生心力衰竭。心电图示有ST段下降，Q-T间期延长，T波增宽、低平或倒置，出现U波。

考点提示：低钾血症的临床表现。

（四）低钙血症和低镁血症

1. 病因 低钙血症常出现在腹泻较久或有活动性佝偻病的患儿；低镁血症常发生在长期腹泻或有营养不良的患儿。

2. 临床表现 低钙血症表现为惊厥、喉痉挛或手足抽搐（易发生在脱水和酸中毒被纠正后，原因为血液稀释和离子钙下降）；低镁血症表现为震颤、手足抽搐和惊厥。临床上经补钙后仍不见好转，应考虑低镁血症。

三、常用的溶液及其配制

（一）非电解质溶液

常用的5%葡萄糖溶液为等渗液，10%葡萄糖溶液为高渗液。葡萄糖溶液输入体内后，很快被氧化成二氧化碳和水，或转变成糖原储存体内，失去其渗透压的作用。故输入葡萄糖溶液，主要用以补充水分和供给热量，临床上视为无张力的液体，不能起到维持血浆渗透压的作用，也用于纠正体液高渗状态。

（二）电解质溶液

主要用以补充损失液体所需的电解质，纠正体液的渗透压和酸、碱失衡。

1. 0.9%氯化钠溶液（生理盐水） 为等渗液。生理盐水中含Na^+和Cl^-均为154mmol/L，与血浆离子渗透压近似。但与血浆中的Na^+(142mmol/L)和Cl^-(103mmol/L)相比，Cl^-的含量相对较多，故大量输入体内可致血氯升高，造成高氯性酸中毒。用途：①补充电解质Na^+和Cl^-；②可用于扩容；③纠正部分低氯性碱中毒。

2. 复方氯化钠溶液（林格液） 为等渗液。内含0.86%氯化钠、0.03%氯化钾和0.03%氯化钙，作用与0.9%氯化钠溶液基本相似，但可以纠正低血钾和低血钙。因含氯太高，不宜大量使用。

3. 碱性溶液 主要用于纠正酸中毒。

(1) 碳酸氢钠溶液：可直接增加缓冲碱，纠正酸中毒作用迅速，为纠正酸中毒的首选药物。1.4%碳酸氢钠为等渗溶液，市售5%碳酸氢钠为高渗溶液，用5%或10%葡萄糖溶液稀释3.5倍即为等渗液。在抢救重度酸中毒时，5%碳酸氢钠可不稀释而直接静脉注射，但不宜多用。

(2) 乳酸钠溶液：需在有氧条件下，经肝脏代谢产生HCO_3^-而起作用，显效较缓慢。因此，在肝功能不全、缺氧、休克、新生儿期及乳酸潴留性酸中毒时，不宜使用。1.87%乳酸钠为等渗液，市售 11.2% 乳酸钠溶液为高渗液，用 5% 或 10% 葡萄糖溶液稀释 6 倍即为等渗液。

4. 10% 氯化钾溶液　用于纠正低钾血症。须稀释成 0.2%～0.3% 浓度，静脉缓慢输入，不可直接静脉注射，以免发生心肌抑制而死亡。

考点提示：常见的非电解质、电解质溶液的组成和张力。

护考链接

下列液体，哪种是等渗电解质溶液

A. 5% 葡萄糖溶液　B. 5% 碳酸氢钠溶液　C. 0.9% 氯化钠溶液

D. 10% 氯化钾溶液　E. 11.2% 乳酸钠溶液

答案：C。

分析：本题的考点是常见的非电解质和电解质溶液的张力。5% 葡萄糖溶液是非电解质溶液，不符合题意；5% 碳酸氢钠溶液的张力是 3.5 张，10% 氯化钾溶液是高张液，11.2% 乳酸钠溶液的张力是 6 张，都不是等渗液；0.9% 氯化钠溶液是等张液。故正确答案是 C。

（三）混合溶液

将几种溶液按不同比例配成不同的混合液，以互补其不足，常用混合液见表 5-5。

表 5-5　几种常用混合溶液配制表

混合溶液	加入溶液（份）				张力	应用
	0.9% 氯化钠溶液	5% 或 10% 葡萄糖溶液	1.4% 碳酸氢钠溶液（1.87% 乳酸钠溶液）	10% 氯化钾浓度		
1 ∶ 1 液	1	1			1/2	轻中度等渗性脱水
1 ∶ 2 液	1	2			1/3	高渗性脱水或补充生理需要量
1 ∶ 4 液	1	4			1/5	高渗性脱水或生理需要量的补充
2 ∶ 1 液	2		1		等张	低渗性脱水或重度脱水
2 ∶ 3 ∶ 1 液	2	3	1		1/2	轻中度等渗性脱水
4 ∶ 3 ∶ 2 液	4	3	2		2/3	低渗性脱水
维持液	1	4		稀释成 0.15% 氯化钾溶液	1/4	用于高热、肺炎等的维持输液及腹泻患儿生理需要量的补充

注：液体张力 =（盐份数 + 碱份数）/ 总份数。

考点提示：混合溶液的组成、张力和用途。

（四）口服补液盐（简称 ORS）

ORS 是 WHO 推荐用以治疗急性腹泻合并脱水的一种溶液，经临床应用取得了良好效果。传统的 ORS 配方为：氯化钠 3.5g，碳酸氢钠 2.5g，氯化钾 1.5g，葡萄糖 20g，加温开水 1000ml 溶解而成，张力约为 2/3 张，适用于轻度或中度脱水无严重呕吐的患儿。WHO 2002 年推荐的低渗透压口服补液盐配方与传统的配方比较同样有效，但更为安全。该配方为：氯化钠 2.6g，枸橼酸钠 2.9g，氯化钾 1.5g，葡萄糖 13.5g，加温开水 1000ml 溶解而成，张力约为 1/2 张（表 5-6）。

考点提示：ORS的组成、张力、用途。

表 5-6　传统 ORS 与低渗 ORS 比较

	传统 ORS	低渗 ORS	低渗 ORS 的优势
渗透压	311mOsm/L	245mOsm/L	低渗：腹泻合并脱水治疗的首选用药 疗效：双重作用，快速补液，安全止泻 安全性：降低高钠血症发生率，更安全 口感：口感更好，更适合儿童 方便性：易于配制，随时轻松服用
钠盐浓度	90mmol/L	75mmol/L	
张力	2/3 张	1/2 张	
适应证	轻、中度脱水	轻、中度脱水 补充钠、钾、氯	
疗效	补液	补液、止泻	
口感	苦涩	淡甜	
使用方便性	每袋冲 1000ml	每袋冲 1000ml	

四、补液方法

（一）补液原则

液体疗法的目的在于纠正脱水和电解质及酸碱平衡紊乱，以恢复机体的正常生理功能。补液时应遵循补液“三定”（定量、定性、定速）、“三先”（先快后慢、先浓后淡、先盐后糖）和“两补”（见尿补钾、防惊补钙或补镁）原则，需考虑：①全日输液量多少；②患儿属哪种性质脱水及有无代谢性酸中毒；③注意脱水、酸中毒纠正后出现的低血钾、低血钙、低血镁症状等问题。

（二）口服补液

口服补液适用于轻、中度脱水，无严重呕吐及腹胀的患儿。轻度脱水补 50 ～ 80ml/kg，中度脱水补 80 ～ 100ml/kg，少量频服。传统的 ORS 为 2/3 张溶液，口服应多喝温开水，以防止高钠血症。服用后如患儿眼睑水肿，应停止服用。新生儿及高渗性脱水慎用或不用。

（三）静脉补液

静脉补液适用于中度以上脱水或吐泻严重的患儿。

1. 第一天补液　第一天补液总量包括累积损失量、继续损失量和生理需要量三部分。

（1）定量

1）累积损失量：指补充自发病以来至补液时所损失的水和电解质总量。根据脱水程度决定补液量，轻度脱水 30 ～ 50ml/kg；中度脱水 50 ～ 100ml/kg；重度脱水 100 ～ 120ml/kg。

2）继续损失量：指补液治疗开始后患儿继续呕吐、腹泻丢失的液体量。应按实际损失量予以补充，一般在禁食的情况下，每日 10 ～ 40ml/kg。常用 1/3 ～ 1/2 张含钠液。

3）生理需要量：主要是供给基础代谢所需的水分，为 60 ～ 80ml/kg。可用 1/5 ～ 1/4 张含钠液（加 0.15% 氯化钾）。

以上三部分液体量合计，第一个 24 小时应供给的液体总量为：轻度脱水 90 ～ 120ml/kg，中度脱水 120 ～ 150ml/kg，重度脱水 150 ～ 180ml/kg。学龄前儿童减 1/4，学龄儿童减 1/3。累积损失量约等于补液总量的一半，余下的一半液体用于补充继续损失量和生理需要量，若脱水纠正，呕吐、腹泻缓解，可酌情减少或改为口服补液。

（2）定性：输液的种类取决于脱水的性质。

1）累积损失量：等渗性脱水补 1/2 张含钠液（2∶3∶1 液）；低渗性脱水补 2/3 张含钠液（4∶3∶2 液）；高渗性脱水补 1/5 ～ 1/3 张含钠液（1∶4 液或 1∶2 液）；婴儿腹泻脱水性质不明的，一般按等渗性脱水处理。

2）继续损失量：选择 1/3 ～ 1/2 张含钠液。

3）生理需要量：选择 1/5 ～ 1/3 张含钠液。

（3）定速：补液速度取决于脱水程度，原则上先快后慢。

1）累积损失量：应于 8 ～ 12 小时补足，每小时 8 ～ 10ml/kg。若有休克时首先进行扩容，用 2∶1 等张含钠液 20mg/kg（总量最多不超过 300ml，此部分液体量应在补充累积损失量时扣除），于 30 ～ 60 分钟静脉输入，以迅速改善有效循环血量和肾功能。对于高渗性脱水患儿，累积损失量的补充速度应放慢，总量宜在 24 小时内均匀滴入。

护考链接

10 个月婴儿，呕吐、腹泻 4 天，近 11 小时无尿，体检发现：精神委靡，意识模糊，呼吸深快，面色苍白，前囟、眼窝明显凹陷，哭时无泪，皮肤弹性极差，脉细弱，四肢厥冷。首先应给的治疗为

A. 2∶1 等张含钠液 50ml/kg 静脉滴注　　B.1.4% 碳酸氢钠 40ml/kg 静脉注射

C. 2∶1 等张含钠液 20ml/kg 静脉滴注　　D. 2∶3∶1 液 40ml/kg 静脉滴注

E. 4∶3∶2 液 180ml/kg 静脉滴注

答案：C。

分析：患儿腹泻出现精神委靡，意识模糊，呼吸深快，面色苍白，前囟、眼窝明显凹陷，哭时无泪，皮肤弹性极差，脉细弱，四肢厥冷等表现，说明患儿腹泻并发了重度脱水，发生了休克，需要立即扩容；扩容用 2∶1 等张含钠液 20mg/kg，于 30 ～ 60 分钟静脉输入，以迅速改善有效循环血量和肾功能。故正确答案为 C。

2）继续损失量和生理需要量：可在 12 ～ 16 小时内输入，一般为每小时 5ml/kg。

（4）纠正酸中毒：因以上输入的混合溶液中已含碱性溶液，经上述补液后，随着循环和肾功能改善，酸中毒多随之纠正。如仍未纠正，可根据血气分析结果，酌情加补碱性溶液。

（5）纠正低血钾：待循环改善，酸中毒纠正后，如有低血钾应及时补充。①补钾量：一般每日 100 ～ 300mg/kg。②补钾时间：见尿后及时补钾或补钾前 6 小时内曾经排尿。③补钾浓度：静脉滴注浓度一般为 0.2%，最高不超过 0.3%。④补钾速度：全日补钾时静脉滴注时间不少于 6 ～ 8 小时；切忌将钾盐静脉注射，以免引起高钾血症，危及生命。补钾时，如患儿情况允许，口服补钾更安全。

考点提示：静脉补钾注意事项。

（6）纠正低血钙、低血镁：①低钙血症：补液过程中出现惊厥，首先应考虑低钙血症，如出现低钙血症可给予 10% 葡萄糖酸钙 5 ～ 10ml 加等量的 5% 或 10% 葡萄糖溶液缓慢静脉注射（时间 10 分钟以上），必要时可重复应用。②低镁血症：用钙剂治疗无效时，考虑低镁血症，用 25% 硫酸镁溶液按每次 0.1 mg/kg，深部肌内注射，每日 3 ～ 4 次，症状缓解后停药。

考点提示：液体疗法的定量、定性和定速。

2. 第二天以后的补液　第二天一般改口服补液，若患儿仍有频繁腹泻或呕吐者需继续静脉补液，补充继续损失量和生理需要量即可，补液量为 100 ～ 120 ml/kg，可用 1/3 ～ 1/2 张含钠液，12 ～ 24 小时均匀静脉滴注，并注意电解质和热量的补充。

五、不同疾病静脉补液的注意事项

（一）婴幼儿肺炎

(1) 补液总量：应控制在生理需要量即每日 60 ～ 80ml/kg 以下。

(2) 液体张力：不宜过高，一般为 1/4 ～ 1/3 张含钠液。

(3) 补液速度：速度要缓慢，一般滴速控制在每小时 5ml/kg。

(4) 婴幼儿肺炎以呼吸性酸中毒为主，应积极改善通气功能，酌情使用碳酸氢钠。

（二）营养不良伴腹泻

(1) 补液总量：比一般腹泻减少 1/3。

(2) 液体张力：因营养不良为低渗性脱水，宜补 2/3 张含钠液。

(3) 补液速度：要缓慢，一般控制在每小时 3 ～ 5ml/kg。

(4) 补液时应注意电解质、热量和蛋白质的补充。

（三）新生儿

(1) 应控制补液的总量与速度。

(2) 液体张力：由于钠、氯排泄低，输入钠过多时易水肿，输入氯过多易引起酸中毒，故电解质含量应适当减少，以 1/5 张含钠液为主。

(3) 补液速度：全日补液总量应在 24 小时内均匀静脉滴注。

(4) 新生儿血钾偏高，如无明显缺钾，通常不必补钾。

(5) 酸中毒时，应选用碳酸氢钠。

六、液体疗法的护理

（一）口服补液的护理

1. 无明显脱水 患儿可在家进行口服补液（表 5-7，新生儿慎用）。也可自制口服液，用米汤 500ml 加细盐 1.75g，预防脱水 20 ～ 40ml/kg，4 小时服完，以后随时口服，能喝多少给多少。或用白开水 500ml 加白糖 10g 加细盐 1.75g 配制，煮沸后服用，少量多次服用。

表 5-7　不同年龄 ORS 用量

年龄（周岁）	每次腹泻后服用 ORS 的量（ml）	每日应提供 ORS 的量（ml/d）
＜ 2	50 ～ 100	500
2 ～ 10	100 ～ 200	1000
＞ 10	能喝多少给多少	2000

2. 轻、中度脱水 应用 ORS 液及时纠正脱水，最初 4 小时内 ORS 液的用量见表 5-8。

表 5-8　最初 4 小时 ORS 用量

年龄	＜ 4 个月	4 ～ 11 个月	12 ～ 23 个月	2 ～ 4 岁	4 ～ 14 岁
用量（ml）	200 ～ 300	400 ～ 600	600 ～ 800	800 ～ 1200	1200 ～ 2200

3. 注意事项

(1) 向家长说明和示范口服液的配制方法。

(2) 向家长示范喂服方法：2 岁以下的患儿每 1 ～ 2 分钟喂一小勺约 5ml，2 岁以上患儿可用杯子直接喝，如有呕吐，停 10 分钟后再慢慢喂服（每 2 ～ 3 分钟喂一勺）。

(3) 对于在家进行口服补液的患儿，应指导家长观察病情的方法。口服补液可一直持续到腹泻停止，并继续喂养。如病情不见好转或加重，应及时到医院就诊。

(4) 密切观察病情，如患儿出现眼睑浮肿应停止服用 ORS 液，改用白开水或母乳，水肿消退后再按无脱水的方案服用。4 小时后应重新估计患儿脱水状况，然后选择上述适当的方案继续治疗护理。

（二）静脉补液的护理

1. 补液前注意事项

(1) 了解患儿的病史、病情、补液目的及其临床意义，熟悉液体的成分及配制方法。

(2) 严格按照无菌操作规则进行液体配制。

(3) 严格核对患儿姓名、床号及药物（药名、剂量、浓度、有效期）等。

(4) 向家长及患儿说明输液的目的，缓解和消除紧张情绪，对不合作患儿做好约束等准备工作。

2. 输液中注意事项

(1) 严格掌握输液速度：认真计算出每分钟输液滴数，注意防止输液速度过速或过缓，并随时巡逻，注意输液是否通畅，针头有无滑脱，局部有无红肿，有无输液反应。新生儿及伴心、肺疾病的患儿如有条件最好用输液泵，以便更精确地控制输液速度。

(2) 注意观察生命体征：包括体温、脉搏、血压、呼吸、精神状况。若出现烦躁不安、脉率加快、呼吸加快等，应警惕是否输液过量或输液速度过快，是否发生心力衰竭和肺水肿等情况。

(3) 观察脱水纠正的情况：注意患儿的神志状态，有无口渴，皮肤、黏膜干燥程度，眼窝及前囟凹陷程度，尿量多少等。如补液合理，一般于补液后 3 ～ 4 小时应该排尿，此时说明血容量恢复，所以应注意观察和记录输液后首次排尿的时间、尿量。补液后 24 小时皮肤弹性恢复，眼窝凹陷消失，则表明脱水已被纠正。补液后眼睑出现浮肿，可能是钠盐过多；补液后尿多而脱水未能纠正，则可能是葡萄糖液补入过多，宜调整溶液中的电解质比例。

考点提示：判断脱水纠正的情况。

(4) 记录液体出入量：准确记录 24 小时液体出入量，包括静脉输液量、口服液体量、尿量、呕吐量和腹泻量等。并注意体温增高所致体液丢失（体温每升高 1℃，体液丢失增加 13%），及时报告医生，调整输液量。

小结

本章介绍了小儿消化系统的解剖生理特点、口腔炎、小儿腹泻和小儿液体疗法四部分内容。其中常见的口腔炎有鹅口疮、疱疹性口炎和溃疡性口炎，分别由白色念珠菌、单纯疱疹病毒和细菌感染所致。临床上主要表现为口腔黏膜受损、局部疼痛、拒食等症状（鹅口疮无症状）。其护理要点是清洁口腔和局部用药。小儿腹泻是我国儿童保健重点防治“四病”之一。临床上大多数是由轮状病毒感染引起的，细菌以大肠杆菌为主，也可见于饮食不当等因素。轻型腹泻以胃肠道症状为主；重型腹泻除胃肠道症状外，还有明显的脱水、电解质紊乱和全身中毒症状。其治疗和护理的要点为调整饮食，控制感染，纠正水、电解质和酸碱平衡紊乱，以及对症治疗，还应积极做好发热、皮肤黏膜、消毒隔离和液体疗法等护理。同时密切监测生命体征及脱水征等变化，并提供必要的心理护理和卫生宣教等工作。小儿液体疗法主要介绍了小儿体液的特点，水、电解质及酸碱平衡紊乱的诊断，溶液种类及配制，以及补液方法及护理等。

自测题

A_1型题

1. 单纯母乳喂养儿肠道内占绝对优势的细菌为
   A. 大肠杆菌　B. 嗜酸杆菌
   C. 双歧杆菌　D. 肠球菌
   E. 空肠弯曲菌
2. 下列哪项不是口服补液的禁忌证
   A. 明显呕吐、腹胀
   B. 休克
   C. 新生儿
   D. 轻、中度脱水无明显周围循环障碍者
   E. 心、肾功能不全或有严重并发症者
3. 为中、重度营养不良患儿补液时下列哪项不正确
   A. 补液总量应适当减少
   B. 补液速度稍慢
   C. 注意补充热量和蛋白质
   D. 注意补充钙、镁
   E. 不应补钾
4. 在补液纠正脱水与酸中毒后，患儿突然发生惊厥，应首先考虑
   A. 低血糖　B. 低血钠
   C. 低血钾　D. 低血镁
   E. 低血钙
5. 小儿腹泻有明显周围循环障碍，其扩容量为
   A. 10ml/kg
   B. 20ml/kg（总量不超过 300ml）
   C. 30ml/kg
   D. 40ml/kg
   E. 50ml/kg
6. 婴儿腹泻重症区别于轻症的主要点是
   A. 蛋花汤样大便
   B. 水、电解质紊乱及酸中毒
   C. 每日大便可达 10 余次
   D. 大便腥臭有黏液
   E. 大便镜检有大量脂肪球
7. 护理婴儿腹泻患儿时，下列哪项措施不正确
   A. 详细记录出入量
   B. 加强臀部护理
   C. 急性腹泻早期应使用止泻剂
   D. 腹胀时应注意有无低钾血症
   E. 呕吐频繁者应禁食补液
8. 腹泻患儿护理诊断为“有肛周皮肤完整性受损的危险”，下列护理措施哪项不妥
   A. 会阴皱褶处经常清洗
   B. 使用塑料布包裹臀部
   C. 选用柔软、清洁的尿布
   D. 更换尿布时动作轻柔
   E. 便后用温水清洗臀部

A_2型题

9. 一脱水患儿表现烦躁、烦渴、高热、尿少、肌张力高，应考虑
   A. 低渗性脱水　B. 高渗性脱水
   C. 等渗性脱水　D. 低钾血症
   E. 低钙血症
10. 患儿，男，8 个月。主因呕吐、腹泻 2 天，伴发热就诊。大便 10 次/天，水样便，呕吐 4 ～ 6 次/天，查体：皮肤干燥，弹性差，口唇樱红。大便镜检少量白细胞，下列护理措施不恰当的是
    A. 暂停乳类食品，代之以豆类代乳品
    B. 加强臀部皮肤护理
    C. 根据脱水程度进行补液
    D. 补液的同时纠正酸中毒
    E. 有尿后，静脉补钾浓度为 0.2%
11. 患儿，女，10 个月。因腹泻就诊，体检：体温 37.8℃，皮肤弹性好，臀部皮肤潮红，有表皮脱落，其首要的护理诊断是
    A. 体温过高　B. 体液不足
    C. 有感染的危险　D. 皮肤完整性受损
    E. 有营养不足的危险
12. 患儿，男，13 个月。呕吐、腹泻 5 天，12 小时无尿。查体：精神委靡，前囟、眼窝凹陷，哭无泪，皮肤弹性差，四肢厥冷。护士考虑患儿首先的治疗应是

A. 4∶3∶2 液，150ml/kg，静脉滴注
B. 1.4% 碳酸氢钠，40ml/kg，静脉注射
C. 2∶1 等张含钠液，20ml/kg，静脉注射
D. 3∶2∶1 液，180ml/kg，静脉滴注
E. 4∶3∶2 液，180ml/kg，静脉滴注

13. 患儿，女，4 个月。混合喂养，腹泻 2 个月，大便 4～6 次 / 天，稀或糊状便，无脓血，食欲好，体重 6.2kg，护士认为患儿最可能是
A. 慢性腹泻　B. 感染性腹泻
C. 生理性腹泻　D. 饮食性腹泻
E. 迁延性腹泻

14. 患儿，8 个月。腹泻 2 天，稀水便，每日 4～6 次，呕吐 2 次，医生建议口服补液，护士指导家长正确的喂服方法是
A. 少量多次　B. 一次全量
C. 配制后再加糖　D. 服用期间不饮水
E. 用等量水稀释

15. 患儿，10 个月。呕吐、腹泻 3 天，大便 15 次 / 天，皮肤弹性极差，无尿。血清钠 140mmol/L，患儿脱水的程度和性质是
A. 轻度高渗性脱水　B. 重度低渗性脱水
C. 轻度等渗性脱水　D. 重度等渗性脱水
E. 轻度低渗性脱水

16. 患儿，4 个月。近 2 日出现腹泻，为黄色稀便，内有泡沫和奶瓣，量不多。为防止患儿发生脱水症状，应选择
A. 禁食
B. 静脉补充林格液
C. 少量多次饮温开水
D. 少量多次喂服 ORS
E. 静脉补充 10% 葡萄糖溶液

17. 患儿，男，6 个月。腹泻 4 天，无呕吐。体检：精神可，口唇黏膜稍干燥，前囟、眼窝稍凹陷，临床诊断为婴儿腹泻伴轻度脱水。其口服补液措施哪项不妥
A. 可选用 ORS
B. 累积损失量约需补 ORS 50ml/kg
C.8～12 小时补完
D. 补液期间禁止饮水
E. 如发现眼睑水肿，改服白开水

18. 患儿，1.5 岁。因腹泻重度脱水入院。经补液脱水基本纠正，但患儿精神委靡、四肢无力、心音低钝、腹胀、腱反射减弱，应考虑
A. 低血糖　B. 低钙血症
C. 低镁血症　D. 低钾血症
E. 酸中毒

19. 患儿，男，2 岁。腹泻 3 天，出现尿少、口干、皮肤弹性差，血压 11.3/7.7kPa（84/58mmHg），呼吸较深快，口唇樱红，前囟凹陷，心音低钝，肺无啰音，腹胀，四肢无力、稍凉，血钠 132mmol/L。可能的诊断是
A. 中度等渗性脱水，酸中毒、低血钾
B. 中度低渗性脱水，酸中毒
C. 重度等渗性脱水，酸中毒、低血钾
D. 重度低渗性脱水，酸中毒、低血钾
E. 中度高渗性脱水，酸中毒、低血钾

20. 患儿，女，3 岁。发热 3 天后，口角、舌面及齿龈处出现成簇小疱疹，部分破溃成溃疡，颌下淋巴结肿大，咽部充血，心肺正常。最可能的诊断是
A. 疱疹性口炎　B. 鹅口疮
C. 溃疡性口炎　D. 疱疹性咽峡炎
E. 咽结合膜热

21. 患儿，5 个月。患鹅口疮 6 天，其首选的护理诊断 / 问题是
A. 疼痛：与口腔黏膜炎症有关
B. 口腔黏膜改变：与感染有关
C. 营养失调：与拒食有关
D. 体温过高：与感染有关
E. 皮肤完整性受损：与感染有关

22. 腹泻脱水患儿补液后排尿，此时输液瓶内有不含钾的液体 200ml，此液体中最多加入 10% 氯化钾多少毫升
A. 3　B. 6　C. 9
D. 12　E. 15

A_3/A_4 型题

（23～26 题共用题干）

患儿，女，30 天。因感染应用抗生素治疗 10 余天，今日医生查房发现其口腔颊黏膜有乳凝块样附着物，不易擦去，强行擦去，下面有红色创面。

23. 护士考虑该患儿的口腔炎症是
A. 溃疡性口炎　B. 单纯性口炎
C. 疱疹性口炎　D. 口角炎

E. 鹅口疮

24. 护士为该患儿做口腔护理的时间为

A. 餐后 1.5 小时　B. 餐后 30 分钟

C. 饭后即可　D. 餐后 10 分钟

E. 餐后 1 小时

25. 护士为患儿做口腔护理时应选用的药物是

A. 凉开水　B. 温开水

C. 2% 碳酸氢钠溶液　D. 3% 过氧化氢溶液

E. 生理盐水

26. 护士处理患儿用过的食具、玩具时，应选何种溶液浸泡后再煮沸消毒

A. 5% 碳酸氢钠溶液

B. 1% 过氧乙酸

C. 3% 过氧化氢溶液

D. 2% 碳酸氢钠溶液

E. 生理盐水

（27 ～ 31 题共用题干）

患儿，女，28 天，因呕吐、腹泻 3 天入院，初步诊断为婴儿腹泻伴重度等渗性脱水。

27. 补充累积损失应选用下列哪种液体

A. 2：1 等张含钠液　B. 1/2 张含钠液

C. 1/5 张含钠液　D. 1/3 张含钠液

E. 1/4 张含钠液

28. 该患儿第一天补液总量应是

A. 60 ～ 80ml/kg　B. 70 ～ 90ml/kg

C. 90 ～ 120ml/kg　D. 120 ～ 150ml/kg

E. 150 ～ 180ml/kg

29. 患儿经输液 6 小时后，脱水情况好转，开始排尿，但又出现精神委靡、心音低钝、腹胀、肠鸣音减弱，这时应首先考虑

A. 酸中毒未纠正　B. 中毒性肠麻痹

C. 低血钾　D. 低血钙

E. 低血镁

30. 若该患儿需要补钾，应将氯化钾稀释到以下哪种浓度进行静脉缓慢滴注

A. 0.2% ～ 0.3%　B. 0.3% ～ 0.5%

C. 0.5% ～ 1.0%　D. 1.0% ～ 1.5%

E. 1.5% ～ 3.0%

31. 若补液 4 小时后尿量增多，精神好转，说明

A. 脱水已纠正

B. 血容量已恢复

C. 输入液体中电解质含量过多

D. 输入液体中电解质液过少

E. 不能补含钾液体

（32、33 题共用题干）

1 岁患儿，呕吐、腹泻稀水样便 5 天，1 天来尿量极少，精神委靡，前囟及眼窝极度凹陷，皮肤弹性差，四肢发凉，脉搏细弱，血清钠 125mmol/L。

32. 请判断该患儿脱水程度与性质

A. 轻度低渗性脱水　B. 重度低渗性脱水

C. 中度等渗性脱水　D. 重度等渗性脱水

E. 中度低渗性脱水

33. 根据患儿脱水程度和性质，应首先给下列哪一种液体

A. 2：1 液等张含钠液

B. 1/2 张含钠液

C. 1/3 张含钠液

D. 1/4 张含钠液

E. 4：3：2 液

（34 ～ 36 题共用题干）

11 个月患儿，因呕吐、腹泻、腹痛 3 天来院，初步诊断为婴儿腹泻伴脱水。

34. 若考虑为等渗性脱水，补充累积损失量应选用下列哪种液体

A. 等张含钠液　B. 1/2 张含钠液

C. 1/5 张含钠液　D. 1/3 张含钠液

E. 葡萄糖溶液

35. 患儿经过输液 6 小时后，脱水情况好转，开始排尿，但又出现眼睑水肿，这时应首先考虑为

A. 酸中毒未纠正　B. 中毒性肠麻痹

C. 钠盐输入过多　D. 低血钙

E. 低血镁

36. 该患儿的护理诊断问题不包括

A. 清理呼吸道无效　B. 体液不足

C. 腹泻　D. 潜在并发症

E. 疼痛

（37、38 题共用题干）

患儿，男，6 个月。11 月中旬来就诊。1 天前突然发热、咳嗽，随后呕吐 3 次，大便稀，每天 10 余次，呈黄色水样，黏液少，无腥臭味。体检：体温 39℃，精神委靡，皮肤弹性略差，前囟及眼窝轻度凹陷，哭泪少，咽稍充血，心肺

检查无异常。大便有少量脂肪球。

37. 引起腹泻的病原体最可能的是
    A. 致病性大肠杆菌　　B. 绿脓杆菌
    C. 白色念珠菌　　D. 金黄色葡萄球菌
    E. 轮状病毒

38. 对该患儿的饮食护理，正确的是
    A. 禁食 12 小时
    B. 继续母乳喂养
    C. 继续添加辅助食品
    D. 静脉补充营养、水分
    E. 如呕吐明显可鼻饲牛奶

（李红霞　石彦峰）

6

第6章　呼吸系统疾病患儿的护理

天气转凉时，最让妈妈们烦恼的恐怕就是宝宝会经常出现突发高热、不停咳嗽等呼吸系统的症状了。那么你知道宝宝为什么容易“感冒”吗？小儿是否一咳嗽就是肺炎了呢？小儿扁桃体增大就一定是扁桃炎吗？通过本章内容的学习，相信所有的疑问都会不言而喻了。

第1节　小儿呼吸系统解剖、生理特点

呼吸系统以环状软骨为界划分为上、下呼吸道。上呼吸道包括鼻、鼻窦、咽、咽鼓管、会厌及喉；下呼吸道包括气管、支气管、毛细支气管、呼吸性毛细支气管、肺泡管及肺泡。小儿时期易患呼吸系统疾病与小儿呼吸系统的解剖、生理特点密切相关。

一、解剖特点

（一）上呼吸道

1. 鼻、鼻窦、鼻泪管　婴幼儿鼻腔相对短小，无鼻毛，后鼻道狭窄，黏膜柔嫩，血管丰富，因而容易受感染，且感染时黏膜易充血、肿胀，引起鼻塞而致呼吸困难，影响吸吮。婴幼儿鼻泪管较短，开口瓣膜发育不全，上呼吸道感染时易引起结膜炎。婴儿鼻腔黏膜与鼻窦黏膜相连续，急性鼻炎时易致鼻窦炎。

考点提示：婴幼儿咽鼓管宽、短、直、呈水平位，鼻咽炎时容易致中耳炎。

2. 咽、咽鼓管、扁桃体　婴幼儿的咽鼓管较宽，且短而直，呈水平位，故鼻咽炎时容易致中耳炎。腭扁桃体在1岁以后发育增快，4～10岁时发育达高峰，此期可见扁桃体肥大，如无充血、水肿和炎性分泌物属生理现象，14～15岁后逐渐退化，故扁桃体炎常见于年长儿，婴儿少见。

3. 喉　小儿喉部呈漏斗形，相对较窄，软骨柔软，黏膜柔嫩而富有血管及淋巴组织，轻微炎症即可引起局部水肿，导致声音嘶哑和呼吸困难。

（二）下呼吸道

1. 气管、支气管　婴幼儿气管、支气管相对狭窄，黏膜柔嫩，血管丰富，软骨柔软，缺乏弹力组织，支撑作用薄弱；黏液腺分泌不足，气道较干燥，纤毛运动差，不能有效地清除吸入的微生物，故不仅容易感染而且容易导致呼吸道阻塞。由于右支气管粗、短，为气管直接延伸，因此异物易进入右支气管，引起右侧肺段不张或肺气肿。

考点提示：支气管异物易发生于右支气管

2. 肺　小儿肺的弹力纤维发育差，血管丰富，毛细血管及淋巴组织间隙较成人宽，间质发育旺盛，肺泡小而且数量少，肺的含血量相对多而含气量少，故容易感染，并引起间

质性炎症、肺不张或肺气肿等。

3. 胸廓　婴幼儿胸廓较短，呈桶状，肋骨呈水平位，膈肌位置较高，纵隔相对较大，胸腔较小，小儿呼吸肌发育差，呼吸时胸廓运动不充分，肺的扩张受到限制，不能充分通气及换气，易缺氧和二氧化碳潴留。

二、生理特点

1. 呼吸频率和节律　小儿代谢旺盛，需氧量高，但因呼吸系统发育不完善，呼吸运动较弱，为满足生理需要，只有加快呼吸频率，故年龄越小，呼吸频率相对越快。不同年龄小儿呼吸频率：新生儿 40 ～ 45 次/分；1 岁以下 30 ～ 40 次/分；2 ～ 3 岁 25 ～ 30 次/分；4 ～ 7 岁 20 ～ 25 次/分；8 ～ 14 岁 18 ～ 20 次/分。婴幼儿由于呼吸中枢发育未成熟，易出现呼吸节律不齐，尤以新生儿最明显。

考点提示：不同年龄小儿的呼吸频率。

2. 呼吸类型　婴幼儿呼吸肌发育差，呼吸时胸廓活动范围小而膈肌活动明显，呈腹式呼吸；随着年龄增长，呼吸肌逐渐发育，膈肌下降，肋骨由水平位逐渐倾斜，胸廓前后径和横径增大，出现胸腹式呼吸。

3. 呼吸功能的特点　小儿肺活量、潮气量、气体弥散量均较成人小，而气道阻力较成人大，小儿各项呼吸功能的储备能力均较低，当患呼吸道疾病时，易发生呼吸衰竭。

三、免疫特点

小儿呼吸道的非特异性和特异性免疫功能均较差。新生儿、婴幼儿的咳嗽反射和气道平滑肌收缩功能差，纤毛运动功能亦差，难以有效地清除吸入的尘埃及颗粒。婴幼儿体内免疫球蛋白含量低，尤以分泌型 IgA（sIgA）为低，且肺泡巨噬细胞功能不足，乳铁蛋白、溶菌酶、干扰素、补体等的数量和活性不足，故容易患呼吸道感染。

第 2 节　急性上呼吸道感染患儿的护理

案例 6-1

今天上午刘奶奶抱着 3 岁的孙子去看冰雕，回来后发现宝宝不停地打喷嚏，流鼻涕，小脸通红，测体温为 39℃，刘奶奶一下慌了神，孩子烧坏了可怎么办呀。

问题：

1. 宝宝可能患了什么病？这种病如何预防？
2. 如果你是刘奶奶，你该如何给宝宝降温？

一、疾病概述

急性上呼吸道感染简称上感，俗称“感冒”，是婴幼儿最常见的疾病，主要侵犯鼻和咽部而引起急性鼻咽炎、急性咽炎、急性扁桃体炎等。该病全年均可发生，以冬、春季节为多。年长儿以呼吸道局部症状为主，婴幼儿以全身症状为主。

由于上呼吸道的解剖生理特点和免疫特点，婴幼儿易患上呼吸道感染。如患儿原有佝偻病、营养不良、先天性心脏病等，由于机体免疫力低下，更容易患本病。此外，气候变化、着凉、空气污浊、护理不当为本病诱因。该病的常见并发症为中耳炎、颈部淋巴结炎、肺炎，年长儿链球菌感染者可并发急性肾炎和风湿热。

治疗原则以加强护理、抗病毒及对症治疗为主。继发细菌感染或有并发症者可选用抗生素。护理要点是对症处理，高热时给予及时降温，避免惊厥的发生，同时指导家长正确降温的方法。

二、护理评估

（一）致病因素/健康史

考点提示：急性上呼吸道感染的病原体主要是病毒。

本病90%以上是由病毒感染引起的，主要有呼吸道合胞病毒、流感病毒、副流感病毒、腺病毒、鼻病毒等。本病在病毒感染后也可继发细菌感染。由于上呼吸道的解剖生理特点和免疫特点，婴幼儿易患上呼吸道感染。

询问患儿发病前是否有"着凉"史；有无佝偻病、营养不良、先天性心脏病、贫血等疾病史；有无居室通风不良或上呼吸道感染接触史。

（二）身体状况

1. 一般类型的上呼吸道感染 年长儿主要表现为鼻塞、流涕、喷嚏、咽部不适、咽痛、干咳等呼吸道局部症状，而畏寒、头痛、食欲缺乏、乏力等全身症状相对较轻；婴幼儿主要表现为高热、呕吐、腹泻、烦躁、哭闹甚至高热惊厥等全身症状。此外，部分患儿还会出现脐周腹痛，可能是发热所致的肠痉挛或肠系膜淋巴结炎所致。

考点提示：年长儿主要以呼吸道局部症状为主，婴幼儿主要以全身表现为主。

体检可见咽部充血、扁桃体肿大（可有充血、水肿和白色斑点状渗出物）、颌下淋巴结肿大和触痛。此外，还应注意有无中耳炎、咽后壁脓肿、喉炎、支气管炎和肺炎等并发症的体征。

2. 两种特殊类型的上感

(1) 疱疹性咽峡炎：由柯萨奇A组病毒感染所致，好发于夏秋季，表现为急起高热、咽痛、流涎、厌食、呕吐等，患儿可因疼痛而影响吞咽和进食。体检可见咽充血，咽腭弓、悬雍垂、软腭等处有2～4mm大小的疱疹，周围有红晕，疱疹破溃后形成小溃疡。病程1周左右。

(2) 咽结合膜热：由腺病毒3、7型所致，常发生于春夏季，可在儿童集体机构中流行，临床以发热、咽炎、眼结合膜炎为特征。多呈高热、咽痛、咽部充血，单侧或双侧滤泡性眼结合膜炎、眼部刺痛、流泪、结膜充血，颈部、耳后淋巴结肿大，有时伴胃肠道症状。病程1～2周。

考点提示：疱疹性咽峡炎的病原体是柯萨奇A组病毒；咽结合膜热的病原体是腺病毒。

（三）社会、心理状态

患儿常因发热、咳嗽等不适引起烦躁、哭闹。家长因缺乏本病的知识，担心高热惊厥而产生焦虑、恐惧等情绪反应。

（四）辅助检查

病毒感染者白细胞计数正常或偏低；细菌感染者白细胞增高，中性粒细胞增高。

链接

小儿高热为什么会出现惊厥？有什么样的危害

高热惊厥多发于6个月至3岁的孩子，发病率为30%～50%。由于婴幼儿中枢神经系统发育还很不完善，大脑皮质抑制过程薄弱，兴奋过程占相对优势，兴奋易于扩散，而发热可使中枢神经系统的兴奋性增高，因此，发热，尤其高热时，小儿容易出现惊厥。反复发作的高热惊厥可造成脑的损害和智力减退，发作次数越多，脑损害越大。如果高热惊厥控制不好容易转变为癫痫，所以一定要积极预防和治疗高热惊厥。

三、护理诊断 / 问题

1. 体温过高　与感染引发的炎症反应有关。

2. 潜在并发症　肺炎、热性惊厥等。

四、护理目标

(1) 患儿体温恢复正常。

(2) 患儿不发生并发症，或发生时能及时发现并处理。

五、护理措施

（一）体温过高的护理

1. 遵医嘱用药　按医嘱用抗病毒药物如利巴韦林或中药制剂；继发细菌感染或发生并发症者应用抗生素。

2. 监测体温　控制患儿体温是预防高热惊厥发作的根本措施。婴幼儿体温超过 38.5℃时应立即给予物理降温，如头部冷敷、温水擦浴、冷盐水灌肠等；但新生儿因体温调节中枢发育不完善，不宜采用此方法，而是通过松开包被，调节环境温度来散热。必要时遵医嘱给予药物降温。如患儿病情加重，体温持续不退，应考虑并发症的可能，需及时报告医生。

护考链接

一患儿生后 3 天，发热、鼻塞，体检：体温 39.8℃，咽部充血，诊断为上感。对该患儿的护理措施应首选

A. 解开过厚衣被散热　　B. 口服退热药物　　C. 用退热栓降温

D. 用 0.5% 麻黄素滴鼻　　E. 用 50% 乙醇擦浴

答案： A。

分析： 根据题干，患儿有发热、鼻塞，体温高，咽部充血，诊断为上感。那么首选的护理措施应该是降温，ABCE 都是降温的措施，但是对于一个出生后只有 3 天的患儿，最常用的降温方法是通过松开包被，调节环境温度来散热。故正确答案是 A。

（二）潜在并发症的护理

(1) 密切观察有无惊厥先兆，尤其是对有高热惊厥史的患儿更应注意。若高热患儿出现兴奋、烦躁、惊跳等惊厥先兆，应立即通知医生，发生惊厥时要就地抢救，保持安静，按惊厥护理。

(2) 如患儿病程中出现发热、皮疹、痉挛性咳嗽等应警惕麻疹、水痘、百日咳等传染性疾病；如患儿有咳嗽、咳痰、气促、唇周发绀、呼吸困难、肺部固定或不固定的干湿啰音，应警惕是否并发了支气管炎或肺炎。

（三）其他护理

1. 生活护理 保持室内温度 18～22℃，相对湿度 55%～65%，室内每日至少通风 2 次，每次 15～30 分钟，定期进行空气消毒。衣被厚薄适度，出汗后及时更换衣服。

2. 饮食护理 给予清淡、易消化、富含维生素的流质或半流质饮食，鼓励患儿多饮水，必要时静脉补充营养和水分。

考点提示：婴儿鼻塞滴麻黄碱的时间。

3. 保持呼吸道通畅 鼻塞时应及时清除鼻腔分泌物，必要时应用 0.5% 麻黄碱滴鼻，鼻塞影响婴儿吸吮时，宜在哺乳前 10～15 分钟滴鼻。

（四）心理护理

针对家长及患儿存在的心理问题，耐心讲解本病的有关防治知识。对于有高热惊厥史的患儿，告诉家长只要控制体温，完全可以避免惊厥发生，以消除和缓解家长的焦虑和恐惧心理。

六、健康教育

(1) 指导家长掌握上呼吸道感染的预防知识和护理要点，如指导高热惊厥患儿家长惊厥预防及急救措施、加强体格锻炼（多进行户外活动），以增强机体抵抗力。

(2) 在呼吸道疾病流行期间，避免去人多拥挤的公共场所；气候变化时及时增减衣服，避免过热或过冷。

(3) 鼓励母乳喂养，及时添加辅食，积极防治各种慢性病如佝偻病、营养不良及贫血等；按时预防接种，提高免疫力。

(4) 在儿童集体机构中，如有上感流行趋势，应早期隔离患儿，室内用食醋熏蒸法消毒（食醋 2～10ml/m^2，加水 1～2 倍，加热熏蒸到全部气化）。

第 3 节 急性支气管炎患儿的护理

案例 6-2

苗苗，3 岁。刚上幼儿园一个星期，妈妈发现苗苗经常咳嗽，今天咳嗽得非常厉害，一咳起来小脸憋得通红，而且额头还有些发烫，一量体温，39℃。这可吓坏了妈妈。

问题：

1. 你如何给苗苗作出护理评估？
2. 向苗苗妈妈讲解家庭护理小常识。

一、疾病概述

急性支气管炎是支气管黏膜的急性炎症，由于气管同时受累，故又称急性气管支气管炎。常继发于上呼吸道感染后，或为某些急性传染病的临床表现。其主要临床特点为发热、咳嗽，肺部可闻及易变的干湿性啰音。

凡可引起上呼吸道感染的病毒和细菌皆可引起本病，多在病毒感染的基础上继发细菌感染。免疫力低下、营养不良、佝偻病、气候变化、空气污染等为本病的诱发因素。

本病治疗和护理要点是控制感染及对症护理，指导患儿进行有效的咳嗽。

二、护理评估

（一）致病因素 / 健康史

引起本病的病原体为各种病毒或细菌，或在病毒感染的基础上继发细菌感染即混合感染。

询问患儿是否有上呼吸道感染病史；既往有无本病反复发作史、湿疹或其他过敏史；有无急性传染病史；有无营养不良、佝偻病、先天性心脏病等。

考点提示：气管支气管炎与支气管肺炎肺部听诊的区别点。

（二）身体状况

(1) 大多先有上呼吸道感染症状，随后以咳嗽为主要症状，初为刺激性干咳，以后痰量逐渐增多。体检双肺呼吸音粗糙，可闻及散在的不固定干、湿啰音。

(2) 哮喘性支气管炎：也称喘息性支气管炎，是婴幼儿一种特殊类型的急性支气管炎。除上述临床表现外，还有以下特点：①多见于 3 岁以下，有湿疹或其他过敏史的患儿；②咳嗽频繁，并有呼气性呼吸困难伴喘息，夜间或清晨较重，或在哭闹、活动后加重，肺部叩诊呈鼓音，听诊两肺布满哮鸣音及少量粗湿啰音；③有反复发作倾向，但大多数患儿随年龄增长而发作减少或停止，少数患儿可发展为支气管哮喘。

考点提示：哮喘性支气管炎的特点。

（三）社会、心理状态

患儿常因发热或咳嗽的不适感而烦躁、哭闹；因陌生环境、与父母分离而焦虑、恐惧。家长因担心患儿反复患支气管炎，尤其恐惧与担忧哮喘性支气管炎发展成支气管哮喘。

（四）辅助检查

1. 外周血检查　病毒感染者白细胞计数正常或偏低；细菌感染者白细胞计数增高。

2. 胸部 X 线　多无异常改变，或仅有肺纹理增粗或肺门阴影增深改变。

三、护理诊断 / 问题

1. 清理呼吸道无效　与气道分泌物过多，痰液黏稠不容易咳出有关。

2. 体温过高　与细菌或病毒感染有关。

3. 知识缺乏　家长缺乏急性支气管炎的有关知识。

四、护理目标

(1) 患儿痰液排出，呼吸道通畅。

(2) 患儿体温维持在正常范围。

五、护理措施

（一）保持呼吸道通畅

1. 环境　保持室内空气新鲜，室温 18 ～ 22℃，相对湿度 55%～ 65%，有利于呼吸道的湿化和痰液的排出；病室要注意通风换气，保持空气新鲜，并注意定期进行紫外线消毒。

2. 休息与体位 注意休息，保持患儿安静，尽量避免哭闹，以减少氧的消耗。避免剧烈的活动与游戏，防止咳嗽加重。患儿取半卧位或舒适的体位，注意经常更换患儿体位，定时为患儿拍背，指导并鼓励患儿有效咳嗽，以利于呼吸道分泌物排出。

3. 雾化 痰液黏稠者可遵医嘱给予超声雾化吸入，每天1～2次，每次20分钟，以湿化气道，有利于痰液排出。必要时用吸引器及时清除痰液。

4. 饮食 呼吸困难的患儿，哺乳时应给予吸氧；已断乳的患儿宜给予高营养和容易消化的食物，少食多餐，避免过饱影响患儿呼吸；病情严重不能进食者，遵医嘱静脉补充营养；同时鼓励患儿多饮水，以防痰液黏稠不易咳出。

5. 用药 遵医嘱给予抗生素、抗病毒药物、化痰止咳剂与平喘剂等治疗。

6. 给氧 注意哮喘性支气管炎患儿的缺氧症状，必要时吸氧。

（二）维持正常体温

如患儿体温超过38.5℃给予物理降温或药物降温，防止发生高热惊厥。

（三）病情观察

哮喘性支气管炎主要观察患儿有无呼吸困难、端坐呼吸、大汗淋漓、面色发绀、三凹征等，发现时要及时报告医生。

（四）心理护理

针对家长及患儿存在的心理问题，耐心讲解本病的有关知识，告诉家长本病一般预后良好，消除家长及患儿的焦虑和恐惧心理。

链接

发热时体温降得越快越好吗

孩子发热，家长焦急万分，企盼孩子体温马上降下来。殊不知，发热是人体与疾病作斗争的一种表现形式，发热时机体各种免疫功能都紧急动员起来与病原微生物作斗争，如果感染未控制强行降下体温来，反而对机体有害。动物实验证明：动物受感染时发热可提高其生存率；反之，给予退热则生存率下降。但是如果高热，个别患儿可致高热惊厥，对机体就不利了。对既往有高热惊厥史、癫痫等的患儿要积极降温处理。

六、健康教育

(1) 讲解急性支气管炎的防治知识，指导患儿及家长适当开展户外活动，进行体格锻炼，增强机体对气温变化的适应能力；根据气温变化增减衣服，避免受凉或过热；在呼吸道疾病流行期间，避免到人多拥挤的公共场所，以免交叉感染；积极预防上呼吸道感染、营养不良、佝偻病、贫血和各种传染病，按时预防接种，增强机体的免疫能力。

(2) 对先天性心脏病患儿，指导患儿适时进行外科手术矫治。

(3) 对于哮喘性支气管炎患儿，指导家长避免接触过敏源，或进行过敏源的测试，进入脱敏疗法。

第 4 节　肺炎患儿的护理

案例 6-3

刘奶奶的孙子今年3岁了，2天前因为发热，咳嗽去医院看病，结果医生说宝宝患了肺炎，必须住院治疗。可是今天早上，刘奶奶突然发现宝宝的呼吸特别急促，烦躁不安，口唇青紫，吓坏了刘奶奶，刘奶奶赶紧按响了床头的呼叫器。

问题：

1. 如果你是紧急赶来的护士你该如何向刘奶奶解释？
2. 你该采取什么样的处理措施？

一、疾 病 概 述

肺炎是指由不同病原体或致病因素所致的肺部炎症。临床以发热、咳嗽、气促、呼吸困难和肺部固定湿啰音为其特征，是儿科常见疾病，也是我国5岁以下小儿死亡的主要原因，为我国儿童保健中重点防治的“四病”之一。本病一年四季均可发病，以冬、春季节及气温骤变时多见。

肺炎的分类按病理可分为支气管肺炎、大叶性肺炎和间质性肺炎等。按病因可分为病毒性肺炎、细菌性肺炎、支原体肺炎、衣原体肺炎、真菌性肺炎、原虫性肺炎、吸入性肺炎和坠积性肺炎等。按病程可分为急性肺炎（病程＜1个月）、迁延性肺炎（病程1～3个月）和慢性肺炎（病程＞3个月）。按病情可分为轻症肺炎和重症肺炎。按临床表现典型与否可分为典型性肺炎和非典型性肺炎。按感染来源可分为社区获得性肺炎和院内获得性肺炎（住院48小时后发生的肺炎）。

考点提示：小儿肺炎的分类。

链接

非典型性肺炎即是 SARS 吗

非典型性肺炎是指由支原体、衣原体、立克次体及其他微生物引起的肺炎。其临床特点为起病隐匿，多为干咳，肺部较少阳性体征；胸片主要为间质性浸润。2003年春发生在我国并流行的传染性非典型性肺炎，由一种新型冠状病毒引起的，世界卫生组织（WHO）将其命名为严重急性呼吸道综合征（简称 SARS），其以肺间质病变为主，传染性强，死亡率高。儿童患者表现较成人轻，死亡率也较低。故 SARS 只是非典型性肺炎中的一种。

病原体侵入呼吸道后，引起支气管、肺泡和肺间质炎症，支气管因黏膜炎症使管腔狭窄，肺泡壁因充血、水肿而增厚，肺泡腔内充满炎性渗出物，最终造成通气和换气功能障碍，导致缺氧和二氧化碳潴留，从而引起一系列病理生理改变。为代偿缺氧与二氧化碳潴留，患儿出现呼吸与心率增快，由于辅助呼吸肌参与呼吸运动，出现鼻翼扇动、三凹征和点头样呼吸。严重时甚至并发呼吸衰竭、心力衰竭、中毒性脑病、中毒性肠麻痹和酸碱平衡紊乱等。

肺炎的治疗原则是祛除病因、根据不同的病原体选用敏感抗生素积极控制感染，改善肺的通气功能，对症治疗和防止并发症。护理要点是保持患儿呼吸道通畅，帮助患儿恢复呼吸功能，密切观察病情变化。

二、护理评估

（一）致病因素/健康史

常见病原体为细菌，以肺炎链球菌多见，其次为金黄色葡萄球菌等；病毒中以呼吸道合胞病毒常见，其次为腺病毒、流感病毒等；此外，还有支原体、真菌和原虫等。营养不良、维生素D缺乏性佝偻病、贫血、先天性心脏病、免疫缺陷等免疫功能低下者易患肺炎。

询问既往有无上呼吸道感染史；有无佝偻病、营养不良、先天性心脏病等免疫功能低下病史；有无急性传染病史（如麻疹等）；有无气候骤变、着凉、护理不当和居住环境不良等诱发因素。

（二）身体状况

考点提示：肺炎患儿的肺部听诊特点。

1. 轻症肺炎 主要以呼吸系统症状为主。患儿发热（多为不规则发热，小婴儿及重度营养不良儿可不发热，甚至体温不升）、咳嗽，初为刺激性干咳，以后有痰，气促和呼吸困难等。重者可有鼻翼扇动、点头呼吸、三凹征、唇周发绀等。典型病例肺部可听到较固定的中、细湿啰音。

2. 重症肺炎 除呼吸系统症状外，还可累及循环、神经和消化系统等，出现相应的临床表现。主要表现为：

考点提示：肺炎合并心力衰竭的临床表现。

(1) 循环系统：常见心肌炎和心力衰竭。心肌炎表现为面色苍白、心动过速、心音低钝、心律不齐，心电图ST段下移、T波低平和倒置。心力衰竭表现为：①呼吸突然加快超过60次/分；②心率突然加快，婴儿＞180次/分，幼儿＞160次/分；③骤发极度烦躁不安，明显发绀，面色发灰；④心音低钝，奔马律；⑤肝脏增大在肋下3cm或短时间内增加1.5cm；⑥颈静脉怒张，尿少或无尿，颜面或下肢水肿等。

(2) 神经系统：轻度缺氧，表现为烦躁或嗜睡，当发生中毒性脑病而致脑水肿时可出现意识障碍、惊厥、呼吸不规则、前囟隆起和脑膜刺激征等。

考点提示：轻症肺炎与重症肺炎的区别。

(3) 消化系统：轻症者表现为腹胀、纳差、呕吐、腹泻等；重症可引起中毒性肠麻痹，出现肠鸣音消失，严重腹胀，腹胀严重时又使呼吸困难加重；消化道出血时可呕吐咖啡色物、便血。

(4) 并发症：若中毒症状与呼吸困难突然加重，体温持续不退或退而复升，应考虑脓胸、脓气胸、肺大疱和肺脓肿等并发症发生。

链接

什么是肺大疱

小儿肺炎时，支气管黏膜充血、水肿和炎性分泌物增加，阻塞呼吸道，吸气时气管扩张气体进入相对容易，呼气时由于支气管弹性回缩，气体排出受阻，导致肺泡内残气量越聚越多，结果使肺泡破裂并互相融合形成大疱。肺大疱一般随肺炎痊愈逐渐吸收而痊愈，严重时由于肺大疱破裂可致自发性气胸。

3. 几种不同病原体所致肺炎的特点（表6-1）

表 6-1　几种不同病原体所致肺炎的特点

	呼吸道合胞病毒肺炎	腺病毒肺炎	葡萄球菌肺炎	支原体肺炎
好发年龄	多见于婴幼儿，尤以 1 岁以内多见	6 个月至 2 岁	新生儿及婴幼儿	多见年长儿
临床特点	轻者：发热及呼吸困难等症状不重；重者：全身中毒症状重，呼吸困难明显	稽留高热，全身中毒症状重，咳嗽剧烈，喘憋重，易发生心肌炎、心力衰竭及中毒性脑病	起病急、病情重、发展快。中毒症状重，多呈弛张高热，可有皮疹，易复发，易出现并发症，如脓胸、脓气胸	起病缓慢，以刺激性咳嗽为突出表现，有的酷似百日咳，咳黏稠痰，可带血丝。症状与体征不一致。首选红霉素类药物治疗
肺部体征	以喘鸣为主，肺部可听到细湿啰音	体征出现较晚，发热 4～5 日后才出现湿啰音	体征出现较早，两肺有中、细湿啰音	肺部体征不明显
X 线检查	肺间质病变为主，常伴有肺气肿和支气管周围炎	呈片状阴影，可融合成大病灶	变化快，有小片浸润影，持续时间长，很快出现肺脓肿、肺大疱、脓胸等	可有肺门阴影增浓；支气管肺炎改变；间质性肺炎改变；均匀的实变影
白细胞数	正常或偏低	正常或偏低	增高，核左移	正常或增高

（三）社会、心理状态

患儿因发热、咳嗽、害怕打针等，常出现烦躁不安、哭闹、易怒及不合作等。家长则因患儿住院时间长，缺乏肺炎的预防、保健和护理知识等，特别是对重症肺炎的患儿，由于目睹患儿咳嗽和呼吸困难的痛苦，担心其预后，出现担忧、焦虑甚至恐惧的情绪反应。

（四）辅助检查

1. 外周血检查　细菌感染者白细胞总数和中性粒细胞常增高；病毒感染者白细胞总数大多正常或降低，有时可见异型淋巴细胞。

2. 胸部 X 线检查　早期肺纹理增粗，以后出现大小不等的斑片状阴影或融合成片，以双肺下野、中内带和心膈区多见，也可见肺不张、肺气肿等影像改变。

3. 病原学检查　取痰液或鼻咽拭子做病毒分离和细菌培养，可明确病原。聚合酶链反应（PCR）或特异性基因探针检测病原体 DNA 可对多种病原进行特异、敏感的检测；冷凝集试验可作为肺炎支原体的辅助检查。

三、护理诊断 / 问题

1. 气体交换受损　与肺部炎症造成的通气与换气功能障碍有关。

2. 清理呼吸道无效　与呼吸道分泌物过多、黏稠、不易排出有关。

3. 体温过高　与肺部感染有关。

4. 营养失调、低于机体需要量　与摄入不足、消耗增加有关。

5. 潜在并发症　心力衰竭、中毒性脑病、中毒性肠麻痹等。

考点提示：肺炎患儿的护理诊断。

四、护理目标

(1) 患儿气促、发绀消失，呼吸平稳。

(2) 患儿能及时清除痰液，保持呼吸道通畅。

(3) 患儿体温恢复正常。

(4) 患儿不发生并发症，或发生时能及时发现并处理。

五、护理措施

（一）气体交换受损的护理

考点提示：小儿肺炎的抗生素治疗。

(1) 遵医嘱使用抗生素或抗病毒药物，以消除肺部炎症，减少炎性分泌物，保持呼吸通畅，促进气体交换。如明确细菌感染者，抗生素要做到早期、足量、足疗程、静脉给药，一般用至体温正常后 5 ～ 7 天，临床症状消失后 3 天。金黄色葡萄球菌肺炎患儿体温正常后再用药 2 周；支原体肺炎患儿要用药 2 ～ 3 周时间。抗病毒治疗可选用利巴韦林等。

考点提示：肺炎的给氧方法。

(2) 凡有低氧血症如呼吸困难、喘憋、口唇发绀、面色苍白等情况立即遵医嘱给氧。一般可用鼻导管法，氧流量为 0.5 ～ 1L/min，氧浓度为 40%；给氧时氧气应湿化，以免损伤气道纤毛上皮细胞和使痰液变黏稠，阻塞呼吸道；新生儿或鼻腔分泌物多者，可用面罩、鼻塞、头罩或氧帐给氧；缺氧明显者可用面罩法给氧，氧流量为 2 ～ 4L/min，氧浓度为 50%～ 60%；若出现呼吸衰竭，遵医嘱使用人工呼吸机（详见第 13 章第 3 节）。

（二）保持呼吸通畅的护理

(1) 及时清除患儿口鼻分泌物。重症患儿每 2 小时翻身一次，同时为患儿拍背（五指并拢，由下向上，由外向内），促使痰液排出；并鼓励患儿咳嗽，以促使肺泡及呼吸道的分泌物排出；病情许可的情况下也可进行体位引流。

考点提示：吸痰的注意事项。

(2) 对痰液黏稠不易咳出者，可给予超声雾化吸入，雾化吸入器中按医嘱加入庆大霉素、利巴韦林、地塞米松、糜蛋白酶等药物以消炎、分解痰液、促进痰液排出；必要时也可给予吸痰，吸痰时注意不能过频和时间过长（过频可刺激黏液产生增多，时间过长可妨碍呼吸使缺氧加重）；吸痰不宜在哺乳后 1 小时内进行，以免引起呕吐；吸痰时患儿多因刺激而咳嗽、烦躁，吸痰后宜立即吸氧。

(3) 遵医嘱给予祛痰剂，对严重喘憋的患儿遵医嘱给予支气管解痉剂等。

(4) 鼓励患儿多饮水，保证液体的摄入量，以湿润呼吸道黏膜，防止痰液黏稠不易咳出，同时可以防止发热导致的脱水。

（三）体温过高的护理

对高热者应给予物理降温，或遵医嘱给予药物降温，以防止高热惊厥的发生。在采取降温措施后 30 分钟应复测体温并做好记录，同时密切观察降温效果。

（四）并发症的护理

1. 密切观察心力衰竭的表现 如患儿出现烦躁不安、面色苍白、呼吸困难、心率加速（幼儿＞ 160 次 / 分，婴儿＞ 180 次/分）、肝脏在短时间内急剧增大等心力衰竭的表现，要及时报告医生。如并发心力衰竭，让患儿取半卧位，保持安静，遵医嘱给予吸氧、强心、利尿、镇静等药物，并要观察患儿用药后的反应，及时评价用药效果。

2. 密切观察中毒性脑病的表现 若患儿出现烦躁或嗜睡、呕吐、惊厥、昏迷、呼吸不规则等中毒性脑病的表现，发现时立即报告医生，并配合抢救。

3. 密切观察中毒性肠麻痹的表现 若患儿出现腹胀、呕吐、肠鸣音消失等中毒性肠麻痹的表现，发现时立即报告医生，给予禁食、腹部热敷和肛管排气等治疗，遵医嘱给予注射新斯的明和胃肠减压等。

4. 密切观察脓胸或脓气胸的表现　如患儿病情突然加重，出现剧烈咳嗽、烦躁不安、呼吸困难、胸痛、面色发绀，患侧呼吸运动受限等，提示并发了脓胸或脓气胸，应及时报告医生，并配合进行胸穿或胸腔闭式引流等。

护考链接

患儿，女，10 个月。因发热、咳嗽 3 天，病情加重来诊。查体：患儿烦躁不安，气促，口唇发绀。体温 39℃，心率 180 次/分，呼吸 50 次/分。肺部可闻及较多固定细湿啰音，心音低钝，肝肋下 3cm。对该患儿的护理错误的是

A. 面罩给氧　　B. 置患儿于半卧位　　C. 避免各种刺激

D. 加快输液速度　　E. 备好抢救用品

答案：D。

分析：该患儿发热、咳嗽，肺部可闻及固定湿啰音，为肺炎典型表现；同时烦躁不安，口唇发绀，心率 180 次/分，呼吸 50 次/分，心音低钝，肝肋下 3cm，说明已合并心力衰竭，故应该严格控制输液量及输液速度，最好使用输液泵。故正确答案为 D，而 A、B、C、E 均为肺炎患儿应该采取的护理措施。

（五）生活护理

1. 环境　病室要保持空气新鲜，室温要维持在 18 ～ 22℃，相对湿度以 55% ～ 65% 为宜，有利于呼吸道湿化，促进分泌物的排出；不同病原体肺炎患儿应分室居住，以防交叉感染；病室每日用紫外线消毒 1 次。

2. 饮食护理　给予易消化、营养丰富的流质、半流质饮食，少食多餐，避免过饱影响呼吸；喂食时应耐心，防止呛咳引起窒息；重症不能进食者，给予静脉营养；对于呼吸困难的患儿，哺乳时应给予吸氧。

3. 体位　肺炎患儿应尽量避免哭闹，保持安静以减少氧的消耗；可采取半卧位，或床头抬高 30° ～ 60° ；应经常帮助患儿翻身拍背或更换体位，或抱起患儿以有利于分泌物排出，减轻肺部淤血和防止肺不张。

考点提示：肺炎患儿取半卧位。

（六）心理护理

针对家长及患儿存在的心理问题，耐心讲解本病的有关知识，告诉家长本病大多数预后良好，缓解家长的紧张和担忧。对于重症有并发症的患儿，护理工作中应体贴和关爱患儿，缓解其焦虑与恐惧心理，增强其战胜疾病的信心，积极配合治疗与护理。

六、健康教育

(1) 向患儿家长介绍肺炎的有关防治知识，适时进行卫生宣教工作。

(2) 指导患儿适当休息，解释让患儿安静休息对疾病康复的重要性，指导家长经常翻身拍背并教会家长拍背协助排痰的方法。

(3) 指导家长科学合理喂养；小儿应加强体格锻炼，以改善呼吸功能；对容易患呼吸道感染的患儿，在寒冷季节或气候骤变外出时，应注意保暖，避免着凉；定期健康检查，按时预防接种，提高机体免疫力；教育患儿咳嗽时用手帕或纸捂嘴，不随地吐痰，防止病原菌污染空气而传染给他人；同时积极预防和治疗佝偻病、贫血、营养不良、先天性心脏病及各种急性传染病等。

护考链接

患儿，女，8个月。因“发热、咳嗽伴气促”就诊，以“肺炎”入院。为防止患儿发生并发症，护士应重点观察

A. 睡眠状况　　B. 进食量　　C. 大小便次数

D. 心率、呼吸的变化　　E. 咳嗽频率及轻重

答案：D。

分析：肺炎最常见的并发症为心力衰竭，心力衰竭表现为：①呼吸突然加快超过60次/分；②心率突然加快，婴儿＞180次/分，幼儿＞160次/分；③骤发极度烦躁不安，明显发绀，面色发灰；④心音低钝，奔马律；⑤肝脏增大在肋下3cm或短时间内增加1.5cm；⑥颈静脉怒张，尿少或无尿，颜面或下肢水肿等。故正确答案为D。

小结

本章介绍了呼吸系统的常见疾病，其中上呼吸道感染最常见，其病原体主要为病毒。年长儿以局部症状为主；婴幼儿以全身症状为主。该病的护理要点是及时降低体温防止高热惊厥的发生。急性支气管炎多为病毒和细菌混合感染，其临床特点为发热，咳嗽和肺部易变的干、湿啰音。该病护理要点是保持患儿呼吸道通畅，及时排出痰液。支气管肺炎是多种病原体或致病因素所致的肺部炎症。临床以发热、咳嗽、呼吸困难和肺部固定的湿啰音为其特点。该病护理要点主要是改善通气功能和防止并发症的发生。

自测题

A_1 型题

1. 支气管肺炎患儿停用抗生素的时间是
   A. 抗生素用至体温正常后1～2天
   B. 抗生素用至体温正常后3～4天
   C. 抗生素用至体温正常后5～7天
   D. 抗生素用至体温正常后8～10天
   E. 抗生素用至体温正常后10～15天
2. 在对一位急性上呼吸道感染患儿进行有关预防措施指导时，护士的下列说法中，不恰当的是
   A. 避免过度劳累
   B. 避免到人多拥挤的场所
   C. 保持环境整洁，空气清新
   D. 坚持规律体育锻炼
   E. 接种疫苗后可产生终生免疫力
3. 小儿支气管肺炎与支气管炎的鉴别要点是
   A. 发热、咳嗽　　B. 呼吸急促
   C. 白细胞增高　　D. 哮喘
   E. 肺部固定的湿啰音与易变的干湿啰音
4. 小儿上呼吸道感染中的疱疹性咽峡炎的病原体是
   A. 腺病毒　　B. 流感病毒
   C. 葡萄球菌　　D. 柯萨奇病毒
   E. 溶血性链球菌
5. 轻症、重症肺炎区别的重要依据是
   A. 发热程度　　B. 年龄大小
   C. 呼吸困难程度　　D. 肺部啰音的多少
   E. 除呼吸系统表现外有其他系统受累的表现

A_2 型题

6. 患儿，男，6个月。患支气管肺炎，体温39.5℃，患儿突然呕吐，继而两眼上翻，双目凝视，呼吸暂停，面色发绀，意识不清，全身抽搐，前囟门隆起、紧张，最可能发生下列哪项并发症

A. 癫痫发作　　B. 低血糖
C. 中毒性脑病　　D. 呼吸衰竭
E. 心力衰竭

7. 1.5岁小儿，2天前"感冒"后开始咳嗽，昨夜患儿突然呼气性呼吸困难伴哮鸣，双肺部叩诊呈鼓音，听诊两肺有哮鸣音，既往有湿疹史。最可能的诊断是
A. 支气管肺炎
B. 哮喘性支气管炎
C. 上呼吸道感染
D. 支气管肺炎合并呼吸衰竭
E. 支气管肺炎合并气胸

8. 患儿，男，3个月。2天前受凉后出现发热、鼻塞严重、烦躁不安等上感症状，护士应何时为患儿用0.5%麻黄碱液滴鼻
A. 哺乳后5分钟　　B. 哺乳前5分钟
C. 哺乳前15分钟　　D. 哺乳前30分钟
E. 每小时1次

9. 患儿，男，1岁。3天前因受凉出现发热、咳嗽、喘憋、食欲减退，查体：体温37.5℃，心率140次/分，呼吸58次/分，口周发绀，鼻翼扇动，肺部听诊有中量湿啰音，护士应为患儿鼻导管吸氧，吸氧的流量是
A. 0.5～1L/min　　B. 1.5～2L/min
C. 2.0～3L/min　　D. 3.0～4L/min
E. 4.0L/min以上

10. 患儿，生后3天。发热、鼻塞。体检：体温39.8℃，咽部充血，诊断为"上呼吸道感染"。对该患儿的护理措施应首选
A. 解开过厚衣被散热
B. 口服退热药
C. 用退热栓降温
D. 用0.5%麻黄碱滴鼻
E. 用50%乙醇擦浴

11. 患儿，7岁。发热、咳嗽6天。体温38℃，呼吸24次/分。肺部有少量细湿啰音，痰液黏稠，不易咳出。该患儿的主要护理措施是
A. 立即物理降温
B. 给予适量止咳药
C. 室内湿度应保持40%
D. 嘱患儿勿进食过饱
E. 定时雾化吸入、排痰

12. 患儿，10个月。因"上呼吸道感染"并发高热惊厥入院，经治疗痊愈，准备出院。对其家长健康指导的重点是
A. 合理喂养的方法
B. 体格锻炼的方法
C. 惊厥预防及急救措施
D. 预防接种的时间
E. 小儿体检的时间

13. 患儿，6个月。因肺炎入院，突然烦躁不安，呼吸60次/分，心率180次/分，心音低钝，两肺布满细啰音，肝肋下3.5cm，最可能发生
A. 脓气胸　　B. 肺不张
C. 心肌炎　　D. 心力衰竭
E. 中毒性脑病

14. 患儿，3岁。3天前因感冒、流鼻涕、轻微咳嗽，诊断为上呼吸道感染。近3日咳嗽加重，发热，体温39.8℃，呼吸急促，发绀，两肺布满湿啰音，诊断为小儿肺炎。对该患儿立即采取的护理措施是
A. 保温，多饮水　　B. 适当休息
C. 保持呼吸道通畅　　D. 进易消化食物
E. 进行物理降温

A_3/A_4 型题

（15～17题共用题干）

患儿，女，3个月。因"咳嗽3天、气促伴发绀1小时"入院。体检：体温39℃，呼吸70次/分，心率168次/分，心音低钝，肝肋下3cm，诊断为支气管肺炎伴心力衰竭。

15. 患儿休息宜采取下列何种体位
A. 半卧位　　B. 头低卧位
C. 侧卧位　　D. 端坐位
E. 平卧位

16. 对患儿采取的护理措施下列哪项不妥
A. 少食多餐　　B. 给患儿吸氧
C. 减慢输液速度　　D. 给予超声雾化吸入
E. 保持安静

17. 该患儿首要的护理诊断/问题是
A. 心输出量减少　　B. 有体液不足的危险
C. 活动无耐力　　D. 体温升高
E. 低效性呼吸形态

（18～20共用题干）

患儿，8个月。以"发热、咳嗽、气促3天"

来院就诊，体检：体温 39.5℃，心率 145 次/分，呼吸 54 次/分，口周发绀，两肺有细湿啰音，诊断为支气管肺炎。

18. 应对该患儿立即采取的护理措施是
   A. 调节病室的温、湿度
   B. 取舒适的平卧位
   C. 进行雾化吸入
   D. 进行物理降温
   E. 翻身、拍背、吸痰

19. 该患儿入院时，对其家长的健康指导特别重要的是
   A. 介绍肺炎的病因
   B. 指导合理喂养
   C. 说明保持患儿安静的重要性
   D. 示范帮助患儿翻身的操作
   E. 讲解肺炎的预防

20. 该患儿住院期间护士应重点观察患儿以下哪些
   A. 睡眠状况　　B. 进食多少
   C. 大小便次数　　D. 咳嗽频率及轻重
   E. 脉搏、呼吸的改变

（张丽琴）

7

第7章　循环系统疾病患儿的护理

你知道胎儿在子宫内会呼吸吗？那么，胎儿在母体内是怎样完成气体交换的呢？你知道为什么胎儿会发生先天性的心脏血管畸形吗？你听说过不做手术也能治疗先天性心脏病吗？相信通过对本章的学习，这些问题都会迎刃而解。

第1节　小儿循环系统解剖、生理特点

一、心脏的胚胎发育

原始心脏于胚胎的第2周开始形成，为一个纵直的管道。受遗传基因的作用，约在第4周开始有循环作用，第5周心房间隔开始形成，第8周形成心室间隔，成为具有四腔的心脏。同时动脉总干被隔分开，形成主动脉和肺动脉，主动脉向左向后旋转并与左心室相连，肺动脉向右向前旋转与右心室相连。

考点提示：心脏胚胎发育的关键时期是胚胎第2～8周。

心脏胚胎发育的关键时期是胚胎第2～8周，在此期间若受到某些物理、化学及生物因素的影响，则容易引起心血管发育畸形。

二、胎儿血液循环和出生后的改变

（一）正常胎儿血液循环

胎儿期的营养及气体代谢是通过脐血管和胎盘与母体间以弥散等方式进行交换的。来自胎盘含氧量较高的动脉血液经脐静脉进入胎儿体内，在肝脏下缘分成2支：一支入肝与门静脉汇合，经肝静脉进入下腔静脉；另一支经静脉导管直接进入下腔静脉，与来自下半身的静脉血汇合（以动脉血为主），共同流入右心房，约1/3血液经卵圆孔进入左心房、左心室、主动脉，主要供应心、脑及上肢，其余的血液流入右心室。从上腔静脉回流来自上半身的静脉血，进入右心房后绝大多数流入右心室，与来自下腔静脉的血液一起进入肺动脉。由于胎儿肺脏处于压缩状态，故肺动脉的血只有很少量进入肺部，经肺静脉回到左心房。而大部分血液经动脉导管进入降主动脉，与来自升主动脉的血液再次汇合（以静脉血为主），供应腹腔器官和下肢，然后经脐动脉回到胎盘，从而实现了胎儿与母体之间的营养及氧气交换（图7-1）。

综上所述，胎儿血液循环具有以下特点：①胎儿的营养及气体代谢是通过脐血管和胎盘进行交换的；②静脉导管、卵圆孔、动脉导管是胎儿血液循环的特殊通路；③左、右心都向全身供血，胎儿体内除脐静脉是氧合血外，其他都是混合血；④由于肺无呼吸，故只有体循环而无有效的肺循环；⑤胎儿时期血氧含量最高的器官为肝脏，

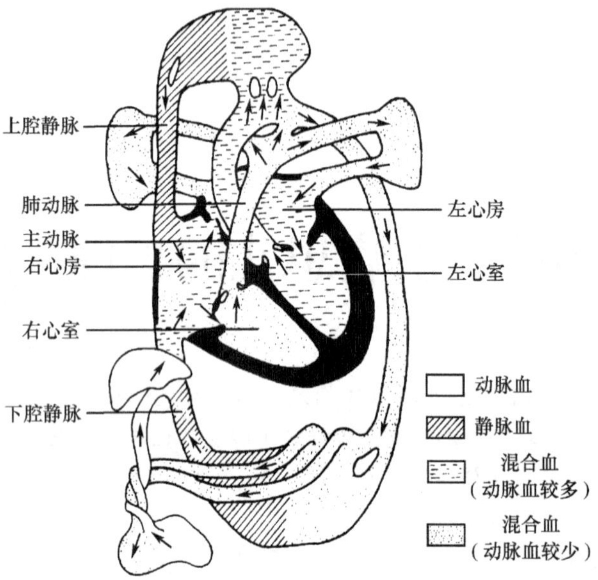

图 7-1 正常胎儿血液循环图

其次为脑、心、上肢，而腹腔脏器及下肢含氧量最低。

考点提示：卵圆孔和动脉导管关闭的时间。

（二）出生后血液循环的改变

出生后脐带结扎，胎儿血液循环终止，6 ～ 8 周脐血管完全闭锁，形成韧带。出生后新生儿呼吸建立，肺泡扩张开始进行有效的气体交换。由于肺循环压力下降，经肺动脉流入肺部的血液增多，通过肺静脉回到左心房的血量也增多，则左心房压力增高，当左心房压力超过右心房时，卵圆孔瓣膜在功能上关闭，生后 5 ～ 7 个月形成解剖上关闭，遗留下卵圆窝。同时由于肺循环压力降低，体循环压力增高，流经动脉导管的血流减少，最后停止，动脉导管在功能上关闭。因血氧含量增高，使导管平滑肌收缩，逐渐闭塞形成动脉韧带，约有 80% 的婴儿于生后 3 个月、95% 于生后一年内形成解剖上闭合。

三、小儿心脏、心率及血压特点

（一）心脏的形态、大小和位置

小儿心脏出生时呈球形，以后逐渐变成圆锥形或椭圆形，6 岁后与成人相似，呈长椭圆形。小儿心脏体积相对比成人大。小儿心脏的位置随年龄增长而改变，新生儿和 2 岁以下的幼儿心脏多呈横位，心尖冲动在胸骨左侧第 4 肋间锁骨中线外侧，2 岁后逐渐转为斜位，心尖冲动位置在 5 ～ 6 岁时位于锁骨中线第 5 肋间，7 岁后心尖位置逐渐移至锁骨中线内 0.5 ～ 1 cm 处。

（二）心率

小儿的心率相对较快，主要是由于新陈代谢旺盛，身体组织需要更多的血液供给，而心搏量有限，只有增加心脏的搏动次数，才能满足身体生长发育的需要。同时，婴幼儿迷走神经兴奋性较低，交感神经占优势，心脏搏动较易加速。随年龄的增长，心率逐渐减慢。小儿的脉搏次数极不稳定，易受多种因素影响，如进食、活动、哭闹、发热等均可使心率加快。一般体温每升高 1℃，心率每分钟增快 10 ～ 15 次。入睡时心率每分钟减少 10 ～ 12 次。每次测心率应测 1 分钟，并正确记录速率、节律、强度及测量时的状态，如安静、睡觉或哭闹等。小儿心率的正常值见表 7-1。

表 7-1 不同年龄小儿心率的正常值

年龄	新生儿	< 1 岁	2 ～ 3 岁	4 ～ 7 岁	8 ～ 14 岁
正常值（次 / 分）	90 ～ 160	110 ～ 130	100 ~ 120	80 ～ 100	70 ～ 90

护考链接

下列关于婴儿心率的范围，正确的描述是

A. 120 ～ 140 次/分　B. 110 ～ 130 次/分　C.100 ～ 110 次/分

D. 90 ～ 100 次/分　E. 70 ～ 90 次/分

答案：B。

分析：不同年龄小儿心率的正常值：新生儿通常为 90 ～ 160 次/分，1 岁以内（婴儿）110 ～ 130 次/分，2 ～ 3 岁 100 ～ 120 次/分，4 ～ 7 岁 80 ～ 100 次/分，8 ～ 14 岁 70 ～ 90 次/分。故正确答案为 B。

考点提示：不同年龄小儿心率的正常值。

（三）血压

小儿由于心搏出量较少，动脉壁柔软，弹性好，且血管口径相对较粗，所以血压较低，以后随年龄增长而逐渐升高。新生儿收缩压为 60 ～ 70mmHg（8.0 ～ 9.3kPa）；1 岁收缩压为 70 ～ 80mmHg（9.3 ～ 10.7kPa）。2 ～ 12 岁收缩压可按公式计算，收缩压（mmHg）= 年龄 ×2+80mmHg（年龄 ×0.26+10.7kPa），舒张压为收缩压的 2/3。收缩压高于上述标准 20mmHg（2.67kPa）为高血压；低于正常标准 20mmHg（2.67kPa）为低血压。正常情况下，下肢的血压较上肢高 20mmHg（2.67kPa）。测量血压应在安静时进行，血压计袖带的宽度应为小儿上臂长度的 2/3。

考点提示：1. 血压的计算公式。2. 测量血压时血压计袖带的宽度应为小儿上臂长度的 2/3。

第 2 节　先天性心脏病患儿的护理

案例 7-1

张大爷的孙女，1 岁。生后 4 个月开始经常发生青紫，日渐加重，活动后气促，自幼喜欢大人竖抱时将两腿屈曲，大腿紧贴胸部。今天吃奶时突然发生呼吸困难、青紫和晕厥。

问题：

1. 该婴儿可能发生了什么问题？

2. 该婴儿为何吃奶时发生呼吸困难、青紫和晕厥？

一、疾病概述

先天性心脏病简称先心病，是胎儿时期心脏及大血管发育异常而导致的畸形，是小儿最常见的心脏病，其发病率占活产婴儿的 6‰～ 10‰。近年来，由于超声心动图、心导管检查和心血管造影等诊断技术的广泛应用和提高，以及低温麻醉和体外循环下心脏直视外科手术的快速发展，许多常见的先天性心脏病能得到及时准确诊断，获得彻底根治。

链接

“不开刀”也可以治疗先天性心脏病吗

先天性心脏病主要是通过手术根治，但是近年来随着心脏介入技术的迅速发展及封堵材料的不断改进和国产化，治疗费用也大幅度下降，不开刀治疗先天性心脏病已成为现实。介入治疗是在大型 X 线机的透视下，利用导管，通过股动脉或股静脉将治疗所需器械送达心脏异常处，进行封堵、球囊扩张或栓塞等，从而达到根治先天性心脏病的治疗方法。由于介入治疗具有“不开刀、痛苦小、不留疤、恢复快”的优点，已成为简单类型先天性心脏病首选的治疗方法，其适应证有：肺动脉狭窄、动脉导管未闭、房间隔缺损（继发孔型）、室间隔缺损（膜部和膜周部）。

根据心脏左右两侧或大血管之间有无血液分流和临床有无青紫，将先天性心脏病分为三类：

考点提示：先天性心脏病的分类。

1. 左向右分流型（潜伏青紫型） 常见的有室间隔缺损、房间隔缺损、动脉导管未闭等。正常情况下，体循环压力高于肺循环，左心室压力大于右心室，血液由左向右分流而不出现青紫，当剧烈哭闹、屏气或在患肺炎时，肺循环的压力可暂时超过体循环的压力而出现青紫。当病情发展严重时，由于肺血管血流增多，产生动力型肺动脉高压，日久肺动脉发生病理改变，管壁内膜增厚，使肺循环阻力进行性增高，导致肺循环压力持续高于体循环压力，出现反向分流，则临床出现持续性青紫，称艾森曼格综合征。

2. 右向左分流型（青紫型） 常见的有法洛四联症、大动脉错位等。由于畸形的存在，使右心压力增高并超过左心，血液自右向左分流，或大血管起源异常，使大量含氧量低的静脉血流入体循环，临床上出现持续青紫，为先天性心脏病中最严重的一类。

3. 无分流型（无青紫型） 常见的有主动脉缩窄、肺动脉狭窄等，指心脏左、右两侧或大血管之间无异常通路或分流，临床上不出现青紫。

二、护理评估

（一）致病因素/健康史

考点提示：怀孕3个月内宫内病毒感染是发生先天性心脏病最常见的原因。

1. 遗传因素 主要是染色体异位。

2. 环境因素 重要的原因有宫内感染（风疹、流行性感冒、流行性腮腺炎和柯萨奇病毒感染等）、孕母缺乏叶酸、与大剂量放射线接触、药物影响（甲苯磺丁脲、抗癌药等）、患有代谢性疾病（糖尿病、高钙血症等）或能造成宫内缺氧的慢性疾病等。

询问患儿母亲妊娠初期3个月内是否曾患过病毒感染；有无接触过大剂量放射线；孕母是否缺乏叶酸；是否服用过某些能影响胎儿发育的药物（如抗癌药等）；家族中有无心脏畸形者。此外，患儿既往有无体弱多病，是否经常患呼吸道感染，生长发育是否落后于同龄小儿等。

（二）身体状况

考点提示：
1. 室间隔缺损是先天性心脏病中最常见的类型。
2. 室间隔缺损心脏杂音的特点。

1. 室间隔缺损 是先天性心脏病中最常见的类型（图7-2），约占我国先天性心脏病的50%。缺损大致可分为三种类型：小型（缺损直径＜0.5cm）、中型（缺损直径0.5～1.5cm）和大型（缺损直径＞1.5cm）。其临床表现取决于缺损的大小，小型室间隔缺损因分流量较小，患儿可无明显症状，生长发育不受影响。缺损较大时左向右分流多，体循环血流量减少，影响生长发育，患儿多有乏力、气短、多汗、生长发育迟缓，易患反复呼吸道感染，易导致充血性心力衰竭等，有时因扩张的肺动脉压迫喉返神经，引起声音嘶哑。查体可见心前区隆起，心界扩大，胸骨左缘3～4肋间听到Ⅲ～Ⅳ级粗糙的全收缩期杂音，向四周广泛传导，可扪及收缩期震颤，肺动脉区第二心音增强。大型缺损伴有肺动脉高压时，右心室压力显著增高，逆转为右向左分流，出现青紫，并逐渐加重。此时心脏杂音较轻，肺动脉区第二心音亢进。小型缺损者心影大致正常，中型缺损者心影轻到中度增大，左、右心室增大，以左心室增大为主。大型缺损者心影中度以上增大，左、右心室增大，多以右心室增大为主。

2. 房间隔缺损　是先天性心脏病的常见类型之一，占先天性心脏病的 5%～10%（图 7-3）。房间隔缺损患儿的临床表现随缺损的大小而不同，缺损小者可无症状，仅在体检时发现。缺损大者，由于体循环血流减少而表现为气促、乏力和影响生长发育，当哭闹、患肺炎或心力衰竭时，右心房压力可超过左心房，出现暂时性青紫。查体可见患儿体格发育落后、消瘦、心前区隆起，心尖冲动弥散，心界扩大，胸骨左缘 2～3 肋间可闻及Ⅱ～Ⅲ级收缩期喷射性杂音（由于肺循环血流量增多，肺动脉瓣相对狭窄所致），肺动脉瓣区第二心音增强或亢进，并呈固定分裂。小型房间隔缺损（直径＜ 3mm），多在 3 个月内自然闭合，大于 8mm 的房间隔缺损一般不会自然闭合。缺损较大时，分流量较大，分流量占体循环血量的 30% 以上，不经治疗活至成年时，有可能出现肺动脉高压。

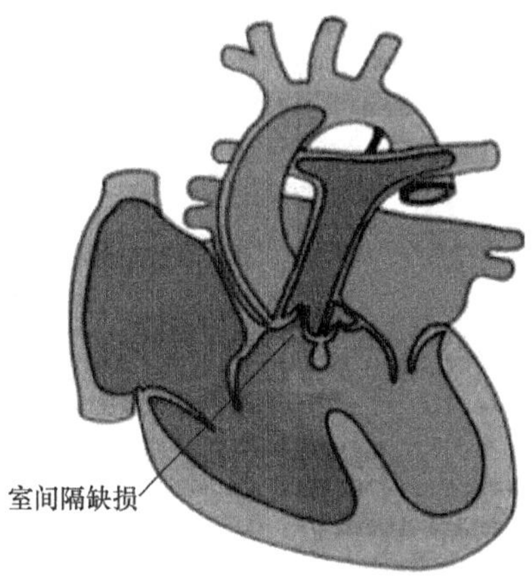

图 7-2　室间隔缺损

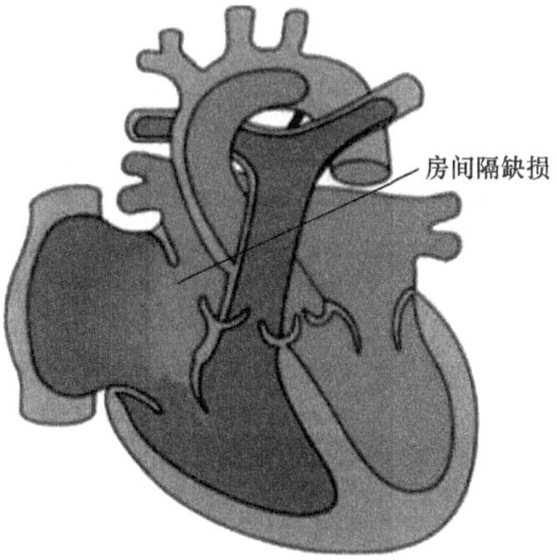

图 7-3　房间隔缺损

考点提示：差异性青紫。

3. 动脉导管未闭　是指出生后动脉导管持续开放，血流从主动脉经导管分流至肺动脉（图 7-4）。动脉导管未闭占先天性心脏病的 10%。症状的轻重，取决于导管管径粗细和分流量的大小。动脉导管较细者，症状较轻或无症状。导管粗大者分流量大，体循环血流量减少，影响患儿生长发育，表现为气急、咳嗽、乏力、多汗、喂养困难及生长发育落后等。偶见扩大的肺动脉压迫喉返神经而引起声音嘶哑。临床易患呼吸道感染。严重肺动脉高压时，产生右向左分流，患儿下肢青紫明显，左上肢有轻度青紫，头面部和右上肢正常，称为差异性青紫。查体在胸骨左缘第 2 肋间可闻及粗糙响亮的连续性机器样杂音，占据整个收缩期和舒张期，伴震颤，传导广泛。分流量大时心尖部可闻及高流量舒张期隆隆样杂音。肺动脉瓣区第二心音增强或亢进。由于脉压增宽，可见甲床毛细血管搏动、触及水冲脉、闻及股动脉枪击音等周围血管征。

4. 法洛四联症　是存活婴儿中最常见的青紫型先天性心脏病，约占先天性心脏病的 12%，其畸形组成包括肺动脉狭窄、室间隔缺损、主动脉骑跨和右心室肥厚，其中以肺动脉狭窄为主要畸形（图 7-5）。主要表现为青紫，其程度和出现早晚与肺动脉狭窄程度有关。多于生后 3～6 个月逐渐出现青紫，见于口唇、指（趾）甲、球结膜等处。因患儿长期处于缺氧状态中，指（趾）端毛细血管扩张增生，局部软组织和骨组织也增生肥大，出现杵状指。年长患儿有蹲踞现象，即患儿在活动和行走时，因气急而主动蹲踞片刻，蹲踞时下肢屈曲受压，使静脉回心血量减少，右心室压力降低，体循环阻力增加，右向左分流减少，缺氧的症状暂时得到缓解。婴儿期常有阵发性缺氧发作，患儿在吃奶、哭闹或情绪激动时出现阵发性呼吸困难，青紫加重，重症者可突然昏厥和抽搐，这是由于在肺动脉漏斗部狭窄的基础上，突然发生该处肌肉痉挛，引起一时性肺动脉梗阻，使脑缺氧加重所致。患儿发育落后，心前区略隆起，胸骨左缘第 2 ～ 4 肋间可闻及Ⅱ～Ⅲ级收缩期喷射性杂音，肺动脉瓣区第二心音减弱或者消失（表 7-2）。

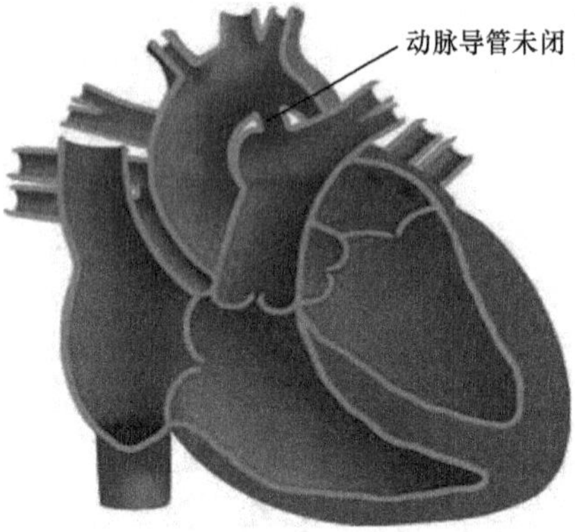

图 7-4　动脉导管未闭

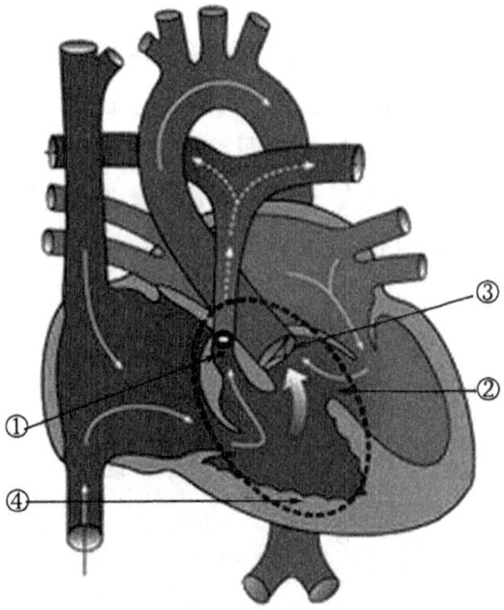

图 7-5　法洛四联症

①肺动脉狭窄；②室间隔缺损；③主动脉骑跨；④右心室肥厚

考点提示：
1. 法洛四联症是存活婴儿中最常见的青紫型先天性心脏病。
2. 法洛四联症的四大畸形。
3. 法洛四联症的临床表现。
4. 法洛四联症患儿取膝胸卧位可缓解缺氧发作。

5. 并发症

(1) 左向右分流型先天性心脏病：上呼吸道感染、急性支气管炎、支气管肺炎、充血性心力衰竭、亚急性细菌性心内膜炎等。

(2) 右向左分流型先天性心脏病：脑血栓、栓塞、脑脓肿等。

表 7-2　几种常见先天性心脏病的鉴别

	室间隔缺损	房间隔缺损	动脉导管未闭	法洛四联症
症状	心悸、乏力、咳嗽、发育落后	心悸、乏力、咳嗽、发育落后	心悸、乏力、咳嗽、发育落后	青紫、蹲踞、昏厥
体征	胸骨左缘 3 ～ 4 肋间听到Ⅲ～Ⅳ级粗糙的全收缩期杂音	胸骨左缘第 2 ～ 3 肋间可听到Ⅱ～Ⅲ级收缩期喷射性杂音	胸骨左缘第 2 肋间可听到粗糙响亮的连续性机器样杂音	胸骨左缘第 2 ～ 4 肋间可听到Ⅱ～Ⅲ级收缩期喷射性杂音
震颤	有	无	有	减弱或消失
P_2	亢进	亢进，固定分裂	亢进	减弱
房室增大	左心室、右心室增大	右心房、右心室增大	左心室、左心房增大	右心室大
肺动脉段	凸出	凸出	凸出	凹陷
肺门“舞蹈”	有	有	有	无
肺野	充血	充血	充血	清晰
心电图检查	小型缺损正常，中、大型缺损左心室肥大或伴有右心室肥大	电轴右偏和不完全性右束支传导阻滞，右心房右心室肥大	左心室肥大 偶有左心房肥大	电轴右偏 右心室肥大

（三）社会、心理状态

由于对疾病知识的缺乏，伴随着喂养、发育迟缓、活动受限、体弱多病及治疗费用高昂等，家长往往表现出紧张、焦虑、悲观和恐惧等心理。个别家长的弃婴行为，会影响患儿的身心发育，引起许多社会问题。

（四）辅助检查资料

1. X 线检查　左向右分流型先天性心脏病，可见肺野充血、肺动脉段明显凸出、肺门血管影增粗、搏动增强，称“肺门舞蹈”。法洛四联症可见右心室增大、肺动脉段凹陷、心尖上翘呈“靴形心”肺门血管影缩小、肺纹理减少、透亮度增加（图 7-6）。

2. 心电图　能反映心脏位置，心房、心室有无肥厚，以及心脏传导系统的情况。

3. 超声心动图　是一项无痛、非侵入性检查方法，能精确地显示心脏内部结构，明确缺损部位。

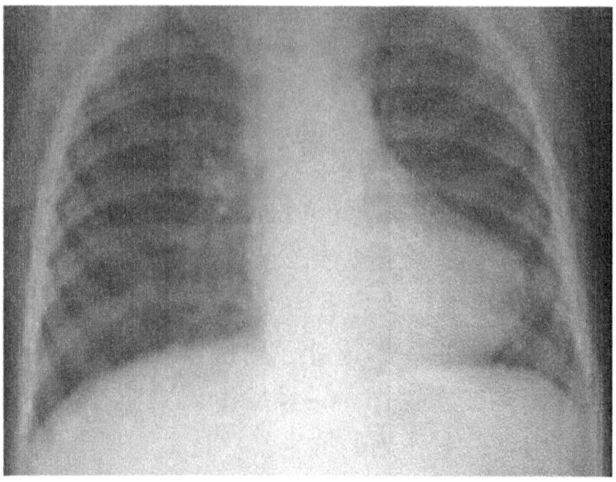

图 7-6　法洛四联症胸部 X 线片（靴形心）

考点提示：1. 超声心动图是无痛、非侵入性的先天性心脏病的主要诊断手段。2. 法洛四联症的 X 线检查心影呈“靴形心”。

4. 其他检查　心导管检查（是先天性心脏病进一步诊断和决定手术前的重要检查方法之一）、心血管造影、磁共振成像等。

三、护理诊断 / 问题

1. 活动无耐力　与血氧含量下降致活动时氧供需失调有关。

2. 营养失调：低于机体需要量　与喂养困难、组织缺氧和体循环血量不足有关。

3. 生长发育迟缓　与体循环血量减少及喂养困难有关。

4. 潜在并发症　充血性心力衰竭、亚急性细菌性心内膜炎、脑血栓、脑脓肿等。

5. 焦虑 / 恐惧　与疾病威胁、经济负担加重及对手术担忧有关。

四、护理目标

(1) 患儿的活动量能得到适当限制，基本生活所需得到满足。

(2) 患儿获得足够的营养和能量。

(3) 患儿生长发育情况得到改善。

(4) 患儿不发生并发症或发生时能被及时发现和治疗。

(5) 患儿及家长能了解本病的有关知识，焦虑和恐惧感减轻，配合治疗和护理。

五、护理措施

（一）活动无耐力的护理

根据不同类型的先天性心脏病，制订合理的生活制度。

(1) 保持环境安静，限制活动。重症患儿应卧床休息，减少耗氧。多拥抱患儿，使其减少哭闹，保持患儿舒适，减少不良刺激。护理操作集中进行，避免引起情绪激动和烦躁。

(2) 患儿要动静适度，减轻心脏负担。除需要卧床休息的患儿外，在医护人员或家长

考点提示：休息是恢复心脏功能的重要条件。

的监护下进行适当的活动，但活动量不要过大，不参加体育竞赛。

(3) 法洛四联症患儿出现蹲踞现象时，不要强行拉起，这是患儿为缓解缺氧所采取的一种被动体位和自体保护性动作，应让患儿自然蹲踞和起立。

（二）供给充足的营养和能量

保证患儿营养所需，合理搭配，供给充足的能量、维生素和优质蛋白质，增强体质，提高对手术的耐受性。喂养困难者要有耐心，喂乳前最好先吸氧，斜抱位间歇喂乳，每次喂乳时间适当延长，必要时可将乳瓶乳头上的孔加大，以减少吸吮阻力，少量多餐，避免呼吸困难与呛咳。心功能不全时应根据病情采用无盐或低盐饮食，防止水钠潴留加重病情。

考点提示：为了预防感染手术前后要给予足量的抗生素。

（三）注意观察病情，防止发生并发症

1. 预防感染 先天性心脏病患儿，除严重心力衰竭外，均需按时接受预防接种，预防各种传染病；应避免到公共场所、人群集中的地方，以免交叉感染；应与感染患儿分室居住，避免接触感染患者；按气温改变随时增减衣物，避免着凉，预防感冒，防止肺部感染性；在接受小手术（如拔牙、扁桃体切除术）时，术前、术后均应按医嘱给足量抗生素，严格执行无菌技术操作；一旦发生感染应积极应用抗生素治疗，发生亚急性感染性心内膜炎时应选用有杀菌作用的抗生素。

2. 预防充血性心力衰竭 患儿饮食少量多餐，适当限制钠盐的摄入，给予适量蔬菜类粗纤维食品，以保持大便通畅，必要时可给予开塞露通便，以免加重心脏负担；严格控制输液速度和量；密切监测患儿体温、呼吸、脉搏、血压、心率和心脏杂音变化，如出现心率增快、呼吸困难、端坐呼吸、咳泡沫样痰、水肿、肝大等心力衰竭表现时，立即将患儿置于半卧位、给予给氧，并及时报告医生，并按心力衰竭护理。

3. 预防脑血栓 法洛四联症患儿血液黏稠度高，夏天、发热、出汗、吐泻时，体液量减少，加重血液浓缩，容易形成血栓，尤其是脑血栓，因此要注意供给充足的液体，必要时可静脉输液。

4. 预防昏厥和抽搐的发生 法洛四联症患儿因哭闹、进食、活动、便秘等引起缺氧发作，出现阵发性呼吸困难，甚至昏厥、抽搐，应限制患儿活动量，重症卧床休息，间歇吸氧，一旦缺氧发作，应将患儿置于膝胸卧位，给予吸氧，遵医嘱注射普萘洛尔及吗啡抢救治疗。

（四）心理护理

关心爱护患儿，消除患儿的紧张与悲观、焦虑心理，建立自好的护患关系。向家长介绍本病的预防、预后及手术等问题，使家长了解诊疗计划相关的辅助检查，主动配合各项检查与治疗。

护考链接

某患儿，3岁。出生4个月后出现发绀，剧烈哭闹时有抽搐史，发育比同龄儿童稍差。平常经常感冒。查体，杆状指，嘴唇发绀明显。心前区闻及Ⅲ级收缩期喷射性杂音。胸部X线提示肺血少，右心室增大。

1. 最可能的临床诊断是

A. 房间隔缺损　B. 室间隔缺损　C. 动脉导管未闭

D. 法洛四联症　E. 肺动脉狭窄

2. 目前该患儿应取的体位是

A. 头低位　B. 头高位　C. 仰卧位　D. 膝胸卧位　E. 侧卧位

3. 护理该患儿要注意保证液体入量的原因是

护考链接

A. 避免发生休克　　B. 避免发生便秘　　C. 避免发生血栓栓塞
D. 避免发生心力衰竭　　E. 避免发生肾衰竭

答案：1.D。2.D。3.C。

分析：心前区隆起、胸骨左缘闻及杂音、指（趾）端发绀明显、X线检查"靴形"心均是法洛四联症的表现。故第1题正确答案为D。患儿突然出现抽搐提示缺氧严重，应立即将患儿置于膝胸卧位，使体循环阻力增加，右向左分流减少，肺循环增加，同时下肢屈曲，使静脉回心血量减少，缺氧可得到暂时缓解。故第2题正确答案为D。该患儿有发热，应供给足够的液体，以预防脱水引发脑血栓。故第3题正确答案为C。

六、健康教育

⑴ 向患儿家长介绍先天性心脏病发生的原因、临床表现、护理要点及手术年龄，特别要宣传心脏外科手术的进展、技术的提高，以增强患儿及家长对治愈疾病的信心，积极配合检查和治疗。

⑵ 指导家长合理安排患儿饮食，耐心喂养。可给予高蛋白、高维生素、高能量的食物，以满足生长发育的需要，同时要强调多食含膳食纤维较多的蔬菜、水果等，以保证大便通畅。

⑶ 建立合理的生活制度，使患儿劳逸结合；教会家长评估患儿活动耐受力的方法和限制活动的指征；学会观察心力衰竭和脑缺氧的表现，以便及时就诊。

⑷ 强调预防感染的重要性，加强护理，按时预防接种，按医嘱合理用药。

⑸ 鼓励患儿与正常儿童接触，建立正常的社会行为方式。

⑹ 加强孕期保健，特别是妊娠早期，积极预防风疹、流感等病毒性疾病以避免与发病有关的高危因素接触，对预防先天性心脏病具有积极意义。

第3节　病毒性心肌炎患儿的护理

案例 7-2

小丽，女，7岁。1周前患感冒，近3天出现疲乏无力、恶心呕吐、气促伴有心前区疼痛未就诊。

问题：

1. 该患儿应考虑出现了什么问题？

2. 如何对该患儿进行护理？

一、疾病概述

病毒性心肌炎是病毒侵犯心脏所致的，以心肌炎性病变为主要表现的疾病，有的可伴有心包炎和心内膜炎。本病临床表现轻重不一，大多数病例属轻症，预后良好，但重症可发生心力衰竭、心源性休克，甚至猝死。近年统计表明，小儿病毒性心肌炎的发病率上升，但重症仍占少数。

本病的发病机制尚不完全清楚。一般认为在疾病早期病毒及其毒素可经血液循环直接侵犯心肌细胞产生病理变化，此外还有变态反应或自身免疫参与。

二、护理评估

（一）致病因素 / 健康史

考点提示：病毒性心肌炎的最常见的病原体是柯萨奇病毒B组。

引起心肌炎的病毒有很多，主要是肠道病毒和呼吸道病毒，以柯萨奇病毒 B 组最常见。

详细询问发病诱因，特别是在发病前数日或 1 ～ 3 周内有无发热、咽痛、腹泻等上呼吸道或肠道病毒感染史。

（二）身体状况

患儿多有不同程度的前驱症状，主要为发热、全身不适、咽痛、肌痛、腹泻及皮疹等。轻症者可无明显症状。心肌受累明显时患儿常有心前区不适、胸闷、心悸、头昏及乏力等。体征为心脏扩大，心动过速，心尖区第一心音低钝，部分出现奔马律或心包摩擦音，常出现心律失常，一般无明显器质性杂音。重症患儿可发生心力衰竭、昏厥或突然出现心源性休克，在数小时或数日内死亡。如反复发作心力衰竭，则心脏明显扩大，可并发严重心律失常或栓塞等，预后很差。

（三）社会、心理状态

重症患儿病程长及卧床等可产生焦虑、恐惧心理。家长因担心疾病对患儿生命造成威胁或影响今后健康而表现为紧张、忧虑等。

（四）辅助检查资料

1. 心肌酶的测定 血清肌酸激酶早期多有增高。乳酸脱氢酶及其同工酶，经早期即增高，而且持续较久。

2. 病毒学检查 可从咽拭子、粪便、血液、心包液中分离出病毒。

3. 心电图检查 多数表现为 ST 段偏移和 T 波低平、双向或倒置，可有 QRS 波群低电压，QT 间期延长多在重症病例中出现。心律失常以期前收缩较为多见，尚可见到部分性或完全性窦房、房室或室内传导阻滞。

4. X 线检查 轻症者心影正常，合并心包积液时，心脏搏动减弱，心影增大更显著。

三、护理诊断 / 问题

1. 活动无耐力 与心肌受损、收缩力下降，组织供氧不足有关。

2. 潜在并发症 心律失常、心力衰竭、心源性休克。

四、护理目标

(1) 患儿心功能改善，活动量逐渐增加。

(2) 患儿不发生并发症或发生时能被及时发现并得到及时处理。

五、护理措施

（一）活动无耐力的护理

(1) 休息：以降低代谢、减少氧耗、减轻心脏负荷为主。强调卧床休息，保证充足的睡眠。

急性期至少应休息到热退后 3 ～ 4 周再逐渐增加活动量；恢复期限制活动量，一般不少于 6 个月；重症患儿有心功能不全及心脏扩大者应绝对卧床休息半年至 1 年以上。

考点提示：病毒性心肌炎应绝对卧床 4 周。

⑵ 遵医嘱给予营养心肌的药物：向患儿及家长讲明药物治疗的重要性，嘱患儿按时服药，坚持服药，不能因自觉症状好转，认为疾病痊愈而停止治疗。

（二）密切观察病情变化，预防并发症

⑴ 密切观察并记录心率、脉搏的强弱和节律，注意血压、体温、呼吸及精神状态的变化，以便对病情的发展作出正确的估计。对严重心律失常者应持续进行心电监护。

⑵ 有胸闷、气促、心律失常者应注意休息，必要时给予供氧。烦躁不安者应给予必要的解释及安慰，保持病室环境安静，必要时适当使用镇静剂。有心力衰竭者，置患儿于半卧位。应用洋地黄类药物治疗时密切观察有无洋地黄中毒。

（三）生活护理

给以高热量、高蛋白、高维生素、清淡易消化、营养丰富的饮食，少量多餐，多食新鲜蔬菜及水果（含维生素 C)，但不要暴饮暴食，以免胃肠道负担过重。

六、健康教育

对患儿及家长介绍本病的治疗过程和预后，减少患儿和家长的焦虑和恐惧心理。强调休息对心肌炎恢复的重要性，使其能够自觉配合治疗。告诉他们最根本的预防措施是加强锻炼、增强体质，预防呼吸道、消化道等病毒感染，流行期少到公共场所，一旦发病及时就诊治疗。嘱咐患儿出院后定期到门诊复查。

小结

本章首先介绍了小儿循环系统解剖生理特点，为学习本系统常见疾病奠定了理论基础。先天性心脏病是小儿时期最常见的心脏病，轻者可无明显表现，重者出现生长发育迟缓、喂养困难、活动后气促、心悸、青紫等表现，易并发心力衰竭、感染性心内膜炎、脑血栓等。护理本病患儿的要点是安排好患儿的活动量，减少心脏负担；耐心喂养，保证充足的营养；在护理过程中要积极预防感染和其他并发症的发生，使患儿安全到达手术年龄，提高其生存质量。病毒性心肌炎发病率逐年增加，表现轻重不一，具有自限性，护理上主要是减轻患儿心脏负担，改善心功能，促进心肌修复。

自测题

A_1 型题

1. 先天性心脏病主要发生时间是妊娠的第
   A. 1 ～ 2 周　B. 2 ～ 8 周
   C. 9 ～ 12 周　D. 13 ～ 16 周
   E. 17 ～ 20 周
2. 胎儿体内血氧含量最高的部位是
   A. 肝脏　B. 心脏　C. 脑
   D. 下肢　E. 上肢
3. 准确测量小儿心率宜在
   A. 运动后　B. 安静时　C. 入睡时
   D. 哭闹时　E. 进食后
4. 测量小儿血压时，袖带宽度应为

A. 上臂长度的 2/3　　B. 前臂长度的 1/2
C. 前臂长度的 1/3　　D. 上臂长度的 3/4
E. 上臂周长的 1/2 ～ 2/3

5. 最常见的先天性心脏病是
A. 室间隔缺损　　B. 房间隔缺损
C. 动脉导管未闭　　D. 法洛四联症
E. 肺动脉狭窄

6. 下列不属于法洛四联症畸形表现的是
A. 室间隔缺损　　B. 肺动脉狭窄
C. 房间隔缺损　　D. 右心室肥厚
E. 主动脉骑跨

7. 法洛四联症患儿突然脑缺氧发作就立即给予
A. 地西泮　　B. 甘露醇
C. 高渗葡萄糖　　D. 葡萄糖酸钙
E. 置于膝胸卧位

8. 目前认为先天性心脏病的病因主要是
A. 宫内细菌感染　　B. 胎盘早剥
C. 宫内支原体感染　　D. 母亲妊娠毒血症
E. 宫内病毒感染

A_2 型题

9. 患儿，3 岁，发育落后于同龄小儿，长期患上呼吸道感染，胸骨左缘 2 ～ 3 肋间闻及Ⅲ级收缩杂音，肺动脉瓣第二音亢进伴固定分裂，X 射线检查：右心房、右心室增大，肺动脉段凸出，该患儿可能是
A. 室间隔缺损　　B. 房间隔缺损
C. 动脉导管未闭　　D. 法洛四联症
E. 艾森曼格综合征

10. 患儿，2 岁，发育落后，患肺炎 3 次。胸骨左缘 3 ～ 4 肋间闻及响亮收缩期杂音，杂音最响处可触及收缩震颤，X 线检查见左心房、左心室、右心室增大。针对病情，护理的重点是
A. 低盐饮食，预防心力衰竭
B. 绝对卧床休息
C. 加强体育锻炼
D. 预防感染
E. 供给足够水分，防止脱水

11. 患儿，3 岁，自出生后 8 个月起出现青紫并逐渐加重，生长发育明显落后于同龄儿，有杵状指（趾），喜蹲踞，护理时应特别警惕患儿发生
A. 呼吸道感染　　B. 休克
C. 脑血栓　　D. 心力衰竭
E. 贫血

12. 5 岁患儿，自幼口唇发绀，生长发育落后，活动后喜蹲踞。今晨突然发生意识障碍、惊厥，可能发生了
A. 颅内出血
B. 化脓性脑膜炎
C. 高血压脑病
D. 法洛四联症脑缺氧发作
E. 低血糖

A_3/A_4 型题

（13 ～ 15 题共用题干）

患儿，3 岁，胸骨左缘第 3 ～ 4 肋间闻及Ⅳ级收缩期杂音，并触及震颤，心电图：左心室、右心室均肥大。

13. 该患儿所患疾病最可能的是
A. 房间隔缺损　　B. 室间隔缺损
C. 动脉导管未闭　　D. 法洛四联症
E. 肺动脉狭窄

14. 该患儿常见的并发症是
A. 支气管肺炎　　B. 感染性心内膜炎
C. 心力衰竭　　D. 梗阻性肺动脉高压
E. 脑栓塞

15. 该患儿出现心力衰竭时，正确的饮食指导是
A. 低脂饮食　　B. 半流质饮食
C. 低盐饮食　　D. 普通饮食
E. 无渣饮食

（唐玉辉）

8

第 8 章　造血系统疾病患儿的护理

有人说吃母乳就不需要补铁，宝宝只要多吃菠菜就能补铁，这种说法科学吗？你知道孩子喜欢吃墙皮、泥土也与贫血有关吗？你知道营养性巨幼细胞性贫血患儿会有智力倒退吗？相信通过对本章的学习，这些问题都会迎刃而解。

第 1 节　小儿造血及血液的特点

一、小儿造血特点

（一）胚胎期造血

造血是血细胞形成的过程，根据造血组织发育和造血部位发生先后，可将此期分为三个不同阶段（图 8-1）。

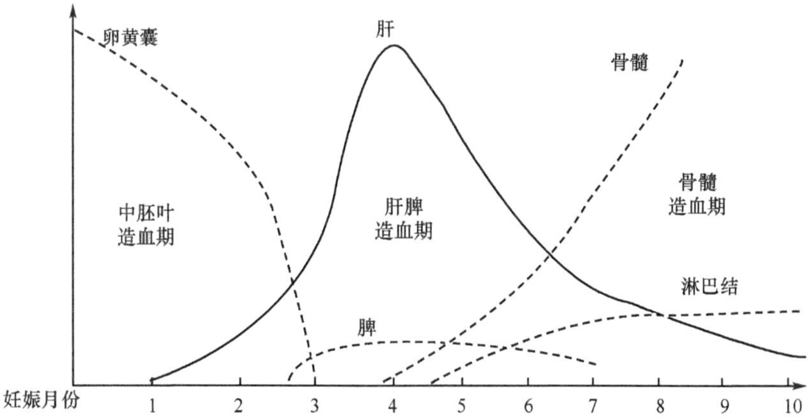

图 8-1　胚胎期造血坐标图

考点提示：出生后主要的造血器官是骨髓。

1. 中胚叶造血期　自胚胎第 3 周开始出现卵黄囊造血，之后在中胚叶组织中出现广泛的原始造血成分，主要是原始的有核红细胞；胚胎第 6 周后，中胚叶造血开始减退。

2. 肝脾造血期　自胚胎第 6 ～ 8 周开始，肝脏出现活动的造血组织，并成为胎儿中期主要造血部位，4 ～ 5 个月时达高峰，以后逐渐减退。

脾脏大约于胚胎第 8 周开始造血，稍后粒系造血也相当活跃，至 12 周时出现淋巴细胞和单核细胞。胎儿 5 个月后，脾脏造红细胞和粒细胞的功能逐渐减退，出生后，成为终身造血淋巴器官。

3. 骨髓造血期　自胚胎第 6 周开始出现骨髓，但到胎儿 4 个月时才开始造血，并迅速成为主要造血器官，直至出生 2 ～ 5 周后成唯一造血场所。

（二）生后造血

1. 骨髓造血 出生后主要是骨髓造血。婴儿期所有骨髓均为红髓，全部参与造血，以满足生长发育需要。幼儿起，长骨干中就出现脂肪细胞（黄髓），到5～7岁时，黄髓开始逐渐增多，而红髓相应减少。因此，年长儿和成人红髓仅分布于肋骨、胸骨、骨盆、脊椎、颅骨、锁骨、肩胛骨及长骨近端。黄髓具有潜在造血功能，当造血需要增加时，它可转变成红髓参与造血。小儿在出生后头几年缺少黄髓，因此造血代偿潜力小，如果造血需要增加，就会出现骨髓外造血。

2. 骨髓外造血 是小儿造血器官的一种特殊反应，在正常情况下，骨髓外造血极少。婴幼儿因缺少黄髓，造血代偿潜力低下，当发生贫血或感染等造血需要增加时，肝、脾和淋巴结可恢复到胎儿期造血状态，故出现肝、脾、淋巴结肿大，同时外周血中可出现有核红细胞和（或）幼稚中性粒细胞，当感染及贫血纠正后即恢复正常。

考点提示：骨髓外造血的概念。

二、小儿血液特点

1. 红细胞数和血红蛋白量 由于胎儿处于相对缺氧状态，故红细胞数和血红蛋白量均较高，出生时红细胞数为 $(5.0\sim7.0)\times10^{12}$/L，血红蛋白量为140～200g/L，早产儿与足月儿基本相等，少数可稍低。随着自主呼吸的建立，血氧含量增加，红细胞破坏较多（生理性溶血），而红细胞生成素不足，骨髓暂时性造血功能低下，以及婴儿生长发育迅速、循环血量迅速增多等因素，红细胞数和血红蛋白量逐渐降低，至生后2～3个月时红细胞数降至 3.0×10^{12}/L左右，血红蛋白量降至100g/L，出现轻度贫血，称为“生理性贫血”。3个月后随着红细胞生成素增加，红细胞数和血红蛋白量逐渐上升，约12岁时达成人水平。

考点提示：生理性贫血的时间。

2. 白细胞计数与分类 出生时白细胞总数为 $(15\sim20)\times10^9$/L，生后6～12小时达 $(21\sim28)\times10^9$/L，然后逐渐下降，1周时平均为 12×10^9/L，婴儿期维持在 10×10^9/L左右，而8岁后接近成人水平。

白细胞分类，主要是指中性粒细胞与淋巴细胞比例的变化。出生时中性粒细胞约占0.65，淋巴细胞约占0.30。随着白细胞总数的下降，中性粒细胞比例也相应下降，而淋巴细胞比例上升，至生后4～6天时两者比例约相等；以后继续变化，至1～2岁时淋巴细胞比例上升达0.6，中性粒细胞降低达0.35，以后中性粒细胞比例上升，淋巴细胞比例下降，至4～6岁时两者又相等，7岁后白细胞分类与成人相似。

考点提示：中性粒细胞和淋巴细胞两次交叉的时间是生后4～6天和4～6岁。

3. 血小板数 与成人相似，为 $(150\sim300)\times10^9$/L。

4. 血容量 小儿血容量相对较成人多，新生儿约占体重的10%；年长儿占体重的8%～10%；成人占体重的6%～8%。

护考链接

正常小儿白细胞分类出现两次交叉的时间（或年龄）分别是

A. 生后2～4天和1～3岁　　B. 生后4～6天和4～6岁

C. 生后6～8天和4～6岁　　D. 生后8～10天和8～10岁

E. 生后13～15天和13～15岁

答案：B。

分析：白细胞分类，主要是指中性粒细胞与淋巴细胞比例的变化。出生时中性粒细胞约占0.65，淋巴细胞约占0.30。随着白细胞总数的下降，中性粒细胞比例也相应下降，而淋巴细胞比例上升，至生后4～6天时两者比例约相等；以后继续变化，至1～2岁时淋巴细胞比例上升达0.6，中性粒细胞降低达0.35，以后中性粒细胞比例上升，淋巴细胞比例下降，至4～6岁时两者又相等。故正确答案为B。

第 2 节　小儿贫血的概述

一、贫血的定义和分度

（一）贫血的定义

贫血是指外周血中单位容积内红细胞数或血红蛋白量低于正常。根据 WHO 的资料，血红蛋白（Hb）的低限值在 6 ～ 59 个月者为 110g/L，5 ～ 11 岁为 115g/L，以后与成人相仿，为 120g/L。我国小儿血液会议（1989 年）暂定：新生儿期血红蛋白＜ 145g/L，1 ～ 4 个月时＜ 90g/L，4 ～ 6 个月时＜ 100g/L 者为贫血。

考点提示：小儿贫血的标准。

（二）贫血的分度

根据外周血中血红蛋白量和红细胞数可将贫血分为轻度、中度、重度、极重度四度（表 8-1）。血红蛋白从正常下限到 90g/L 为轻度；60 ～ 90g/L 为中度；30 ～ 60g/L 为重度；＜ 30g/L 为极重度。新生儿血红蛋白 120 ～ 144g/L 者为轻度，90 ～ 120g/L 为中度，60 ～ 90g/L 为重度，＜ 60g/L 为极重度。

表 8-1　贫血分度

	极重度	重度	中度	轻度
血红蛋白量（g/L）	＜ 30	30 ～ 60	60 ～ 90	90 ～ 120
红细胞数（$\times 10^{12}$/L）	＜ 1	1 ～ 2	2 ～ 3	3 ～ 4

考点提示：小儿贫血的分度。

二、贫血的分类

（一）病因分类

按病因来分，贫血可分为红细胞或血红蛋白生成不足、溶血性贫血和失血性贫血三大类。

1. 红细胞或血红蛋白生成不足

（1）缺乏造血物质：铁、维生素 B_{12}、维生素 B_6、叶酸、铜、维生素 C、蛋白质缺乏引起的贫血，如营养性缺铁性贫血、营养性巨幼细胞性贫血。

（2）骨髓造血功能障碍：再生障碍性贫血或各种原因如放射线、化学物质、药物等所致的骨髓抑制。

（3）其他：感染性贫血、慢性肾疾病所致的贫血。

2. 溶血性贫血

（1）红细胞内在异常：红细胞酶缺陷如葡萄糖 -6- 磷酸脱氢酶缺陷病、红细胞膜结构缺陷如遗传性球形红细胞增多症、血红蛋白合成与结构异常如血红蛋白病等。

（2）红细胞外在因素：感染因素如细菌或疟原虫对红细胞破坏；免疫因素如新生儿溶血症、自身免疫性或药物所致的溶血性贫血等；理化因素如烧伤、苯、蛇毒等可直接破坏红细胞；其他如脾功能亢进、弥散性血管内凝血等。

考点提示：贫血按病因分为红细胞及血红蛋白生成不足、溶血性贫血和失血性贫血三大类。

3. 失血性贫血

（1）急性失血：如创伤性大出血、出血性疾病等。

（2）慢性失血：如溃疡病、钩虫病、肠息肉、鲜牛乳过敏等引起的贫血。

（二）形态分类

根据红细胞平均容积（MCV）、红细胞平均血红蛋白量（MCH）和红细胞平均血红蛋白浓度（MCHC）的值，将贫血分为四类（表 8-2）。

表 8-2　贫血的细胞形态分类

	MCV (fl)	MCH (pg)	MCHC (%)
正常值	80～94	28～32	32～38
大细胞性	＞94	＞32	32～38
正细胞性	80～94	28～32	32～38
单纯小细胞性	＜80	＜28	32～38
小细胞低色素性	＜80	＜28	＜32

第 3 节　营养性缺铁性贫血患儿的护理

案例 8-1

王大妈的孙子，1 岁 2 个月。生后一直牛奶喂养，8 个月以后开始添加粥、米糊，1 岁后，偶尔吃鸡蛋。近 1 个月来食欲降低，精神不好，面色苍白。医生经过检查后考虑缺铁性贫血，给予硫酸亚铁和维生素 C 口服。

问题：

1. 请告诉家长服用药物时有哪些注意事项？
2. 对患儿家长进行健康教育。

一、疾病概述

营养性缺铁性贫血是体内铁缺乏导致血红蛋白合成减少而引起的一种小细胞低色素性贫血。其特点为血清铁蛋白减少和铁剂治疗有效，在小儿贫血中最常见。任何年龄均可发病，以 6 个月至 2 岁婴幼儿发病率最高，严重危害小儿健康，是我国儿童保健重点防治的“四病”之一。

营养性缺铁性贫血以铁摄入不足为主要病因，以皮肤黏膜苍白、食欲减退、异食癖、注意力不集中、反甲、常合并感染等为临床表现，并可出现肝、脾、淋巴结肿大等骨髓外造血的表现。实验室检查以小细胞低色素性贫血、血清铁蛋白（SF）降低、血清铁（SI）降低及总铁结合力（TIBC）升高为特征。铁剂是治疗本病的特效药，因此，以铁剂的应用及注意事项为主要护理措施。

考点提示：
1. 营养性缺铁性贫血的好发年龄是 6 个月至 2 岁。
2. 营养性缺铁性贫血是小细胞低色素性贫血。

二、护理评估

（一）致病因素 / 健康史

1. 铁摄入不足　是缺铁性贫血的主要原因。人乳、牛乳、谷物中含铁量均较低，不及时添加含铁丰富的辅食，容易发生本病。此外，由挑食、偏食或摄入动物性食物过少所致也不少见。

2. 先天储铁不足　胎儿从母体获取铁主要在妊娠最后 3 个月，平均每日可获得 4mg 铁，足以满足其生后 4 ～ 5 个月造血所需。如早产、双胎、多胎、胎儿失血和孕母缺铁等均可致胎儿储铁不足。

3. 生长发育过快　如婴儿期、青春期生长发育迅速，血容量增加快，需铁量相对较多，如不及时添加含铁丰富的辅食或补充铁剂，很容易造成机体缺铁。而早产儿和低出生体重儿生长发育更快，更容易引起缺铁性贫血。

4. 铁吸收和利用障碍　食物搭配不当可使铁吸收减少，如维生素 C、果糖、氨基酸等还原物质可促进铁的吸收，而植物纤维、茶、牛乳、蛋、咖啡、钙剂等可妨碍铁的吸收。此外，胃肠炎、消化道畸形、慢性腹泻等可减少铁的吸收。

5. 铁的丢失过多　如用未经加热鲜牛乳喂养婴儿、鼻出血、钩虫病、肠息肉、初潮后少女月经量过多等可导致铁丢失过多。

考点提示：营养性缺铁性贫血的主要原因是铁摄入不足。

链接

铁的储存

铁的吸收主要在十二指肠区，靠小肠黏膜调节。肠黏膜上皮细胞生存期为 4 ～ 6 天，起到暂时保存铁的作用。若体内铁过多，则铁进入体内后，大量以铁蛋白的形式储存在肠黏膜细胞中，少量进入血浆，随肠黏膜细胞脱落而排出；若体内缺铁，则铁从黏膜细胞大量进入血流，很少由肠道排出。其调节机制主要决定于食物的性质和铁的含量，以及体内铁储存的状况和造血功能：体内储存的铁越少，吸收的越多；在造血功能旺盛时，铁的吸收增加。

（二）身体状况

1. 一般贫血表现　皮肤黏膜苍白，以口唇、口腔黏膜及甲床最为明显。容易疲乏无力，懒动，体重不增或增加缓慢。年长儿可诉头晕、耳鸣、眼前发黑等。

2. 骨髓外造血表现　肝、脾、淋巴结可轻度肿大。年龄越小、病程越久，贫血越重、越明显。

3. 非造血系统表现

（1）消化系统：食欲减退，少数有异食癖，如喜食泥土、煤渣、墙皮等；可有呕吐、腹泻；可出现口腔炎、舌炎或舌乳头萎缩；重者可出现萎缩性胃炎或吸收不良综合征等。

（2）神经系统：婴幼儿表现为烦躁不安、易激惹或委靡不振；年长儿常有注意力不能集中、记忆力减退、学习成绩下降、多动等，智能多较同龄儿低，语言、思维活动能力受影响而影响心理的正常发育。

（3）循环系统：贫血较重时心率增快、心脏扩大，重者可发生心力衰竭。

（4）其他：常合并感染（因细胞免疫功能低下），可因上皮组织异常而出现指甲薄脆、不光滑甚至反甲（匙状甲）。

考点提示：营养性缺铁性贫血的最常见的受损部位是皮肤和黏膜。

（三）社会、心理状态

病情较重、病程较长的年长儿学习时注意力不易集中、记忆力减退、理解力较差，学习成绩下降，而家长、老师及同学由于缺乏相关知识又不理解患儿，甚至指责和歧视，因此，患儿可产生自卑、抑郁、焦虑或对抗、厌学等心理问题。家长因相关疾病知识缺乏，对患儿早期的贫血往往不够重视，病情加重后又产生焦虑、歉疚的心理。对有异食癖的患儿，家长和社会往往不能正确对待，过多责备对患儿心理往往产生极其不良的影响。

（四）辅助检查资料

1. 外周血常规　外周血红细胞数和血红蛋白量均低于正常，血红蛋白降低比红细胞

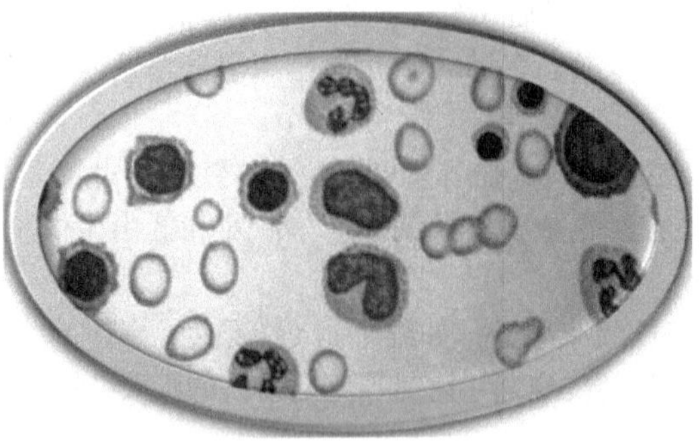
图 8-2　缺铁性贫血外周血涂片

数减少更明显，呈小细胞低色素性贫血。MCV、MCH、MCHC 均降低。血涂片可见红细胞大小不等，以小细胞为主，中央淡染区扩大（图 8-2）。网织红细胞数正常或轻度减少。白细胞、血小板一般无特殊改变。

2. 骨髓象　可见红细胞增生活跃，以中、晚幼红细胞增生为主。各期红细胞均较小，染色偏蓝，细胞质成熟程度落后于胞核；粒细胞系、巨核细胞系无明显改变。

3. 铁代谢的检查　血清铁＜9.0～10.7μmol/L，血清铁蛋白＜12μg/L，较敏感地反映体内储存铁的情况，转铁蛋白饱和度降低＜15%，红细胞游离原卟啉＞0.9μmol/L 时提示红细胞内缺铁；总铁结合力升高＞62.7μmol/L。

三、护理诊断 / 问题

1. 营养失调：低于机体需要量　与铁的摄入不足、吸收不良、食欲下降、丢失过多或消耗增加有关。

2. 活动无耐力　与贫血致组织、器官缺氧有关。

3. 潜在并发症　感染、心力衰竭、药物不良反应。

4. 知识缺乏　与家长及患儿缺乏本病的防治和护理知识有关。

考点提示：营养性缺铁性贫血的末梢血图片的特点。

考点提示：营养性缺铁性贫血的首要的护理诊断 / 问题是营养失调。

四、护理目标

(1) 患儿缺铁因素消除，贫血得到纠正。

(2) 患儿活动耐力逐步增加。

(3) 患儿不发生并发症。

(4) 家长及年长患儿能说出本病的防治知识并配合治疗。

五、护理措施

(一) 注意休息，适量活动

(1) 轻、中度的贫血患儿不必严格限制日常活动，但生活应有规律，在保证患儿充分休息的前提下，可适当参与运动，如散步、体操等。

(2) 重度贫血患儿如有心悸、气短等，应卧床休息，必要时给氧；协助患儿日常生活，定时测量心率。

(3) 对易烦躁、激动的患儿，护理人员应耐心细致看护、抚慰，使其保持安静，避免因哭闹而加重缺氧。

(二) 合理安排饮食

向家长及年长患儿解释不良饮食习惯会导致本病，协助其纠正不良饮食习惯。

(1) 指导母乳喂养，按时添加含铁丰富的辅食；人工喂养儿及时补充铁强化食品，鲜牛乳必须经加热处理后再喂养。

(2) 在营养师指导下制订饮食计划，提供含铁丰富的食物，如瘦肉、动物肝脏、肾肝、动物血、豆类、海带、紫菜、黑木耳等，注意食物搭配。

(3) 纠正不良饮食习惯，避免挑食、偏食等。经常更换饮食品种，食物应做到色、香、味俱全；必要时根据医嘱给患儿服用助消化药如胃蛋白酶、多酶片等。

(4) 创造良好的进食环境，保持患儿心情愉快。不在进餐时批评、教育小儿，进食前不做引起疲劳的活动，不做引起疼痛、不愉快或不舒适的检查、治疗及护理。

（三）按医嘱应用铁剂，掌握用药时的注意事项

1. 口服铁剂　铁剂是治疗缺铁性贫血的特效药，一般选用二价铁盐（如硫酸亚铁、富马酸亚铁、葡萄糖酸亚铁等）口服。铁剂可致胃肠道反应如恶心、呕吐、厌食、腹泻或便秘、胃部不适及疼痛等，且铁剂吸收易受多种因素影响。故服用铁剂应注意：

(1) 宜从小剂量开始，1～2 日内加至足量，并在两餐间服用，以减少对胃肠道的刺激，并有利于铁的吸收。

(2) 铁剂可与维生素 C、果汁、稀盐酸等同服，以利于铁的吸收。

(3) 忌与抑制铁吸收的食物如牛奶、茶、钙片、咖啡等同服。

(4) 液体铁剂可使牙齿染黑，应用吸管或滴管服用，直接将药液送到舌根部。

(5) 服用铁剂后大便可变黑或呈柏油样，停药后恢复，应向家长说明原因，消除其紧张情绪。

护考链接

口服液体铁剂的正确方法是

A. 饭前服　　B. 服前测心率　　C. 吸管吸入

D. 茶水送服　　E. 服后不宜立即饮水

答案：C。

分析：铁剂在两餐间服用，以减少胃肠道刺激，用吸管服用可避免染黑牙齿，宜与果汁或维生素 C 同服，不宜与牛奶、茶、钙剂同服。故正确答案为 C。

2. 注射铁剂　注射铁剂可致局部疼痛、静脉痉挛、静脉炎等不良反应，一般不主张使用，仅在不能口服铁剂的情况下使用，可用右旋糖酐铁、山梨醇柠檬酸铁复合物等，用药时应注意：

(1) 须深部肌内注射，最好分层注药，以利吸收、减轻疼痛、避免硬结形成。

(2) 注射前更换新针头（即抽药与注药不用同一针头）或注射器内留微量（约 0.1ml）气体，以防药液漏入皮下组织致局部坏死。

(3) 每次注射须更换部位，并依“Z”字形注射，以防铁剂深入皮下组织，造成注射部位的疼痛及皮肤着色或局部炎症。

(4) 首次注射应严密观察 1 小时，警惕过敏现象的发生。注射铁剂可引起过敏如面红、发热、荨麻疹、关节痛、头痛或局部淋巴结肿大，个别可发生过敏性休克。

3. 应用铁剂后的观察

(1) 疗效观察：服用铁剂后 12～24 小时临床症状好转，烦躁减轻，食欲增加。2～3 天后网织红细胞升高，5～7 天达高峰，以后逐渐下降，2～3 周后下降至正常；1～2 周后血红蛋白开始上升，一般 3～4 周后达正常。如 3 周内血红蛋白上升不足 20g/L，应注意寻找原因。

(2) 疗程：铁剂用至血红蛋白达正常水平后再用 6～8 周，以补充铁的储存量。

考点提示：口服铁剂的注意事项。

（四）观察病情，防止并发症

1. 观察病情变化

(1) 在自然光线下仔细观察口唇、口腔黏膜、眼结膜及甲床等皮肤黏膜的苍白情况，了解病情变化。

(2) 注意有无头晕、眼花、昏厥等脑缺氧的表现。

(3) 对重症患儿应及时测脉搏、血压，仔细观察面色、呼吸的变化，如有异常应及时报告医生。

2. 预防感染　缺铁性贫血患儿细胞免疫功能缺陷，易发生感染；而感染也可影响铁的吸收而加重贫血。注意隔离，以防交互感染；鼓励患儿多饮水，防止口腔感染；勤洗澡、勤换内衣，保持皮肤清洁。对重症贫血卧床休息的患儿，要注意勤翻身，更换体位，按摩受压部位，防止发生压疮。

3. 防止发生心力衰竭　重度贫血患儿应卧床休息以减少氧耗，取半卧位，降低横膈，减少回心血量，必要时给氧。对重症贫血患儿进行输血时应注意：贫血越重，一次输血量越少，速度越慢。密切观察呼吸、心率、尿量变化，若出现心悸、气促、发绀、肝大等表现时，应及时通知医生，并按心力衰竭护理。

（五）心理护理

针对家长及患儿存在的心理问题，耐心讲解本病的有关知识，告诉家长本病的预后良好，消除家长及患儿的担忧和焦虑心理。护理工作中要关爱体贴患儿，增强战胜疾病的信心。

六、健康教育

(1) 指导正确用药，详细告诉家长口服铁剂的注意事项。

(2) 告诫家长应重视患儿心理疏导。对因贫血导致智力减退、成绩下降的患儿，要加强教育与训练，减轻其自卑心理；对有异食癖的患儿不要过多责备，应细心看护与引导；纠正偏食、挑食等不良饮食习惯。

(3) 做好贫血预防的宣教工作

1) 大力宣传科学育儿知识：指导孕妇及哺乳期母亲增加含铁丰富的食物；提倡母乳喂养，按时添加含铁丰富的辅食，如早产儿和低体重儿宜2个月左右开始给予铁剂，足月儿4个月后应加维生素C及含铁丰富的绿色蔬菜汤、水果汁，也可在粥、米糊内加蛋黄、肝泥、鱼泥、动物血等含铁多且易消化吸收的食物。

考点提示：预防缺铁性贫血早产儿从2个月、足月儿从4个月开始补充铁剂。

2) 人工喂养儿除给予强化铁的配方乳外，还要及时添加辅食；鲜牛乳必须加热处理，以减少牛乳过敏所致的肠道失血。此外，贫血纠正后仍要坚持合理的膳食安排，培养良好的饮食习惯，纠正挑食、偏食等不良饮食习惯。

第4节　营养性巨幼细胞性贫血患儿的护理

案例 8-2

王阿姨的侄子，11个月。近1个月来发现其面色不好，不哭不笑，不能坐稳。检查发现其面色蜡黄、轻微浮肿、头发稀黄纤细、表情呆滞、反应迟钝、头发稀疏、独坐不稳，肝脾轻度肿大。在检查过程中，其出现舌头、口唇和手不自主颤抖。

问题：

1. 王阿姨的侄子出现颤抖的原因是什么？
2. 如果你是王阿姨的接诊护士，询问健康史时应重点问哪些内容？

一、疾病概述

营养性巨幼细胞性贫血是缺乏维生素 B_{12} 和（或）叶酸所引起的一种大细胞性贫血，临床以贫血、神经精神症状、红细胞的胞体变大、骨髓中出现巨幼细胞、用维生素 B_{12} 和（或）叶酸治疗有效为特征。6 个月至 2 岁婴幼儿发病率高，起病缓慢。

考点提示：营养性巨幼细胞性贫血是缺乏维生素 B_{12} 和（或）叶酸。

二、护理评估

（一）致病因素 / 健康史

1. 摄入量不足　如辅食添加不及时、饮食结构不合理、蔬菜过度烹饪、牛乳加热处理和长期羊乳喂养等。孕母或乳母长期素食，本身有叶酸或维生素 B_{12} 缺乏。

2. 吸收代谢障碍　如内因子缺乏、慢性腹泻、小肠切除等疾病可致叶酸及维生素 B_{12} 吸收障碍。长期应用苯妥英钠、乙胺嘧啶、甲氧苄啶和甲氨蝶呤等药物可抑制叶酸代谢。

3. 需要量增加　小儿生长发育迅速、需要量增加，如早产儿等。严重感染和慢性溶血时对叶酸需要量增加。

考点提示：引起营养性巨幼细胞性贫血的病因。

链接

带你认识维生素 B_{12}

维生素 B_{12} 结构复杂，是维生素中相对分子质量最大的，含有金属元素钴，故又称钴胺素，是唯一含有金属元素的维生素。外观呈粉红色结晶，其水溶液在弱酸（pH 4.5 ～ 5.0）中比较稳定，强碱、强酸中极易分解；日光、氧化和还原剂均易破坏维生素 B_{12}。在哺乳动物体内，维生素 B_{12} 的主要生化作用是：①将 5- 甲基四氢叶酸的甲基运转给同型胱氨酸而形成甲硫氨酸、5- 甲基四氢叶酸变成四氢叶酸；②将甲基丙二酰辅酶 A 分子中碳原子重新排列而形成琥珀酸辅酶 A；③维生素 B_{12} 通过增加叶酸的利用率来影响核酸和蛋白质的生成，从而促进红细胞的发育与成熟。

（二）身体状况

1. 贫血表现　患儿面色苍黄、蜡黄、颜面水肿；睑结膜、口唇、甲床苍白；虚胖、疲乏无力，头发黄且纤细稀疏；食欲下降、腹泻、口腔炎、肝脾肿大、心脏扩大等。

2. 神经、精神症状　烦躁不安、易怒。维生素 B_{12} 缺乏患儿表情呆滞、淡漠、嗜睡，反应迟钝、目光发直、不认亲人、少哭不笑、智力及动作发育落后甚至倒退；肢体头部或全身震颤，手足无意识运动等。

考点提示：营养性巨幼细胞性贫血缺乏维生素 B_{12} 时，可出现神经、精神症状。

护考链接

患儿，男，5 个月。体重 7.5kg，羊奶喂养，未添加辅食。近来家长发现患儿面色苍黄，表情呆滞，不哭，不笑少动，患儿可能是

A. 呆小症　　B. 佝偻病　　C. 营养不良
D. 缺铁性贫血　　E. 巨幼细胞性贫血

答案：E。

分析：单纯羊奶喂养，导致摄入叶酸和维生素 B_{12} 不足，以及表情呆滞、不哭等神经、精神症状，说明患儿为营养性巨幼细胞性贫血。故正确答案为 E。

（三）心理、社会状况

病程长的婴幼儿会影响其神经、精神及心理行为的发育；有震颤患儿，由于不能正常游戏和生活，可能会出现烦躁、易怒、哭闹甚至拒绝他人照顾等现象，给家庭、社会增加不少压力。由于家长缺乏对本病的认识，担心患儿疾病会对今后生活造成影响，因而出现焦虑、担忧、恐惧、歉疚等心理。

（四）辅助检查资料

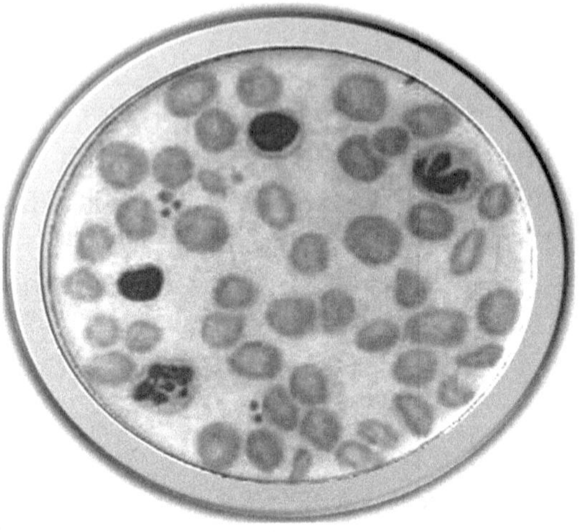

图 8-3　巨幼细胞性贫血外周血涂片

1. 外周血常规　外周血红细胞数和血红蛋白量均低于正常，红细胞数减少比血红蛋白量减少更明显，呈大细胞性贫血。MCV、MCH 升高，而 MCHC 正常。血涂片可见红细胞大小不等，以大细胞为多，中央淡染区不明显（图 8-3），中性粒细胞有分叶过多现象。网织红细胞、白细胞、血小板计数常减少。

2. 骨髓象　红细胞系统增生明显活跃，粒、红细胞系均出现巨幼变，表现为胞体变大、胞核的发育落后于细胞质。中性粒细胞的细胞质空泡形成，核分叶过多。巨核细胞的核有过度分叶现象。

考点提示：营养性巨幼细胞性贫血末梢血涂片的特点是大细胞性贫血。

3. 血清维生素 B_{12} 和叶酸测定　血清维生素 B_{12} < 100ng/L，血清叶酸 < 3μg/L。

三、护理诊断 / 问题

1. 营养失调：低于机体需要量　与维生素 B_{12} 和（或）叶酸摄入不足、吸收不良等有关。
2. 活动无耐力　与贫血致组织、器官缺氧有关。
3. 有受伤的危险　与肢体或全身震颤及抽搐有关。
4. 生长发育迟缓　与营养不足、贫血及维生素 B_{12} 缺乏影响生长发育有关。
5. 知识缺乏　与家长缺乏有关本病的防治和护理知识有关。

四、护理目标

(1) 患儿血清叶酸及维生素 B_{12} 达正常值，贫血纠正。
(2) 患儿活动耐力逐渐增强，症状逐渐改善。
(3) 患儿的智力、动作发育改善，不受伤或受伤后能及时处理。
(4) 家长能说出本病的防治和护理要点，能积极配合治疗。

五、护理措施

（一）注意休息，适当活动

根据患儿耐受情况安排休息与活动，一般不需要严格卧床，贫血严重的患儿可适当限制活动，协助满足其日常生活所需。有烦躁、震颤、抽搐的患儿限制活动，必要时遵医嘱用镇静剂。

（二）补充维生素B_{12}和（或）叶酸

1. 改善乳母营养　及时添加富含维生素 B_{12} 的食物，如动物肝脏、肾脏、肉类、蛋类、海产品等；给予富含叶酸的食物，如绿色新鲜蔬菜、水果、酵母、谷类和动物肝脏、肾脏等。患儿食物应合理搭配，防止年长儿偏食、挑食，养成良好的饮食习惯；对年幼儿要耐心喂养，少量多餐，改变烹调方法，注意食物色、香、味、形的调配，以提高患儿食欲。而对震颤严重不能吞咽者可改用鼻饲。

2. 按医嘱合理用药，并观察疗效　一般用药 2 ～ 4 天后患儿精神症状好转、食欲增加，网织红细胞上升，2 ～ 6 周红细胞和血红蛋白恢复正常，但神经精神症状恢复较慢。单纯维生素 B_{12} 缺乏者，不宜加用叶酸治疗，以免加重神经精神症状。维生素 C 有助于叶酸的吸收，同时服用可提高疗效。恢复期应加用铁剂，防止红细胞增加过快而出现缺铁。

（三）防止受伤

维生素 B_{12} 缺乏患儿可出现全身震颤、抽搐、感觉异常、共济失调等，应严密观察患儿的病情进展，及时发现，及时处理。如震颤严重应按医嘱给予镇静剂和维生素 B_{12}；上下门齿之间垫缠有纱布的压舌板，以防咬破口唇和舌尖；限制活动防止发生外伤等。

考点提示： 治疗营养性巨幼细胞性贫血的关键是补充维生素B_{12}和（或）叶酸。

（四）心理护理

针对家长及患儿存在的心理问题，耐心讲解本病的有关知识，告诉家长本病的预后良好，消除家长及患儿的担忧和焦虑心理。护理工作中要关爱体贴患儿，增强战胜疾病的信心。

六、健康教育

(1) 根据患儿家长的文化程度和理解能力，采取恰当的方式向家长介绍本病的病因、治疗、护理及预防措施，告知家长本病早发现、早治疗，预后良好，但如治疗过晚可影响小儿正常的生长发育。

(2) 应注意监测小儿的生长发育，定期进行健康体检，并向家长强调合理喂养、及时添加含叶酸及维生素 B_{12} 丰富的辅食、培养良好的饮食习惯的重要性。贫血纠正后继续合理饮食是预防本病的关键。

小结

营养性缺铁性贫血在小儿贫血中最常见，是我国儿童保健重点防治的“四病”之一。多发生于6个月至2岁的婴幼儿，以铁的摄入不足为主要病因，以小细胞低色素性贫血、血清铁蛋白减少和铁剂治疗有效为临床特点，以调整饮食、补充含铁食物及正确使用铁剂为护理要点。营养性巨幼细胞性贫血主要是缺乏维生素B_{12}和（或）叶酸，属大细胞性贫血；临床表现以神经、精神症状为重，可出现表情呆滞、抽搐、震颤，甚至智力落后、倒退等，皮肤黏膜表现为蜡黄；以合理补充维生素B_{12}和叶酸为主要护理措施。

自测题

A_1 型题

1. 新生儿贫血时血红蛋白量为
   A. < 145 g/L　B. < 130 g/L
   C. < 120 g/L　D. < 110 g/L
   E. < 90 g/L
2. 营养性贫血的好发年龄是
   A. 6 个月以下　B. 2 岁以上
   C. 6 个月～ 2 岁　D. 6 个月～ 3 岁
   E. 3 岁以上
3. 小儿最常见的贫血是
   A. 营养性缺铁性贫血
   B. 再生障碍性贫血
   C. 地中海贫血
   D. 营养性巨幼细胞性贫血
   E. 感染性贫血
4. 下列哪项是缺铁性贫血的临床表现
   A. 牙龈出血
   B. 发热伴大量出汗
   C. 骨质疏松
   D. 毛发无光泽及“反甲”
   E. 皮肤紫癜
5. 营养性巨幼细胞性贫血较突出的临床特征是
   A. 异食癖　B. 肝大
   C. 脾大　D. 淋巴结肿大
   E. 神经精神症状
6. 营养性缺铁性贫血患儿铁剂治疗有效的早期观察指标为
   A. 红细胞数上升
   B. 红细胞沉降率升高
   C. 血红蛋白量升高
   D. 网织红细胞升高
   E. 临床症状迅速好转

A_2 型题

7. 患儿，女，10 个月。因“面色苍白 1 个月”入院。该患儿为足月顺产，母乳喂养，目前只添加少许果汁，未患过任何疾病。诊断为缺铁性贫血，其缺铁的主要原因是
   A. 铁的摄入不足　B. 先天储铁不足
   C. 铁需要量增加　D. 红细胞破坏过多
   E. 铁的丢失过多
8. 患儿，男，8 个月。牛乳喂养，未添加辅食。近 2 个月面色苍白，食欲低下，经检查诊断为缺铁性贫血，拟用铁剂治疗，下列说法不正确的是
   A. 宜在两餐之间服用
   B. 同时给含铁丰富的食物
   C. 可用鲜牛奶送服
   D. 与胃蛋白酶合剂同服
   E. 从小剂量开始
9. 一营养性缺铁性贫血患儿使用口服铁剂治疗，家长向护士咨询铁剂停用的时间是
   A. 血红蛋白达正常水平
   B. 血红蛋白达正常后再服 2 周
   C. 血红蛋白达正常后再服 3 个月
   D. 血红蛋白正常，临床症状消失，实验检查正常
   E. 血红蛋白达正常后再服 2 个月左右
10. 6 个月小儿，牛乳喂养，未添加辅食，近 1 个月来面色蜡黄，表情呆滞，嗜睡，全身可见不自主震颤，最主要的护理诊断是
    A. 活动无耐力
    B. 营养不足（维生素 B_{12}、叶酸缺乏）
    C. 有感染的危险
    D. 有受伤的危险
    E. 知识缺乏
11. 患儿，10 个月。面色苍白 1 个月入院。该患儿刚开始添加辅食 1 周，精神、食欲差，查体：右肋下 3cm 可触及肝，血红蛋白 74g/L，红细胞计数 3.0×10^{12}/L，其肝大的原因可能是
    A. 骨髓外造血　B. 铁剂缺乏
    C. 维生素 B_{12} 缺乏　D. 蛋白质缺乏
    E. 心力衰竭
12. 新生儿，日龄 5 天，胎龄 36 周，出生体重 2kg。家长咨询，生后什么时间给予铁剂预防

贫血

A. 生后 1 个月　　B. 生后 2 个月
C. 生后 3 个月　　D. 生后 4 个月
E. 生后 5 个月

13. 8 个月小儿，面色苍白来诊，诊断为营养性贫血，下列处理哪项是不必要的
A. 口服铁剂
B. 增进食欲
C. 口服维生素 C
D. 肌内注射维生素 B_{12}
E. 预防发生心功能不全

14. 患儿，男，7 个月。面色苍黄，手有震颤，血红细胞 3.0×10^{12}/L，血红蛋白 80g/L。血常规显示红细胞形态大小不等。以大红细胞为多。进一步进行辅助检查的项目是
A. 血清铁
B. 血清叶酸和维生素 B_{12}
C. 腰椎穿刺
D. 血常规
E. 网织红细胞

15. 16 个月患儿，面色苍黄，母乳喂养，毛发稀疏，诊断为营养性巨幼细胞性贫血。此患儿应添加的食物是
A. 饼干　　B. 蛋糕　　C. 水果
D. 瘦肉　　E. 乳类

A_3/A_4 型题

（16、17 题共用题干）

10 个月小儿，牛乳喂养，未添加辅食，近 1 个月来常腹泻，食欲减退，喜吃纸屑，皮肤黏膜苍白，肝肋下 2cm，脾肋下 0.5cm，血红蛋白 70g/L，血涂片：红细胞大小不等，以小细胞为主。

16. 考虑该患儿为下列哪种疾病
A. 生理性贫血　　B. 再生障碍性贫血
C. 营养性缺铁性贫血　　D. 营养性混合性贫血
E. 营养性巨幼细胞性贫血

17. 对该患儿的护理，以下哪项措施不妥
A. 及时添加含铁的辅食
B. 按医嘱给予胃蛋白酶、胰酶等助消化药物
C. 选用三价铁盐口服
D. 贫血纠正后继续服用铁剂 6 ～ 8 周
E. 注意保护性隔离，以免交叉感染

（18 ～ 20 题共用题干）

患儿，女，1 岁。母乳喂养，未添加辅食，约 3 个月前发现患儿活动少，不哭、不笑，表情呆滞，面色蜡黄，手及下肢颤抖。检查发现肝、脾、淋巴结增大，血红细胞 1×10^{12}/L，血红蛋白 54 g/L。

18. 该患儿可能为
A. 轻度贫血　　B. 中度贫血
C. 重度贫血　　D. 极重度贫血
E. 溶血性贫血

19. 该患儿最可能的诊断是
A. 营养性缺铁性贫血　　B. 再生障碍性贫血
C. 白血病　　D. 血友病
E. 营养性巨幼细胞性贫血

20. 对该患儿，下列哪项处理不妥
A. 主要用铁剂治疗
B. 主要用维生素 B_{12} 治疗
C. 预防交叉感染
D. 必要时可少量输血
E. 可同时服维生素 C

（白　震）

9

第 9 章 泌尿系统疾病患儿的护理

你知道女婴为什么容易发生泌尿道感染吗？小儿尿液放置后出现乳白色和红褐色是怎么回事？小儿尿液中出现大量泡沫应警惕什么？你知道什么是膀胱刺激症状吗？小儿急性肾炎和肾病综合征由于每天从尿中排出蛋白质，因此，应该给予高蛋白饮食，这种说法对吗？面对以上种种疑问，你一定非常好奇。让我们学习下面的内容来寻找答案吧。

第 1 节　小儿泌尿系统解剖、生理特点

一、解剖特点

（一）肾脏

小儿年龄越小，肾脏相对越大。婴儿肾脏位置较低，其下极可低至髂嵴以下第 4 腰椎水平，2 岁以后始达髂嵴以上。右肾位置略低于左肾。2 岁以内小儿腹部触诊时容易扪及肾脏。

（二）输尿管

婴幼儿输尿管长而弯曲，管壁肌肉和弹力组织发育不全，易被压扁或扭曲而导致梗阻，发生尿潴留和泌尿道感染。

（三）膀胱

婴儿膀胱位置比年长儿高，充盈时可进入腹腔，故腹部触诊时易触及充盈的膀胱。随年龄增长膀胱逐渐降入盆腔内。

（四）尿道

新生女婴尿道较短，长度仅 1cm，而且外口暴露，靠近肛门，易引起上行性细菌感染。男婴尿道虽长（5 ～ 6cm），但常有包茎，易发生污垢积聚，亦可引起上行性细菌感染。

二、生理特点

（一）肾功能

婴儿肾小球滤过率低，生后 3 ～ 6 个月仅为成人的 1/2，1 岁达成人的 3/4，故能有效地排出过量的水和电解质。肾小管的重吸收、排泄、浓缩和稀释功能等均不成熟，对水与电解质平衡的调节较差，故容易发生脱水、水肿、电解质紊乱及代谢性酸中毒等。小儿肾功能一般 1 ～ 2 岁才接近成人水平。

（二）尿液特点

1. 外观　新生儿出生最初几天尿液颜色较深而稍混浊，呈酸性，放置后有红褐色沉淀，为尿酸盐结晶。正常婴幼儿尿液淡黄透明，但含较多磷酸盐，寒冷季节放置后可出现乳白色沉淀，尿酸盐加热或磷酸盐加酸后能溶解，可与脓尿或乳糜尿鉴别。

2. 尿量　小儿尿量与气温、饮水量、食物种类、活动量大小及精神因素等有关，故个体差异较大。新生儿尿量每小时为 1 ～ 3ml/kg；少于 1.0 ml/kg 为少尿；少于 0.5 ml/kg 为无尿。婴幼儿尿量为 400 ～ 600ml/d，学龄前儿童 600 ～ 800ml/d，学龄儿童 800 ～ 1400ml/d。婴幼儿一昼夜尿量＜ 200ml，学龄前儿童＜ 300ml，学龄儿童＜ 400ml 为少尿。一昼夜尿量少于 50ml 为无尿。

3. 尿液检查

(1) 尿比重：随年龄增长逐渐升高，新生儿为 1.006 ～ 1.008，1 岁后接近成人水平为 1.011 ～ 1.025。

(2) 酸碱度：在生后最初几天因尿酸盐较多而酸性较强，以后接近中性或弱碱性，pH 多为 5 ～ 7。

(3) 尿蛋白：正常小儿尿中仅含微量蛋白，一般≤ 100mg/(m^2·24h)，蛋白定性为阴性。

(4) 尿沉渣检查：正常红细胞＜ 3 个 /HP，白细胞＜ 5 个 /HP，偶见透明管型。

(5) 12 小时尿细胞计数（Addis 计数）：正常情况红细胞＜ 50 万，白细胞＜ 100 万，管型＜ 5000 个。

考点提示： 尿量及尿液检查数值。

第 2 节　急性肾小球肾炎患儿的护理

案例 9-1

阳阳，男，9 岁。患急性肾小球肾炎，近 2 天来少尿明显，呼吸困难，不能平卧。体检：呼吸 48 次 / 分，心率 110 次 / 分，颈静脉怒张，两肺底部可闻及中小水泡音，肝右肋下 2cm。诊断：急性肾小球肾炎。

问题：

1. 阳阳出现了什么并发症？是什么原因所致？
2. 阳阳水、盐和蛋白质的每日摄入量为多少？

一、疾病概述

急性肾小球肾炎简称急性肾炎，是一种与感染有关的以肾小球病变为主的非化脓性免疫性疾病。大多数为 A 组 β 溶血性链球菌感染所致，又称急性链球菌感染后肾炎。多数有前驱感染，临床以血尿、少尿、水肿和高血压为主要特点，重症可出现严重循环充血、高血压脑病及急性肾衰竭。本病多见于 5 ～ 14 岁小儿，秋冬季多见。预后良好。

当机体感染链球菌后，链球菌作为抗原刺激机体形成大量免疫复合物，免疫复合物随血流沉积到肾小球并激活补体引起一系列免疫损伤和炎症。一方面免疫炎症使肾小球基膜破坏，通透性增加，尿中出现红细胞、白细胞、蛋白质和管型；另一方面免疫炎症使肾小球毛细血管腔狭窄，肾小球滤过率降低，导致少尿、钠水潴留和水肿；由于钠水潴留，细胞外液容量扩大等导致高血压。

少数患儿在2周内可出现严重循环充血、高血压脑病及急性肾衰竭的严重症状，若不及时治疗，可危及生命。

本病为自限性疾病，无特异性治疗，大多预后良好。其治疗原则为卧床休息，消除体内残存感染病灶，利尿、降压等对症治疗，避免使用肾毒性药物。重症患儿应密切观察，及时发现并处理并发症。

二、护理评估

（一）致病因素/健康史

急性肾炎发病前1～4周多有链球菌感染史，如上呼吸道感染、皮肤脓疱疮和猩红热等。并询问既往有无水肿及肾炎史，与慢性肾炎急性发作进行鉴别。

（二）身体状况

考点提示：急性肾小球肾炎多发生于感染后1～4周。

1. 典型表现 急性肾炎临床表现差异较大，轻者可无临床症状，仅于化验时发现异常，重者则在病初两周内因病情进展而危及生命。患儿起病初期多有乏力、发热、食欲下降、腰痛等非特异性症状，本病典型的临床表现为水肿、少尿、血尿和高血压等。

(1) 水肿、少尿：水肿为大多数患儿就诊的主要原因，早期为眼睑及颜面水肿，晨起重，重者2～3天渐波及躯干、四肢及全身，水肿呈非凹陷性，一般2～3周随尿量增多而消退。

(2) 血尿：起病时几乎都有血尿。轻者仅见镜下血尿，重者可见肉眼血尿。酸性尿呈浓茶或烟蒂水样，中性或弱碱性尿呈洗肉水样。肉眼血尿多在1～2周逐渐消失，而镜下血尿可持续数月。

(3) 高血压：30%～80%的病例血压增高，多为轻、中度高血压。一般学龄前期小儿＞120/80mmHg，学龄期小儿＞130/90mmHg。多数患儿在1～2周内随尿量增多血压降至正常。

考点提示：急性肾炎主要的临床特点。

2. 严重并发症

(1) 严重循环充血：常发生在起病1周内，由于水、钠潴留，血容量增加而出现循环充血，轻者可见呼吸增快、咳嗽、肝肿大和肺部闻及水泡音。严重时则出现呼吸困难、端坐呼吸、颈静脉怒张、频咳、咳粉红色泡沫痰、心脏扩大，甚至出现奔马律等症状，危重患儿可因急性肺水肿而死亡。本症与心力衰竭酷似，但并不能证实心肌泵功能衰竭。

(2) 高血压脑病：主要由于脑血管痉挛，导致缺血缺氧，血管通透性增高而发生脑水肿，或脑血管扩张所致。表现为剧烈头痛、呕吐、复视或一过性失明，严重时甚至惊厥和昏迷；及时控制血压后，上述症状可迅速缓解。

(3) 急性肾衰竭：主要由于肾小球滤过率下降，出现尿少、尿闭、氮质血症（头痛、恶心、呕吐、意识障碍等）、电解质紊乱（乏力、心率减慢和心律失常的高钾症状）和酸中毒等症状，多持续3～5日。

考点提示：各严重并发症的临床表现。

3. 非典型表现

(1) 无症状性急性肾炎：有前驱感染史，患儿仅有显微镜下血尿或血清 C_3 降低而无其他临床表现。

(2) 肾外症状性急性肾炎：有的患儿水肿和（或）高血压明显，有时甚至出现严重并发症，有前驱感染史和血清 C_3 降低，而尿改变轻微或尿常规检查正常。

(3) 以肾病综合征为表现的急性肾炎：少数患儿以急性肾炎发病，但水肿和蛋白尿突出，伴轻度高胆固醇血症和低白蛋白血症，临床表现似肾病综合征。

（三）社会、心理状态

因为患儿多为年长儿，心理压力来源较多，除了来自疾病和治疗过程中对活动及饮食严格限制的压力外，还有来自家庭和社会的压力，会产生紧张、忧虑、抱怨等心理。家长因缺乏本病的有关知识，担心休息时间长影响患儿学业，疾病演变为慢性肾炎影响患儿将来的健康，可产生焦虑、失望等心理。

（四）辅助检查资料

1. 血液检查

(1) 早期红细胞、血红蛋白轻度减少（与血液稀释有关），白细胞计数增多或正常；红细胞沉降率 (ESR) 增快。

(2) 血清抗链球菌溶血素“O”(ASO) 升高，提示新近有链球菌感染。

(3) 血清总补体 (CH_{50}) 及补体 C_3 下降，多在 6 ～ 8 周恢复正常。

(4) 少尿期有轻度氮质血症，尿素氮、肌酐可暂时升高。

2. 尿液检查　尿蛋白（＋）～（＋＋＋）；红细胞增多，多为变形红细胞；有少量白细胞及多种管型，其中红细胞管型是急性肾炎的重要特征。

考点提示：血液和尿液检查特点。

三、护理诊断 / 问题

1. 体液过多　与肾小球滤过率下降，钠水潴留有关。

2. 潜在并发症　严重循环充血、高血压脑病、急性肾衰竭。

3. 焦虑　与病程长、医疗性限制及知识缺乏等有关。

四、护理目标

(1) 患儿尿量增加，水肿消退。

(2) 患儿不发生并发症或发生时能及时发现并处理。

(3) 患儿及家长焦虑程度缓减或消失，能配合治疗和护理。

五、护理措施

（一）休息、利尿、控制水盐摄入

1. 休息　休息可减轻心脏负担，改善心功能，使肾血流量增加，减少钠水潴留及并发症的发生，同时又可使水肿减轻。要向患儿及家长强调休息的重要性，以取得合作。起病 2 周内应卧床休息，待水肿消退、血压正常、肉眼血尿消失后方可下床轻微活动；2 个月内限制活动量；3 个月内避免剧烈活动；红细胞沉降率正常才可上学，但应避免体育活动；Addis 计数正常后可恢复正常生活。

2. 饮食管理　急性期应限制钠盐及水的摄入，严重少尿、水肿和循环充血者每日食盐量 1 ～ 2g；水的摄入量为前一天排出量加 500ml。饮食以易消化、高糖、高维生素、适量脂肪的低盐饮食，有氮质血症时，限制蛋白质的入量，每日给优质动物蛋白 0.5g/kg。待尿量增加，水肿消退、血压正常后可逐渐过渡到正常饮食。

3. 利尿、降压　按医嘱应用利尿剂，一般用氢氯噻嗪口服，重症者可用呋塞米（速尿）肌内注射或静脉注射。并注意观察尿量、水肿及血压的变化，观察利尿剂所致电解质紊乱的副作用。凡经休息、利尿而血压仍高者，应给予降压药，可选硝苯地平、卡托普利等药。

4. 清除感染灶内残存细菌 按医嘱给予青霉素，以彻底清除感染灶内残存细菌，青霉素过敏者换用红霉素等药。

链接

青霉素能治肾小球的炎症吗

我们知道急性肾小球肾炎是由于致肾炎的链球菌引起的免疫反应。感染后所产生的免疫复合物随血流到肾小球后激活补体，引起一系列免疫损伤和炎症。这种炎症不是链球菌直接感染了肾小球所致，而是一种免疫炎症，因此，应用青霉素无效。由于小儿肾炎链球菌原发感染多见于扁桃体炎等，应用青霉素的目的是消灭隐藏在感染灶内的链球菌，控制体内感染灶的活动，消灭抗原产生，以减轻免疫反应，从而达到治疗目的。

考点提示：饮食护理及限制活动的时间。

（二）观察病情变化

(1) 严重循环充血的观察：如患儿呼吸困难、端坐呼吸、颈静脉怒张、频咳、吐粉红色泡沫痰、心脏扩大，甚至出现奔马律等症状，应警惕严重循环充血的发生；此时应立即让患儿取半坐位、吸氧，限制水、钠入量；并及时报告医生，遵医嘱使用利尿剂、洋地黄等药；随时观察药物不良反应并配合抢救。

(2) 高血压脑病的观察：定期测量血压，如患儿出现剧烈头痛、呕吐、复视或一过性失明等症状时，警惕高血压脑病的发生，应立即报告医生。遵医嘱止痉、应用降压药（如硝普钠）、利尿药，脑水肿时给予脱水剂等。并注意观察血压的变化及不同降血压药的毒副作用，并配合抢救。

(3) 急性肾衰竭的观察：如尿量持续减少，并出现头痛、恶心、呕吐、心律失常等要警惕急性肾衰竭的发生。此时应严格记录出入水量并限制钠、水入量，限制蛋白质及含钾较高的食物的摄入，同时保持水、电解质及酸碱平衡，并及时报告医生，做好透析前护理工作。

(4) 观察患儿水肿进展情况，定期测体重，一般每周 2 次，用利尿剂时每日 1 次。详细记录出入量，观察尿量、尿色，定期送检尿常规。

护考链接

患儿，男，6 岁。晨起眼睑水肿 2 天，同时伴尿少、尿色呈洗肉水样，血压 16/12kPa(120/90mmHg)，咽部充血，扁桃体Ⅱ度肿大，无脓性分泌物，心肺检查无异常发现。发病前一周患上呼吸道感染。

1. 最可能的诊断是

A. 肾病综合征　　B. 急性肾炎　　C. 肾结石

D. 泌尿系感染　　E. 以上都不是

2. 急性肾炎患儿，经住院治疗病情好转，恢复上学的指标是

A. 水肿消退　　B. 血压正常　　C. 肉眼血尿消失

D. 红细胞沉降率正常　　E. Addis 计数正常

答案：1. B。2. D。

分析：患儿有水肿尿少、血尿、高血压，发病前一周有前驱感染史，符合急性肾炎的特征。因此第 1 题正确答案为 B。急性肾炎早期应严格卧床 1～2 周；待水肿消退、红细胞沉降率正常、肉眼血尿消失可下床轻微活动；红细胞沉降率正常方可上学，仍需避免体育活动；至尿液 Addis 计数正常才能恢复正常活动。因此第 2 题正确答案为 D。

（三）心理护理

⑴ 针对家长及患儿存在的心理问题，耐心讲解本病的有关知识，告诉家长本病为自限性疾病，大多预后良好，消除其担忧、焦虑和紧张心理。

⑵ 创设良好的居室环境，病室布置要活泼，符合儿童心理特点。根据患儿年龄提供所喜爱的床上娱乐物品，如画书、画报、收音机及电视机等，调整患儿情绪、减轻焦虑。

⑶ 护理工作中关心体贴患儿，消除其紧张心理，取得家长与患儿配合。

⑷ 对学龄期患儿要注意帮助补习功课，解除其因不能上学而产生的心理压力。

六、健康教育

⑴ 根据患儿及家长的文化程度及理解能力选择适当的方式介绍急性肾炎的护理要点和预后，以使患儿及家长能更好地与医护人员合作。

⑵ 强调休息，限制患儿活动是控制病情进展的重要措施，尤以前两周最关键。

⑶ 强调调整患儿饮食的重要性。

⑷ 给患儿家长介绍本病的预防重点是防止链球菌感染。平时加强营养及体格锻炼，增强机体抗病能力。让家长了解本病病程长，预后好，痊愈率高（约90%以上），只有少数转为慢性（不超过5%）。

⑸ 出院时指导患儿及家长要按规定限制活动，每周到医院查尿常规1次，病程2个月后改为每月查1次。

第3节　肾病综合征患儿的护理

案例 9-2

小越浮肿、有大量蛋白尿，被诊断为肾病综合征。听医生说孩子从尿中丢失了大量蛋白，住院第1天，小越的妈妈特异给他做了爱吃的荷包蛋、红烧鱼，还炖了鸡肉，心想一定要把儿子丢失的蛋白赶快补上，可是医生却不让多吃。

问题：

1. 为什么医生不让多补蛋白呢？
2. 你认为该怎样安排小越的饮食呢？

一、疾病概述

肾病综合征是以肾小球基膜通透性增高为主要病变，导致大量血浆蛋白从尿中排出而引起的一种临床综合征。临床以大量蛋白尿、低蛋白血症、高脂血症和高度水肿为特征，以前两项为必备条件。肾病综合征按病因可分原发性、继发性和先天性三类。原发性又可分为单纯性肾病及肾炎性肾病。小儿时期绝大多数是原发性，多见于学龄前儿童，男孩多于女孩。继发性多见于继发过敏性紫癜、系统性红斑狼疮等疾病。

肾病综合征的病因与发病机制目前尚不十分清楚。可能是免疫功能紊乱导致肾小球基膜通透性增高，形成大量蛋白尿。肾小球滤过膜静电屏障破坏，大量相对分子质量较小的血浆白蛋白丢失，形成高选择性蛋白尿；也可以是分子滤过屏障损伤，尿中出现大中相对分子质量的多种蛋白，形成非选择性蛋白尿。大量蛋白丢失和从肾小球滤出后被肾小管吸收分解导致低蛋白血症；低蛋白血症使血浆胶体渗透压下降而出现水肿；低蛋白血症促使肝脏合成脂蛋白增多，出现高脂血症。

本病目前的治疗要点为规律应用肾上腺皮质激素、利尿、抗凝、提高血浆胶体渗透压、防止并发症与药物毒副作用等。

二、护理评估

（一）致病因素/健康史

应询问患儿是初次发病还是复发；此次发病有无感染、劳累、预防接种等诱因；家族内尤其同胞兄妹有无该病患者；了解激素治疗情况，有无服药不规律、擅自减量或停药等情况。

（二）身体状况

1. 典型表现

(1) 单纯性肾病：其临床特点为高度水肿、大量蛋白尿、低蛋白血症和高脂血症，即“三高、一低”四大特征。临床预后良好。水肿开始见于眼睑，后遍及全身，呈凹陷性，男孩多伴有阴囊水肿（阴囊皮肤薄而透明，甚至有液体渗出）。严重者可出现胸腔或腹腔积液，泡沫尿（尿后泡沫多常提示有蛋白尿），患儿可伴有精神不振、嗜睡、头痛等症状。

(2) 肾炎性肾病：除上述“三高、一低”四大特征外，尚有以下四项之一或多项：①血尿，指2周内进行3次以上尿沉渣镜检，红细胞＞10个/HP；②高血压，学龄儿童＞130/90mmHg，学龄前儿童＞120/80mmHg，并排除激素所致者；③氮质血症，尿素氮＞10.7mmol/L，排除血容量不足所致者；④血补体 C_3 降低。肾炎性肾病预后较差。

2. 并发症

(1) 感染：为最常见的合并症，也是引起复发和死亡的原因。由于患儿免疫力低下，加上治疗过程中糖皮质激素及免疫抑制剂的使用，使患儿常合并呼吸道、泌尿道感染和原发性腹膜炎等。呼吸道感染中以病毒感染最常见，细菌以肺炎链球菌感染居多。

(2) 电解质紊乱：常见低钠、低钾及低钙血症。多由长期不当限制食盐摄入，大量使用利尿剂、激素及呕吐、腹泻等因素导致。患儿表现为嗜睡、厌食、乏力、血压下降甚至休克、抽搐等。

(3) 血栓形成：由于患儿体内呈高凝状态，容易出现动、静脉血栓形成。肾静脉血栓形成最常见，可使病情加重，临床表现突发腰痛、血尿或血尿加重、少尿，严重者出现肾衰竭症状，脑、肺及下肢血管也可有血栓形成，出现相应的症状、体征。

(4) 急性肾衰竭：少数患者可并发急性肾衰竭。

考点提示：肾病综合征的典型表现及并发症。

（三）社会、心理状态

评估患儿及家长对疾病的了解程度，有无长期用糖皮质激素治疗引起的满月脸、向心性肥胖、多毛等形象的改变产生的自卑心理；有无因住院治疗与同伴分离及学习的中断等而产生的焦虑、烦躁等情绪表现；家长有无担心预后及疾病复发而产生的担忧和恐惧心理。

（四）辅助检查资料

1. 血液检查 血浆蛋白及清蛋白明显减少＜30g/L，胆固醇＞5.7μmol/L，红细胞沉降率明显增快；肾炎性肾病者可有血清补体 C_3 减少和不同程度的肾功能障碍及氮质血症。

2. 尿液检查　蛋白定性多为(+++)～(++++)，24 小时尿蛋白定量＞0.05～0.1g/kg。肾炎性肾病患儿尿内可见红细胞增多。

三、护理诊断 / 问题

1. 体液过多　与血浆蛋白减少致胶体渗透压降低及钠水潴留有关。

2. 有感染的危险　与免疫功能降低及糖皮质激素的免疫抑制有关。

3. 潜在并发症　肾上腺皮质激素等药物副作用。

4. 焦虑　与病程长、学习中断、形象改变及知识缺乏等有关。

四、护理目标

(1) 患儿水肿减轻和消退。

(2) 患儿不出现感染或发生时能及时发现并处理。

(3) 患儿尽量避免糖皮质激素的副作用。

(4) 患儿及家长焦虑程度减轻或消失，表现出情绪稳定。

五、护理措施

(一) 用药护理

1. 肾上腺糖皮质激素　是治疗本病的首选药，也是消除水肿最好的药物。临床首选泼尼松口服。疗程 6 个月为中程疗法，长程疗法 9～12 个月。如水肿严重，影响胃肠道吸收或进药困难可选用氢化可的松（5mg 相当于 1mg 泼尼松）静脉滴注。待水肿消退，病情好转再逐渐过渡用泼尼松口服。

2. 免疫抑制剂　如激素耐药、依赖、副作用大或反复发作者可用环磷酰胺等免疫抑制剂。在隔日使用小剂量糖皮质激素的同时加用环磷酰胺 2.0～2.5mg/(kg·d)，分 3 次口服，一般疗程为 8～12 周，总量应＜200mg/kg。

3. 利尿剂　遵医嘱应用利尿剂，如氢氯噻嗪、螺内酯（安体舒通）、呋塞米等。

4. 白蛋白制剂　遵医嘱应用白蛋白制剂，并观察患儿用药前、后尿量及水肿变化。

5. 抗凝剂　遵医嘱使用抗凝剂，如双嘧达莫 5～10mg/(kg·d)、肝素钠等制剂。

考点提示：肾病综合征激素治疗及疗效判断。

(二) 病情观察

1. 观察水肿和体重变化　每天测患儿体重 1 次，有腹腔积液者每日测腹围 1 次，了解腹腔积液消长情况。同时记录 24 小时液体出入量。

2. 观察尿液　注意患儿尿液有无泡沫增多（提示蛋白尿），发现时及时报告医生并送检尿常规。

3. 观察药物副作用及护理

(1) 应用糖皮质激素应注意：①注意糖皮质激素导致的血压增高，密切观察血压变化，每日测血压 1～2 次，发现异常情况及时报告医生；②预防糖皮质激素导致的低血钾和低血钙，鼓励患儿多进食富含钾的食物如香蕉、橘子和富含钙的食物，必要时补充维生素 D 及钙剂；③预防消化道出血：服药期间，应注意保护胃黏膜，避免空腹吃药，注意观察大便颜色，若有黑便应及时报告医生。

链接

慎用激素，不必谈之色变

肾病综合征患儿的家长，当听说要给孩子用几个月的激素时，都非常恐惧，那么，激素究竟是什么药呢？

考点提示：药物的不良反应

这里说的激素是指肾上腺糖皮质激素，它是肾上腺皮质分泌的，有非常重要的生理功能，如抗炎、抗过敏、抗休克和免疫抑制。但是如果长期大量应用，就会出现类似肾上腺皮质分泌功能亢进的症状（库欣综合征），如满月脸、水牛背、痤疮、高血压、低血钾、儿童骨质疏松及诱发或加重感染和溃疡等。但是只要在医生的指导下合理用药，同时服用一些对抗激素不良反应的药物，对孩子不会有太大影响，而且停药之后有些不良反应很快就消失了。所以，不必太紧张，一定要遵医嘱配合治疗与护理。

(2) 应用环磷酰胺应注意：观察患儿有无脱发、出血性膀胱炎、肝功能损害和白细胞减少。用药期间要让患儿多饮水，同时注意碱化尿液，防止发生出血性膀胱炎等。

(3) 应用利尿剂时应注意：大量利尿剂导致的血容量不足，甚至出现低血容量性休克或静脉血栓的危险。还要注意低血钠、低血钾和低血钙等电解质紊乱的发生。

（三）生活护理

1. 居室环境　由于患儿机体免疫力低下，故对患儿应进行保护性隔离。居室要清洁、舒适，房间布置尽量要活泼，充满童趣。病房应经常开窗换气，保持空气新鲜，温、湿度适宜，每日进行空气消毒。

2. 饮食　应以优质蛋白、低脂肪、高糖类及高维生素的易消化食物，大量蛋白尿期间蛋白质摄入量不宜过多（每日 2g/kg 为宜），尿蛋白消失后长期用糖皮质激素治疗期间应多补充蛋白。同时应注意钾、钙、维生素 D 含量高的食物摄入。重度水肿者适当限制钠、水的入量（盐的摄入量控制在 2g/d），一般患儿不必过分限制，过分的限制易造成电解质紊乱及食欲下降。

3. 预防感染　避免与感染性疾病患儿接触，减少探视人数，预防感染。应注意监测患儿体温及白细胞计数等，发现感染及时报告医生。

考点提示：阴囊水肿的护理。

4. 皮肤护理　应保持皮肤清洁、干燥，及时更换内衣；保持床铺清洁、干燥、柔软以免损伤皮肤感染；臀部和四肢水肿严重时，可垫橡皮气垫或棉圈等；阴囊水肿时可用“丁”字带托起，保持局部干燥，防止皮肤受损感染；严重水肿应尽量避免肌内注射药物，以防药液外渗或感染。

5. 适当休息　重度水肿者需卧床休息，卧床期间应经常变换体位，以防血管栓塞等并发症；一般患儿不必严格限制活动。

6. 心理护理　针对家长及患儿存在的心理问题，耐心讲解本病的有关知识；对于担心形象改变的焦虑和自卑心理，应多给予解释，告诉患儿停药后会恢复正常；同时指导家长和同伴多给患儿心理支持，使其保持良好的情绪，积极配合治疗与护理。

考点提示：饮食护理。

六、健康教育

(1) 耐心讲解肾病综合征的防治和预后等知识，说明本病的治疗反应及长期应用糖皮质激素治疗可能出现的副作用，使家长及患儿树立战胜疾病的信心，配合治疗和护理。

(2) 解释对本病患儿活动及饮食的要求，指导家长配合预防并发症的发生，并能及时发现并发症，从而得到及时的治疗和护理。

(3) 本病患儿出院时，一定要加强出院指导，使患儿在家庭中能得到很好的护理。首先是用药方面的指导，因出院后还要继续服用糖皮质激素，故要嘱咐家长按时给患儿服药，切忌随意停药，讲解停药的危害，并告诉家长激素减量的方法。其次给家长讲解预防复发的注意事项，如患儿尽量不去人多的公共场所避免造成感染。再次患儿不能参加剧烈活动，病情缓解后才可上学，如果需要预防接种要在停药一年以后才可进行，以防引起本病复发。

考点提示：出院指导。

护考链接

患儿，女，4 岁。因全身水肿，以肾病综合征入院。体检：面部、腹壁及双下肢水肿明显。实验室检查：尿蛋白 (++++)，胆固醇升高，血浆白蛋白降低。

1. 该患儿目前最主要的护理诊断是

A. 焦虑　B. 排尿异常　C. 体液过多

D. 有继发感染的可能　E. 有皮肤完整性受损的可能

2. 目前给予最主要的护理措施是

A. 卧床休息　B. 无盐饮食　C. 高蛋白饮食

D. 高脂肪饮食　E. 肌内注射给药

3. 若病情好转，出院时健康指导应强调

A. 介绍本病病因　B. 说明本病的治疗反应

C. 遵医嘱服药，不能随便停药　D. 说明不能剧烈活动的重要性

E. 讲解预防复发的注意事项

答案：1. C。2. A。3. C。

分析：根据题干判断患儿为肾病综合征，有全身水肿、大量蛋白尿、低蛋白血症和高脂血症。由于血浆蛋白减少致胶体渗透压降低及水钠潴留致患儿体液过多，表现为高度水肿，故第 1 题该患儿目前最主要的护理诊断正确答案为 C 体液过多。重度水肿者需卧床休息至水肿消退，故第 2 题正确答案为 A。肾病综合征治疗首选的是糖皮质激素，患儿出院后还要继续服用，所以出院时健康指导要嘱咐家长按时给患儿服药，切忌随意停药，讲解停药的危害，并告诉家长激素减量的方法，所以第 3 题正确答案为 C。

第 4 节　泌尿道感染患儿的护理

案例 9-3

小采的侄女，1 岁。主因发热、纳差、呕吐和排尿后哭闹就诊。体检：体温 38℃，烦躁，咽（－），心肺未见异常，腹部体检（－）。尿常规检查：白细胞计数 20 个/HP，临床诊断：泌尿道感染。

问题：

1. 该患儿最可能的感染途径是什么？

2. 泌尿道感染最常见的致病菌是什么？

一、疾病概述

泌尿道感染是指病原体直接侵入泌尿道而引起的感染，包括肾盂肾炎、膀胱炎和尿道炎。因儿童期感染多不局限于某一部位，且临床上不易准确定位，故统称泌尿道感染。本病2岁以下小儿发病率较高，女孩多于男孩。泌尿道感染的治疗要点是积极控制感染、祛除病因、防止复发和加强护理等。

二、护理评估

（一）致病因素/健康史

1. 致病菌 泌尿道感染的致病菌60%～80%是由大肠杆菌感染所致，其次为变形杆菌或其他肠道杆菌。

2. 易感因素 与小儿泌尿系统特殊的解剖生理特点有关；小儿各种泌尿系统畸形相对常见，容易致尿潴留促使致病菌生长；患营养不良、糖尿病等及长期使用糖皮质激素或免疫抑制剂治疗的患儿。

3. 感染途径

(1) 上行性感染：致病菌从尿道口上行感染泌尿道，是小儿泌尿道感染最主要的感染途径。

(2) 血源性感染：经血源途径侵袭尿路的致病菌主要是金黄色葡萄球菌。

(3) 淋巴感染和直接蔓延：结肠内的细菌、盆腔感染和肾脏周围邻近器官和组织感染，通过淋巴或直接蔓延感染所致。

考点提示：上行性感染是小儿泌尿道感染最主要的感染途径。

（二）身体状况

1. 急性泌尿道感染 临床症状因患儿年龄组的不同存在较大的差异。

(1) 新生儿：常见血行感染引起。以全身症状为主，膀胱刺激症状多不明显。轻者可呈无症状性菌尿，重者呈败血症表现，可有发热、体温不升、黄疸、纳差、呕吐、腹泻、嗜睡、烦躁等。

(2) 婴幼儿：仍以全身症状为主。主要临床表现为发热、寒战、呕吐、腹痛、排尿时哭闹。由于尿频和尿液刺激可引发患儿尿布性皮炎。

(3) 年长儿：上尿路感染主要有发热、寒战、腰痛、肾区叩击痛，可伴有膀胱刺激症状。下尿路感染以尿频、尿急、尿痛等膀胱刺激症状为主。

2. 慢性泌尿道感染 轻者无症状，也可出现发热、脓尿或菌尿等症状，病程长者可有贫血、乏力、高血压甚至肾功能减退等。

考点提示：不同年龄泌尿道感染的临床特点。

（三）社会、心理状态

评估患儿及家长对本病的了解程度，家长有无因患儿全身症状较重、拒乳和哭闹等产生担忧、焦虑等心理反应；年长儿因膀胱刺激症状出现尿床或尿裤子而产生害羞、沮丧等心理。

（四）辅助检查资料

1. 尿常规检查 取晨起首次中段尿离心沉渣镜检，白细胞计数＞10个/HP，即可怀疑尿路感染，白细胞管形有诊断价值。膀胱炎者可有血尿。

2. 尿培养及菌落计数 是诊断本病的主要依据。在外阴清洗后取清洁中段尿做尿细菌定量培养。菌落＞ 10 万 /ml 方可确诊，1 万～ 10 万/ml 为可疑，＜ 1 万/ml 多系污染。虽菌落少于 1 万 /ml 而症状明显，两次培养为同一细菌者，有诊断意义。

3. 尿液直接涂片找细菌　将一滴未离心新鲜尿直接涂片，用亚甲蓝或革兰染色，若在油镜下每个视野都能找到一个以上细菌，表明尿内细菌菌落数＞ 10 万/ml 以上，有诊断意义。

考点提示：泌尿道感染实验室诊断要点。

4. 其他　对怀疑泌尿系统先天性畸形患儿可进行影像学检查，如 B 型超声、静脉肾盂造影加断层摄片、排泄性膀胱尿道造影等。

三、护理诊断 / 问题

1. 体温升高　与细菌感染有关。

2. 排尿异常　与膀胱、尿道炎症刺激有关。

3. 知识缺乏　患儿及家长缺乏有关泌尿道感染的护理及预防知识。

四、护 理 目 标

(1) 患儿体温恢复正常。

(2) 患儿尿路刺激症状减轻或消失，排尿恢复正常。

(3) 患儿家长能说出泌尿道感染的护理及预防要点。

五、护 理 措 施

（一）用药护理

按医嘱给予敏感抗生素治疗，注意观察患儿用药后的反应及毒副作用。按医嘱留取患儿的中段尿液送尿培养，取尿时要做到无菌操作。由于细菌在尿液中繁殖很快，标本要在 30 分钟内送检，否则应暂放 4℃冰箱内。

（二）病情观察

(1) 观察体温变化并记录：密切观察患儿体温变化，必要时按医嘱给予药物降温或物理降温，如放置冰袋、冷湿敷、乙醇擦浴、温水擦浴、冷盐水灌肠等。

(2) 观察患儿排尿频率、尿量、尿色、排尿时的表情及尿液性状并记录。

（三）生活护理

1. 居室环境　保持病室内空气流通、新鲜，温、湿度适宜，患儿卧床休息，出汗后及时更换衣服，保持皮肤清洁。

2. 饮食　给予清淡易消化的高热量、高蛋白质或流质、半流质食物。

3. 多饮水　鼓励患儿多饮水，通过增加尿量起到冲洗尿道的作用，减少细菌在尿道的停留时间，并促进细菌毒素和炎症分泌物的排出。

六、健 康 教 育

(1) 向家长介绍本病的防治知识，指导家长为婴儿勤更换尿布，如幼儿不穿开裆裤或紧身裤，女孩清洗外阴时从前向后擦洗，单独使用洁具等，平时多饮水、不憋尿。

(2) 及时处理男孩包茎、女孩处女膜伞等，减少感染因素。

(3) 按时服药，完成疗程，定期复查，防止复发与再感染。

(4) 出院时对患儿及家长讲清出院后的随访时间和次数，一般急性感染疗程结束后每月随访1次，做中段尿培养，连续3个月。

小结

急性肾小球肾炎是一种与链球菌感染有关的以肾小球病变为主的非化脓性免疫性疾病。其临床特点为：少尿、水肿、血尿及高血压，严重病例可并发严重循环充血、高血压脑病及急性肾衰竭。本病无特异性治疗方法，其治疗及护理要点为卧床休息，清除体内残存的感染病灶，控制钠、水入量，利尿，降压等对症处理，同时密切观察病情变化。肾病综合征是以肾小球基膜通透性增高导致大量血浆蛋白从尿中排出而引起的一种临床综合征。其特点为大量蛋白尿、高度水肿、高脂血症和低蛋白血症，肾炎性肾病除以上四大特征外还有血尿、高血压、氮质血症及补体降低四项中的一项或多项。其治疗及护理要点为：规律应用激素、防治并发症、利尿消肿、抗凝及饮食调整等。泌尿道感染是指细菌侵入泌尿道而引起的感染。致病菌大多为大肠杆菌导致的上行性感染所致。新生儿、婴幼儿以全身症状为主；年长儿可有尿频、尿急、尿痛等膀胱刺激症状。本病治疗和护理要点是积极控制感染、祛除病因、防止复发和进行卫生知识宣教等。

自测题

A_1 型题

1. 引起小儿泌尿道感染最常见的途径是
   A. 血行感染　B. 淋巴感染
   C. 上行感染　D. 直接蔓延
   E. 医源性感染
2. 学龄前儿童尿量每日少于多少时称少尿
   A.400ml　B.300ml
   C.200ml　D.100ml
   E.80ml
3. 急性肾炎患儿可以恢复上学的标准是
   A. 尿常规正常　B. 血压正常
   C. 红细胞沉降率正常　D.Addis 计数正常
   E. 血尿消失
4. 婴幼儿泌尿道感染症状的特点为
   A. 膀胱刺激症状　B. 腰痛
   C. 发热　D. 寒战
   E. 全身症状重，局部症状轻
5. 肾病综合征患儿大量蛋白尿期间饮食错误的是
   A. 高热量　B. 低动物性脂肪
   C. 高蛋白　D. 低盐
   E. 应注意补充维生素

A_2 型题

6. 患儿，女，7岁。3周前患扁桃体炎，2天来眼睑水肿，尿少，尿液颜色如茶水样，血压18/12kPa(135/90mmHg)，考虑该患儿可能是
   A. 原发性肾病综合征
   B. 急性肾小球肾炎
   C. 肾炎性肾病
   D. 尿路感染
   E. 慢性肾小球肾炎
7. 患儿，男，7岁。因急性肾炎入院，目前患儿眼睑水肿，尿呈洗肉水样，自觉疲乏无力。此时对患儿首要的护理措施是
   A. 严格限制水的入量
   B. 严格限制蛋白入量
   C. 卧床休息
   D. 肾区热敷
   E. 监测患儿血压

8. 患儿，6 岁。全身凹陷性水肿 2 个月。尿蛋白 (+++)，血浆白蛋白 20g/L，血胆固醇 8.0mmol/L。其水肿的最主要原因是
A. 心功能不全　　B. 肾衰竭
C. 抗利尿激素增多　　D. 低蛋白血症
E. 肾小球滤过率下降

9. 患儿，男，6 岁。因少尿、面部水肿入院，入院查血压 140/94mmHg，尿蛋白 (+)，红细胞 50 个 /HP，可见红细胞管型，诊断：急性肾小球肾炎。入院第 2 天，患儿突然出现呼吸困难、咳嗽、颈静脉怒张，两肺布满水泡音。该患儿可能并发了什么
A. 高血压脑病　　B. 支气管肺炎
C. 严重循环充血　　D. 急性肾衰竭
E. 支气管炎

10. 患儿，女，1 岁。因发热、纳差、呕吐、排尿哭闹就诊。入院初步诊断：泌尿道感染，下面哪项护理措施不妥
A. 物理降温
B. 遵医嘱使用抗生素
C. 观察患儿排尿频率、尿色、尿量与性状等
D. 少饮水以免患儿排尿哭闹
E. 指导家长护理大、小便

11. 患儿，女，7 岁。全身水肿 6 天，被诊断为“肾病综合征”入院。2 天后咳嗽，体温 38.8℃，该患儿可能出现的情况是
A. 肾静脉血栓　　B. 呼吸道感染
C. 低钾血症　　D. 胸膜腔积液
E. 泌尿道感染

12. 患儿，男，9 岁。急性肾炎，护士为其制订的饮食计划中，每天食盐的摄入量应该控制在
A. < 1g　　B. < 0.5g
C. < 6g　　D. < 2g
E. < 3g

A_3/A_4 型题

（13 ～ 15 题共用题干）

患儿，男，4 岁。全身重度凹陷性浮肿 2 周，近 3 天每天尿量为 100ml 左右，两眼不能睁开，阴囊水肿发亮，腹水征阳性，尿蛋白 (++++)，临床诊断为肾病综合征。

13. 该患儿目前最主要的护理诊断是
A. 焦虑
B. 体液过多
C. 营养不足
D. 潜在并发症：药物的副作用
E. 有皮肤完整性受损的危险

14. 对患儿的护理措施以下哪项不妥
A. 卧床休息至水肿完全消退
B. 加强皮肤护理，以防感染
C. 尽量少用肌内注射，以免引起注射处感染
D. 阴囊水肿可用棉垫或吊带托起
E. 蛋白摄入量以 2g/(kg · d) 为宜

15. 治疗本病的首选药物是
A. 泼尼松（强的松）
B. 地塞米松
C. 甲泼尼龙
D. 环磷酰胺
E. 青霉素

（宋志宇）

10

第10章 神经系统疾病患儿的护理

你知道宝宝出生时存在而以后逐渐消失的神经反射吗？3个月宝宝脑膜刺激征阳性是脑膜炎吗？你知道怎样监测脑膜炎患儿的生命体征吗？前囟门隆起、脑积水是不祥之兆吗？面对这一个个疑问，你一定非常好奇，通过本章内容的学习，相信你所有的疑虑和好奇都会迎刃而解了。

第1节 小儿神经系统解剖、生理特点

链接

神经系统分为中枢神经系统和周围神经系统。其中，中枢神经系统由脑和脊髓组成，分别位于颅腔和椎管内。周围神经系统包括脑神经、脊神经和内脏神经三部分。中枢神经系统是人体各种功能的最高调节部位。

一、脑和脊髓

小儿出生时脑相对较重。新生儿脑的平均重量约为370g，到6个月时已达700g，1岁时900g左右。新生儿脑在外形上已基本具备了成人所有的沟和回，但脑沟较浅、脑回较宽（图10-1），6个月时接近成人。新生儿脑皮质比成人薄，细胞分化不全，3岁时皮质细胞大致分化完成，8岁时已与成人无明显区别。

小儿的脑耗氧量在基础代谢状态下占总氧耗的50%，而成人则为20%，故小儿对缺氧的耐受性较成年人差。

神经纤维外层髓鞘形成不全，因此小儿对外界刺激反应缓慢而且易于泛化。

脊髓位于椎管内，出生时脊髓的结构已完善，发育已较成熟，2岁时结构接近成人。新生儿脊髓末端终止于第3腰椎水平或第2腰椎下缘，4岁时达第1腰椎或第2腰椎上缘。因此，4岁以内的小儿应在第4～5腰椎间隙进行腰椎穿刺，以免损伤脊髓。4岁以上小儿可与成年人相同。

二、脑 脊 液

新生儿脑脊液量少，约50ml，压力为30～80mmH_2O，随年龄增长，脑脊液量逐渐增多，儿童脑脊液压力为70～180mmH_2O。影响脑脊液分泌量的因素有很多，如内分泌、营养、年龄、液体出入量、体温、疾病和药物等。

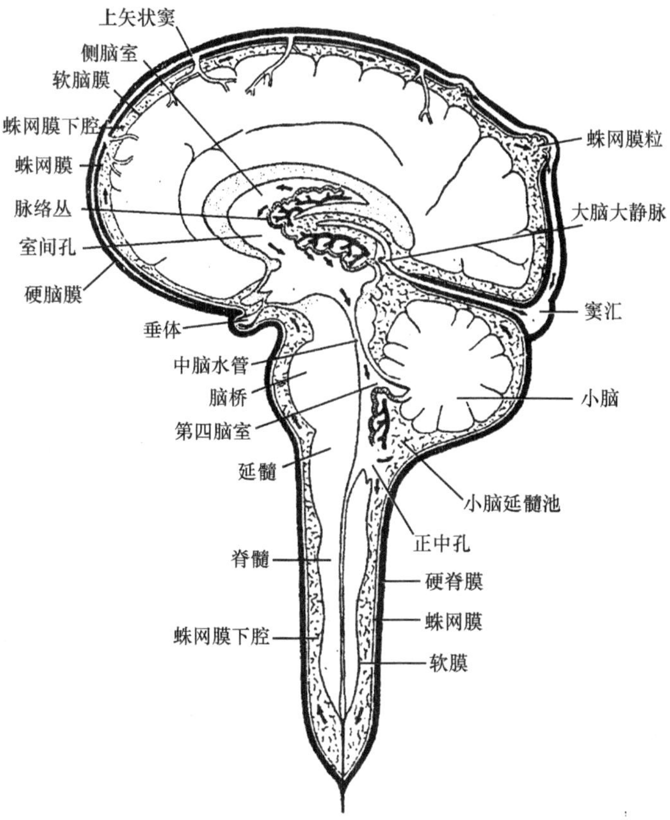

图 10-1　脑和脊髓的侧面模式图

三、神经反射

考点提示：婴幼儿在第 4 ～ 5 腰椎间隙进行腰椎穿刺。

小儿神经反射与神经系统的发育和成熟程度有密切的关系，有些神经反射在不同年龄有不同的意义。

(1) 出生时存在，以后永不消失的反射：角膜反射、瞳孔反射、结膜反射、吞咽反射等。

(2) 出生时存在，以后逐渐消失的反射：觅食反射、拥抱反射、握持反射、吸吮反射、颈肢反射，出生后 3 ～ 7 个月逐渐消失。

(3) 出生时不存在，以后出现并永不消失的反射：腹壁反射、提睾反射、各种腱反射。提睾反射要到出生 4 ～ 6 个月才明显，腹壁反射要到 1 岁后才易引出。

(4) 病理反射：2 岁以内引出踝阵挛、巴宾斯基征为生理现象。

(5) 脑膜刺激征：包括颈强直、布鲁津斯基征、凯尔尼格征阳性。生后 3 ～ 4 个月内的婴儿布鲁津斯基征、凯尔尼格征可呈阳性。

第 2 节　化脓性脑膜炎患儿的护理

案例 10-1

阿华的女儿，10 个月。因发热、头痛、呕吐与惊厥入院。入院后，经脑脊液检查后诊断为化脓性脑膜炎。经过抗生素治疗 1 周后，孩子一般情况好转，热退。停药 3 天后，孩子再次出现发热、呕吐、前囟门饱满与惊厥。阿华夫妇焦躁不安，不断向医生、护士询问病情。

问题：

1. 孩子停药后病情反复最可能的原因是什么？

2. 做出患儿现存的护理诊断。

一、疾病概述

化脓性脑膜炎是由各种化脓性细菌感染引起的急性脑膜的炎症，是小儿常见的感染性疾病之一，以发热、呕吐、头痛、烦躁、嗜睡、惊厥、脑膜刺激征、脑脊液呈化脓性改变为特征。婴幼儿多见，病死率较高。神经系统后遗症较多。

化脓性脑膜炎炎症反应以软脑膜、蛛网膜和表层脑组织为主，可波及脑室内膜，导致脑室管膜炎；大量的脓性渗出物覆盖在大脑顶部、颅底及脊髓，导致硬脑膜下积液和（或）积脓、脑积水，可损害颅神经和周围神经根等。遵医嘱给予抗生素治疗、监测生命体征、观察并发症。

二、护理评估

（一）致病因素 / 健康史

(1) 病原菌：以肺炎链球菌、流感嗜血杆菌、脑膜炎双球菌最多见，占 80% 以上，其次为大肠杆菌、金黄色葡萄球菌等。常见致病菌与患儿年龄有关，新生儿及 2 个月以下患儿以革兰阴性菌（大肠杆菌、变形杆菌、铜绿假单孢菌）、B 组溶血性链球菌、金黄色葡萄球菌等为主；3 个月至 4 岁以流感嗜血杆菌为主；5 岁以上患儿以肺炎链球菌或脑膜炎双球菌为主。

考点提示：不同年龄化脓性脑膜炎的病原体。

(2) 感染途径：最常见的途径是通过血流，即菌血症到达脑膜。致病菌大多从呼吸道侵入血流，也可由皮肤、黏膜或新生儿脐部侵入，经血液循环达到脑膜。少数因鼻窦炎、中耳炎、乳突炎、颅骨骨折等使致病菌直接蔓延至脑膜所致。

(3) 询问患儿发病前有无呼吸道、消化道或皮肤感染史，新生儿有无脐带感染史。此外，还要了解患儿有无鼻窦炎、中耳炎、乳突炎、穿通性头颅外伤、脑脊膜膨出等病史。

（二）身体状况

(1) 部分患儿可先有上呼吸道、胃肠道或脐带等前驱感染症状。

(2) 感染中毒症状：可有发热、烦躁、精神委靡、嗜睡，重者可急骤起病，迅速出现惊厥或昏迷。

(3) 颅内压增高症状：如头痛、喷射性呕吐、尖叫、惊厥、瞳孔改变、对光反射迟钝、前囟门隆起，严重者可出现呼吸不规则，甚至脑疝等。

(4) 脑膜刺激征：可出现颈项强直、凯尔尼格征及布鲁津斯基征阳性。

(5) 新生儿及小婴儿症状不典型，可表现为哭声微弱、反应低下、拒乳、黄疸、发绀和呼吸不规则等症状。脑膜刺激征不明显。

(6) 并发症

1) 硬脑膜下积液：发生率高，化脓性脑膜炎经规律治疗 3 日，体温仍不降，意识障碍、高颅压无好转或加重者，或症状、体征有好转时又出现反复应怀疑本症。此时可做颅骨透照检查、CT 扫描和硬脑膜积液检查确诊。

2）脑积水：患儿可见头颅进行性增大、颅缝裂开、头大面小、前囟门隆起、落日眼、头颅叩诊有破壶音。

考点提示：硬脑膜下积液、脑积水的特点。

3）神经功能障碍：引起失明、面瘫、癫痫、耳聋和智力低下等改变。

护考链接

某化脓性脑膜炎患儿出现烦躁不安，频繁呕吐，四肢肌张力明显提高，双侧瞳孔大小不等，对光反应迟钝，应高度警惕患儿出现

A. 惊厥　　B. 脱水　　C. 脑疝

D. 呼吸衰竭　　E. 代谢性酸中毒

答案：C。

分析：化脓性脑膜炎患儿出现颅内压增高，可表现为头痛、喷射性呕吐、肌张力改变；当出现呼吸节律不整并伴瞳孔改变时，提示脑水肿严重或发生脑疝。故正确答案为 C。

（三）社会、心理状态

由于本病病死率及后遗症发生率仍较高，因此应注意评估家长及患儿是否出现焦虑、沮丧和恐惧心理。个别家长由于患儿出现后遗症或医疗负担过重而做出弃婴决定，从而引发一系列社会问题。

（四）辅助检查资料

1. 外周血常规　白细胞计数明显增高，以中性粒细胞为主。

2. 脑脊液检查　外观浑浊、压力增高，白细胞数在 1000×10^6/L 以上，以中性粒细胞为主。糖含量显著降低，蛋白质含量增高。涂片或细菌培养找到致病菌对确诊有价值。

考点提示：化脓性脑膜炎脑脊液检查特点。

链接

脑脊液检查会致残吗

脑脊液是脑室脉络膜分泌的，填充在脑和脊髓的蛛网膜下隙，主要起保护大脑和脊髓，缓冲震动，维持颅内压平衡，同时为脑和脊髓输送营养和代谢产物的作用。正常情况下，脑脊液的压力、成分等是恒定的，当大脑发生病变时脑脊液会发生改变，所以检查脑脊液可以为临床提供重要的诊断依据。

抽取脑脊液时很简单，一般仅需几毫升，而且很快会得到补充。穿刺之后只要去枕平卧 4~6 小时，一般不会有任何反应。个别患儿留下残疾，其实是中枢神经系统疾病留下的后遗症，与抽取脑脊液无关。

考点提示：脑脊液改变。

三、护理诊断 / 问题

1. 体温过高　与细菌感染有关。

2. 潜在并发症　颅内压增高、硬脑膜下积液、脑积水。

3. 营养失调：低于机体需要量　与摄入不足、机体消耗增多有关。

4. 有受伤的危险　与反复抽搐有关。

5. 恐惧（家长） 与对疾病缺乏了解及担心预后不良有关。

四、护理目标

(1) 体温恢复正常。
(2) 防止并发症的发生，如有发生能及时发现并处理。
(3) 全身营养状况得到改善。
(4) 防止受伤的发生。
(5) 家长获得相关知识，能正确对待疾病，情绪改善，心理压力减轻。

五、护理措施

（一）用药护理

(1) 遵医嘱使用抗生素治疗：了解各种药物的使用要求、配伍禁忌及不良反应，如青霉素稀释后应尽快输完，以免影响疗效，高浓度的青霉素须避免渗出血管外导致组织坏死。

(2) 遵医嘱使用止惊药物：对惊厥患儿遵医嘱使用镇静、止惊药物如地西泮、苯巴比妥等。

(3) 遵医嘱使用脱水剂和退热剂：患儿有颅内压增高时，遵医嘱正确使用脱水药，如20%甘露醇、呋塞米、肾上腺皮质激素等。静脉输液速度不宜过快，以免加重脑水肿。患儿腰椎穿刺后去枕平卧4～6小时，以免发生头痛；6小时后，患儿可侧卧位并将床头抬高15°～30°。

(4) 体温超过38.5℃时，及时给予物理降温或药物降温，防止高热惊厥。

（二）病情观察，防治并发症

1. 监测生命体征

(1) 监测体温变化：体温>38.5℃时，应在30分钟内使体温降至正常。可用物理降温。高热患儿每4小时测体温1次，并观察热型及伴随症状，记录降温效果。

(2) 如患儿出现意识障碍、囟门隆起、瞳孔改变、躁动不安、烦躁呕吐、肌张力增高与惊厥等，提示有脑水肿、颅内压增高的可能。惊厥发作时，立即让患儿平卧，头偏向一侧，松解衣服和领口，及时清除口、鼻、咽喉分泌物及呕吐物等，在患儿上下牙之间放置牙垫，防止舌咬伤。

(3) 如呼吸节律不规则、瞳孔忽大忽小或两侧不等大、对光反射迟钝、血压升高，应注意脑疝及呼吸衰竭的存在。对有呼吸功能障碍的患儿，应保持呼吸道通畅，取侧卧位，以免仰卧舌根后坠堵塞喉头，及时清除口、鼻、咽喉分泌物及呕吐物以防误吸窒息或吸入性肺炎的发生。及时吸氧，必要时进行人工辅助呼吸。

2. 并发症的观察

(1) 硬脑膜下积液：如患儿在治疗中发热不退或退而复升，前囟饱满、呕吐不止、频繁惊厥应考虑硬脑膜下积液。硬膜下积液量较大时可反复穿刺放液，硬膜下积脓还需根据病原菌注入抗生素，必要时外科处理。

(2) 脑积水：如患儿有颅缝裂开、惊厥、落日眼、头颅破壶音应考虑脑并发积水。可行手术治疗。

（三）生活护理

1. 保持病室安静、空气清新　患儿绝对卧床休息，协助患儿洗漱、进食、大小便及个人卫生等生活护理，大量出汗后及时更衣。肢体功能障碍者，穿衣服时要先穿患侧，再穿健侧；脱衣服时先脱健侧，再脱患侧。做好皮肤及大小便护理，保持臀部干燥，必要时使用气垫等抗压力器材，预防压疮的发生，每 1~2 小时翻身 1 次，避免拖、拉、拽动作，防止擦伤。

2. 保证足够热量摄入　给予高热量、清淡、易消化的流质或半流质饮食。少量多餐，防止呕吐发生。做好口腔护理，呕吐后及时清除呕吐物，减少不良刺激，帮助患儿漱口，鼓励患儿多饮水，唇干裂者涂石蜡油。频繁呕吐不能进食者，应注意观察呕吐情况，遵医嘱静脉输液，维持水、电解质平衡。

（四）心理护理

对患儿及家长耐心讲解，给予安慰、关心和爱护，取得患儿及家长配合，使其接受疾病的实施，树立战胜疾病的信心。

六、健康教育

⑴ 大力宣传预防化脓性脑膜炎的基本知识，积极防治上呼吸道感染、消化道感染疾病，预防新生儿脐部及皮肤感染等。积极锻炼身体，提高机体抵抗力。

⑵ 根据患儿及家长的接受程度，介绍病情，讲解治疗及护理方法，及时解除患儿不适，取得患儿及家长的配合。

⑶ 对恢复期和神经系统后遗症的患儿，进行功能训练，指导家长根据不同情况给予相应护理，树立战胜疾病的信心，促进病情尽可能康复。

第 3 节　病毒性脑炎患儿的护理

案例 10-2

大鹏的外甥，5 岁。1 周前流涕，继之发热、头痛、嗜睡、精神异常、口角有疱疹，脑脊液检查：细胞数 100×10^6/L，以淋巴细胞为主，蛋白轻度升高，糖和氯化物正常。诊断为病毒性脑膜脑炎。

问题：

1. 该患儿的护理问题有哪些？
2. 对该患儿应采取哪些护理措施？

一、疾病概述

病毒性脑炎是由各种病毒引起的中枢神经系统的脑实质炎症，常表现为发热、头痛、抽搐、精神异常、意识障碍和脑脊液改变等。该病病情轻重不等，轻者可自行缓解，危重者可导致后遗症或死亡。

本病无特异性治疗方法，临床多采用抗病毒、对症处理等综合治理措施，并密切观察病情变化，以减少并发症和后遗症的发生。

二、护理评估

考点提示：病毒性脑膜炎的致病菌80%为肠道病毒。

（一）致病因素/健康史

病毒性脑膜炎的致病菌80%为肠道病毒，如柯萨奇病毒、埃可病毒，其次为虫媒病毒、腺病毒、单纯疱疹病毒、腮腺炎病毒等。

询问患儿发病前有无上呼吸道感染、消化道感染的病史；有无其他传染病发病史；有无接触动物或昆虫叮咬史。

（二）身体状况

1. 病毒性脑炎 大多数患儿有发热，随后出现反复惊厥发作，随体温增高出现不同程度的意识障碍和颅内压增高。因受累部位不同可有不同的症状。有的病变累及颞叶皮质运动区，患儿频繁抽搐发作，伴或不伴发热；病变如累及额叶底部、颞叶边缘系统，则表现为精神情绪异常，如躁狂和幻觉、失语等，伴发热或无热；临床还可有以偏瘫、单瘫、四肢瘫为主要表现者。病程多在2～3周，多数完全恢复，少数留有智力发育落后、肢体瘫痪、癫痫等后遗症。

2. 病毒性脑膜炎 主要表现为发热、恶心、呕吐，部分患儿在发热前或发热时出现皮疹，年长儿可诉说头痛，体检脑膜刺激征阳性。病程大多在1～2周内。

（三）社会、心理状况

由于严重病例可导致后遗症甚至危及生命，因此应注意评估家长对本病的了解程度，是否有担心、焦虑和恐惧心理。

（四）辅助检查资料

1. 脑脊液检查 外观清亮，压力增高。细胞大多在（10～500）×10^6/L，早期以中性粒细胞为主，以后以淋巴细胞为主，蛋白质定量正常或增高，糖和氯化物正常。

2. 病毒学检查 部分患儿脑脊液病毒培养及特异性抗体检测呈阳性；恢复期患儿血清特异性抗体较急性期增高4倍以上有诊断价值（表10-1）。

表10-1 各种脑膜炎的脑脊液改变

	压力	外观	白细胞数（×10^6/L）	蛋白（g/L）	糖（mmol/L）	其他
正常	0.69～1.96	清	0～5	0.2～0.4	2.2～4.4	
化脓性脑膜炎	升高	混浊	＞1000，以中性粒细胞为主	1～5	明显减低（<2.2）	涂片培养可见细菌
病毒性脑炎	正常或升高	多数清	10~100	正常或稍高	正常	病毒抗体阳性
结核性脑膜炎	升高	毛玻璃样	数十至数百，以淋巴细胞为主	增高	减低	涂片培养见结核菌

考点提示：病毒性脑炎脑脊液检查特点。

三、护理诊断/问题

1. 体温过高 与病毒血症有关。

2. 急性意识障碍　与脑实质炎症有关。
3. 躯体移动障碍　与昏迷、肢体瘫痪有关。
4. 营养失调：低于机体需要量　与摄入不足有关。
5. 潜在并发症　颅内压增高。

四、护理目标

(1) 体温维持正常。
(2) 意识恢复到正常。
(3) 躯体移动障碍消失。
(4) 营养供给能满足机体的需要。
(5) 防止并发症的发生，如有并发症发生能及时发现并处理。

五、护理措施

（一）维持正常体温

监测体温，观察热型及伴随症状。出汗后及时更换衣物。体温超过 38.5℃时，给予物理降温或遵医嘱进行药物降温、静脉补液。

（二）病情观察，保证营养供给

(1) 患儿取侧卧位，抬高头部 20° ～ 30°，以利于静脉回流，降低颅内压。
(2) 密切观察瞳孔及呼吸，以防因移动体位致脑疝形成和呼吸骤停。
(3) 保持呼吸道通畅，给氧，必要时气管切开或使用人工呼吸机。
(4) 每 2 小时翻身一次、拍背，按摩局部皮肤，以防坠积性肺炎和压疮。
(5) 保证热量供应，尽早开始鼻饲或静脉营养，做好口腔护理等。静脉输注能量合剂营养脑细胞，促进脑功能恢复。
(6) 控制惊厥，保持镇静，遵医嘱使用镇静剂、抗病毒药、激素、促进苏醒的药物等。

（三）促进肢体功能的恢复

(1) 做好心理护理，增强患儿自我照顾的能力和信心。
(2) 加强生活护理，卧床期间协助患儿洗漱、进食、大小便及个人卫生等。
(3) 教会家长协助患儿翻身及皮肤护理的方法，预防压疮。
(4) 保持瘫痪肢体处于功能位置。病情稳定后，及早督促患儿进行肢体的被动或主动功能锻炼。

六、健康教育

(1) 向患儿及家长介绍病情，做好心理护理，增强战胜疾病的信心。
(2) 向家长提供保护性看护和日常生活护理的有关知识。指导家长掌握肢体瘫痪恢复期功能训练和智力训练的方法。
(3) 有继发癫痫者应指导长期正规服用抗癫痫药物。
(4) 出院患儿应定期随访。

小结

由于小儿中枢神经系统发育尚不完全及免疫力相对较低等原因，小儿更容易发生中枢神经系统感染。其中，化脓性脑膜炎以发热、呕吐、头痛、烦躁、嗜睡、惊厥、脑膜刺激征、脑脊液呈化脓性改变为特征，多见于婴幼儿，诊治不及时者后遗症严重、病死率高。应及时使用有效抗生素、给予对症和支持治疗。病毒性脑炎是指由各种病毒感染引起的中枢神经系统的脑实质炎症，累及脑膜时表现为脑膜炎。本病80%以上是由肠道病毒感染引起的。临床以发热、头痛、抽搐、精神异常、意识障碍和脑脊液改变等为其特征。治疗和护理措施是急性期遵医嘱给予支持、对症治疗和抗病毒治疗，并密切观察有无颅内压增高等并发症的发生。

自测题

A_1 型题

1. 新生儿化脓性脑膜炎最常见的病原菌是
   A. 脑膜炎链球菌　B. 肺炎链球菌
   C. 大肠杆菌　D. 流感杆菌
   E. 厌氧菌
2. 典型的化脓性脑膜炎脑脊液改变是
   A. 细胞数增高、蛋白增高、糖增高
   B. 细胞数增高、蛋白增高、糖正常
   C. 细胞数增高、蛋白正常、糖增高
   D. 细胞数正常、蛋白增高、糖下降
   E. 细胞数增高、蛋白增高、糖下降
3. 下列出生时具备以后应消失的反射是
   A. 握持反射　B. 腹壁反射
   C. 角膜反射　D. 瞬眼反射
   E. 吞咽反射
4. 化脓性脑膜炎最常见的并发症是
   A. 脑积水　B. 呼吸衰竭
   C. 脑室管膜炎　D. 硬脑膜下积液
   E. 脑性低钠血症

A_2 型题

5. 3岁小儿患化脓性脑膜炎，最常见的病原菌是
   A. 大肠杆菌　B. 铜绿假单孢菌
   C. 金黄色葡萄球菌　D. 脑膜炎奈瑟菌
   E. 流感嗜血杆菌
6. 患儿，女，5岁。诊断为化脓性脑膜炎，护理措施不包括以下哪项
   A. 惊厥昏迷时采取仰卧位
   B. 病室保持安静
   C. 定期翻身
   D. 密切观察病情
   E. 保证充分的营养和水分
7. 患儿，6岁。因发热2天，伴呕吐、头痛来诊。查体：体温39.2℃，脉搏130次/分，呼吸40次/分，血压95/55mmHg，心、肺、腹未见异常，布鲁津斯基征阳性，凯尔尼格征阳性，初步诊断为病毒性脑炎，最常见的病毒是
   A. 疱疹病毒　B. 腮腺炎病毒
   C. 流感病毒　D. 乙脑病毒
   E. 肠道病毒
8. 患儿，2岁，化脓性脑膜炎。入院后出现意识不清，呼吸不规则，两侧瞳孔不等大，对光反射迟钝。该患儿可能出现的并发症是
   A. 脑疝　B. 脑脓肿
   C. 脑积水　D. 脑室管膜炎
   E. 颅神经损伤
9. 患儿，男，4岁。以病毒性脑膜脑炎入院，经积极治疗，除右侧肢体仍活动不利外，其他临床症状明显好转，家长要求回家休养。护士为其进行出院指导，不妥的是
   A. 给予高热量、高蛋白、高维生素饮食
   B. 患侧肢体保持功能位，尽量减少活动
   C. 指导用药的注意事项
   D. 保持患儿心情舒畅
   E. 指导定期随访

10. 患儿，男，1 岁。发热 3 天，呕吐数次，精神委靡，前囟饱满，怀疑为化脓性脑膜炎，拟行腰椎穿刺，穿刺部位应选择

A. 第 1 ～ 2 腰椎间隙　B. 第 2 ～ 3 腰椎间隙

C. 第 3 ～ 4 腰椎间隙　D. 第 4 ～ 5 腰椎间隙

E. 平第 1 腰椎

A_3/A_4 型题

（11~14 题共用题干）

患儿，1 岁。发热 4 天，抽搐 3 次入院。患儿为足月顺产，无窒息。入院后体温持续不退，达 40℃，呕吐、谵妄，抽搐 2 次。体检：嗜睡，前囟隆起，颈项强直，前囟隆起，双肺呼吸音粗糙，可闻及少许干性啰音，腹软，肝轻度肿大。巴宾斯基征阳性。脑脊液检查：外观浑浊，压力升高。

11. 该患儿可能发生的疾病是

A. 败血症

B. 急性感染性多发性神经根神经炎

C. 支气管肺炎

D. 癫痫

E. 化脓性脑膜炎

12. 护士目前应采取的护理措施中，最重要的是

A. 皮肤护理　B. 降温护理

C. 饮食护理　D. 对症护理

E. 控制感染

13. 为明确病原菌，应首先进行的检查是

A. 神经传导功能测定　B. 痰液涂片

C. 胸部 X 线片　D. 脑电图检查

E. 脑脊液涂片或细菌培养找细菌

14. 腰椎穿刺去枕平卧 6 小时后，患儿可侧卧位并将床头抬高

A. 10º ～ 15º　B. 15º ～ 30º

C. 35º ～ 40º　D. 40º ～ 45º

E. 45º ～ 50º

（姚　慧）

11

第11章　免疫性疾病患儿的护理

你知道风湿性心脏瓣膜病的罪魁祸首是风湿热吗？你听说过舞蹈病、环形红斑和皮下小结吗？你知道过敏性紫癜也可并发肾病综合征吗？面对以上种种疑问，你一定想弄明白吧？那就让我们认真学习本章的内容吧。

第1节　风湿热患儿的护理

案例 11-1

乐乐，男，8岁。1年来常常感到胸闷、心悸、乏力，尤其是活动后明显，伴有四肢大关节疼痛，呈游走性。3天前“感冒”后胸闷、气促、乏力症状加重。查体：面色苍白，咽充血，扁桃体Ⅱ度肿大、充血，心率126次/分，心音低钝，心尖部可闻及Ⅳ级收缩期杂音，双下肢水肿。外周血检查：白细胞计数$14\times10^9/L$，中性粒细胞0.86，淋巴细胞0.11；血红蛋白98g/L。入院诊断：风湿热。

问题：

1. 引起风湿热最常见的病原体是什么？
2. 风湿热最严重的临床表现是什么？

一、疾病概述

风湿热是一种由咽部感染A组乙型溶血性链球菌后发生的变态反应和自身免疫反应性疾病。风湿热具有反复发作倾向，可累及心脏、关节、中枢神经系统和皮下组织，临床表现为心脏炎、环形红斑、关节炎、舞蹈症和皮下结节，以心脏炎和关节炎最为明显。任何年龄均可发病，以5～15岁的儿童和青少年为主，无性别差异。四季均可发病，以冬春季节多见。

风湿热急性期卧床休息，应用青霉素清除链球菌感染病灶、抗风湿治疗，支持对症治疗、预防并发症、提高生活质量。

二、护理评估

（一）致病因素/健康史

询问患儿发病前1～6周是否有上呼吸道感染的表现，有无发热、关节疼痛、皮疹等，既往有无心脏病或者关节炎的表现。

链接

我国风湿热发病状况和临床表现近年的发展变化

风湿热是由A组乙型溶血性链球菌感染引起的自身免疫性疾病，严重后果可导致心脏损害、慢性心脏病瓣膜病的形成，危害儿童的身体健康。我国风湿热发病情况在20世纪50年代以来已明显减少，总体趋势为下降。但目前风湿热的发病率比20世纪80年代年稍有回升，尤其是我国农村和边远地区发病率较高。现在由于大量抗生素的广泛使用，临床特点也在逐渐发生变化，症状变得不典型。临床表现趋向于减轻，只有部分病例有发热（低热或中度发热）；关节症状疼痛轻，无红、肿、热和功能障碍。心脏炎较轻，表现为心功能减退，如心悸、气促、心音减弱、心率增快、心脏杂音强度弱；皮下小结、环形红斑的发生率低；而舞蹈病却有所增加。

（二）身体状况

1. 一般表现 发热，热型不定，急性期可达38～40℃，隐匿起病者仅为低热或无发热。可伴有精神不振、乏力、食欲不佳、面色苍白、关节疼痛、腹痛等。如未进行预防的患者常反复发作。

2. 心脏炎 心脏是风湿热唯一持续性损害的器官，2/5～1/2的风湿热患者被累及心脏，以心肌炎和心内膜炎最多见，亦可发生全心炎。

(1) 心肌炎：病情轻者可无症状，重者可伴有心力衰竭。发热程度与心率的增快不呈比例；心浊音界叩诊增大；听诊心音低钝，可闻及奔马律，心尖部第一心音减弱，可出现期前收缩、心动过速等心律失常，可闻及吹风样杂音；75%的初发患儿主动脉瓣区可闻及舒张中期杂音。

(2) 心内膜炎：主要侵犯二尖瓣，其次为主动脉瓣，可导致二尖瓣关闭不全，在心尖部可闻及收缩期杂音；主动脉瓣关闭不全，在胸骨左缘第3肋间可闻及舒张期杂音。反复发作会形成风湿性心瓣膜病。

(3) 心包炎：临床表现为心前区疼痛，积液少时难以发现，可听到心包摩擦音。积液多时呼吸困难、心动过速、心前区搏动消失、心音遥远、心浊音界会随着体位的改变而变化、颈静脉怒张、肝肿大等。

3. 关节炎 占风湿热患儿的1/2～3/5，主要累及膝、踝、肘、腕等大关节，以游走性和多发性为特点。表现为关节红、肿、热、痛，关节活动受限，不遗留关节畸形。

护考链接

风湿热关节炎的特点是

A. 单个关节受累　B. 小关节受累　C. 不留关节畸形

D. 部位固定　E. 关节僵直变形

答案： C。

分析： 风湿热关节炎呈游走性、累及多个大关节，有红、肿、热、痛，无关节畸形。故正确答案为C。

4. 舞蹈病 发生率相对低，主要是风湿累及了椎体外系。女孩多见，表现为以四肢和面部肌肉为主的不自主、不协调、无目的的快速运动，如挤眉弄眼、伸舌、耸肩、语言障碍等，兴奋或注意力集中时明显，入睡后即消失。

5. 皮肤表现

(1) 环形红斑：多分布于躯干及四肢屈侧，呈环形或半环形，色淡红，边界清楚，大小不等，中心苍白，可反复出现，消退后不留痕迹。

(2) 皮下结节：好发于肘、膝、腕、踝等关节伸面，与皮肤不粘连，直径 0.1 ～ 1cm，2 ～ 4 周消失。

6. 诊断标准　诊断时必须具备 2 个主要表现，或 1 个主要表现及 2 个次要表现，并需具备近期有溶血性链球菌感染证据（表 11-1）。

表 11-1　风湿热诊断标准

主要表现	次要表现	链球菌感染证据
1. 心脏炎	1. 临床表现	1. 近期患过猩红热
2. 多发性关节炎	(1) 既往风湿热病史	2. 咽培养溶血性链球菌阳性
3. 舞蹈症	(2) 关节痛	3. ASO 升高
4. 环形红斑	(3) 发热	
5. 皮下结节	(4) 抗体增高	
	2. 实验室检查	
	(1) 红细胞沉降率增快，C 反应蛋白阳性，白细胞增多，贫血	
	(2) 心电图：PR 间期延长，QT 间期延长	

诊断时必须具备 2 个主要表现，或 1 个主要表现及 2 个次要表现，并需具备近期有溶血性链球菌感染证据。

考点提示：风湿热诊断标准。

（三）社会、心理状态

因风湿热反复发作可导致风湿性心脏瓣膜病，严重影响患儿的生命质量。所以应评估家长对疾病的治疗、预后、预防复发的认知情况，有无焦虑和恐惧的情绪反应。年长儿还要注意评估因休学带来的担忧和舞蹈症带来的自卑心理。

（四）辅助检查资料

1. 风湿热活动指标　红细胞沉降率增快；C 反应蛋白阳性；黏蛋白增高。

2. 链球菌感染证据　抗链球菌溶血素“O”（ASO）增高；咽拭子培养 A 组溶血性链球菌阳性；抗链球菌激酶阳性等。

三、护理诊断 / 问题

1. 心输出量减少　与心脏损害有关。

2. 疼痛　与关节受累有关。

3. 体温过高　与感染有关。

4. 焦虑　与知识缺乏、疾病的威胁有关。

5. 潜在并发症　心力衰竭，与药物不良反应有关。

四、护理目标

(1) 增加患儿心输出量，维持正常生命体征。
(2) 减轻关节疼痛。
(3) 体温恢复正常。
(4) 消除焦虑，配合治疗
(5) 不发生并发症或发生时能及时发现并处理。

五、护理措施

(一) 减轻心脏的损害的护理

1. 观察病情　注意观察患儿面色、呼吸、心率、心律及心音的变化，如有心力衰竭（烦躁、面色苍白、气促等）的表现，及时报告医生处理。

2. 休息　根据心脏受累的程度限制活动，无心脏炎的急性期卧床休息 2 周，随后 2 周内逐渐恢复活动；有心脏炎而无心力衰竭者卧床休息 4 周，随后 4 周内逐渐恢复活动；有心脏炎伴有心力衰竭者卧床休息 8 周，随后 2 ～ 3 月个内逐渐增加活动量。

考点提示： 休息治疗。

3. 饮食护理　给予营养丰富、易消化的食物，有心力衰竭者适当限制盐和水的摄入，保持大便通畅。

考点提示： 心力衰竭患儿的饮食要求。

(二) 用药护理

1. 清除链球菌感染　应用青霉素，每天 2 次，连续 2 周，过敏者可改用红霉素等。

2. 抗风湿治疗　心脏炎应早期使用糖皮质激素，泼尼松每日 2mg/kg，最大量≤ 60mg/d，无心脏炎的患儿可用水杨酸制剂。注意激素和水杨酸制剂的不良反应（胃肠道反应、肝功能损害、出血等），饭后口服能减轻水杨酸制剂的胃肠道反应，注意泼尼松会引起消化性溃疡、血压增高、免疫抑制等不良反应。

3. 对症护理　有心力衰竭者必要时吸氧、利尿、扩张血管治疗，需要用洋地黄制剂时，剂量偏小，注意密切观察洋地黄过量的表现。有舞蹈病时可用苯巴比妥、地西泮等镇静剂。

(三) 减轻关节疼痛

关节疼痛时应予制动，将关节置于功能位上，避免受压，动作轻柔。急性期后热水袋局部热敷可以止痛，注意防止烫伤，加强皮肤护理。

考点提示： 减轻风湿热患儿关节疼痛的措施。

(四) 降低体温

密切观察体温变化，可采用物理降温。

(五) 心理护理

关心、爱护患儿，耐心解释各项检查、治疗、护理措施的目的，及时消除减轻患儿的不适感。及时解答家长疑问，主动介绍患儿病情及治疗进展情况，减轻或消除家长的疑虑和不安。

六、健康教育

(1) 向患儿家长讲解疾病的病情，讲解风湿热的有关知识和护理要点。

(2) 指导家长观察病情，预防感染的方法。

(3) 指导家长合理安排患儿的日常生活，不参加剧烈运动。

(4) 与患儿及家长进行交流，解除他们的焦虑，帮助他们建立信心。强调定期门诊随访。

(5) 强调预防复发的重要性，预防用药首选长效青霉素 120 万 U 肌内注射，每月 1 次，至少持续 5 年，最好持续至 25 岁，有心脏损害者宜终身预防用药。青霉素过敏者可口服红霉素类，每月 6 ～ 7 天，疗程同前。

第 2 节　过敏性紫癜患儿的护理

案例 11-2

萌萌，女，8 岁。皮疹 3 天，10 天前患上呼吸道感染。体检时发现四肢伸面有散在紫色斑丘疹，突出皮肤，压之不褪色。入院诊断：过敏性紫癜。

问题：

1. 过敏性紫癜的病因是什么？
2. 过敏性紫癜皮疹的特点是什么？

一、疾病概述

过敏性紫癜又称舒 - 亨综合征，是一种以小血管炎为主要病变的系统性血管炎。该病多发生于 2 ～ 8 岁的儿童，男孩多于女孩。临床特点为反复的皮肤紫癜，伴有关节肿痛、腹痛、便血、血尿和蛋白尿，但血小板不减少。一年四季均可发病，以春秋季节较明显。本病具有自限性，大多数预后较好，有少数病例迁延不愈。

本病无特效治疗方法，主要采取抗过敏、对症、祛除过敏原等治疗。

二、护理评估

（一）致病因素 / 健康史

致病因素有：①感染：上呼吸道感染（链球菌感染），但缺乏病原学的直接证据；②免疫异常：食物、药物过敏；③遗传因素；④环境因素、化学因素等。据相关报道表明，A 组乙型溶血性链球菌感染是诱发过敏性紫癜的重要原因。

应询问患儿发病前 1 ～ 3 周有无上呼吸道感染史；用药史、食用鱼虾和蛋奶史；接触花粉和蚊虫叮咬史；患寄生虫病史；既往有无类似发作史。

（二）身体状况

急性起病，通常以皮肤紫癜为首发症状，也有部分患儿以腹痛、关节炎或肾脏症状首先出现。起病前常有上呼吸道感染史，伴有低热、食欲减退、乏力等症状。

考点提示：皮肤紫癜的特点。

1. 皮肤紫癜　皮肤紫癜反复出现为本病的主要特点，下肢及臀部多见，以伸侧较多，呈对称性分布，分批出现。初起为紫红色斑丘疹，高出皮肤，压之不褪色，数日后转成暗紫色，后为棕褐色而消退。少数重症患儿紫癜融合成大疱，伴出血性坏死。消退时间通常为 4 ～ 6 周，部分病例可复发。

2. 消化道症状　约 2/3 患儿出现，以阵发性腹痛为主，通常位于脐周或下腹部，可伴恶心、呕吐。严重者可并发肠穿孔、肠套叠、出血坏死性肠炎和肠梗阻。

3. 关节肿痛　约 1/3 患儿可出现膝、踝、肘、腕等大关节肿、痛，为游走性疼痛，关节活动受限，但不遗留关节畸形。

4. 肾脏症状　50% ～ 60% 的患儿有肾脏受损的表现，常于发病 1 个月内出现，患儿出现血尿、蛋白尿和管型尿，高血压及水肿，称为紫癜性肾炎。虽然有些患儿的血尿、蛋白尿持续数月甚至数年，但大部分都能完全恢复，只有少数病例发展成慢性肾炎。

护考链接

为了预防紫癜型肾炎的发生，需要定期检查的是

A. 抗链“O”　B. C 反应蛋白　C. 尿常规

D. 红细胞沉降率　E. 毛细血管脆性试验

答案：C。

分析：过敏性紫癜患儿的肾脏受损症状常于发病 1 个月内出现，多数患儿出现血尿、蛋白尿和管型尿，伴有血压增高及水肿，称为紫癜性肾炎。应该追踪尿常规的变化，故正确答案为 C。

5. 其他表现　偶可发生颅内出血。个别会有出血倾向如鼻出血、牙龈出血、咯血等。

考点提示：过敏性紫癜的皮疹特点。

（三）社会、心理状态

患儿的家长因知识缺乏产生焦虑的心理；对过敏性紫癜的预后担忧，疾病的治疗护理、随诊观察等认知欠缺。

（四）辅助检查资料

1. 外周血检查　白细胞正常或增加，中性粒细胞和嗜酸粒细胞可增高，血小板计数正常，出血、凝血时间、血块退缩正常，部分患儿毛细血管脆性试验阳性。

链接

什么是毛细血管脆性试验

方法：用血压计袖带缚于上臂后充气，并使压力维持在收缩压和舒张压之间，以对毛细血管施加压力。持续 8 分钟后放松袖带，5 分钟后记录前臂屈侧直径为 5cm 圆周内的新出血点数目。新出血点超过 10 个为阳性，提示毛细血管脆性增加。

临床意义：阳性见于血小板减少、血小板功能缺陷、遗传性毛细血管扩张症和过敏性紫癜等。

2. 尿、便常规检查　肾受累的患儿可有血尿、蛋白尿、管型尿；腹型紫癜患儿大便潜血试验可呈阳性反应。

三、护理诊断 / 问题

1. 皮肤完整性受损　与变态反应、血管炎有关。

2. 疼痛　与关节和胃肠道变态反应性炎症有关。

3. 潜在并发症　消化道出血、紫癜性肾炎、肾病综合征。

四、护理目标

(1) 患儿皮肤恢复正常。
(2) 患儿疼痛缓解或消失。
(3) 未发生并发症或发生时能及时发现并处理。

五、护理措施

(一) 皮肤护理

考点提示：皮疹的护理。

观察皮疹形态、颜色、数量、部位和有无反复出现；每日记录皮疹变化情况；保持皮肤清洁，避免抓伤，皮肤溃破要及时处理，以防出血和感染；衣物要求软而透气好的棉质内衣，要求干净、干燥；避免接触过敏原；穿刺时注意避开皮疹。

(二) 饮食护理

给予富含维生素C、维生素K的食物，忌食辛辣刺激食物，勿食致敏性食物，如鱼、虾、蛋等；避免进食粗糙、坚硬的食物损伤胃肠道；有肾脏症状患儿给予低盐饮食。

(三) 观察病情

(1) 观察有无腹痛、便血等情况，有消化道出血时，应卧床休息，给予无渣饮食，出血量大时禁食。观察尿的颜色、量、性状的改变，定期做尿常规检查，如有蛋白尿、血尿，按肾炎护理。

(2) 注意有无颅内出血表现及其他出血倾向。

(四) 用药护理

1. 糖皮质激素和免疫抑制剂 急性期关节、腹痛症状明显，可用泼尼松治疗，症状缓解后可停药。严重过敏性紫癜肾炎可以加用免疫抑制剂。

2. 抗凝治疗 肾脏症状明显可用抗凝药阿司匹林、双嘧达莫、肝素等。

3. 对症治疗 大剂量维生素C可改善血管通透性；有荨麻疹或血管神经性水肿时，应用抗组胺药物和钙剂。

4. 其他 中药治疗，可补肾益气、活血化瘀等。

(五) 疼痛的护理

1. 关节疼痛 对关节疼痛患儿应观察疼痛及肿胀情况，保持关节功能位置，协助患儿取舒适体位，做好日常护理。

2. 腹痛 对腹痛患儿应卧床休息，观察腹痛情况，注意大便性状，详细记录大便次数，腹痛者禁止腹部热敷以防肠出血。

(六) 心理护理

关心、爱护患儿，耐心解释各项检查、治疗、护理措施的目的，及时消除减轻患儿的不适感。及时解答家长疑问，主动介绍患儿病情及治疗进展情况，减轻或消除家长的疑虑和不安。

六、健康教育

(1) 教会家长和患儿观察病情，合理饮食，避免接触过敏原，预防上呼吸道感染。

(2) 防止抓伤擦伤。
(3) 注意个人卫生，加强营养。
(4) 急性期控制活动，有肾脏损伤，不能参加体育锻炼。
(5) 过敏性紫癜肾炎患儿出院后追踪尿液检查。

小结

风湿热是儿科常见的风湿性疾病，主要和A组乙型溶血性链球菌感染相关，表现为发热、心脏炎、关节炎、舞蹈病、环形红斑和皮下结节。可能的护理诊断主要有：①心输出量减少；②疼痛；③体温过高；④焦虑；⑤潜在并发症。护理措施主要有：①减轻心脏的损害的护理；②用药及护理；③减轻关节疼痛；④降低体温；⑤心理护理。健康教育的重点是要指导家长观察病情，掌握预防和复发使用药物长效青霉素的时间疗程。

过敏性紫癜是儿科常见的风湿免疫性疾病之一，主要和A组乙型溶血性链球菌感染、自身免疫、变态反应、遗传背景等相关，表现为皮肤紫癜、腹痛、关节肿痛、肾脏损害。可能的护理诊断主要有：①皮肤完整性受损；②疼痛；③知识的缺乏；④焦虑；⑤潜在并发症。护理措施主要有：①皮肤护理；②饮食护理；③观察病情；④用药护理；⑤减轻关节疼痛；⑥心理护理。健康教育的重点是要指导家长学会观察病情，去除过敏原，预防上呼吸道感染，合理饮食。

自 测 题

A_1 型题

1. 与过敏性紫癜发病相关的因素除外
   A. 感染因素　B. 外伤因素
   C. 药物因素　D. 昆虫叮咬
   E. 食物因素
2. 过敏性紫癜最有特征的临床表现是
   A. 腹痛　B. 关节炎
   C. 血尿　D. 环形红斑
   E. 皮肤紫癜
3. 治疗过敏性紫癜的关键在于
   A. 应用止血药
   B. 抗过敏
   C. 及时应用糖皮质激素
   D. 消除病因
   E. 应用免疫抑制剂
4. 引起风湿热密切相关的因素主要是
   A. 病毒
   B. A组乙型溶血性链球菌感染
   C. 过敏
   D. 疫苗接种
   E. 以上均是
5. 下列哪项不属于风湿热的主要临床表现
   A. 心脏炎　B. 主要累及大关节
   C. 舞蹈病　D. 环形红斑
   E. 关节遗留畸形
6. 风湿热急性期应用青霉素是为了
   A. 预防病程中发生细菌感染
   B. 治疗急性心力衰竭
   C. 防止心瓣膜病的发生
   D. 清除链球菌感染
   E. 阻止风湿活动的进展
7. 儿童风湿热最大的健康危害是
   A. 高热惊厥　B. 关节畸形
   C. 环形红斑　D. 心脏炎
   E. 舞蹈病

A_2 型题

8. 患儿5岁。因皮疹3天入院。查体：生命体征正常，双下肢散在性紫红色斑丘疹。入院诊断

为过敏性紫癜，下列哪项是该病皮疹的特点

A. 不对称分布 B. 不会反复发作

C. 不高于皮肤 D. 伸侧较多

E. 压之褪色

9. 患儿 8 岁。因风湿热心瓣膜病、心力衰竭入院。治疗期间对其饮食护理的重点是

A. 高蛋白、高纤维饮食

B. 低盐饮食

C. 高脂、高糖饮食

D. 易消化、流质饮食

E. 普食

A_3/A_4 型题

（10 ～ 12 题共用题干）

患儿，8 岁。因双下肢反复皮疹 6 天，腹痛、便血 2 天就诊。查体：生命体征正常，痛苦面容，双下肢见密集的、大小不等的紫红色斑丘疹，呈对称分布，高出皮肤表面，压之不褪色。

10. 最可能的诊断是

A. 过敏性紫癜 B. 血小板减少性紫癜

C. 急性阑尾炎 D. 维生素 K 缺乏症

E. 皮肤黏膜淋巴结综合征

11. 首要的护理诊断是

A. 皮肤完整性受损 B. 焦虑

C. 知识缺乏 D. 疼痛

E. 潜在的并发症

12. 应立即采取的护理措施是

A. 卧床休息

B. 应用止血剂

C. 遵医嘱应用解痉剂

D. 皮肤护理，防止破损

E. 补液

（13 ～ 15 题共用题干）

患儿，女，9 岁。1 年来自觉胸闷、气促、乏力、心悸，活动后加重，伴有四肢关节疼痛，近 2 天“感冒”后胸闷、心悸、气促加剧。查体：面色苍白，精神差，咽部充血，双侧扁桃体 II 度肿大、充血，心率 123 次/分，心音低钝，心尖区可闻及Ⅲ级收缩期杂音，下肢水肿。其他查体无异常发现。血常规：白细胞计数：$13.5\times10^9/L$，中性粒细胞 0.87，淋巴细胞 0.10；血红蛋白 90g/L。

13. 该患儿最可能的诊断是

A. 风湿性心瓣膜病，心力衰竭

B. 类风湿性关节炎

C. 心肌炎，心力衰竭

D. 风湿性关节炎

E. 结核性脑膜炎

14. 经治疗后该患儿的症状消失，使用长效青霉素的期限是

A. 1 年 B. 3 年

C. 持续到 18 岁 D. 终身

E. 持续到 25 岁

15. 风湿热患者如何预防心瓣膜病变

A. 口服激素

B. 摘除扁桃体

C. 长期应用长效青霉素

D. 口服阿司匹林抗凝

E. 口服止血药

（刘宾秀）

12

第12章 传染性疾病患儿的护理

你知道结核病有“死灰复燃”的现象吗？你听说过流行性腮腺炎也会影响生殖功能吗？你知道什么是杨梅舌、苍白圈吗？结核菌素试验阳性一定是结核病吗？学习了本章的内容，相信你的一切疑问都会解决。

第1节 麻疹患儿的护理

案例 12-1

王奶奶的孙子亮亮，3岁。5天前开始出现发热、打喷嚏、流涕和咳嗽症状，发病第4天开始出疹，皮疹开始于耳后发际，继之发展到全身，为红色斑丘疹。社区医院诊断为麻疹。

问题：

1. 麻疹前驱期最重要的确诊依据是什么？
2. 亮亮应隔离治疗多长时间？

一、疾病概述

麻疹是一种由麻疹病毒引起的具有高度传染性的急性出疹性呼吸系统传染病。本病的主要临床特点是发热、上呼吸道炎、结膜炎、口腔麻疹黏膜斑（又称柯氏斑）、全身斑丘疹及疹退后遗留色素沉着伴糠麸样脱屑，可发生肺炎等并发症。麻疹患者是唯一的传染源，主要通过呼吸道进行传播，与患者密切接触或直接接触患者的鼻咽部分泌物亦可传播。出疹前后5天均有很强的传染性，如有并发症传染性可延长至出疹后10天，病后可获得终身免疫。冬春季发病率较高。随着麻疹减毒活疫苗的普遍接种，麻疹的发病率和死亡率显著下降。

考点提示：麻疹的流行病学特点。

二、护理评估

（一）致病因素/健康史

麻疹病毒属副黏液病毒，RNA病毒，只有1个血清型，抗原性稳定。麻疹病毒在外界生存能力弱，不耐热，对紫外线和消毒剂均敏感，在流通的空气或日光中30分钟即失去活力，但耐低温。

（二）身体状况

典型麻疹临床经过可分为以下四期：

1. 潜伏期　一般6～18天，平均为10天左右。潜伏期末可有轻度发热、精神差、全身不适。

2. 前驱期（出疹前期） 一般为 3 ～ 4 天，主要表现为：

(1) 发热：为首发症状，多为中度以上发热。

(2) 上呼吸道炎及结膜炎表现：发热同时伴有流涕、咳嗽、喷嚏、咽部充血等类似感冒的症状，结膜充血、畏光、流泪及眼睑水肿为本病的特点。

(3) 麻疹黏膜斑（Koplik 斑）：是麻疹早期的特异性体征。出疹前 1 ～ 2 天出现，在下磨牙对应的颊黏膜上，可见直径约 1.0mm 的灰白色小点，周围有红晕，随后迅速增多并融合，可累及整个颊黏膜及唇部黏膜，出疹后 1 ～ 2 天逐渐消失（图 12-1）。

(4) 部分病例可出现一些非特异性症状，如全身不适、精神不振、食欲减退、呕吐、腹泻等。

3. 出疹期 一般为 3 ～ 5 天。多在发热后 3 ～ 4 天出疹，体温可高达 40℃。皮疹首先开始于耳后、发际，渐至颜面、颈部，然后自上而下延及躯干、四肢，最后到手掌、足底。皮疹初为红色斑丘疹，压之褪色，疹间皮肤正常，以后逐渐增多变为暗红色，部分融合（图 12-2）。此期全身中毒症状及咳嗽加剧，肺部可闻及少量湿啰音，全身淋巴结及肝脾肿大。

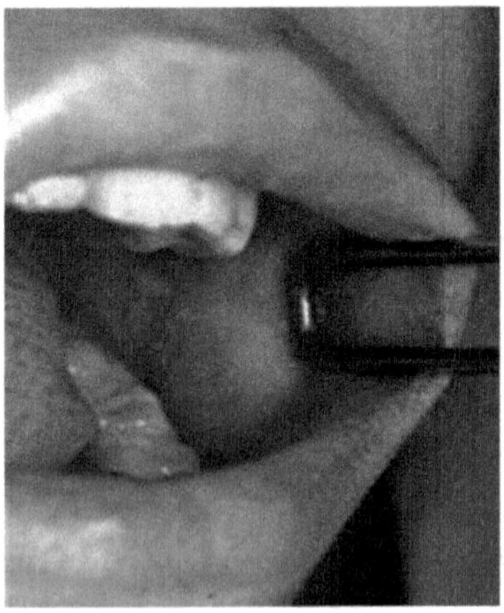

图 12-1 麻疹黏膜斑

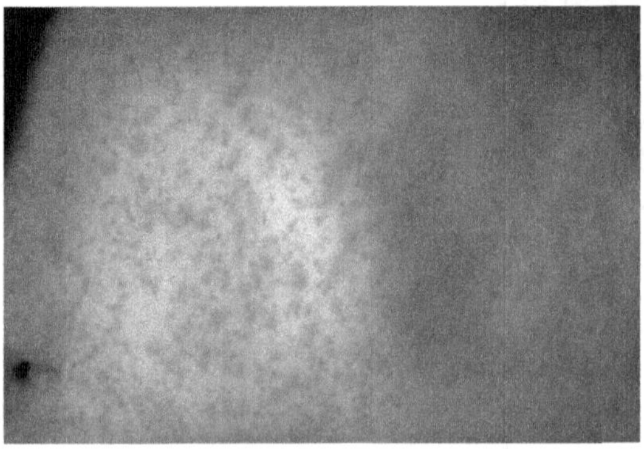

图 12-2 麻疹皮疹

护考链接

麻疹患者在出疹期首先出现皮疹的部位是

A. 前额、面、颈　　B. 耳后、发际　　C. 胸、背

D. 胸、腹　　E. 四肢

答案：B。

分析：麻疹出疹期皮疹初见于耳后、发际，渐至颜面、颈部，然后自上而下延及躯干、四肢，最后到手掌、足底。故正确答案为 B。

4. 恢复期 一般为 3 ～ 5 天。此期体温下降，全身症状明显减轻。皮疹按出疹先后顺序消退，可有糠麸状脱屑和褐色色素沉着，1 ～ 2 周后完全消失。

5. 并发症 可并发肺炎、喉炎、心肌炎、脑炎、营养不良和维生素 A 缺乏等，并可使结核病恶化。其中肺炎是麻疹最常见的并发症，多见于 5 岁以下小儿，是患儿死亡的主要原因。

考点提示：麻疹的身体状况。

（三）社会、心理状态

了解家庭及社区居民对该病毒的认识程度、防治态度及对该病的应对措施。麻疹传染性极强，患儿需隔离治疗，少数患儿可产生并发症，患儿及家长可能产生孤独、焦虑、恐惧情绪，要及时和家长沟通消除其紧张心理。

（四）辅助检查资料

1. 外周血常规　血白细胞总数减少，淋巴细胞相对增多。若淋巴细胞严重减少提示预后不良；如中性粒细胞增多提示继发细菌感染。

2. 血清学检查　皮疹出现 1～2 天内即可用酶联免疫吸附试验检测血清麻疹 IgM 抗体，有早期诊断价值。

3. 病原学检查　呼吸道分泌物检测出或分离到麻疹病毒均可作出特异性诊断。

考点提示： 麻疹早期诊断指标。

三、护理诊断 / 问题

1. 体温过高　与病毒血症有关。

2. 有皮肤完整性受损的危险　与皮疹有关。

3. 有传播感染的危险　与呼吸道排出病毒有关。

4. 潜在并发症　肺炎、喉炎、心肌炎、脑炎等。

四、护理目标

(1) 监测体温，维持体温正常。

(2) 合理的皮肤护理，恢复患儿皮肤完整性。

(3) 及时健康宣教，防止感染传播。

(4) 观察病情变化，预防并发症发生或发生时及时发现予以治疗和护理。

五、护理措施

（一）维持正常体温

绝对卧床休息至皮疹消退、体温正常。保持室内空气新鲜，室内温度维持在 18～22℃，湿度 50%～60%。监测体温，出疹期不宜用药物或物理方法强行降温，尤其是乙醇溶液擦浴、冷敷等物理降温，以免影响透疹。体温＞40℃时可温水擦浴或小剂量退热药降温。

考点提示： 麻疹高热护理注意事项。

（二）保持皮肤完整性

(1) 保持床单整洁干燥和皮肤清洁，勤换内衣，剪短指甲，防止抓伤皮肤继发感染。

(2) 及时评估患儿的出疹情况，如出疹不畅，可用鲜芫荽煎服或温水擦浴以利透疹。

(3) 保持眼、耳、鼻、口腔的清洁。医嘱应用抗生素眼液或眼膏，加服维生素 A 预防干眼症；防止眼泪或呕吐物流入耳道引起中耳炎；及时清除鼻痂，保持鼻腔通畅；多喂白开水，常用生理盐水或 2% 硼酸溶液洗漱，保持口腔清洁舒适。

（三）保证营养供给

发热期间给予清淡易消化的流质饮食，少量多餐。鼓励多饮水，利于排毒、退热、透疹，必要时按医嘱静脉补液。恢复期应添加高蛋白、高维生素的食物。

（四）观察病情变化

麻疹并发症多且重，为及早发现，应密切观察病情。如患儿出现咳嗽明显加重、持续高热、呼吸困难、肺部湿啰音增多等为并发肺炎的表现；当患儿出现声音嘶哑、犬吠样咳嗽、吸气性呼吸困难等，提示并发了喉炎；如患儿嗜睡、惊厥、昏迷、脑膜刺激征阳性等提示并发脑炎。观察出现上述情况应予以相应处理。

（五）预防感染传播

1. 控制传染源 对患儿宜采取呼吸道隔离至出疹后 5 天，合并肺炎者延长至出疹后 10 天。接触麻疹的易感儿应隔离观察 3 周。

2. 切断传播途径 病室每日紫外线消毒或通风半小时。患儿衣被及使用物品要在阳光下暴晒 2 小时，减少不必要的探视。医护人员接触患儿前后应洗手、更换隔离衣或在空气流通处停留 30 分钟。

3. 保护易感人群 8 个月以上未患过麻疹的小儿可采用麻疹减毒活疫苗预防接种。易感儿接触麻疹后 5 天内立即注射免疫血清球蛋白，6 天后注射可减轻症状，有效免疫期 3~8 周。

考点提示：麻疹的隔离期及预防措施。

六、健康教育

(1) 向家长介绍麻疹的病程、隔离时间、并发症和预后，使其有充分的心理准备，积极配合治疗。

(2) 无并发症的患儿可在家中治疗护理，指导家长做好消毒隔离、皮肤护理及病情观察，防止继发感染。

(3) 教育家长流行期间不带易感儿童去公共场所。

第 2 节　水痘患儿的护理

案例 12-2

小奇，男，6 岁。主因皮肤水疱疹 1 天伴瘙痒就诊。查体：体温 38.2℃，躯干部可见红色斑疹和疱疹，疱疹周围有红晕。初步诊断：水痘。

问题：

1. 说出该患儿的隔离期？
2. 向家长示范预防皮肤瘙痒的护理措施。

一、疾病概述

水痘是由水痘 - 带状疱疹病毒引起的小儿常见的急性出疹性传染病。本病的主要临床特点为皮肤黏膜相继出现和同时存在斑疹、丘疹、疱疹和结痂，全身症状轻微。水痘患者是唯一的传染源，主要通过飞沫或直接接触传播，出疹前 1 ～ 2 天至疱疹结痂为止均有很强的传染性。人群普遍易感，主要见于儿童，以 2 ～ 6 岁为高峰，冬春季节高发，病后可获得持久免疫，但以后可以发生带状疱疹。

考点提示：水痘的流行病学特点。

二、护理评估

（一）致病因素 / 健康史

水痘 - 带状疱疹病毒属疱疹病毒科 α 亚科，为双链 DNA 病毒，仅 1 个血清型。该病毒在体外抵抗力弱，对热、酸和乙醚敏感，在痂皮中不能存活。感染后，病毒可长期潜伏在脊髓后根神经节或颅神经的感觉神经节内，少数人在青春期或成年后，病毒被再次激活，引起带状疱疹。

询问患儿近期是否接触过水痘患儿；既往有无水痘病史；近期是否服用过糖皮质激素、免疫抑制剂和易发疹药物（与药疹鉴别）。

（二）身体状况

1. 典型水痘

（1）潜伏期：10～21 天，一般 2 周左右。

（2）前驱期：仅 1 天左右，表现为低热、不适、头痛、厌食、流涕、咳嗽等。

（3）出疹期：发热同时或 1～2 天后出现皮疹，其特点为：①呈向心性分布，躯干多，四肢少，且皮疹脱痂后一般不留瘢痕；②皮疹分批出现，初始为红色斑疹和丘疹，迅速发展为清亮、卵圆形小水疱，周围有红晕；24 小时后水疱内容物变浑浊且中央凹陷，易破溃，伴痒感，2～3 天开始干枯结痂（图 12-3）；疾病高峰期可见斑疹、丘疹、疱疹和结痂同时存在，是水痘皮疹的重要特点；③疱疹可发生于口腔、咽、眼结膜和生殖器等处，易破溃形成溃疡，疼痛明显；④水痘多为自限性疾病，10 天左右自愈。

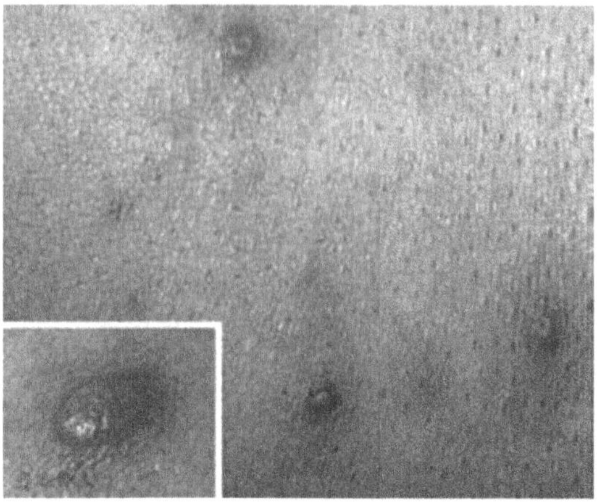

图 12-3　水痘皮疹

2. 重型水痘　多发生于免疫功能低下或恶性疾病小儿，高热、皮疹分布广泛，常融合成大疱型疱疹或出血性皮疹，可继发感染，病死率高。

3. 并发症　最常见的为皮肤继发细菌感染，可出现脓疱疮、丹毒、蜂窝织炎，甚至败血症等；亦可并发水痘肺炎、脑炎、心肌炎等。

链接

水痘皮疹为何分批出现？皮疹是否可留下瘢痕

水痘病毒是经口、鼻进入人体，在呼吸道黏膜细胞内繁殖，2～3 天后进入血液产生病毒血症，在单核吞噬细胞系统内再次繁殖后入血，引起第二次病毒血症而发病。由于病毒侵入血液是间歇性的，故皮疹分批出现。由于皮肤病变仅限于表皮棘细胞层，故一般不留下疤痕，但应避免继发感染。

考点提示：水痘的临床表现。

（三）社会、心理状态

水痘传染性较强，患儿需隔离治疗，了解家庭及社区居民对该病毒的认识程度、防治态度及对该病的应对措施，有无焦虑、恐惧情绪，要适时给予安慰。

（四）辅助检查资料

1. 外周血检查　白细胞总数一般正常，继发细菌感染时可增高。

2. 血清学检查　补体结合抗体高滴度。双份血清特异性抗体滴度增高 4 倍以上可明确病原。

3. 疱疹刮片 刮取新鲜疱疹基底组织和疱疹液涂片，瑞氏染色可见多核巨细胞，苏木素-伊红染色查见核内包涵体，直接荧光抗体染色查病毒抗原简捷有效。

三、护理诊断/问题

1. 有皮肤完整性受损的危险 与皮疹有关。
2. 体温过高 与病毒血症有关。
3. 潜在并发症 皮肤感染、肺炎、脑炎和心肌炎等。
4. 有传播感染的危险 与患儿排出水痘病毒有关。

四、护理目标

(1) 合理的皮肤护理，恢复患儿皮肤完整性。
(2) 监测体温，维持体温正常。
(3) 观察病情变化，预防并发症发生，或发生时及时发现予以治疗护理。
(4) 及时健康宣教，防止感染传播。

五、护理措施

(一) 减轻皮肤病损，恢复皮肤完整性

保持室温适宜，衣被清洁，勤换内衣，保持皮肤清洁、干燥。剪短指甲，小婴儿可戴连指手套，防止抓伤皮肤而导致继发感染。疱疹无破溃，皮肤瘙痒时，可用温水洗浴，局部涂 0.25%冰片炉甘石洗剂或 5%碳酸氢钠溶液；已破溃者涂 1% 甲紫；继发感染者遵医嘱使用抗生素。

(二) 维持正常体温

考点提示：水痘忌用阿司匹林。

监测体温，如有高热可用物理降温或适量退热剂，忌用阿司匹林，以免增加 Reye 综合征的危险。供给足够水分和易消化食物。

(三) 观察病情

水痘一般预后良好，偶可发生播散性水痘，并发肺炎、脑炎。观察患儿精神、体温、食欲及有无呕吐等，及早发现并发症，予以相应处理。如有口腔疱疹溃疡影响进食，应予补液。

(四) 预防感染传播

1. 控制传染源 水痘患儿无并发症在家中隔离治疗，至疱疹全部结痂或出疹后 7 天为止，易感儿接触后应隔离观察 3 周。

2. 切断传播途径 保持室内空气新鲜，托幼机构做好晨间检查、空气消毒。

3. 保护易感人群 易感者避免接触水痘患儿，若已接触，72 小时内肌内注射水痘-带状疱疹免疫球蛋白能预防或减轻症状。近年来使用水痘-带状疱疹病毒减毒活疫苗可有效预防水痘。

考点提示：水痘的隔离期、医学观察时间。

六、健康教育

加强预防知识教育，如流行期间少带易感儿童去公共场所。向家长介绍水痘隔离时间，以免引起家长焦虑。指导家长给予患儿足够的营养和水分，饮食宜清淡。为家长示范皮肤

护理方法，防止继发感染。

第 3 节　流行性腮腺炎患儿的护理

案例 12-3

小萍，女，6 岁，因“发热、右耳垂下肿痛 1 天”就诊。查体：体温 38.2℃，咽部充血，右侧腮腺以耳垂为中心向前、后、下肿大，边界不清，触之有弹性及压痛，初步诊断：流行性腮腺炎。

问题：

1. 缓解腮腺肿痛的方法有哪些？
2. 家长居家可采取哪些护理？

一、疾病概述

流行性腮腺炎是由腮腺炎病毒引起的小儿时期常见的急性呼吸道传染病，本病以腮腺的非化脓性肿痛为特征，大多有发热、咀嚼受限，可累及其他腺体或脏器，可并发脑膜脑炎和胰腺炎等。腮腺炎患者和隐性感染者为传染源，主要通过呼吸道飞沫传播，亦可因唾液污染食具和玩具，直接接触而感染。腮腺肿大前 6 天至消肿后 9 天均有传染性，病后可获得持久免疫。易感儿主要为 15 岁以下儿童，全年发病，冬春季发病率较高。

考点提示：流行性腮腺炎的流行病学特点。

二、护理评估

（一）致病因素 / 健康史

腮腺炎病毒属副黏液病毒科，为 RNA 病毒，仅 1 个血清型，存在于患者唾液、血液、尿液和脑脊液中。该病毒对理化因素敏感，加热 56℃ 20 分钟或 75% 乙醇 2 ～ 5 分钟、紫外线照射均可将其灭活，但耐低温。

（二）身体状况

潜伏期 14 ～ 25 天，平均 18 天。前驱期 1 ～ 2 天，部分患儿表现为发热、头痛、乏力、厌食等。常以腮腺肿大为首发症状，常先见一侧，2 ～ 3 天后累及对侧，也有两侧同时肿大或始终限于一侧者。腮腺肿大以耳垂为中心，向周围弥漫肿大，边缘不清，表面不红，有轻度压痛，张口和咀嚼时疼痛加剧（图 12-4）。在上颌第二臼齿相对应的颊黏膜处，腮腺管口可有红肿，严重者及颌下腺、舌下腺。

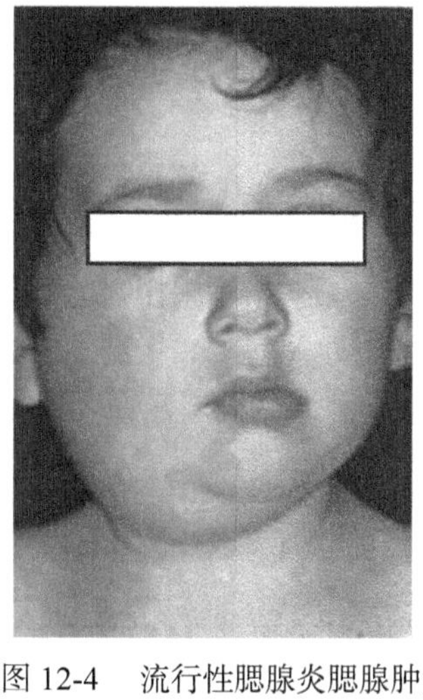

图 12-4　流行性腮腺炎腮腺肿大

脑膜脑炎是最常见的并发症，常发生于腮腺肿大前后 2 周，可有发热、头痛、嗜睡、呕吐、颈项强直等症状及脑脊液异常，大多预后良好，7 ～ 10 天症状可缓解，重者可留有后遗症或死亡。男孩常发生睾丸炎，多为单侧，睾丸肿胀疼痛，女孩可出现卵巢炎，一般不影响生育，亦可见胰腺炎、心肌炎等。

考点提示：流行性腮腺炎最常见的并发症是脑膜脑炎。

（三）社会、心理状态

疼痛是主要症状，影响进食、睡眠，易使患儿及家长紧张不安；了解患儿预防接种史，病前 2 ～ 3 周有无流行性腮腺炎接触史，观察家长对本病的了解程度和护理能力，针对具体情况做好家长的心理安慰。

（四）辅助检查资料

1. 外周血常规 白细胞总数正常或偏低，淋巴细胞相对增多。

2. 血、尿淀粉酶测定 90% 的患者发病早期血清和尿淀粉酶增高，2 周左右恢复正常。并发胰腺炎者显著增高，且脂肪酶也增高。

链接

流行性腮腺炎患儿为何血、尿淀粉酶增高

由于腮腺炎时，受侵犯的唾液腺管水肿，管内有脱落的坏死上皮细胞堆积，使腮腺腺体分泌物排出受阻，结果唾液内的淀粉酶经淋巴系统进入血液而使血、尿淀粉酶增高。

3. 血清抗体测定 血清特异性 IgM 抗体阳性提示近期感染。

4. 病毒分离 可从唾液、脑脊液、尿或血中分离出病毒。

三、护理诊断 / 问题

1. 疼痛 与腮腺非化脓性炎症有关。

2. 体温过高 与病毒感染有关。

3. 潜在并发症 脑膜脑炎、睾丸炎等。

4. 有传播感染的危险 与病原体排出有关。

四、护理目标

（1）控制感染，减轻疼痛。

（2）监测体温，维持体温正常。

（3）观察病情变化，预防并发症发生，或发生时及时发现予以治疗护理。

（4）及时健康宣教，防止感染传播。

五、护理措施

（一）减轻疼痛

保持口腔清洁，用温盐水漱口或多饮水，防止继发感染。按医嘱局部冷敷或青黛散调醋外敷患处，每日 1 ～ 2 次，药物要保持湿润。进食清淡、易消化的半流质或软食，忌酸、辣、干、硬食物，以减轻疼痛。

（二）降低体温

控制体温，患儿注意休息，多饮水，高热者给予物理降温或药物降温。

（三）密切观察病情变化

注意有无脑膜炎、睾丸炎、急性胰腺炎等并发症的临床征象，当患儿出现持续高热、头痛、呕吐、脑膜刺激征等脑膜炎可能，应及时报告医生给予相应的治疗和护理。观察男孩阴囊皮肤有无水肿，有无睾丸肿大、疼痛及触痛，并发睾丸炎者可用“丁”字带将阴囊托起或局部冰袋冷敷。

（四）预防感染传播

1. 控制传染源　采取呼吸道隔离患儿至腮腺肿大完全消退后 3 天止，有接触史的易感儿应观察 3 周。

2. 切断传播途径　流行期间应加强托幼机构的晨检，对患儿呼吸道分泌物及污染物进行严格消毒。

3. 保护易感染人群　易感者可接种减毒腮腺炎活疫苗，90% 可产生抗体。

考点提示：流行性腮腺炎的隔离、医学观察期。

六、健康教育

向家长讲解腮腺炎的护理和隔离知识，指导家长做好隔离、用药、饮食、退热等护理，学会观察病情。无并发症的患儿一般在家中隔离治疗，若有并发症及时送医院就诊，以配合治疗和护理。

第 4 节　猩红热患儿的护理

案例 12-4

大东，男，5 岁，发热后出现针尖大小的丘疹，全身呈皮肤弥漫性充血，疹间皮肤不正常，诊断为猩红热。

问题：

1. 根据该患儿的病情特点，应当对其进行医学观察多少天？
2. 应警惕患儿出现的并发症是什么？

一、疾病概述

猩红热是由 A 组乙型溶血性链球菌感染引起的急性呼吸道传染病。本病以发热、咽峡炎、全身弥漫性鲜红色皮疹和疹退后脱屑为特征。猩红热患者和带菌者为主要传染源，主要通过呼吸道飞沫传播，人群普遍易感，好发于 5 ～ 15 岁儿童，冬春季发病率较高。治疗首选青霉素，疗程 7 ～ 10 天。中毒症状重或休克症状者，给予肾上腺皮质激素等治疗。同时防止并发症（变态反应性疾病）发生。

二、护理评估

（一）致病因素 / 健康史

询问近期是否接触过猩红热患者；既往有无猩红热病史；并注意当地的流行情况。

（二）身体状况

1. 潜伏期　2 ～ 3 天，短者可以 1 天，长者 5 ～ 6 天。

2. 前驱期　一般不超过 24 小时。起病急，畏寒、高热，多为持续性，常伴头痛、恶心呕吐、全身不适、咽部红肿、扁桃体发生化脓性炎症。

3. 出疹期

(1) 皮疹多在发热后第 1 ～ 2 天出现，始于耳后、颈部及上胸部，24 小时左右迅速波及全身。皮疹特点为：全身弥漫性充血的皮肤上出现分布均匀的针尖大小的丘疹，压之褪色，触之有砂纸感，疹间无正常皮肤，伴有痒感（图 12-5）。皮疹按出疹顺序 3 ～ 5 天内消失。

(2) 特殊体征：腋窝、肘窝、腹股沟处可见皮疹密集并伴出血点，呈线状，称为帕氏线。面部潮红，有少量皮疹，口鼻周围无皮疹，略显苍白，称为“口周苍白圈”。“杨梅舌”是指病初舌被覆白苔，2 ～ 3 天后白苔脱落，舌乳头红肿突起（图 12-6）。

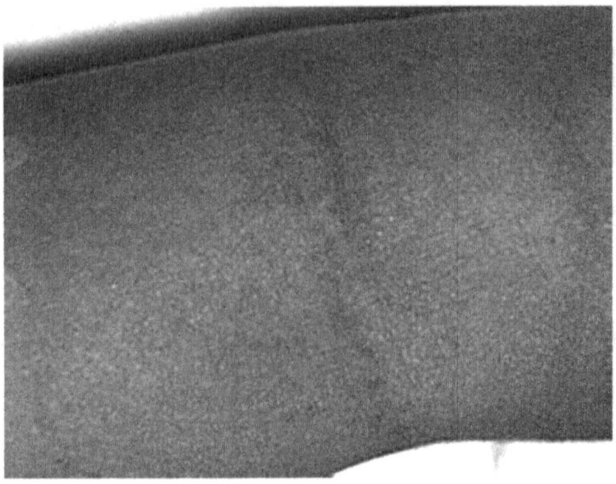

图 12-5　猩红热皮疹

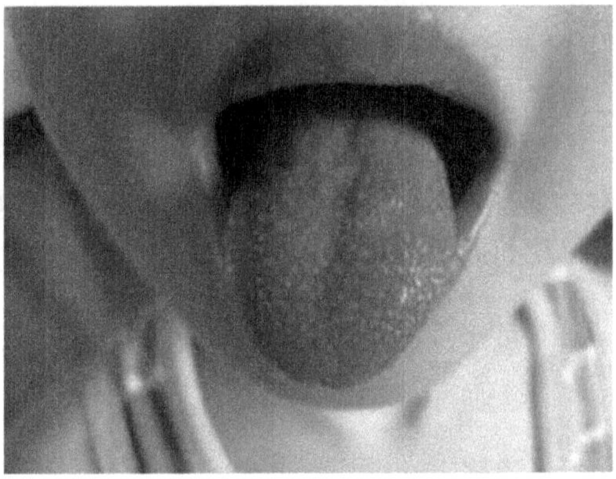

图 12-6　“杨梅舌”

4. 恢复期　多数患者于病后 3 ～ 5 天，按出疹顺序开始脱屑，躯干为糠皮样脱屑，手掌、足底可见大片状脱皮，呈“手套”“袜套”状。脱皮持续 1 周左右，无色素沉着。

护考链接

猩红热患儿特有的体征是

A. 口周苍白圈　　B. 躯干糠皮样脱屑

C. 皮疹多在发热 2 天后出现　　D. 疹间无正常皮肤

E. 多为持续性高热

答案：A。

分析：猩红热患者临床症状为皮疹多在发热后第 2 天出现，皮疹特点为全身弥漫性充血的皮肤上出现分布均匀的针尖大小的丘疹，压之褪色，触之有砂纸感，疹间无正常皮肤，伴有痒感；躯干糠皮样脱屑；其特殊体征为帕氏线、“口周苍白圈”和“杨梅舌”。故正确答案为 A。

考点提示：猩红热的皮疹特点。

初期可发生化脓性和中毒性并发症，如化脓性淋巴结炎、中毒性心肌炎等。病程 2 ～ 3 周内，主要有急性肾小球肾炎、风湿病、关节炎等。

（三）社会、心理状态

患儿病情较重，且常并发急性肾小球肾炎和风湿热，患儿及家长可能产生焦虑、恐惧情绪；家长缺乏相关的护理和康复知识而出现急躁、退缩等，要随时进行心理安慰，以消除焦虑情绪。

（四）辅助检查资料

1. 外周血常规　白细胞总数增高，可达（10 ～ 20）$\times 10^9$/L，中性粒细胞占 80% 以上。

2. 病原学检查　取咽拭子或其他病灶分泌物培养，可得 A 组乙型溶血性链球菌。

三、护理诊断 / 问题

1. 体温过高　与溶血性链球菌感染有关。

2. 有皮肤完整性受损的危险　与皮疹有关。

3. 潜在并发症　化脓性感染、急性肾小球肾炎、风湿热。

4. 有传播感染的危险　与对患儿隔离不当、对污染物消毒不严有关。

四、护理目标

（1）监测体温，维持体温正常。

（2）合理的皮肤护理，恢复患儿皮肤完整性。

（3）观察病情变化，预防并发症发生，或发生时及时发现予以治疗护理。

（4）及时健康宣教，防止感染传播。

五、护理措施

（一）维持正常体温

急性期患者绝对卧床休息 2 ～ 3 周以减少并发症。监测体温变化，鼓励患儿多饮水，高热者给予适当物理降温，但忌用冷水或乙醇溶液擦浴。病室通风，保持适宜的温度、湿度，卧床休息。急性期予以营养丰富的含大量维生素且易消化的流质、半流质饮食，恢复期给予软食。遵医嘱使用解热止痛药。

（二）皮肤护理

观察皮疹及脱皮情况，保持皮肤清洁，可用温水清洗皮肤，禁用肥皂水。剪短患儿指甲，避免抓破皮肤；皮肤瘙痒者可涂 0.25%冰片炉甘石洗剂。脱皮时勿用手撕扯，可用消毒剪刀修剪，以防感染。

（三）密切观察病情

观察患儿有无风湿病、肾小球肾炎和关节炎等并发症的临床表现，如有变化及时告知医生。按医嘱给予抗生素，观察疗效，有无过敏反应及不良反应。观察皮疹的变化情况，如有变化及时告知医生给予相应的治疗和护理。

（四）预防感染传播

1. 控制传染源　呼吸道隔离至症状消失后 1 周，连续咽拭子培养 3 次阴性后即解除隔离。有化脓性并发症者应隔离至治愈为止。

2. 切断传播途径　室内通风换气或用紫外线照射进行消毒，患者鼻咽分泌物须以 2% ～ 3% 氯胺或漂白粉澄清液消毒，被患者分泌物所污染的物品可采用消毒液浸泡、擦拭、蒸煮或日光曝晒等。

3. 保护易感人群　对密切接触者应医学观察 7 天，并可口服磺胺类药物或红霉素 3 ～ 5

天以预防疾病发生。

护考链接

患儿，女，5岁。发热，出疹3天，诊断为猩红热收住院。医生嘱咐家长在病程2～3周时检查尿液，护士应向家属解释

A. 了解有无肾损害　　B. 为控制活动量提供依据

C. 决定饮食调整方案　　D. 了解药物副作用

E. 了解疾病恢复情况

答案：A。

分析：猩红热患儿在病程2～3周内，主要有急性肾小球肾炎、风湿病、关节炎等并发症。检查尿液，观察患儿有无尿量减少、血尿等急性肾小球肾炎的变化。故正确答案为A。

六、健康教育

向家长讲解猩红热的治疗和护理知识，指导家长做好隔离、饮食、皮肤护理等，学会观察病情。本病流行时避免带患儿去公共场所。

第5节　小儿结核病患儿的护理

一、小儿结核病概述

结核病是由结核分枝杆菌引起的一种慢性感染性疾病。全身各个脏器均可受累，但以肺结核最常见。严重病例可引起血行播散，发生粟粒性肺结核或结核性脑膜炎，后者是小儿结核病致死的主要原因。近年来，结核病的发病率有上升趋势。多药耐药性结核分枝杆菌菌株的产生已成为防治结核病的严重问题。

（一）病因及发病机制

结核分枝杆菌属于分枝杆菌属，需氧菌，具有抗酸性，革兰染色阳性，抗酸染色呈红色。结核杆菌可分为四型：人型、牛型、鸟型和鼠型，对人类有致病性的主要为人型和牛型，其中人型是人类结核病的主要病原体。

小儿初次接触结核分枝杆菌后是否发展为结核病，主要与机体的免疫力、细菌的毒力和数量有关，尤其与细胞免疫力强弱相关。机体在感染结核分枝杆菌后，在产生免疫力的同时，也产生迟发型变态反应，是同一细胞免疫过程的两种不同表现。结核分枝杆菌初次侵入人体，4～8周后产生细胞免疫，通过细胞免疫应答使T淋巴细胞致敏。若再次接触结核分枝杆菌或其代谢产物时，致敏的淋巴细胞就释放一系列细胞因子，激活巨噬细胞，吞噬和杀灭结核杆菌。当细菌量少而组织敏感性高时，就形成肉芽肿；细菌量多、组织敏感性高时，则形成干酪样物质；细菌量多而组织敏感性低时，可引起感染播散和局部组织坏死。机体感染结核分枝杆菌后，90%的人群可终生不发病；5%因免疫力低下当即发病，则为原发性肺结核；另5%仅于日后机体免疫力降低时才发病，称为继发性肺结核，是成人肺结核的主要类型。

（二）流行病学

1. 传染源　开放性肺结核患者是主要传染源，正规治疗 2 ～ 4 周后，随着痰菌排量减少而传染性降低。

2. 传播途径　呼吸道为主要传播途径，小儿吸入带结核分枝杆菌的飞沫或尘埃后即可引起感染，形成肺部原发病灶。少数经消化道传染者，产生咽部或肠道原发病灶；经皮肤或胎盘传染者少见。

3. 易感人群　生活贫困、居住拥挤、营养不良、社会经济落后等，是人群结核病高发的原因。

考点提示：传染源和传播途径。

（三）小儿结核病的特点

(1) 小儿结核病发病急、进展快，全身中毒症状重，易发生合并症，不治疗短期内迅速恶化。但如能早期发现，及时治疗，病情恢复较快。

(2) 小儿对结核杆菌及代谢产物有较高的敏感性，结核菌素试验多呈强阳性，临床上还可出现疱疹性结膜炎、结节性红斑等。

(3) 原发型结核病易发生全身血行播散，故小儿粟粒性肺结核和结核性脑膜炎多见。

(4) 小儿结核病易侵犯淋巴系统，引起淋巴结及肝脾肿大。

(5) 小儿结核病如能早期发现，合理治疗，多能痊愈，愈合方式以钙化为主。

（四）结核病常见的检查方法

1. 结核菌素试验　小儿受结核分枝杆菌感染 4 ～ 8 周后结核菌素试验即呈阳性反应。结核菌素反应属于迟发型变态反应。

(1) 试验方法：用皮内注射法。常用结核分枝杆菌纯蛋白衍生物（PPD）制品（每 0.1ml 含 5 个结核菌素单位）注入左前臂掌侧面中下 1/3 交接处做皮内注射，使之形成 6 ～ 10mm 的皮丘。若患儿变态反应强烈，如曾患疱疹性结膜炎、结节性红斑或一过性多发性结核过敏性关节炎等，宜用 1 个结核菌素单位的纯蛋白衍生物试验，以防局部的过强反应及可能的病灶反应。

(2) 结果判断：48 ～ 72 小时观察反应结果，以 72 小时为准，测定局部硬结的直径，取纵、横两者的平均直径来判断其反应强度。结核菌素试验结果判断见表 12-1。

表 12-1　皮内结核菌素试验反应分度表

局部反应	表示符号	判断结果
无硬结，有时有轻度发红	－	阴性
红肿，硬结直径＜ 5mm	+－	可疑
红肿，硬节直径 5 ～ 9mm	+	阳性（弱）
红肿，硬节直径 10 ～ 19mm	++	阳性（中）
红肿，硬节直径＞ 20mm	+++	阳性（强）
除硬结外，还有水疱、破溃、淋巴管炎	++++	阳性（极强）

考点提示：结核菌素试验结果判断。

(3) 临床意义

1) 阳性反应：接种卡介苗后，年长儿无临床症状仅呈一般阳性反应，表示曾感染过结核杆菌。①婴幼儿尤其是未接种卡介苗的阳性反应多表示体内有新的结核病灶，年龄越小，活动性结核的可能性越大。②强阳性反应者，表示体内可能有活动性结核病灶。

③由阴性转为阳性反应，或反应强度由原来＜10mm增至＞10mm，且增幅＞6mm，表示新近有感染。

2）阴性反应：①未感染过结核分枝杆菌。②结核迟发型变态反应前期（初次感染4～8周内）。③假阴性反应，由于机体免疫功能低下或受抑制所致，如重症结核病；急性传染病如麻疹、水痘、风疹、百日咳等；体质极度衰弱如重度营养不良、重度脱水、严重水肿等；原发或继发免疫缺陷病；肾上腺糖皮质激素或其他免疫抑制剂治疗期间等。④技术误差或试剂失效。

护考链接

男孩，1岁。未接种过卡介苗，PPD试验阳性则表示

A. 近2～3周内感染结核

B. 体内已有免疫力，不会再感染结核

C. 体内有结核活动

D. 受过结核感染，不一定有活动结核

E. 对结核无免疫力，不一定有活动结核

答案：C。

分析：1岁，属于婴儿期，婴幼儿尤其是未接种卡介苗的阳性反应多表示体内有新的结核病灶，年龄越小，活动性结核的可能性越大。故正确答案为C。

2. 实验室检查

(1) 结核分枝杆菌检查：从痰液、胃液、脑脊液、浆膜腔液中找到结核分枝杆菌是重要的确诊手段。

(2) 免疫学及分子生物学诊断：如用DNA探针、聚合酶链反应（PCR）来快速检测结核分枝杆菌；用免疫荧光试验、酶联免疫电泳技术（ELIEP）、酶联免疫吸附试验（ELISA）来检测结核分枝杆菌特异性抗体。

(3) 红细胞沉降率检查：红细胞沉降率多增快，反映结核病的活动性。

3. 影像学检查　胸部X线检查对结核病的诊断意义较大。能确定病变的部位、范围、性质及进展情况，定期复查可观察治疗效果。必要时可做胸部CT及磁共振（MRI）检查。

4. 其他辅助检查　纤维支气管镜检查，有助于支气管内膜结核及支气管淋巴结核的诊断；周围淋巴结穿刺液涂片检查，可发现特异性结核改变，如结核结节、干酪样坏死、郎罕细胞。

（五）结核病预防

1. 控制传染源　结核分枝杆菌涂片阳性患者是小儿结核病的主要传染源。早期发现、合理治疗结核分枝杆菌涂片阳性患者是预防小儿结核病的根本措施。

2. 普及卡介苗接种　卡介苗接种是预防小儿结核病的有效措施，可降低发病率和死亡率。目前我国计划免疫要求在全国城乡普及新生儿卡介苗接种。但下列情况禁止接种卡介苗：先天性胸腺发育不全症或严重联合免疫缺陷病患儿；急性传染病恢复期；注射局部有湿疹或患全身性皮肤病；结核菌素试验阳性。

3. 预防性抗结核治疗　用异烟肼（INH）10mg/(kg·d)，每日最大剂量不超过300mg，疗程6～9个月；或异烟肼（INH）10mg/(kg·d)，每日最大剂量不超过300mg，联合利福平（RFP）10mg/(kg·d)，每日最大剂量不超过300mg，疗程3个月。对有下列指征的可预防性服药：①接触开放性肺结核的婴幼儿；②结核菌素试验新近由阴性转为阳性的小儿；③3岁以内未接种卡介苗而结核菌素试验为阳性者；④结核菌素试验为阳性并有早期结核

中毒症状者；⑤结核菌素试验阳性者，小儿需较长时间使用肾上腺糖皮质激素或其他免疫抑制剂治疗者；⑥结核菌素试验阳性者，新近患麻疹或百日咳等急性传染病时。

（六）治疗原则

小儿结核病是一种慢性传染病，需要进行较长时期的抗结核治疗，才能够有效地控制病原菌的生长繁殖，直至完全杀死达到持久的治愈。用药原则是：早期、适宜、联合、规律、全程。

考点提示：结核病的用药原则。

1. 几种常用的抗结核药

（1）全杀菌药：如异烟肼（INH）和利福平（RFP）。对细胞内外处于生长繁殖期的细菌和干酪病灶内代谢缓慢的细菌均有杀菌作用，而且在酸性或碱性环境中均能发挥作用。

（2）半杀菌剂：如链霉素（SM）和吡嗪酰胺（PZA），SM 能杀灭碱性环境中生长、繁殖活跃的细胞外结核菌，PZA 能杀灭在酸性环境中细胞内的结核菌及干酪病灶内代谢缓慢的结核菌。

（3）抑菌药物：常用的有乙胺丁醇（EMB）、乙硫异烟胺（ETH）、对氨基水杨酸钠（PAS）。

2. 化疗方案 异烟肼是首选和必选药。

（1）标准疗法：一般用于自觉症状不明显的原发型肺结核。每日服用 INH，RFP 和（或）EMB，疗程 9 ～ 12 个月。

（2）两阶段疗法：用于活动性原发型肺结核、急性粟粒型结核病和结核性脑膜炎。①强化治疗阶段：联用 3 ～ 4 种杀菌药物，迅速杀灭敏感菌、生长繁殖活跃和代谢低下的细菌。长程化疗时，此阶段一般需要 3 ～ 4 个月，短程疗法时，一般为 2 个月。②巩固治疗阶段：联用 2 种抗结核药物，杀灭持续存在的细菌以巩固疗效，防止复发，长程化疗时，此阶段长达 12 ～ 18 个月，短程疗法时一般为 4 个月。

（3）短程疗法：为结核病现代疗法的重大进展，可选用以下几种 6 个月短程化疗方案：① 2HRZ/4HR（数字为月数，下同）；② 2SHRZ/4HR；③ 2EHRZ/4HR。若无 PZA 则将疗程延长至 9 个月。

链接

针对耐药菌株的几种新型抗结核药

1. 老药的复合剂型　如 Rifamate（内含 INH150mg 和 RFP300mg）；Rifater（内含 INH、RFP 和 PZA）。

2. 老药的衍生物　如利福喷丁（Rifapentine），是一种长效利福霉素的衍生物，对利福霉素以外的耐药结核杆菌有较强的杀菌作用。

3. 新的化学制剂　如力排肺疾（Dipasic），是一种合成的新抗结核药物，可延迟 INH 的抗药性。

二、原发型肺结核患儿的护理

案例 12-5

小江，男，5 岁。低热 20 余天，伴轻咳、消瘦、精神食欲差。查体：体温 38.5℃，消瘦，颈部淋巴结杏核大小，右肺下部呼吸音减低，下肢可见结节性红斑。PPD 试验强阳性，胸部 X 检查：右肺门淋巴结肿大呈结节型。诊断：原发型肺结核。

问题：

1. 说出该患儿的饮食护理措施。
2. 怎样做好患儿的消毒与隔离工作？

（一）疾病概述

原发型肺结核是原发性结核病中最常见的，为结核分枝杆菌初次侵入肺部后发生的原发感染，是小儿肺结核的主要类型。原发型肺结核包括原发综合征和支气管淋巴结结核。前者由肺原发病灶、局部淋巴结病变和两者相连的淋巴管炎组成；后者以胸腔内肿大淋巴结为主。其原发病灶或因范围较小、或被纵隔影掩盖、或已吸收而仅遗留局部肿大淋巴结。临床上将此两者并为一型，即原发型肺结核。

肺部原发病灶多位于右侧，肺上叶底部和下叶的上部近胸膜处。基本病变为渗出、增殖和坏死。典型的原发综合征呈“双极”病变，即一端为原发病灶，一端为肿大的肺门淋巴结、纵隔淋巴结。原发型肺结核的病理转归可为吸收好转、进展或恶化，其中以吸收好转最常见。

考点提示： 原发型肺结核是小儿肺结核的主要类型。

（二）护理评估

1. 致病因素 / 健康史 详细询问近期是否有与活动性肺结核患者的密切接触史，是否接种过卡介苗（或检查患儿的双上臂有无接种瘢痕），有无营养不良、生活贫困、居住拥挤等情况，近期是否患过麻疹、百日咳等传染病，近期是否使用过肾上腺糖皮质激素或其他免疫抑制剂。

2. 身体状况 症状轻重不一，轻者可无症状。年龄较大儿童一般起病缓慢，可有低热、食欲缺乏、盗汗、疲乏无力等结核中毒症状。婴幼儿及症状较重者可急性起病，高热可达39～40℃，但一般情况良好，与发热不相称，持续2～3周后转为低热，并伴有结核中毒，干咳和轻度呼吸困难是最常见的症状。部分高度过敏状态的儿童，可出现眼疱疹性结膜炎、皮肤结节性红斑及（或）多发性一过性关节炎。当胸内淋巴结高度肿大时，可产生压迫症状，如似百日咳样痉挛性咳嗽、喘鸣、声音嘶哑、胸部静脉怒张等。

护考链接

结节性红斑、疱疹性结膜炎常见于

A. 秋季腹泻　　B. 原发型肺结核　　C. 支原体肺炎

D. 中毒性菌痢　　E. 支气管哮喘

答案： B。

分析： 原发型肺结核时，部分高度过敏状态的儿童，可出现眼疱疹性结膜炎、皮肤结节性红斑及（或）多发性一过性关节炎。故正确答案为B。

体检可见周围淋巴结有不同程度的肿大，肺部体征可不明显，与肺内病变不一致。胸片呈中到重度肺结核病变者，50%以上可无体征。如原发病灶较大，叩诊呈浊音，听诊呼吸音减低或有少许干湿啰音。婴儿可伴肝脏肿大。

3. 社会、心理状态 原发型肺结核一般预后良好。但由于治疗需要长期服药，患儿的顺应性较差。因此，应注意评估患儿及家长对病情、隔离方法、服药等知识的了解程度，家长对患儿的关心程度，家庭的经济承受能力等。

4. 辅助检查资料

(1) 胸部X线检查：可同时做正、侧位胸片检查。原发综合征胸部典型X线呈“哑铃状”

双极影（图 12-7）。支气管淋巴结结核 X 线表现为肺门淋巴结肿大，边缘模糊者称炎症型，边缘清晰者称结节型。

⑵ 结核菌素试验：呈强阳性或阴性转为阳性。

⑶ 查找结核菌：痰液或胃液中可查到结核菌。

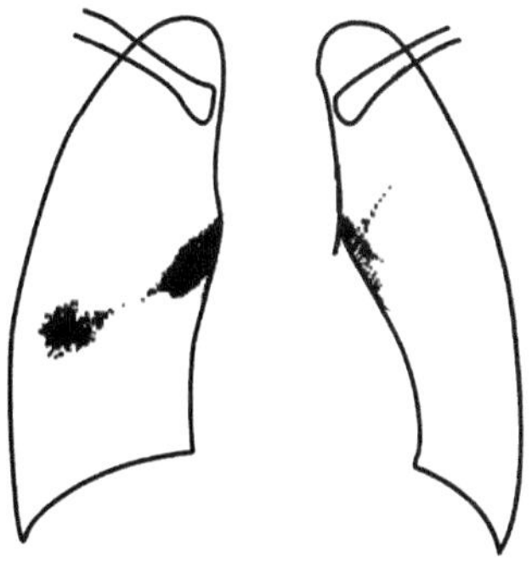

图 12-7　原发型肺结核

考点提示：原发综合征胸部X线特点。

（三）护理诊断 / 问题

1. 营养失调　低于机体需要量，与消耗过多、食欲缺乏有关。

2. 活动无耐力　与结核中毒和消耗有关。

3. 潜在并发症　抗结核药物副作用。

（四）护理目标

⑴ 患儿的食欲及营养状况逐步改善，体重增加。

⑵ 患儿乏力减轻，活动耐力逐步提高。

⑶ 患儿未出现药物副作用或出现时得到及时治疗。

（五）护理措施

1. 保证营养供给　给患儿高能量、高蛋白、高维生素富含钙质的饮食，如牛奶、鸡蛋、瘦肉、鱼、新鲜水果、蔬菜等，以增强抵抗力，促进机体修复和病灶愈合。指导家长为患儿制订合理的食谱，尽量提供患儿喜欢的食品，注意食物的烹调方法，以增加食欲。

2. 建立合理的生活制度　注意室内空气新鲜、阳光充足；保证充足的睡眠，适当的室内、外活动，呼吸新鲜空气，增强抵抗力；结核病患儿出汗多，应及时更换衣服保持皮肤清洁。积极防治各种急性传染病，防止病情恶化。避免继续与活动性结核病患者接触，以免加重病情。

3. 用药护理　抗结核药物种类多，病程长，向患儿家长讲解抗结核药物的使用方法及不良反应，指导患儿定期检查尿常规、肝功能等。

（六）健康教育

⑴ 向家长和患儿介绍肺结核的流行病学特点，指导家长采取相应的隔离措施。

⑵ 指导家长对患儿居室定期紫外线消毒，患儿玩具及用物及时消毒。

⑶ 向患儿家长介绍结核病的预防知识，如加强体格锻炼，增加营养，按计划接种卡介苗，积极防治各种传染性疾病、营养不良、佝偻病等。

⑷ 向患儿说明坚持化疗是治愈肺结核的关键，应坚持全程、规律用药。指导家长注意观察药物的副作用，发现不良反应及时与医生联系，注意定期检查。

链接

感染结核分枝杆菌就一定会得结核病吗

感染结核分枝杆菌就一定会得结核病吗？不一定。结核分枝杆菌进入人体后是否发病，取决于结核分枝杆菌的数量、毒力及人体的免疫力。大多数人感染后不发病，仅有极少数人因机体免疫力低下，感染结核分枝杆菌数量多，才发病。在城市人口中，结核分枝杆菌感染率达 90%，结核具有感染率高、发病率低的特点。

三、急性粟粒型肺结核患儿的护理

案例 12-6

元元，男，11 个月。消瘦，近日突然持续高热 39.2℃，咳嗽、发憋、呼吸困难、发绀，经 X 线检查和 PPD 试验。初步诊断：急性粟粒型肺结核。

问题：

1. 说出该病好发年龄。
2. 该病典型 X 线表现是什么？

（一）疾病概述

急性粟粒型肺结核或称急性血行播散型肺结核，是结核分枝杆菌经血行播散而引起的肺结核，常是原发综合征发展的后果，主要见于小儿时期，尤其是婴幼儿。年龄幼小，患麻疹、百日咳或营养不良时，机体免疫力低下，特别是人类免疫缺陷病毒（HIV）感染，易诱发本病。婴幼儿和儿童常并发结核性脑膜炎。

本病多在原发感染后 3 ～ 6 个月以内发生。由于婴幼儿免疫功能低下，机体处于高度敏感状态，感染结核分枝杆菌后，易形成结核分枝杆菌菌血症。当原发病灶或淋巴结干酪样坏死发生溃破时，大量细菌由此侵入血液，引起急性全身粟粒型结核病，可累及肺、脑膜、脑、肝、脾、肾、心、肾上腺、肠、腹膜、肠系膜淋巴结等。早期积极抗结核治疗、应用肾上腺皮质激素、营养支持和对症治疗。

（二）护理评估

1. 致病因素 / 健康史 询问是否有与活动性肺结核患者的密切接触史；是否接种过卡介苗；有无原发型肺结核病史；是否接受过正规抗结核治疗；近期是否患麻疹、百日咳等传染病。

2. 身体状况 该病起病多急骤，婴幼儿多突然高热（39 ～ 40℃），呈稽留热或弛张热，部分病例体温可不太高，呈规则或不规则发热、常持续数周或数月，多伴有寒战、盗汗、食欲缺乏、咳嗽、面色苍白、气促和发绀等。肺部可闻及细湿啰音而被误诊为肺炎。约 50% 以上的患儿在起病时就出现脑膜炎征象，部分患儿伴有肝脾及浅表淋巴结肿大等。6 个月以下婴儿粟粒型肺结核的特点为发病急、症状重而不典型，累及器官多，特别是伴发结核性脑膜炎者居多，病程进展快，病死率高。

考点提示：急性粟粒型肺结核的胸部 X 线检查。

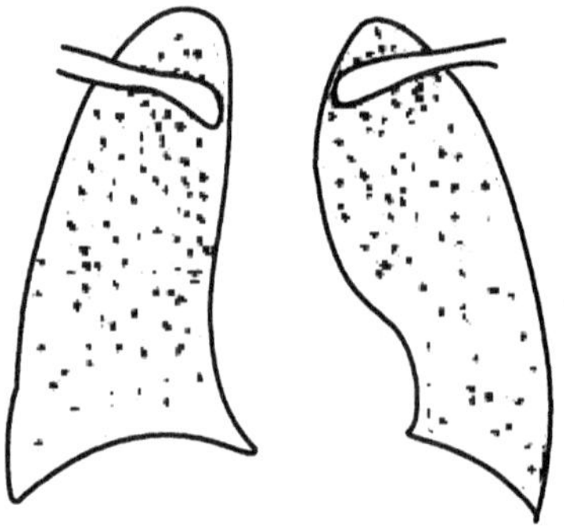

图 12-8 急性粟粒型肺结核

3. 社会、心理状态 评估患儿家长对本病治疗、预后的认识程度。由于本病病情严重、治疗费用高等因素，因此，应注意家长有无担忧、焦虑、恐惧的心理反应。

4. 辅助检查资料

（1）胸部 X 线检查：发病后 2 ～ 3 周胸部摄片可发现大小一致、分布均匀的粟粒状阴影，密布于两侧肺野（图 12-8）。

（2）其他：结核菌素试验可呈假阴性；痰或胃液中可查到结核分枝杆菌。

（三）护理诊断 / 问题

1. 体温过高 与结核分枝杆菌感染有关。

2. 气体交换受损 与肺部广泛结核病灶影响气体交换有关。

（四）护理目标

(1) 患儿体温维持在正常范围内。

(2) 患儿气体交换得到改善。

（五）护理措施

1. 维持正常体温 监测体温，观察体温变化，体温过高时给予物理降温，必要时按医嘱药物降温，保证摄入充足的营养和水分。遵医嘱正确应用抗结核药物。目前主张将抗结核治疗的全疗程分强化抗结核治疗和维持治疗两个阶段。

2. 改善呼吸功能 保持室内空气新鲜，温度在 18 ～ 22℃，湿度在 50% ～ 60%。尽量使患儿安静，以减少氧的消耗。及时清除呼吸道分泌物保持气道通畅。经常变换体位，叩击背部，利于排痰。凡有呼吸困难、口唇发绀、烦躁等情况应立即给氧。中毒症状重及呼吸困难者，在应用足量抗结核药物治疗的同时加用泼尼松 1 ～ 2mg/(kg·d)，疗程 1 ～ 2 个月。

（六）健康教育

同“原发型肺结核”。

四、结核性脑膜炎患儿的护理

案例 12-7

小虎，男，3 岁。半个月前患麻疹，疹后间断咳嗽、低热、烦躁。近 1 日来呕吐、嗜睡。查体：体温 38.5℃，脑膜刺激征阳性，脑脊液呈结核性脑膜炎脑脊液改变。初步诊断：结核性脑膜炎。

问题：

1. 结核性脑膜炎的脑脊液有哪些改变？
2. 说出结核性脑膜炎早期的临床特点。

（一）疾病概述

结核性脑膜炎简称结脑，是结核杆菌侵犯脑膜所引起的炎症，常为全身性粟粒型结核病的一部分，通过血行播散而来。本病多见于婴幼儿，是小儿结核病中最严重的类型。病死率及后遗症的发生率较高。

该病的治疗要点为早期、规律、联合、适量、全程、分段应用抗结核药，并做好加强营养、皮肤护理、降低颅内压、对症治疗与心理护理等。早期诊断和合理治疗是改善预后的关键。

（二）护理评估

1. 致病因素 / 健康史 询问是否有与活动性肺结核病患者的密切接触史；是否接种过卡介苗，有无结核病史；是否接受过正规抗结核治疗；近期是否患过麻疹、百日咳等传染病。有无早期性格改变、呕吐、消瘦等表现。

2. 身体状况 典型结核性脑膜炎起病多较缓慢，根据临床表现，病程大致可分为三期：

(1) 早期（前驱期）：1～2周，主要表现为性格改变，出现与以往不同的性格，如烦躁好哭、精神呆滞、少言懒动、易倦易怒、不喜欢游戏及发热、盗汗、消瘦、呕吐、便秘、头痛等。

(2) 中期（脑膜刺激期）：1～2周，主要是颅内压增高的表现，如剧烈头痛、喷射性呕吐、惊厥及脑膜刺激征阳性。小婴儿则表现为前囟膨隆、颅缝裂开。也可出现面神经瘫痪（如口眼歪斜），动眼神经和展神经瘫痪（如瞳孔散大、眼睑下垂与斜视等），眼底可见视盘水肿、脉络膜粟粒状结合结节等。

考点提示：结核性脑膜炎分期。

(3) 晚期（昏迷期）：1～3周，上述症状逐渐加重，并且意识逐渐进入昏迷。患儿极度消瘦，呈舟状腹，常出现水、电解质代谢紊乱。最终因颅内压急剧增高导致脑疝，致使呼吸及心血管运动中枢麻痹而死亡。

(4) 并发症：结核性脑膜炎最常见的并发症为脑积水、脑实质损害、脑出血及脑神经障碍。其中前三种是导致结核性脑膜炎患儿死亡的常见原因。严重后遗症为脑积水、肢体瘫痪、智力低下、失明、失语、癫痫及尿崩症等。

3. 社会、心理状态 年长儿会因病程长、治疗时间长、同学或小朋友的疏远及担心学习受到影响等表现出抑郁、焦虑、烦躁等。注意评估家庭状况，如照顾能力、经济承受能力等，评估社区居民、亲属及朋友等对结核病的认知程度及对患儿家庭的支持力度，帮助寻求和建立支持系统。

4. 辅助检查资料

考点提示：结核性脑膜炎脑脊液检查。

(1) 脑脊液检查：对本病的诊断极为重要。脑脊液压力增高，外观透明或呈毛玻璃状；白细胞总数多为 $(50\sim500)\times10^6/L$，分类以淋巴细胞为主，糖和氯化物均降低是结脑的典型改变。脑脊液静置 12～24 小时后，可有蜘蛛网状薄膜形成，取之涂片进行抗酸染色可找到结核分枝杆菌。脑脊液培养阳性即可确诊。

(2) 胸部 X 线检查：85% 的结脑患儿 X 线胸片有结核病变，其中 90% 为活动性病变，呈粟粒型肺结核者占 48%。

(3) 结核菌素试验：阳性对诊断有帮助，但高达 50% 的患者可呈假阴性。

(4) 抗结核抗体测定：患儿脑脊液 PPD-IgM、PPD-IgG 抗体水平高于血清中的水平。

5. 结核分枝杆菌抗原检测 以 ELISA 法检测脑脊液结核分枝杆菌抗原，是敏感、快速诊断结核性脑膜炎的辅助方法。

护考链接

结核性脑膜炎最可靠的诊断依据是

A. 脑膜刺激征阳性　　B. 脑脊液外观呈毛玻璃样

C. 脑脊液静置 12～24 小时有网状薄膜形成

D. 脑脊液中找到结核分枝杆菌　　E. 脑脊液中糖和氯化物降低

答案：D。

分析：脑脊液培养结核分枝杆菌阳性即可确诊结核性脑膜炎。故正确答案为 D。

（三）护理诊断 / 问题

1. 潜在并发症 脑疝。

2. 营养失调：低于机体需要量 与摄入少、消耗增多有关。

3. 有皮肤完整性受损的危险 与长期卧床、排泄物刺激有关。

4. 焦虑 与病情重、病程长、预后差有关。

（四）护理目标

(1) 患儿住院期间未出现并发症或发生时得到及时治疗。

(2) 患儿能摄入足够的热量及营养，体重未减轻。

(3) 患儿住院期间皮肤黏膜完整性未发生继发感染。

(4) 患儿住院期间情绪稳定，积极配合治疗。

（五）护理措施

1. 降低颅内压

(1) 密切观察病情变化，注意监测体温、脉搏、呼吸、血压、神志、瞳孔大小，及早发现脑疝，以便及时采取措施。

(2) 保持室内安静，避免一切不必要的刺激。治疗及护理操作尽量集中进行。惊厥发作时，应在上、下齿间放置牙垫以防舌咬伤；放置床栏，避免受伤或坠床；保持呼吸道通畅，给予吸氧，必要时用吸痰器或进行人工辅助呼吸。

(3) 按医嘱应用抗结核药物、肾上腺糖皮质激素、脱水剂、利尿剂等。注意观察药物疗效及副作用。应用甘露醇时若有结晶可将药瓶放入热水中浸泡待结晶消失后再用，注意不可与其他药液混合静脉滴注。如患儿行腰椎穿刺应在使用脱水剂之后进行，以利颅内血液回流。惊厥者遵医嘱用止惊剂等。

2. 改善营养状况 患儿应选择高热量、高蛋白及高维生素的流食或半流食，以增强机体抵抗力；昏迷不能吞咽的患儿，可遵医嘱进行鼻饲，鼻饲速度不宜过快，防止引起口吐；必要时遵医嘱给予静脉高营养或输新鲜全血或血浆，有水、电解质和酸碱平衡紊乱者，遵医嘱给予纠正。

3. 加强皮肤护理 保持床单清洁、干燥，及时更换尿布，清洗臀部；呕吐患儿要做好口腔护理，并及时清理颈部等残留的呕吐物。对昏迷及瘫痪患儿，每 2 小时翻身、拍背一次，以防压疮和坠积性肺炎。对眼睑不能闭合者，可涂眼膏并用纱布覆盖，保护角膜。

4. 生活护理

(1) 居室要安静，避免声、光等刺激，空气要新鲜，要有适宜的温度和湿度。

(2) 消毒隔离：大部分患儿伴有肺部结核病灶，应采取呼吸道隔离，病房要每日进行紫外线消毒。各种用具要严格消毒处理，痰液、呕吐物等分泌物用 5% 苯酚或 20% 漂白粉严格处理。

5. 心理护理 加强与患儿及家长的沟通，了解其心理需求，关心、体贴患儿及家长，及时解除患儿的不适，帮助患儿及家长克服焦虑情绪，保持清醒稳定。

（六）健康教育

(1) 讲解结核病的防治知识，有针对性地进行卫生知识宣教。

(2) 坚持按医嘱应用抗结核药，并注意药物不良反应的观察，定期门诊复查。

(3) 指导家长为患儿制订合理的生活制度，注意饮食卫生，供给足够的营养。恢复期适当进行户外活动，保证足够的休息时间。

(4) 指导患儿避免继续与开放性结核患者接触，积极预防和治疗各种传染性疾病。

(5) 指导留有后遗症的患儿家长对瘫痪肢体进行理疗、被动活动等功能锻炼，帮助肢体功能恢复，防止肌挛缩。对失语和智力低下者应进行语言训练和适当教育。

链接

结核病不再对人类构成威胁了吗

结核病不再对人类构成威胁了吗？据WHO估计，目前，全球约有17亿结核病患者，另外，每年约有800万新发病例，也就是说，每小时约有1000人患上结核病，每年死于结核病的人多达300万。

小结

本章介绍了儿科常见的五种传染病：麻疹、水痘、流行性腮腺炎、猩红热和小儿结核病。①麻疹是由麻疹病毒引起的急形呼吸道传染病。临床特征为发热、流涕、咳嗽、眼结合膜炎、口腔黏膜斑及全身皮肤斑丘疹。护理措施主要是退热、加强皮肤黏膜护理、保证营养、预防传播与发生并发症。②水痘是一种传染性极强的儿童期出疹性疾病。临床特点是皮肤、黏膜出现瘙痒性水疱疹、全身症状轻微。护理措施主要是退热、加强皮肤黏膜护理和预防传播。③流行性腮腺炎时由腮腺炎病毒引起的小儿常见急性呼吸道传染病。临床特征为发热及腮腺非化脓性肿痛，其病毒除侵犯腮腺外，还可累及各种腺组织等器官。护理措施主要是退热、减轻疼痛和预防传播。④猩红热是由A组乙型溶血性链球菌感染引起的急性呼吸道传染病。临床特点为发热、咽峡炎、杨梅舌、全身弥漫性鲜红色皮疹等。护理要点为遵医嘱使用青霉素，积极防止并发症。⑤小儿结核病以原发型肺结核最常见，主要通过呼吸道传播；急性粟粒型肺结核是全身血型播散性结核病在肺部的表现，也是原发型肺结核恶化的结果，其诊断要点为两肺大小一致、分布均匀的粟粒状阴影；结核性脑膜炎是结核杆菌侵犯脑膜所引起的炎症，其临床特点为颅内压增高症状、脑膜刺激征等，为结核病死亡的主要原因。结核病的护理要点为遵医嘱早期、规律、联合、适量、全程、分段应用抗结核药物，加强营养，对症治疗和消毒隔离等，同时密切观察药物的不良反应。

自测题

A_1型题

1. 麻疹的传播途径是
   A. 空气飞沫传播　B. 虫媒传播
   C. 消化道传播　D. 血液传播
   E. 皮肤接触传播
2. 麻疹早期诊断最有价值的是
   A. 上呼吸道感染症状　B. 眼结膜充血
   C. 口腔黏膜斑　D. 发热
   E. 全身斑丘疹
3. 麻疹出疹的顺序是
   A. 耳后发际→面部→躯干→四肢→手掌足底
   B. 四肢末端→躯干→头面→耳后发际
   C. 头面→耳后→躯干→四肢末端→全身
   D. 四肢末端→头面→躯干→背部→胸部
   E. 耳后发际→四肢末端→头面→前胸→后背
4. 麻疹患儿体温40℃，下列护理措施中哪项错误
   A. 卧床休息　B. 小剂量退热剂
   C. 乙醇擦浴　D. 供给充足水分
   E. 保持室内安静
5. 预防麻疹的主要措施是
   A. 早发现，早诊断　B. 早治疗，早隔离
   C. 接种麻疹减毒活疫苗　D. 注射胎盘球蛋白

E. 注射丙种球蛋白

6. 水痘的主要传染源是

A. 水痘患者　　B. 带状疱疹患者

C. 病毒携带者　　D. 隐性感染者

E. 动物

7. 水痘患者的常见并发症是

A. 水痘性肺炎　　B. 水痘脑炎

C. 皮肤细菌感染　　D. 细菌性肺炎

E. 感染性休克

8. 流行性腮腺炎腮腺肿大的特点是

A. 腮腺多为单侧性

B. 腮腺肿大以耳垂为中心

C. 腮腺肿大处皮肤红热

D. 腮腺开口处有脓性分泌物

E. 腮腺肿大以面颊为中心

9. 下列为猩红热最常见的并发症是

A. 变态反应性疾病　　B. 心肌炎

C. 喉炎　　D. 支气管肺炎

E. 脑膜脑炎

10. 对流行性腮腺炎腮腺肿大的护理，不包括

A. 肿胀处局部冷敷

B. 腮腺肿大处可用醋调青黛散外敷

C. 保持口腔清洁

D. 温盐水漱口

E. 为增加食欲，可进食酸辣食物

11. 观察 PPD 结果的时间为

A. 15 分钟　　B. 24 小时

C. 48 小时　　D. 72 小时

E. 72 小时后

12. PPD 结果判断中，正确的是

A. 小儿 PPD 阳性表示体内有活动性结核

B. 小儿 PPD 强阳性表示体内有活动性结核

C. PPD 硬结 5mm 以上为强阳性

D. PPD 强阳性表示病情较重

E. PPD 弱阳性表示病情较重

13. 下列症状属于结核性脑膜炎早期主要表现的是

A. 性情改变　　B. 发热

C. 双目凝视　　D. 呕吐

E. 惊厥

14. 小儿结核病最常见的类型是

A. 原发型肺结核　　B. 原发综合征

C. 支气管淋巴结核　　D. 粟粒型肺结核

E. 结核性脑膜炎

15. 控制小儿结核病流行的主要方法是

A. 及时发现患者

B. 隔离患者

C. 普种卡介苗

D. 隔离患者及普种卡介苗

E. 对小儿进行预防性化疗

A_2 型题

16. 一小儿近日明显消瘦、疲乏。体检：颈部淋巴结肿大，疑为“原发型肺结核”，做 PPD 试验，72 小时出现 25mm 硬结表示

A. +++　　B. ++

C. +　　D. −

E. ±

17. 小儿，3 岁。于入院前曾与水痘患儿接触，应采取的措施是

A. 多饮水　　B. 静脉滴注抗生素

C. 进行检疫　　D. 隔离

E. 晒太阳

18. 患儿，女，3 岁。因发热 3 天，出疹 1 天入院，入院诊断为麻疹。该病早期诊断的临床依据是

A. 发热 3 ～ 4 天后耳后出疹

B. 接触麻疹患儿后发热

C. 高热及耳后淋巴结肿大

D. 口腔有麻疹黏膜斑

E. 未按时接种麻疹疫苗

19. 患儿，女，8 岁。确诊为水痘，关于该病下列叙述不正确的是

A. 由呼吸道和接触传播

B. 患者为主要传染源

C. 水痘为自限性疾病，病程 10 天左右

D. 皮疹呈离心性分布

E. 皮疹成批出现，斑疹、丘疹、疱疹和结痂同时存在

20. 患儿，男，6 岁。确诊为流行性腮腺炎，关于该病下列叙述不正确的是

A. 保持口腔清洁，餐后漱口

B. 患病后可获持久免疫

C. 腮腺部位肿痛，但不红

D. 进酸、辣食物，可促进食欲

E. 由腮腺炎病毒所致

21. 患儿，女，8 岁。确诊水痘，现处于出疹期，

自述皮疹瘙痒难忍。下列护理措施正确的是

A. 指导其可隔衣物挠抓皮疹患处

B. 皮疹完全消退前不可洗澡，以防感染

C. 局部可涂抹地塞米松霜

D. 温水洗浴，局部涂 5% 碳酸氢钠溶液

E. 皮疹处不可涂抹炉甘石洗剂

22. 患儿，男，5 岁。确诊为猩红热，该患者应隔离到

A. 体温正常

B. 症状消失

C. 青霉素治疗后 8 天

D. 咽拭子培养 3 次阴性后

E. 症状完全消失 1 周，咽拭子培养 3 次阴性后

A_3/A_4 型题

（23、24 题共用题干）

患儿，3 岁。1 岁时曾患结核，现出现低热、盗汗、呕吐、头痛、性情改变，脑膜刺激征 (−)，脑脊液呈毛玻璃状，淋巴细胞增加，蛋白增高，糖和氯化物降低，诊断为结核性脑膜炎。

23. 该患儿属于结脑的哪一期

A. 早期　　B. 中期

C. 晚期　　D. 激期

E. 后遗症期

24. 该患儿确诊需要做哪项检查

A. 肺部 X 线片

B. PPD 试验

C. 脑脊液查结核菌 (+)

D. 血常规

E. 眼底检查

（25 ～ 27 题共用题干）

患儿，2 岁。高热 4 ～ 5 天，1 天来全身出皮疹，为红色粟粒大小斑丘疹。疹间皮肤不充血，精神食欲差，伴有流涕、畏光，咳嗽重。

25. 最可能的诊断是

A. 麻疹　　B. 风疹

C. 幼儿急疹　　D. 猩红热

E. 水痘

26. 患儿的皮疹最初出现的部位应该是

A. 手心、足心　　B. 面部

C. 耳后发际　　D. 颈部

E. 躯干

27. 应对其采取隔离至

A. 起病后 5 天

B. 出疹后 1 周

C. 疹退后 5 天

D. 无并发症隔离到出疹后 5 天，有并发症隔离到出疹后 10 天

E. 疹退后 10 天

（王灿灿　阴媛媛）

13

第13章　常见小儿急症患儿的护理

你听说过宝宝发热引起“抽风”吗？生活中遇到小儿“抽风”你会紧急处理吗？你会观察小儿洋地黄中毒的反应吗？通过本章内容的学习，相信你所有的疑问都会迎刃而解的。

第1节　惊厥患儿的护理

案例 13-1

春暖花开，广场上张阿姨抱着4个月大的女儿晒太阳，小婴儿突然抽搐，张阿姨惊恐万分，大声哭喊，不知所措。这时有人说：“赶快送医院”，有人说：“快把孩子按住”，有人帮着掐水沟穴，还有人说：“赶快叫孩子，别丢了魂”，现场乱作一团。这时张阿姨好像醒过神来，抱起孩子就往医院跑。

问题：

1. 大家现场的做法对不对？为什么？
2. 遇到这种情况，你认为正确的做法是什么？

一、疾病概述

惊厥俗称“抽风”、“惊风”，是指全身或局部骨骼肌群突然发生不自主收缩，常伴有意识障碍。惊厥是儿科常见的急症，其发病率是成人的10～15倍，任何年龄均可发病，以6个月到3岁的小儿最多见。小儿惊厥主要是由于婴幼儿大脑皮质功能发育尚未完善，神经髓鞘未完全形成，因此受到刺激后神经系统功能暂时紊乱，神经细胞突然大量、异常、反复放电而致惊厥。小儿惊厥可分为有热惊厥和无热惊厥。婴幼儿最常见的惊厥是高热惊厥。惊厥发作时应保持安静，就地抢救，控制惊厥发作，同时指导家长掌握预防和终止惊厥的紧急措施。

二、护理评估

（一）致病因素/健康史

1. 感染因素

（1）颅内感染：如细菌、病毒、寄生虫、真菌等病原体引起的脑膜炎、脑炎、脑脓肿等神经系统感染。

考点提示：小儿惊厥最常见的是高热惊厥。

(2) 颅外感染：如上呼吸道感染引起高热所致的高热惊厥最常见；全身重度感染，如败血症、重症肺炎、细菌性痢疾、百日咳等所致的中毒性脑病（与感染和细菌毒素导致急性脑水肿有关）、破伤风等。

2. 非感染性因素

(1) 颅内疾病：如颅内占位病变（颅内肿瘤、囊肿或血肿等）；颅脑损伤（产伤、颅脑外伤和脑血管畸形及各种原因引起的颅内出血）、颅脑发育异常、脑积水等。

(2) 颅外疾病：如缺氧缺血性疾病（如分娩或生后窒息、溺水、心肺严重疾病等）；水、电解质紊乱（如脱水、水中毒、低血钙、低血镁、低血钠、高血钠和低血糖等）；肝、肾衰竭和Reye综合征；遗传代谢性疾病（如苯丙酮尿症、半乳糖血症等）；药物或毒物中毒等。

链接

为什么春季小儿惊厥的发病率会上升

高热引发：春季气温与湿度变化大，小儿容易出现上呼吸道感染，尤其是3岁以下的小儿，由于神经系统发育未完善，容易在高热时引发惊厥。

腹泻引发：春季气候适合细菌病毒繁殖，小儿容易因为进食不当导致急性胃肠炎，进而出现腹泻。腹泻时，机体不但丢失大量水分和营养物质，还会丧失大量的电解质，如钠、钾、钙及镁等，而低钙血症、低钾血症和低镁血症，均可诱发抽搐。

血钙下降引发：婴儿春季接触日光渐多，体内维生素D骤增，血磷上升，大量钙会沉着于骨，血钙反而会出现暂时下降，以至于无法正常控制神经肌肉的兴奋，从而出现手足抽搐，亦称“婴儿手足搐搦症”。

（二）身体状况

1. 惊厥典型表现　突然发作，意识丧失，双眼凝视，斜视或上翻，口吐白沫，牙关紧闭，头向后仰，面部及四肢肌肉呈强直性或阵挛性收缩，面色发绀，部分患儿有大小便失禁。惊厥持续时间为数秒至数分钟或更长，发作停止后多入睡。惊厥典型表现常见于癫痫大发作。

2. 惊厥不典型表现　多见于新生儿或小婴儿，多为微小发作，如呼吸暂停、两眼凝视、下颌抖动、咀嚼和一侧肢体抽动等。

3. 惊厥持续状态　是指惊厥持续30分钟以上或两次发作间歇期意识不能完全恢复者，表示病情严重，往往导致脑水肿、呼吸衰竭而危及生命。

4. 小儿惊厥常见的临床特点

(1) 高热惊厥：是小儿惊厥最常见的原因，多见于6个月至3岁小儿，男孩多于女孩。其特点是：惊厥多发生于急骤高热开始后12小时之内；在一次发热疾病中，一般只发作一次，很少连续多次发作；发作时间短，抽搐持续数秒至10分钟；发作后意识恢复快；无神经系统阳性体征；发作停止后1～2周脑电图正常；部分患儿有家族倾向。

考点提示：高热惊厥的特点。

(2) 低钙惊厥：多见于1岁以内小儿，一般无高热，常有佝偻病的症状和体征。发作后意识恢复快，活泼如常，无神经系统阳性体征，血离子钙下降，钙剂治疗有效。

(3) 癫痫：既往有脑损伤、脑缺氧窒息、脑出血和颅内感染后遗症病史，有既往反复发作史或癫痫家族史，一般不发热（发热也可诱发癫痫发作），发作后意识恢复慢，脑电图检查出现棘波、尖波、棘慢复合波等异常波形。

（三）社会、心理状态

惊厥患儿的心理改变不同年龄表现不一样，年幼患儿的家长因知识缺乏面对抽搐的患儿因紧张、惊慌而不知所措，甚至采取错误的处置方式，惊厥缓解后则担心后遗症而产生焦虑的心理；年长患儿可产生自卑、恐惧等心理，担心再次发作而长时间处于紧张状态。

（四）辅助检查资料

检查血、尿、便常规，根据病情需要可测定血生化、脑脊液，必要时可做脑电图、颅脑 B 型超声、颅脑 CT 和磁共振成像等检查。

三、护理诊断 / 问题

1. 急性意识障碍　与惊厥发作有关。

2. 有窒息的危险　与惊厥发作、呼吸道堵塞有关。

3. 有受伤的危险　与抽搐及意识障碍有关。

4. 知识缺乏　家长缺乏惊厥急救、护理及预防的知识。

四、护理目标

(1) 控制惊厥，患儿不发生惊厥。

(2) 患儿不发生外伤或及时发现并处理。

(3) 患儿家长能说出惊厥发作时的紧急处理原则和护理要点。

五、护理措施

（一）预防窒息

(1) 保持呼吸道通畅：惊厥发作时应就地抢救，立即让患儿平卧，头偏向一侧，解开衣领，松解衣服，清除患儿口鼻腔分泌物、呕吐物等，保持呼吸道通畅，防止因分泌物吸入而窒息；将舌轻轻向外牵拉，防止舌后坠阻塞呼吸道造成呼吸不畅；备好开口器、吸痰器、气管插管等用具；惊厥较重或时间较长者给予吸氧。

(2) 针刺水沟、合谷、百会、涌泉、十宣、内关等穴位，紧急情况下也可用手掐水沟、合谷等穴位。

(3) 镇静止惊：遵医嘱使用止惊药物，并观察用药后的反应。

1) 地西泮：为惊厥的首选药，起效快，较安全。缺点是作用持续时间短暂，过量可致呼吸抑制、血压下降。半小时后可重复一次，应缓慢静脉注射。

2) 苯巴比妥钠：为新生儿惊厥的首选药物（但新生儿破伤风首选地西泮），维持时间较长，也有呼吸抑制及血压下降。

3) 10% 水合氯醛：由胃管给药或加等量生理盐水保留灌肠。

4) 苯妥英钠：适用于癫痫持续状态（地西泮无效时），应在心电监护下应用。

考点提示：惊厥的急救措施。

（二）预防受伤

(1) 床边放置床挡，在床栏杆处放置棉垫，同时将床上硬物移开，防止坠床及碰伤。

(2) 勿强力按压或牵拉患儿肢体，以免骨折或脱臼；可将纱布放在患儿手中和腋下，防止皮肤摩擦受损；必要时放置牙垫，防止咬破舌头，但牙关紧闭时不要强力撬开，以免损伤牙齿。

(3) 对有可能发生惊厥的患儿要有专人守护，以防发作时受伤。

护考链接

考点提示：惊厥的急救处理。

患儿，男，3岁，因惊厥反复发作入院，为防止该患儿惊厥时外伤，以下处理哪项是错误的

A. 将纱布放在患儿的手中　　B. 移开床上一切硬物

C. 用约束带捆绑四肢　　D. 床边设置防护栏

E. 压舌板裹纱布置上下磨牙之间

答案：C。

分析：患儿发生惊厥时，为防止外伤，可将纱布放在患儿的手中，防止皮肤摩擦受损；移开床上一切硬物，防止惊厥时硬物损伤患儿；床边设置床档，防止坠床；出牙的患儿用纱布包裹压舌板置于患儿上下磨牙之间，防止舌咬伤；惊厥的患儿不能用约束带捆绑四肢，以防惊厥发作牵拉损伤肢体，只有C选项是错误的处理方法，故正确答案为C。

（三）密切观察病情

(1) 惊厥发作时保持安静，禁止一切不必要的刺激，因为各种刺激均可使惊厥加重或持续时间延长。

(2) 密切观察患儿生命体征、意识、瞳孔的改变。体温在38.5℃以上者，遵医嘱给予物理降温或药物降温；脑水肿者及时通知医生，遵医嘱注射甘露醇或地塞米松；遵医嘱给予止惊药，防止惊厥时间过长而加重脑损伤或脑水肿；严重惊厥患儿给予氧气吸入。

(3) 针对不同病因，给予抗感染，纠正低血钙、低血糖，维持水、电解质平衡。

（四）心理护理

关心、同情、安慰、鼓励患儿，消除患儿内心恐惧；处置操作要熟练、准确，取得患儿及家长的信任；及时解答家长疑问，主动介绍患儿病情及治疗进展情况，减轻或消除家长的疑虑和不安。

六、健康教育

(1) 向家长详细交代患儿的病情，对家长予以安慰，解释惊厥的病因和诱因，取得家长合作。

(2) 指导家长掌握预防惊厥的措施。告诉家长及时控制体温是预防惊厥的关键，发热时及时进行物理降温或药物降温。

(3) 告诉家长惊厥发作时要保持镇静，向家长演示急救的方法（平放孩子，按压水沟、合谷穴等）。发作缓解后迅速将患儿送往医院。

(4) 经常和患儿及家长进行交流，解除他们的焦虑和自卑心理，帮助他们建立战胜疾病的信心。强调定期门诊随访。

(5) 对惊厥发作持续时间长或频繁发作者，注意观察有无耳聋、肢体活动障碍、智力低下等神经系统后遗症，及时给予治疗和康复锻炼。

第 2 节 急性充血性心力衰竭患儿的护理

案例 13-2

黄奶奶的宝贝孙子小胖 10 个月了，体重只有 8kg。出生后 1 个月时心脏彩超显示为先天性心脏病——室间隔缺损，曾经因为肺炎住院一次。这次因咳嗽 6 天，呼吸困难 1 天来医院就诊。医生说小胖可能发生了心力衰竭。

问题：

1. 小胖发生心力衰竭的原因是什么？
2. 从哪些方面来判断小胖发生了心力衰竭？

一、疾病概述

充血性心力衰竭指在静脉回流正常的前提下，心肌收缩力下降使心排血量不能满足机体代谢的需要，组织器官灌注不足，同时出现肺循环和（或）体循环淤血的一种临床综合征。充血性心力衰竭是小儿时期常见的危重急症之一。治疗要祛除病因，改善心功能，消除水、钠潴留，降低氧的消耗和纠正代谢紊乱。

二、护理评估

（一）致病因素 / 健康史

1. 心血管因素 1 岁以内小儿以先天性心脏病引起者最为常见，儿童时期则以风湿性心脏病多见。其他如心肌炎、心内膜弹力纤维增生症、心糖原累积症、心瓣膜狭窄、主动脉狭窄、肥厚性心肌病也为重要原因。

2. 非心血管因素 呼吸系统疾病（小儿时期最常见的是支气管肺炎、毛细支气管炎、支气管哮喘）、中枢神经系统疾患、急性肾小球肾炎、严重贫血、甲状腺功能亢进、低血糖、电解质紊乱和缺氧等均可引起心力衰竭。

（二）身心状况

年长儿心力衰竭的症状与成人相似，左心衰竭主要是肺循环淤血的表现，右心衰竭主要是体循环静脉淤血的表现，小儿以全心衰竭较多见。

婴幼儿心力衰竭的临床表现：①安静时心率增快，婴儿 180 次 / 分，幼儿＞ 160 次 / 分，不能用发热或缺氧解释；②呼吸困难、青紫突然加重，安静时呼吸达 60 次 / 分以上；③肝大达右肋下 3cm 以上，或短时间内较前增大；④心音低钝或出现奔马律；⑤突然出现烦躁不安、面色苍白或发灰，不能用原发病解释；⑥尿少、下肢水肿。

考点提示：婴幼儿心力衰竭的临床表现。

（三）心理状态

患儿因发生呼吸、循环障碍，出现明显不适而产生焦虑或恐惧。患儿家长因知识缺乏，看到患儿呼吸困难及发绀等严重表现，出现焦虑不安、沮丧或歉疚等，常表现为坐立不安或不愿与患儿分离，对医务人员的言行和态度非常敏感，渴望接受健康指导和需要心理支持。

护考链接

患儿，女，5个月。发热，咳喘1周，加重2天入院。查体：呼吸困难，口周发绀，三凹征阳性，呼吸60次/分，心率180次/分，双肺布满中、小水泡音，肝肋下3cm。此患儿最可能的诊断为

A. 上呼吸道感染　B. 支气管炎　C. 支气管炎并心力衰竭
D. 小儿肺炎并心力衰竭　E. 小儿肺炎并呼吸衰竭

答案：D。

分析：符合婴幼儿心力衰竭的临床表现：①安静时心率增快，婴儿180次/分，幼儿＞160次/分，不能用发热或缺氧解释；②呼吸困难、青紫突然加重，安静时呼吸达60次/分以上；③肝大达右肋下3cm以上，或短时间内较前增大；④心音低钝或出现奔马律；⑤突然出现烦躁不安、面色苍白或发灰，不能用原发病解释；⑥尿少、下肢水肿。故正确答案为D。

（四）辅助检查资料

X线检查可见心影增大，心脏搏动减弱，肺纹理增多，肺淤血。心电图检查不能表明有无心力衰竭，但有助于病因诊断及指导洋地黄的应用。超声心动图检查可见心室和心房腔扩大等，对诊断和引起心力衰竭的病因判断有帮助。

三、护理诊断/问题

1. 心排血量减少　与心肌收缩力降低有关。
2. 体液过多　与心功能下降、微循环淤血有关。
3. 气体交换受损　与肺循环淤血有关。
4. 潜在并发症　药物副作用，与使用洋地黄等药物有关。
5. 知识缺乏　患儿及家长缺乏本病的护理知识。

四、护理措施

链接

心力衰竭的现场急救

心力衰竭时患儿可在睡眠中憋醒，被迫坐起，呼吸困难，咳喘有哮鸣音，口唇发紫，大汗淋漓，烦躁不安，咳粉红色痰，脉搏细而快等表现。现场该如何急救呢？

首先要让患儿安静，减少恐惧、躁动。有条件的马上吸氧，松开领扣、裤带。让患儿取坐位，两下肢随床沿下垂，必要时可用胶带轮流结扎四肢，每一肢体结扎5分钟，然后放松5分钟，以减少回心血量，减轻心脏负担。限制饮水量，同时，立即呼叫救护车将患儿送往医院。

（一）减轻心脏负担

1. 休息　卧床休息可减轻心脏的负担，患儿宜取平卧或半卧位。病室宜安静舒适，避

免各种刺激，治疗护理集中进行，尽量避免患儿烦躁、哭闹，必要时可适当应用镇静剂。根据心力衰竭不同程度予不同的休息，Ⅰ度心功能不全，可在室内做轻微体力活动；Ⅱ度心功能不全限制活动，延长卧床时间；Ⅲ度心功能不全绝对卧床休息，以后随着心功能的恢复逐渐增加活动量。

2. 保持大便通畅 鼓励患儿多进食蔬菜水果，避免用力大便，必要时给予开塞露通便。

3. 限制水钠摄入 应给予容易消化及富有营养的食品，一般饮食中钠盐应减少，每日不超过 0.5 ～ 1g，重症给无盐饮食。应少食多餐，防止过饱。婴儿吸吮困难者采用滴管，必要时可用鼻饲。静脉输液速度宜慢，以每小时不超过 5ml/kg 为宜。

考点提示：心力衰竭控制水钠入量。

（二）给氧

呼吸困难和有发绀者应给予氧气吸入。急性肺水肿患儿吸氧时，可将氧气湿化瓶内加入 20% ～ 30% 乙醇，每次 10 ～ 20 分钟，间歇吸入，间隔 15 ～ 30 分钟，必要时重复 1 ～ 2 次，以降低肺泡表面张力，改善气体交换。

考点提示：肺水肿给氧的方法。

（三）用药护理

1. 应用洋地黄制剂 洋地黄能增强心肌收缩力、减慢心率，因而增加心排血量，改善体、肺循环。地高辛为小儿时期最常用的洋地黄制剂。小儿心力衰竭多采用首先达到洋地黄化的方法，即首次给洋地黄总量的 1/2，余量分两次，每隔 4 ～ 6 小时给予，多数患儿可于 8 ～ 12 小时内达到洋地黄化。洋地黄化后 12 小时开始给予维持量。洋地黄的治疗量和中毒量相近，且无已知的解毒药，故应用此药时要注意给药方法，仔细核对剂量，密切观察洋地黄的中毒症状。

(1) 每次应用洋地黄前应测量脉搏，必要时听心率。婴儿脉率＜ 100 次/分、幼儿＜ 80 次/分、学龄儿＜ 60 次/分时，应报告医生决定是否停药。

(2) 注意按时按量服药：为了保证洋地黄剂量准确，应单独服用，勿与其他药物混合，如患儿服药后呕吐，要与医生联系，决定补服或通过其他途径给药。

(3) 洋地黄制剂的疗效指标：心率减慢、肝脏缩小、呼吸改善、尿量增加、安静、食欲好转等。

(4) 熟悉洋地黄的毒性反应：小儿洋地黄中毒最常见的表现为心律失常，如房室传导阻滞、室性期前收缩和阵发性心动过速等；其次为恶心、呕吐等胃肠道症状；神经系统症状如嗜睡、头晕、色视等较少见。如出现洋地黄毒性反应，应先停服洋地黄，并让医师处理。

考点提示：1. 每次应用洋地黄前应测量脉搏。2. 洋地黄制剂的疗效指标。3. 洋地黄的毒性反应。

2. 应用利尿剂 利尿剂能使潴留的水、钠排出，减轻心脏负荷，以利心功能的改善。合理应用利尿剂为治疗心力衰竭的一项重要措施。当使用洋地黄类药物而心力衰竭仍未完全控制或伴有显著水肿者，宜加用利尿剂。可选用呋塞米等快速强力利尿剂。

(1) 呋塞米或依他尼酸静注后，10 ～ 20 分钟开始显效，可维持 6 ～ 8 小时。双氢克尿噻口服 1 小时后开始出现利尿作用，可维持 12 小时。利尿药宜于清晨或上午给予，以免夜间多次排尿影响睡眠。

(2) 避免低血钾症，以免增加洋地黄的毒性反应。应鼓励患儿进食含钾丰富的食物，如牛奶、柑橘、菠菜、苋菜、豆类等。还应观察低钾的表现，如四肢无力、腹胀、心音低钝、心律不齐等，一经发现，应及时与医生联系。

3. 血管扩张剂的应用 血管扩张剂常用的有卡托普利、硝普钠等。近年来应用血管扩张剂治疗顽固性心力衰竭取得一定疗效。硝普钠遇光可降解，故使用或保存时应避光（滴瓶和管道要避光），药要随用随配，变色的溶液应废弃。

五、健康教育

(1) 向患儿和家长介绍心力衰竭的致病因素、诱发因素及防治措施。

(2) 指导患儿和家长根据病情适当安排休息、饮食和生活制度，避免情绪激动和过度活动。

(3) 教会年长患儿自我监测脉搏的方法。

(4) 使家长了解所用药物的名称、剂量、给药时间、方法和常见副作用，指导家长掌握出院后的家庭护理方法和应急措施。

第3节　急性呼吸衰竭患儿的护理

案例 13-3

敏敏的女儿小美，28天，因重症肺炎入院，呼吸困难、发绀、鼻翼扇动及三凹征。动脉血气分析：$PaO_2 < 60mmHg$，$PaCO_2 > 50mmHg$，诊断为呼吸衰竭。

问题：

1. 小美的呼吸衰竭属于什么类型？
2. 呼吸衰竭最早出现的症状是什么？

一、疾病概述

急性呼吸衰竭简称呼衰，是指累及呼吸中枢和（或）呼吸器官的各种疾病导致呼吸功能障碍，出现低氧血症，或伴有高碳酸血症，并由此引起一系列生理功能和代谢紊乱的临床综合征。

急性呼吸衰竭主要分为中枢性呼吸衰竭和周围性呼吸衰竭两种。中枢性呼吸衰竭主要是疾病损害呼吸中枢所致；周围性呼吸衰竭主要是由呼吸系统疾病所引起。呼吸衰竭的病理变化为低氧血症和高碳酸血症。

呼吸衰竭要保持呼吸道通畅，改善呼吸功能，及时进行辅助呼吸，选择性使用呼吸兴奋剂；积极治疗原发病，纠正酸碱失衡及电解质紊乱；维持心、脑、肺、肾等重要脏器的功能。

二、护理评估

（一）致病因素 / 健康史

原发病以呼吸系统疾病为主，中枢系统疾病次之。新生儿以窒息、肺透明膜病、上呼吸道梗阻、颅内出血和感染比较常见；婴幼儿以支气管肺炎、急性喉炎、异物吸入和脑炎为主；儿童则以支气管肺炎、哮喘持续状态、多发性神经根炎和脑炎常见。

（二）身体状况

除原发病的症状外，主要表现为呼吸系统症状、低氧血症和高碳酸血症的表现。本症预后较差，死亡率高。

1. 呼吸系统症状　呼吸困难，为呼吸衰竭最早出现的症状。

(1) 中枢性呼吸衰竭：常表现为呼吸节律的改变。呼吸快慢深浅不匀，呼吸节律不齐，呈现潮式呼吸、叹气样呼吸、双吸气及下颌式呼吸等。

(2) 周围性呼吸衰竭：早期主要表现为呼吸频率增快，发绀，呼吸困难。由于呼吸辅助肌参与呼吸，可见鼻翼扇动及三凹征等。

2. 低氧血症的表现

(1) 发绀：是缺氧的典型表现。以唇、口周和甲床等处明显，但在严重贫血，血红蛋白低于 50g/L 时，可不出现发绀。

(2) 循环系统：缺氧早期，血压上升，心率增快，心排血量增加，以后则因心率减慢、心律不齐，心排血量减少，致血压下降而出现休克。

(3) 神经系统：早期烦躁、易激惹、视力模糊，随之淡漠、嗜睡、意识障碍，严重者可出现颅内压增高、惊厥及脑疝表现。

(4) 消化系统：可有食欲减退、恶心、呕吐等胃肠道表现，严重时可出现消化道出血。

(5) 肾功能障碍：少尿或无尿，尿中有蛋白质、红细胞、白细胞及管型，甚至肾衰竭。

(6) 高碳酸血症的表现：患儿出现多汗、摇头、烦躁不安、四肢温暖、皮肤潮红、瞳孔缩小、脉速、意识障碍等；当 $PaCO_2$ 进一步增高时表现为昏睡、肢体颤动、心率增快、球结合膜充血；$PaCO_2$ 持续增高则出现惊厥、昏迷、视盘水肿等。

（三）社会、心理状态

患儿常因疾病引起的不适及抢救时气管插管或气管切开，使其不能说话，无法表达自己的需要而产生烦躁、焦虑和恐惧心理。家长因患儿病情危重，看到抢救患儿的情景，会产生紧张、恐惧、焦虑和沮丧等心理反应。

（四）辅助检查资料

需做血气分析，以判断呼吸衰竭的类型、程度等。

Ⅰ型：即低氧血症呼吸衰竭。氧分压（PaO_2）< 60mmHg，二氧化碳分压（$PaCO_2$）正常，常见于呼吸衰竭的早期和轻症患者。

Ⅱ型：即高碳酸血症呼吸衰竭。氧分压（PaO_2）< 60mmHg，二氧化碳分压（$PaCO_2$）> 50mmHg，常见于呼吸衰竭的晚期和重症患者。

> 考点：Ⅰ、Ⅱ型呼吸衰竭的诊断要点。

三、护理诊断 / 问题

1. 气体交换受损　与肺通气或换气功能障碍有关。

2. 清理呼吸道无效　与呼吸道分泌物黏稠、无力咳痰和呼吸功能受损有关。

3. 焦虑或恐惧　与病情危重有关。

四、护理目标

(1) 患儿呼吸困难、发绀缓解或消失。

(2) 患儿能保持呼吸道通畅。

(3) 患儿及家长情绪稳定，能积极配合治疗与护理。

五、护理措施

（一）保持呼吸道通畅

(1) 协助排痰：鼓励清醒患儿用力咳痰，对咳痰无力的患儿每 2 小时翻身 1 次，经常拍背部，边拍背边鼓励患儿咳嗽，使痰易于排出。

(2) 吸痰：咳嗽无力、昏迷、气管插管或气管切开的患儿，及时给予吸痰。吸痰前应充分给氧。吸痰时应取仰卧位，注意无菌操作，按序吸出口、鼻、咽部、气管的痰液。吸痰时动作轻柔，负压不宜过大，吸引时间不宜过长，以防损伤气道黏膜和继发感染。

(3) 湿化和雾化：可用加温湿化器，也可用超声雾化器湿化呼吸道，每日数次。湿化液中可同时加入解痉、化痰和抗炎药物，有利于通气和排痰。具体方法为：将60℃左右的温水放入吸入氧气的湿化瓶使吸入的氧气温湿化，也可在气管插管或气管切开者吸痰前向气道滴入3～5ml的生理盐水等。

(4) 遵医嘱使用支气管扩张剂等缓解支气管痉挛和气道黏膜水肿。

（二）给氧

一般采用鼻导管和面罩吸氧。在新生儿和小婴儿，可采用头罩吸氧。主张低流量持续给氧。急性缺氧吸氧浓度为50%；慢性缺氧吸氧浓度为30%～40%。吸纯氧不超过4～6小时，以免氧中毒。注意在吸氧过程中，吸入氧应加温和湿化，以利于呼吸道分泌物的稀释和排出。

（三）机械通气

(1) 明确使用机械通气的指征，对患儿及家长做好解释工作。

(2) 专人监护：使用呼吸机的过程中应经常检查各项参数是否符合要求，观察胸部起伏、患儿面色和周围循环状况，注意防止导管脱落、堵塞和可能发生的气胸等情况；若患儿有自主呼吸，应观察是否与呼吸机同步，否则应进行调整。

(3) 防止继发感染：做好病室空气和地面的消毒，有条件的可设置空气净化装置。限制探视人数。接触患儿前后应洗手。定期清洁、更换气管内套管、呼吸管道、湿化器等物品，每日更换加温湿化器滤纸，雾化液要新鲜配制。做好口腔和鼻腔的护理。

(4) 当出现以下指征时，可考虑撤离呼吸机。

1) 患儿病情改善，呼吸循环系统功能稳定。

2) 吸入50%的氧气时，$PaO_2 > 50mmHg(6.7kPa)$；$PaCO_2 < 50mmHg$。

3) 能够维持自主呼吸2～3小时以上无异常改变。

4) 在间歇指令通气等辅助通气条件下，能以较低的通气条件维持血气正常。

对长期使用呼吸机的年长患儿，虽进入恢复期，但因已习惯呼吸机的辅助呼吸，对自己的自主呼吸产生怀疑，担心停机后会出现呼吸困难，会产生对呼吸机的依赖心理。因此应耐心做好解释工作，树立其自主呼吸的信心。应根据病情逐步撤离呼吸机，同时帮助患儿进行呼吸肌功能锻炼。

（四）病情观察

(1) 密切观察患儿呼吸频率、节律、幅度；心率、心律、血压、神志、小便及血气分析；患儿皮肤及口唇颜色、末梢循环、肢体温度变化；准确记录出入液量。

(2) 密切观察有无中毒性肠麻痹、心力衰竭、心源性休克和颅内压增高等并发症发生，并及时报告医生，配合抢救。

（五）饮食护理

病情严重患儿可通过鼻饲法供给营养，选择高热量、高蛋白、易消化和富含维生素的饮食，以免产生负氮平衡。

（六）用药护理

按医嘱用洋地黄类、血管活性药、脱水药、利尿药等，密切观察药物的疗效及副作用。呼吸兴奋剂如尼可刹米、洛贝林等适用于呼吸道通畅而呼吸不规则或浅表者，在呼吸道梗阻、广泛肺部病变或神经肌肉疾患、心搏骤停时中枢神经系统严重缺氧、呼吸肌疲劳、低氧血症型呼吸衰竭时不宜使用。

（七）心理护理

以通俗易懂的语言向家长介绍患儿的病情、预后估计及主要处理措施，让其感受到医护人员为抢救患儿一直在不懈地努力，缓解其恐惧及焦虑的心理，增强信任感，并指导家长配合医护人员对患儿的护理，以减轻自责和焦虑。要让患儿最亲近的人陪伴，不要流露出恐惧不安的神情，可根据患儿年龄对其抚摸、安慰，以减轻恐惧感。

六、健康教育

(1) 向患儿家长介绍呼吸衰竭的有关知识，帮助调整心理状态。

(2) 呼吸衰竭缓解后指导家长做好预防，积极治疗原发病，并针对不同的原发病进行相应的健康指导。

小结

本章介绍了小儿常见急症：小儿惊厥、充血性心力衰竭、呼吸衰竭。小儿惊厥是儿科常见急症，其典型表现为突然发作，意识丧失，面部及四肢肌肉呈强直性或阵挛性收缩。急救和主要护理措施是：预防窒息、预防受伤、密切观察病情、心理护理等。健康教育的重点是：要指导家长掌握预防和终止惊厥的紧急措施及物理降温的方法。充血性心力衰竭是心肌收缩力下降使心排血量不能满足机体代谢的需要，组织器官灌注不足，出现肺循环和（或）体循环淤血的一种临床综合征。其护理措施为减轻心脏负担、给氧和用药护理。急性呼吸衰竭是累及呼吸中枢和（或）呼吸器官的各种疾病导致呼吸功能障碍，临床特点为低氧血症，或低氧血症和高碳酸血症并存的综合征，主要护理措施为保持呼吸道通畅、给氧、机械通气、病情观察、饮食护理、用药护理和心理护理等。

自测题

A_1 型题

1. 可引起小儿惊厥发作的因素有
   A. 原发性癫痫　B. 低血钙
   C. 中毒性菌痢　D. 高热
   E. 以上均是
2. 处理惊厥发作的患儿，应采取以下哪种措施
   A. 立即抱往医院
   B. 使劲摇晃，叫醒患儿
   C. 就地抢救，立即松解衣领，平卧头侧位
   D. 采取头高脚低位
   E. 牵拉按压患儿肢体，不让其乱动
3. 小儿高热惊厥的特点为
   A. 多见于 6 个月至 3 岁小儿
   B. 高热骤起时发作
   C. 发作后意识恢复快
   D. 无神经系统阳性体征
   E. 以上均是
4. 小儿惊厥时应重点观察
   A. 体位变化　B. 呼吸、瞳孔变化
   C. 发绀程度　D. 呕吐情况

E. 肌肉张力改变

A_2 型题

5. 患儿，男，10 个月。因高热惊厥入院。经治疗痊愈，准备出院，对其家长健康指导的重点是
   A. 合理喂养的方法　B. 体格锻炼的方法
   C. 惊厥预防及急救措施　D. 预防接种的时间
   E. 小儿体检的时间
6. 患儿，男，7 岁。诊断为“先天性心脏病并发充血性心力衰竭”。患儿拟服用地高辛维持治疗，护士在给予地高辛前，必须监测
   A. 体温　B. 脉搏
   C. 瞳孔　D. 血压
   E. 神志
7. 患儿，男，6 岁。以“充血性心力衰竭”入院。患儿心律齐，心前区闻及Ⅲ级收缩期杂音，腹软，肝肋下 3.5cm，尿量减少。作为护士，你指导该患儿宜采取的体位是
   A. 平卧位　B. 左侧卧位
   C. 右侧卧位　D. 仰卧位
   E. 半卧位

A_3/A_4 型题

（8 ～ 10 题共用题干）

患儿，女，1 岁半。半天来发热、流涕、咳嗽，半小时前突然抽风 1 次，持续约 5 分钟，为全身大发作。1 岁发热时曾发作 1 次，情况与本次类似。查体：神清，一般情况好，体温 39℃，咽红，呼吸音稍粗，神经系统检查（-），来院急诊。

8. 该患儿抽风的原因最可能的是
   A. 化脓性脑膜炎
   B. 癫痫
   C. 维生素 D 缺乏性手足搐搦症
   D. 高热惊厥
   E. 中毒性脑病
9. 该患儿到医院后应如何立即对其进行处理
   A. 按医嘱给予止惊药　B. 给予抗生素治疗
   C. 给予约束　D. 在口腔放置压舌板
   E. 给予补充钙剂
10. 该患儿的预后
   A. 会越来越重
   B. 随年龄增长，多数会自愈
   C. 需服用抗癫痫药治疗
   D. 需长期服用钙片、鱼肝油治疗
   E. 需加大抗生素的量治疗

（段慧琴）

实　训

实训 1　小儿体格发育的测量及评价

（一）实训内容

小儿体格发育的测量及评价。

（二）实训要求

(1) 熟练掌握小儿体重、身高、坐高、头围、胸围、上臂围的测量方法。

(2) 能够通过学习正确评估小儿的营养和发育状况。

（三）实训方式与方法

1. 实训地点　中等以上规模幼儿园。

2. 实训准备

(1) 用物：儿童体重磅称、身高和坐高测量计、皮尺、记录表格等。

(2) 小儿：按要求抽数十名幼儿园小朋友，不同年龄段各抽部分小儿，男女比例相近。向小朋友讲明给他们测量的目的，使之更好地配合。

(3) 护生：衣、帽穿戴整齐，复习小儿的心理特点，调整情绪，以微笑、和蔼的态度与小朋友进行有效沟通。

3. 实训方法

(1) 由带教老师集中讲解和演示体重、身高、坐高、头围、胸围的测量方法及注意事项。

(2) 护生以小组为单位，每 6 ～ 10 人一组，每组对 5 ～ 10 名儿童进行测量，同时记录。组长负责协调磅称、皮尺等用具的有序、合理使用，本小组成员进行分工合作。

(3) 各组汇报测量结果，统计所测量的小朋友平均体重、身高、坐高、头围、胸围、上臂围。初步评价小朋友的发育状况。

（四）实训小结

(1) 对汇总后测量结果，按不同年龄、不同性别分组统计，算出各组平均数，与理论上的正常标准对比并评价。

(2) 写出本次实训课后的体会（表实训 -1）。

表实训 -1　________幼儿园________岁小朋友体格测量汇总表

实训班级：　　　　　　　　实训地点：　　　　　　　　实训日期：

性别	人数	体重	身高	坐高	头围	胸围	上臂围
男							
女							

评价：

填表人：

实训2　婴儿喂养

（一）实训内容

婴儿喂养。

（二）实训要求

(1) 能够运用所学知识，掌握鲜牛乳、全脂乳粉、酸乳和脱脂乳的配制方法。

(2) 要学会乳瓶哺喂法、滴管哺喂法及鼻饲法喂养，满足不同吸吮能力及吞咽能力的婴儿进食需要。

(3) 实训态度认真、细心，关心爱护患儿。

（三）实训方法

1. 实训地点　医院配乳室、儿科病房或护理实训室。

2. 实训准备

(1) 用物

1) 配乳用物：配乳卡、天平、大量杯、漏斗、乳瓶、瓶筐、奶锅、搅拌棒、汤匙、鲜牛乳或全脂乳粉或婴儿配方乳粉、白糖、温开水、滴管、10%乳酸溶液或橘子原汁、广口容器。

2) 喂乳用物：①乳瓶或滴管哺喂法：已装牛乳的乳瓶、无菌乳头、饭巾、托盘、镊子、大广口杯、小杯、消毒滴管、记录单。②鼻饲法：消毒小儿胃管、8～10号橡皮导管和硅胶管、已装牛乳的小杯、大广口杯，其他同成人鼻饲法。

(2) 环境：配乳室清洁、空气新鲜、光线充足，物品摆放整齐有序，有防蝇防尘设备。

(3) 小儿：婴儿或模拟婴儿，更换好清洁尿布，向家长说明操作目的，取得合作。

(4) 护生：换鞋、穿工作服、戴帽子、口罩、洗手；态度认真、操作规范、富有爱心。

3. 实训方法

(1) 配乳法：教师先示教，然后学生每4～5人一组进行操作。

1) 普通牛乳配制法：① 核对配乳卡：计算出婴儿全日所需要的牛乳、糖及水量。② 用天平称出所需的糖量，用量杯量出所需水量及鲜牛乳量，分别倾注于广口容器内并混合均匀，如用全脂乳粉，则按比例1 ∶ 8或1 ∶ 4调成乳汁。③ 按小儿一日哺乳的次数排列乳瓶，挂上床号牌（床号牌上应注明床号、姓名、每次乳量及时间）。④ 将配制好的牛乳放入奶锅内加热煮沸3～4分钟，用量杯量出每次的乳量，用漏斗将乳液倾倒于瓶内，盖好瓶盖，放于瓶筐内，待凉后置冰箱内备用。⑤ 配乳用具及时清洁，消毒后存放于橱柜中备用。

2) 酸乳配制法：将乳液煮沸消毒，冷却至40℃后，用滴管吸取所需酸溶液（通常在100ml牛乳中加10%乳酸溶液5ml或橘子原汁6ml）慢慢加入，边加边搅拌，使其形成均匀而细小的凝块。

3) 脱脂牛乳配制法：将牛乳煮沸后静置于广口容器内冷却8～12小时，除去浮在表面的乳皮（脂肪），反复2～3次，即成脱脂乳，喂哺前再加糖煮沸。

(2) 喂乳法：教师先示教，然后分三组，每组选1名学生进行演练，其他人观摩并对操作进行评议。

1) 乳瓶哺喂法：① 核对床号、姓名、乳液种类和乳量。② 用镊子选择大小合适的无菌乳头，按无菌操作套在乳瓶口上。③ 抱起婴儿，围好饭巾，哺喂者坐在凳上，使婴儿头部枕于其左臂上呈半卧位。④ 哺喂者右手将乳瓶倒转，先试乳液温度，滴1～2滴乳液于左手背部或手臂内侧，以温热（40℃左右）不烫手为宜。轻触婴儿一侧面颊，刺激其吸吮反射，使其含住乳头吸吮，倾斜乳瓶，使乳液充满整个乳头。⑤ 喂毕将婴儿竖抱伏于肩上，轻拍其背部，使咽下的空气排出，然后将婴儿放回床上，取右侧卧位。⑥ 整理用物，及时清洗、消毒备用；记录哺喂情况及进乳量。

2）滴管哺喂法：① 用小杯盛乳液，放于盛热水的大广口杯中以保持乳液温度。用滴管吸取乳液，轻按婴儿下颌，先滴一滴乳液在小儿口内，注视其有下咽动作后再滴下一滴，每次滴入量视小儿吞咽情况而定，乳液切勿过多，以免呛咳。② 喂毕将小儿抱起伏于肩上，轻拍其背部，使咽下的空气排出，然后将小儿放回床上，取右侧卧位。③ 整理用物，及时清洗、消毒备用；记录哺喂情况及进乳量。

3）鼻饲法：① 选择胃管：较大儿童用小儿胃管，婴幼儿用 8 ～ 10 号橡皮导管，新生儿或早产儿可用硅胶管。② 插管长度：由鼻孔插管其长度应为自患儿鼻尖至耳垂再至剑突的距离（新生儿约为 10cm，1 岁 10 ～ 12cm，5 岁约 16cm，学龄儿童 20 ～ 25cm）。③ 插管过程：基本同成人鼻饲法。④ 检查胃管确实在胃内（抽出胃液或胃内容物），将温好的乳液抽入注射器（硅胶管较细，灌注时需接上粗针头），缓慢注入并观察小儿的呼吸情况。⑤ 需保留胃管者，灌注完毕，拔掉注射器，将胃管末端反折并包上消毒纱布，用橡皮圈扎紧，再用胶布固定于面颊部以免脱出；不需保留胃管者，按成人鼻饲法拔掉胃管。⑥ 整理用物，及时清洗、消毒备用；记录哺喂情况及进乳量。

（四）实训小结

（1）强调无菌操作。

（2）评价各小组鲜牛乳、全脂奶粉、酸乳和脱脂乳的配制方法是否正确，操作步骤是否规范，计算结果是否准确。

（3）评价学生的动手能力和操作态度。

（4）要求学生完成本次实训课的实验报告。

实训 3　儿科常用护理操作

一、臀红护理法

（一）实训内容

臀红护理法。

（二）实训要求

（1）通过学习能够掌握换尿布法、臀红患儿的护理措施。

（2）说出对该患儿家长进行健康教育的方法。

（3）实训态度认真，能够同情、关爱患儿。

（三）实训方式与方法

1. 实训地点　儿科病区或护理实训室。

2. 实训准备

（1）用物：清洁尿布、盛温开水的盆、小毛巾、棉签、弯盘、尿布桶、药物（0.02% 高锰酸钾溶液、紫草油、3% ～ 5% 鞣酸软膏、氧化锌软膏、鱼肝油软膏、红霉素软膏、康复新溶液、硝酸咪康唑霜）、红外线灯或鹅颈灯等。

(2) 小儿：当地医院住院患儿或模拟婴儿，向患儿家长说明进行护理操作的目的，取得配合。

(3) 多媒体：准备多媒体演示光盘或录像带，调试好播放设备。

(4) 环境：关上窗户，保持室内适宜的温度和湿度。

(5) 护生：按护士素质要求做好准备；服装、鞋帽整洁，态度和蔼可亲，言语温和恰当；操作时动作轻柔、准确、富有爱心。

3. 实训方法

(1) 首先由带教老师演示更换尿布的方法，讲解和演示臀红护理的操作方法及注意事项。然后分组，护生以小组为单位，选一名学生代表进行操作，其他学生观摩，并对操作步骤进行评议。

(2) 若无条件在医院见习，可在护理实训室为学生提供多媒体演示《儿科技术护理操作——臀红护理法》，再对示教病例进行模拟操作。

（四）实训小结

(1) 带教老师对本次实训课进行汇总及小结。

(2) 说出臀红如何预防？不同程度的臀红如何选择适用的药膏？

(3) 写出本项操作的操作流程和本次实训课后的体会。

二、头皮静脉输液法

（一）实训内容

头皮静脉输液法。

（二）实训要求

(1) 通过学习能够掌握头皮静脉输液法的操作技能。

(2) 学习态度严谨、认真，能够同情、关爱患儿。

（三）实训方式与方法

1. 实训地点 儿科病区或护理实训室。

2. 实训准备

(1) 用物：输液器、液体及药物、输液架。治疗盘内置皮肤消毒液、棉签、弯盘、胶布，无菌巾内放已吸入生理盐水或 10% 葡萄糖 10ml 的注射器、棉球、硅胶管头皮针。

(2) 小儿：联系好当地医院儿科病房，选好适合观摩操作的患儿或模拟婴儿，并向家长说明。

(3) 多媒体：准备多媒体演示光盘或录像带，调试好播放设备。

(4) 护生：按护士着装要求做好准备；操作者和助手洗手，戴口罩、帽子。

3. 实训方法

(1) 首先由带教老师集中讲解头皮静脉输液法的操作方法及注意事项，然后分组，护生以小组为单位观看病房护士进行头皮静脉输液操作。

(2) 若无条件在医院见习，可在护理实训室为学生提供多媒体演示《儿科技术护理操作——头皮静脉输液法》；再分组用头皮静脉输液的模拟婴儿教具进行模拟操作；最后讨论小儿头皮静脉输液法需注意的问题。

（四）实训小结

⑴ 带教老师对本次实训课进行汇总及小结。

⑵ 说出如何鉴别小儿头皮静脉与动脉。

⑶ 写出本项操作的操作流程和本次实训体会。

三、光照疗法

（一）实训内容

光照疗法。

（二）实训要求

⑴ 通过学习掌握蓝光箱的操作要点。

⑵ 概述蓝光箱操作过程中的注意事项。

⑶ 学习态度端正，能够同情、关爱患儿。

（三）实训方式与方法

1. 实训地点　儿科病区或儿科实训室。

2. 实训准备

⑴ 用物

1）患儿护眼罩（用墨纸或胶片剪成眼镜状）、长条尿布、尿布带、胶布、工作人员用的墨镜等。

2）蓝光箱：清洁光疗箱，特别注意清除灯管及反射板的灰尘；箱内湿化器水箱内加水至 2/3 满；接通电源，检查灯管高度，并使箱温升至患儿适中温度（30 ～ 32℃），相对湿度达 55% ～ 65%。

⑵ 多媒体：准备多媒体演示光盘或录像带，调试好播放设备。

⑶ 护生：了解患儿病情资料，观察光疗过程中出现的问题。操作前戴墨镜、洗手。

3. 实践方法

⑴ 首先由带教老师集中讲解和演示光照疗法的操作方法及注意事项。然后分组，护生以小组为单位，选一名学生代表进行蓝光箱操作，其他学生观摩，并对操作步骤进行评议。

⑵ 若无条件在医院见习，可在护理实训室为学生提供多媒体演示《儿科技术护理操作——光照疗法》，若实验室有光照设备，可分组进行蓝光箱操作。

（四）实训小结

⑴ 带教老师对本次实训课进行汇总及小结。

⑵ 说出光疗过程中易出现哪些副作用？应注意哪些问题？

⑶ 写出本项操作的操作流程和本次实训体会。

四、温箱使用法

（一）实训内容

温箱使用法。

（二）实训要求

(1) 概述温箱操作过程中的注意事项。

(2) 通过学习能够掌握温箱的操作。

(3) 学习态度认真细心，能够同情、关爱患儿。

（三）实训方式与方法

1. 实训地点 儿科病区或护理实训室。

2. 实践准备

(1) 环境：调节室温高于23℃，以减少辐射热的损失。

(2) 温箱：清洁、消毒温箱，将蒸馏水加入温箱水槽中至水位指示线，并加蒸馏水于湿化器水槽中。接通电源，打开电源开关将预热温度调至28 ～ 32℃。调整箱内湿度维持在55% ～ 65%。根据患儿体重及出生日龄调节适中温度。

(3) 多媒体：准备多媒体演示光盘或录像带，调试好播放设备。

(4) 护生：了解患儿病情资料，评估保暖过程中常见的护理问题。操作前衣帽整洁、洗手。

3. 实践方法

(1) 首先由带教老师集中讲解和演示温箱使用的操作方法及注意事项，然后分组，护生以小组为单位，选一名学生代表进行温箱操作，其他学生观摩，并对操作步骤进行评议。

(2) 若无条件在医院见习，可在护理实训室为学生提供多媒体演示《儿科技术护理操作——温箱使用法》，若实验室有温箱设备，可分组进行温箱操作。

（四）实训小结

(1) 带教老师对本次实训课进行汇总及小结。

(2) 叙述温箱的适应证和患儿出温箱条件。

(3) 写出本项操作的操作流程和本次实训体会。

五、婴儿抚触技术

（一）实训内容

婴儿抚触技术。

（二）实训要求

(1) 通过学习能够熟练掌握新生儿抚触的护理技术。

(2) 学习态度认真，能够关爱小儿。

（三）实训方式与方法

1. 实训地点 儿科病区或护理实训室。

2. 实训准备

(1) 用物：婴儿润肤油、干净的婴儿衣服、清洁尿布、毛巾、毛毯。

(2) 小儿：联系好当地医院住院患儿或模拟婴儿，向患儿家长说明进行护理操作的目的，取得配合。

(3) 环境：关上窗户，保持室内适宜的温度和湿度。

(4) 护生：按护士素质要求做好准备；服装、鞋帽整洁，态度和蔼可亲，言语温和恰当；

操作时动作轻柔、准确，富有爱心。

3. 实训方法

(1) 首先由带教老师演示婴儿抚触的方法，讲解婴儿抚触的操作要领及注意事项，然后分组，护生以小组为单位，选一名学生代表进行操作，其他学生观摩，并对操作步骤进行评议。

(2) 若无条件在医院见习，可在护理实训室首先利用模拟婴儿教具，采用项目情景教学方法，演示婴儿抚触操作过程。然后分组，护生以小组为单位，进行模拟操作。

（四）实训小结

(1) 带教老师对本次实训课进行汇总。

(2) 说出婴儿抚触的作用及注意事项。

(3) 写出婴儿抚触技术的操作流程。

六、婴儿沐浴法

（一）实训方法

婴儿沐浴法。

（二）实训要求

(1) 通过学习能够掌握使婴儿皮肤清洁、舒适，协助婴儿皮肤排泄和散热的操作。

(2) 学习态度认真，能够关爱患儿。

（三）实训方式与方法

1. 实训地点 儿科病区或护理实训室。

2. 实训准备

(1) 用物：浴盆、水温计、热水、婴儿浴液、婴儿洗发液、平整便于操作的处置台、大小毛巾、婴儿尿布及衣服、包被、棉签、棉球、聚维酮碘、婴儿爽身粉、护臀霜或鞣酸软膏、磅秤、弯盘，根据需要备液状石蜡、指甲剪等。

(2) 小儿：联系好当地医院住院患儿或模拟患儿，向患儿家长说明进行护理操作的目的，取得配合。

(3) 环境：关上窗户，调节室温至 26 ～ 28℃。

(4) 护生：按护士素质要求做好准备；服装、鞋帽整洁，态度和蔼可亲，言语温和恰当；操作时动作轻柔、准确，富有爱心。

3. 实训方法

(1) 首先由带教老师演示婴儿沐浴的方法，讲解沐浴的操作要领及注意事项，然后分组，护生以小组为单位，选一名学生代表进行操作，其他学生观摩，并对操作步骤进行评议。

(2) 若无条件在医院见习，可在护理实训室首先利用模拟婴儿教具，采用项目情景教学方法，演示婴儿沐浴操作过程。然后分组，护生以小组为单位，进行模拟操作。

（四）实训小结

(1) 带教老师对本次实训课进行汇总。

(2) 说出婴儿沐浴的注意事项。

(3) 写出婴儿沐浴的操作流程。

实训4　正常足月新生儿、早产儿的护理

（一）实训内容

正常足月新生儿、早产儿的护理。

（二）实训要求

(1) 概述足月新生儿、早产儿生活环境、保暖、喂养、日常观察、预防感染等方面的相关知识。

(2) 通过学习能够学会护理正常新生儿和早产儿。

(3) 能够运用所学知识对家长进行有效的健康教育。

(4) 实训态度认真，能够同情、关爱患儿。

（三）实训方法

1. 实训地点　儿科病区或护理实训室。

2. 实训准备

(1) 用物：鲜牛乳或乳粉、乳瓶、体温计、紫外线灯、温箱等。

(2) 新生儿：新生儿或早产儿数名或模拟婴儿，向家长说明护理操作的目的，取得配合。

(3) 多媒体：准备多媒体演示光盘或录像带，调试好播放设备。

(4) 护生：着装按护士标准穿戴整齐，态度认真、谦虚、谨慎，并注意进行护理操作前应掌握新生儿的基本情况，操作时动作轻柔、准确，富有爱心。

3. 实训方法

(1) 首先由带教老师集中讲解新生儿的护理，并进行相关的护理操作及设备调控演示。然后分组，每6～10名护生一组，每组对一名新生儿进行护理评估及制订护理计划，重点对新生儿一般状况、居室环境、衣被、尿布、喂养、脐带及预防接种等评估，注重与小儿家长的沟通，组长负责安排每位同学的具体任务，同时记录。带教老师随时指导及矫正，以保证实训合理、有序地进行。组织学生讨论新生儿的护理要点，鼓励学生对新生儿提出护理问题并独立解决问题。

(2) 若无条件在医院见习，可在护理实训室为学生提供多媒体演示《新生儿的护理》，然后抽学生对演示的内容进行复述及演示，同学之间进行评价讨论。

（四）实训小结

(1) 带教老师将各组实训结果及学生提出的共性问题汇总、小结。

(2) 写出本组新生儿（或多媒体演示新生儿）的护理要点，与正常新生儿（或早产儿）的护理进行对比并评价。

(3) 写出本次实训课后体会。

(4) 说出正常新生儿与早产儿有什么不同。

实训5　维生素D缺乏性佝偻病患儿的护理

（一）实训内容

维生素D缺乏性佝偻病患儿的护理。

（二）实训要求

(1) 概述维生素 D 缺乏性佝偻病患儿的护理评估和护理措施。

(2) 能运用所学知识，对维生素 D 缺乏性佝偻病患儿及家长进行有效的健康教育。

(3) 实训态度认真，能够同情、关爱患儿。

（三）实训方法

1. 实训地点　儿科病房或教室。

2. 实训方法

(1) 首先由带教老师讲解维生素D缺乏性佝偻病患儿的护理评估方法、内容、注意事项。然后分组，各小组在带教老师的带领和指导下，边讲解、边观察、边指导。

(2) 若无条件在医院见习，可在教室组织学生进行案例分析。案例分析时，将学生分成若干小组，每组发一份案例，或者老师将案例抄写在黑板上，或者利用多媒体播放案例。由老师讲述案例分析的内容、要求、方法和技巧等。然后分组讨论，完成案例分析，老师各组巡回指导。

（四）实训评价

实训结束后，为了反馈、总结实训情况，应及时进行实训评价。评价方法可采取学生之间互评、小组互评，最后由老师根据各组的实训完成情况，进行总评与矫正。

（五）案例

患儿，女，11 个月。冬季出生，因近日烦躁易哭、睡眠不安、多汗、夜惊来院就诊。患儿为早产儿，牛奶喂养，添加少量辅食。现患儿不能独自站立，不会叫爸爸、妈妈。

护理体检：表情淡漠，前囟 2cm×2cm 大小，平坦，头发稀少，枕后有些脱发，明显方颅，郝氏沟，可见肋骨串珠。心肺 (-)，腹软，肝肋下 2cm，肌张力低下，查血钙 1.80mmol/L。腕部 X 线检查：骨骺端增宽，钙化带消失，骨密度降低。初步诊断为“维生素 D 缺乏性佝偻病”。

实训要求：

1. 你认为该患儿在护理评估中还应收集哪些资料？
2. 分析本病请做出护理诊断，说出诊断依据。
3. 面对该患儿你应该采取哪些护理措施？
4. 说出佝偻病患儿进行日光照射时的注意事项。
5. 你应该对患儿家长做哪些健康指导？

实训 6　腹泻患儿的护理

（一）实训内容

腹泻患儿的护理、腹泻患儿液体疗法的护理。

（二）实训要求

(1) 掌握腹泻患儿的护理评估、护理诊断及护理措施。

(2) 能运用所学知识，对腹泻患儿及家长进行有效的健康教育。

(3) 实训态度认真，能够同情、关爱患儿。

（三）实训方法

1. 实训地点 儿科病房或教室。

2. 实训方法

(1) 首先由带教老师讲解腹泻患儿的护理评估方法、内容、注意事项。然后分组，各小组在带教老师的带领和指导下，边讲解、边观察、边指导。

(2) 若无条件在医院见习，可在教室组织学生进行案例分析。案例分析时，将学生分成若干小组，每组发一份案例，或者老师将案例抄写在黑板上，或者利用多媒体播放案例。由老师讲述案例分析的内容、要求、方法和技巧等。然后分组讨论，完成案例分析，老师各组巡回指导。

（四）实训评价

实训结束后，为了反馈、总结实训情况，应及时进行实训评价。评价方法可采取学生之间互评、小组互评，最后由老师根据各组的实训完成情况，进行总评与矫正。

（五）案例

患儿9个月，因发热、吐泻3天于8月16日以“急性感染性腹泻”收住院。患儿每日大便十多次，黄色呈蛋花汤样，量较多，进食或水即吐，近1日加重，已7小时无尿。

护理体检：体温38.6℃，体重9kg，精神委靡，皮肤弹性极差，干燥，前囟、眼窝明显凹陷，呼吸深快，口唇呈樱桃红色。双肺呼吸音清，心率116次/分，心音略低钝，肝肋下2cm，脾未触及，肠鸣音活跃。手、足冰凉，肌张力正常。化验：血钠126mmol/L，二氧化碳结合力11mmol/L，大便镜检可见少量白细胞。

实训要求：

1. 根据临床资料，提出患儿现存3～4个护理问题，说出诊断依据。
2. 该患儿静脉补液时应该采取哪些护理措施？
3. 该患儿呼吸深快可能的原因是什么？说出该患儿脱水的程度和性质。
4. 说出该患儿的健康教育内容。

实训7 肺炎患儿的护理

（一）实训内容

肺炎患儿的护理。

（二）实训要求

(1) 掌握肺炎患儿的护理评估及护理措施。
(2) 能运用所学知识，对肺炎患儿及家长进行有效的健康教育。
(3) 通过病例讨论，分析问题、解决问题及语言表达能力有所提高。
(4) 实训态度认真，能够同情、关爱患儿。

（三）实训方法

1. 实训地点 儿科病房或教室。

2. 实训方法

(1) 首先由带教老师讲解肺炎患儿的护理评估方法、内容、注意事项。然后分组，各小组在带教老师的带领和指导下，边讲解、边观察、边指导。

⑵ 若无条件在医院见习，可在教室组织学生进行案例分析。案例分析时，将学生分成若干小组，每组发一份案例，或者老师将案例抄写在黑板上，或者利用多媒体播放案例。由老师讲述案例分析的内容、要求、方法和技巧等。然后分组讨论，完成案例分析，老师各组巡回指导。

（四）实训评价

实训结束后，为了反馈、总结实训情况，应及时进行实训评价。评价方法可采取学生之间互评、小组互评，最后由老师根据各组的实训完成情况，进行总评与矫正。

（五）案例

患儿，女，8个月。因发热、咳嗽3天，加重1天入院。患儿咳嗽初为干咳，以后有痰，并出现呼吸困难。

护理体检：体温39.6℃，心率151次/分，呼吸50次/分，体重7kg，面色灰白，极度烦躁不安，口周发绀，鼻翼扇动，咽充血，呼吸急促，两肺有痰鸣音及密集的中、小水泡音，心音有力，律齐，肝右肋下2cm，无压痛，腹稍胀。血化验白细胞18×10^9/L，中性粒细胞0.78，淋巴细胞0.22。X线：双肺纹理增强，双肺可见点片状阴影。初步诊断为支气管肺炎。

实训要求：

1. 根据临床资料，提出该患儿的主要护理诊断/问题有哪些？并列出诊断依据。
2. 针对该患儿的护理问题，制订相应的护理措施。
3. 说出该患儿的健康教育内容，主题为如何预防小儿呼吸道感染。

实训8　营养性缺铁性贫血患儿的护理

（一）实训内容

营养性缺铁性贫血患儿的护理。

（二）实训要求

⑴ 掌握营养性缺铁性贫血患儿的护理评估及护理措施。

⑵ 能运用所学知识，对营养性缺铁性贫血患儿及家长进行有效的健康教育。

⑶ 实训态度认真，能够同情、关爱患儿。

（三）实训方法

1. 实训地点　儿科病房或教室。

2. 实训方法

⑴ 首先由带教老师讲解营养性缺铁性贫血患儿的护理评估方法、内容、注意事项。然后分组，各小组在带教老师的带领和指导下，边讲解、边观察、边指导。

⑵ 若无条件在医院见习，可在教室组织学生进行案例分析。案例分析时，将学生分成若干小组，每组发一份案例，或者老师将案例抄写在黑板上，或者利用多媒体播放案例。由老师讲述案例分析的内容、要求、方法和技巧等。然后分组讨论，完成案例分析，老师各组巡回指导。

（四）实训评价

实训结束后，为了反馈、总结实训情况，应及时进行实训评价。评价方法可采取学生之间互评、小组互评，最后由老师根据各组的实训完成情况，进行总评与矫正。

（五）案例

患儿，男，10个月。因“食欲缺乏，面色苍白2月余”入院。近2个月以来，患儿食欲减退，一直喜欢让人抱，不爱活动，经常感冒。该患儿生后单纯母乳喂养，未添加辅食。

护理体检：体温37.2℃，脉搏102次/分，呼吸26次/分。皮肤黏膜苍白，以口唇、睑结膜、甲床明显。心率102次/分，律齐，心音稍低钝，心脏轻度扩大，未闻及杂音。肝肋下3.0cm，脾肋下0.5cm。

辅助检查：红细胞2.4×10^{12}/L，血红蛋白66g/L，白细胞9.5×10^{9}/L，中性粒细胞0.36，淋巴细胞0.64。血涂片：可见红细胞大小不等，以小细胞为主，中央淡染区扩大。门诊以“营养性缺铁性贫血”收住院。

实训要求：

1. 根据临床资料，提出该患儿存在哪些护理诊断/问题，并列出诊断依据。
2. 针对该患儿的护理问题制订相应的护理措施。
3. 该患儿贫血可能的原因是什么？
4. 说出该患儿的健康教育内容。主题为如何预防营养性缺铁性贫血。

实训9　急性肾炎患儿的护理

（一）实训内容

急性肾炎患儿的护理。

（二）实训要求

(1) 概述急性肾炎患儿的护理评估内容及方法。

(2) 做出急性肾炎患儿的护理诊断，并制订相应的护理计划。

(3) 能够运用所学知识对急性肾炎患儿进行有效的健康指导。

(4) 实训态度认真，能够同情、关爱患儿。

（三）实训方法

1. 实训地点　儿科病房或教室。

2. 实训方法

(1) 首先由带教老师讲解急性肾炎患儿的护理评估方法、内容、注意事项。然后分组，各小组在带教老师的带领和指导下，边讲解、边观察、边指导。

(2) 若无条件在医院见习，可在教室组织学生进行案例分析。案例分析时，将学生分成若干小组，每组发一份案例，或者老师将案例抄写在黑板上，或者利用多媒体播放案例。由老师讲述案例分析的内容、要求、方法和技巧等。然后分组讨论，完成案例分析，老师各组巡回指导。

（四）实训评价

实训结束后，为了反馈、总结实训情况，应及时进行实训评价。评价方法可采取学生之间互评、小组互评，最后由老师根据各组的实训完成情况，进行总评与矫正。

（五）案例

患儿，男，12 岁。因头痛、呕吐、水肿 3 日就诊。患儿 2 周前曾患“上呼吸道感染”在社区医院治愈。3 天前自觉头晕、头痛、乏力，尿量减少，今头痛加剧，并出现恶心、呕吐，呕吐物为胃内容物，同时出现眼睑水肿、少尿和双下肢水肿。

护理体检：体温 36.8 ℃，脉搏 72 次/分，呼吸 32 次/分，体重 56.8kg，身高 146cm，血压 155/105mmHg。发育正常，神志清楚，营养欠佳，较烦躁，检查尚合作。面色稍苍白，眼睑水肿，无皮疹，浅表淋巴结无肿大。心率 72 次/分，律齐，心音稍低钝，双肺呼吸音清。腹部平软，肝右肋下可触及、质软，脾未触及。双肾区轻微叩击痛，双下肢非凹陷性水肿。

实验室检查：血常规血红蛋白 96g/L，白细胞 5.2×10^9/L，中性粒细胞 0.64，淋巴细胞 0.36。尿常规：尿蛋白（+），尿沉渣镜检：红细胞 8 ～ 10 个 /HP，白细胞 1 ～ 3 个 /HP，颗粒管型（+）。血尿素氮、肌酐及抗链“O”增高，血清补体下降。临床诊断：急性肾小球肾炎。

实训要求：

1. 根据临床资料，提出该患儿存在哪些护理诊断 / 问题，并列出诊断依据。
2. 能够运用所学知识对该患儿制订护理措施。
3. 说出该患儿的健康教育内容。

实训 10　结核性脑膜炎患儿的护理

（一）实训内容

结核性脑膜炎患儿的护理。

（二）实训要求

⑴ 概述结核性脑膜炎患儿的护理评估内容。

⑵ 做出结核性脑膜炎患儿的护理诊断，并制订相应的护理计划。

⑶ 能够运用所学知识对结核性脑膜炎患儿进行有效的健康指导。

⑷ 实训态度认真，能够同情、关爱患儿。

（三）实训方法

1. 实训地点　儿科病房或教室。

2. 实训方法

⑴ 首先由带教老师讲解结核性脑膜炎患儿的护理评估方法、内容、注意事项。然后分组，各小组在带教老师的带领和指导下，边讲解、边观察、边指导。

⑵ 若无条件在医院见习，可在教室组织学生进行案例分析。案例分析时，将学生分成若干小组，每组发一份案例，或者老师将案例抄写在黑板上，或者利用多媒体播放案例。由老师讲述案例分析的内容、要求、方法和技巧等。然后分组讨论，完成案例分析，老师各组巡回指导。

（四）实训评价

实训结束后，为了反馈、总结实训情况，应及时进行实训评价。评价方法可采取学生之间互评、小组互评，最后由老师根据各组的实训完成情况，进行总评与矫正。

（五）案例

患儿，男，10个月。近半个月来间歇性低热，易怒，好哭，睡眠不安，食欲缺乏。其母亲曾有结核病史。

护理体检：体温37.5℃，呼吸24次/分，脉搏116次/分，血压110/80mmHg，体重10kg，神情淡漠，颈软，心肺无异常发现。

脑脊液检查：外观淡黄色混浊，白细胞150×10^{6}/L，中性粒细胞0.46，淋巴细胞0.54，蛋白阳性，糖1.94mmol/L，氯化物108.9mmol/L；PPD实验（++）；肺部X线摄片阴性。

实训要求：

1. 分析本病的临床诊断。
2. 面对该患儿应该采取哪些护理措施？
3. 说出该患儿的健康教育内容

（关红丽）

实训11　惊厥患儿的护理

（一）实训内容

惊厥患儿的护理。

（二）实训要求

(1) 概述惊厥患儿的护理评估内容。
(2) 做出惊厥患儿的护理诊断并制订护理措施。
(3) 能够运用所学知识，对惊厥患儿进行急救处理。
(4) 实训态度认真，能够同情、爱护和体贴患儿。

（三）实训方法

1. 实训地点　儿科病房或教室。

2. 实训方法

(1) 首先由带教老师讲述实训内容、实训要求、实训方法及注意事项。然后分组，各小组在带教老师的带领和指导下，边讲解、边观察、边指导。

(2) 若无条件在医院见习，可在教室组织学生进行案例分析。案例分析时，将学生分成若干小组，每组发一份案例，或者老师将案例抄写在黑板上，或者利用多媒体播放案例。由老师讲述案例分析的内容、要求、方法和技巧等。然后分组讨论，完成案例分析，老师各组巡回指导。

（四）实训评价

实训结束后，为了反馈、总结实训情况，应及时进行实训评价。评价方法可采取学生之间互评、小组互评，最后由老师根据各组的实训完成情况，进行总评与矫正。

（五）案例

患儿，男，9个月。主因咳嗽、纳差2天，发热1天就诊。门诊以“上呼吸道感染”收入院。

护理体检：体温39.5℃，呼吸40次/分，心率140次/分，患儿生长发育良好，意识清楚，高热面容，咽部充血，双肺呼吸音较粗，未闻及干、湿啰音，心脏无杂音，律齐，神经系统检查未发现异常。护士体格检查刚刚结束，突然发现患儿头后仰，双目凝视，双眼球上翻，面部及四肢阵挛性抽搐，唇发绀。家长见状，将患儿抱在怀中，大声呼唤，惊慌失措。

实训要求：

1. 分析本病的临床诊断。
2. 面对该患儿应该采取哪些护理措施？
3. 该患儿抽搐可能的原因是什么？
4. 说出该患儿的健康教育内容。

（段慧琴）

教学大纲

（72 课时）

一、课程性质和任务

儿科护理是研究小儿生长发育规律、儿童保健、疾病防治和护理的一门临床专业学科，是中等职业学校护理、助产专业的一门主干课程，主要内容包括儿科护理的基础理论、基本知识和基本技能。其主要任务是让学生树立“以小儿健康为中心”的现代护理理念，掌握儿科护理的专业知识和技能，对小儿进行整体护理，达到促进小儿身心健康的目的。

二、课程教学目标

通过本课程的学习，学生能够达到以下要求：

（一）知识教学目标

1. 掌握小儿体格发育指标的正常值、临床意义，药物剂量的计算方法和换算方法。
2. 掌握儿科常见病的护理评估、护理诊断和护理措施。
3. 熟悉小儿各系统解剖生理特点和不同年龄小儿的护理特点。
4. 熟悉小儿生长发育规律、营养与喂养、计划免疫、小儿用药特点和危重患儿的急救原则。
5. 了解小儿各系统常见病的概念、发病机制、护理目标和治疗原则。

（二）能力培养目标

1. 能够运用所学的知识进行生长发育评价、营养与喂养指导和健康教育。
2. 具有运用护理程序对患儿实施整体护理的能力。
3. 在老师的指导下，能对危重患儿进行应急处理和配合抢救。

（三）职业素养目标

1. 具有良好的世界观、人生观、价值观，具有较强的工作责任心、团队合作精神、职业道德和工作态度，具有学习新知识、新技能的态度，具有胜任目前工作的能力。
2. 具有良好的品德和仁爱之心，能尊重生命、关爱患儿、保护患者隐私，树立全心全意为患儿服务的理念和行为意识。
3. 具有良好的人际沟通能力，能与患儿、家属及服务对象进行积极有效的沟通，并能与相关人员进行专业交流。
4. 能尊重服务对象的人格、信仰，理解服务对象人文背景及文化价值观。
5. 具有良好的综合素质和较好的社会适应能力，能适应不同层次的医疗卫生工作的实际需求。

三、教学内容与要求

教学内容	教学要求			教学活动参考
	了解	理解	掌握	
一、绪论				
(一)儿科护理的任务、范围和特点				
1. 儿科护理的任务		√		理论讲授
2. 儿科护理的范围		√		多媒体演示
3. 儿科护理的特点		√		
(二)小儿年龄分期及各期特点			√	
(三)儿科护士的角色与素质要求				
1. 儿科护士的角色	√			
2. 儿科护士的素质要求	√			
二、儿科护理基础				理论讲授
(一)生长发育				多媒体演示
1. 生长发育的一般规律		√		案例分析、
2. 影响小儿生长发育的因素		√		讨论
3. 小儿体格发育指标评价及临床意义			√	实践技能
4. 小儿感知觉、运动、语言和心理的发育		√		操作 自学辅导
(二)小儿营养与喂养				临床参观
1. 能量的需要		√		
2. 营养素的需要		√		
3. 婴儿喂养		√		
4. 幼儿膳食		√		
(三)计划免疫			√	
(四)儿科医疗机构的设施及护理管理				
1. 儿科门诊	√			
2. 儿科急诊	√			
3. 儿科病房	√			
(五)小儿用药的特点及护理				
1. 小儿用药特点及药物选择	√			

教学内容	教学要求			教学活动参考
	了解	理解	掌握	
2. 给药方法		√		
3. 药物剂量计算			√	
(六)儿科护理常用技术				
1. 尿布更换法		√		
2. 婴儿沐浴法			√	
3. 新生儿抚触			√	
4. 臀红护理法			√	
5. 温箱使用法			√	
6. 光照疗法			√	
实训1:小儿体格发育的测量及评价	熟练			观看录像、技能实践或
实训2:婴儿喂养	会			临床见习
实训3:儿科常用护理操作	规范			
三、新生儿与新生儿疾病患儿的护理				理论讲授 多媒体演示
(一)正常足月新生儿与早产儿的特点及护理				案例分析、讨论
1. 新生儿的分类		√		观察
2. 正常足月新生儿的特点及护理			√	自学辅导 临床实践
3. 新生儿的特殊生理状态			√	归纳与对比
4. 早产儿的特点及护理			√	
(二)新生儿窒息患儿的护理				
1. 疾病概述		√		
2. 护理评估			√	
3. 护理诊断/问题			√	
4. 护理目标	√			
5. 护理措施			√	
6. 健康教育			√	
(三)新生儿缺氧缺血性脑病患儿的护理				
1. 疾病概述		√		
2. 护理评估			√	
3. 护理诊断/问题			√	

续表

教学内容	教学要求			教学活动参考
	了解	理解	掌握	
4. 护理目标	√			
5. 护理措施			√	
6. 健康教育			√	
(四)新生儿颅内出血患儿的护理				
1. 疾病概述		√		
2. 护理评估			√	
3. 护理诊断/问题			√	
4. 护理目标	√			
5. 护理措施			√	
6. 健康教育			√	
(五)新生儿黄疸患儿的护理				
1. 疾病概述		√		
2. 护理评估			√	
3. 护理诊断/问题			√	
4. 护理目标	√			
5. 护理措施			√	
6. 健康教育			√	
(六)新生儿寒冷损伤综合征患儿的护理				
1. 疾病概述		√		
2. 护理评估			√	
3. 护理诊断/问题			√	
4. 护理目标	√			
5. 护理措施			√	
6. 健康教育			√	
(七)新生儿脐炎患儿的护理				
1. 疾病概述		√		
2. 护理评估			√	
3. 护理诊断/问题			√	
4. 护理目标	√			
5. 护理措施			√	
6. 健康教育			√	
(八)新生儿败血症患儿的护理				
1. 疾病概述		√		
2. 护理评估			√	
3. 护理诊断/问题	√			
4. 护理目标			√	
5. 护理措施			√	
6. 健康教育			√	
(九)新生儿低血糖患儿的护理				
1. 疾病概述		√		
2. 护理评估			√	
3. 护理诊断/问题			√	
4. 护理目标	√			
5. 护理措施			√	
6. 健康教育			√	
(十)新生儿低钙血症患儿的护理				
1. 疾病概述		√		
2. 护理评估			√	
3. 护理诊断/问题	√			
4. 护理目标			√	
5. 护理措施			√	
6. 健康教育			√	
实训4:正常足月新生儿、早产儿的护理	会			多媒体演示、技能实践或临床见习
四、营养性疾病患儿的护理				理论讲授
(一)营养不良患儿的护理				多媒体演示
1. 疾病概述		√		案例分析、
2. 护理评估			√	讨论
3. 护理诊断/问题			√	归纳、对比
4. 护理目标	√			自学辅导
5. 护理措施			√	逻辑推理
6. 健康教育			√	
(二)维生素D缺乏性佝偻病患儿的护理				
1. 疾病概述		√		
2. 护理评估			√	

续表

教学内容	教学要求 了解	理解	掌握	教学活动参考
3. 护理诊断/问题			√	
4. 护理目标	√			
5. 护理措施			√	
6. 健康教育			√	
(三)维生素D缺乏性手足搐搦症患儿的护理				
1. 疾病概述		√		
2. 护理评估			√	
3. 护理诊断/问题			√	
4. 护理目标	√			
5. 护理措施			√	
6. 健康教育			√	
实训5:维生素D缺乏性佝偻病患儿的护理	熟悉			病案讨论或临床见习
五、消化系统疾病患儿的护理				理论讲授多媒体演示
(一)小儿消化系统解剖、生理特点		√		案例分析、讨论
(二)口腔炎患儿的护理				实践技能
1. 疾病概述		√		操作
2. 护理评估			√	自学辅导
3. 护理诊断/问题			√	临床观察
4. 护理目标	√			
5. 护理措施			√	
6. 健康教育			√	
(三)腹泻患儿的护理				
1. 疾病概述		√		
2. 护理评估			√	
3. 护理诊断/问题			√	
4. 护理目标	√			
5. 护理措施			√	
6. 健康教育			√	
(四)小儿液体疗法及其护理				
1. 小儿体液平衡的特点	√			
2. 水、电解质及酸碱平衡紊乱		√		
3. 常用的溶液及其配制			√	

教学内容	教学要求 了解	理解	掌握	教学活动参考
4. 补液方法			√	
5. 静脉输液的护理			√	
实训6:腹泻患儿的护理	规范			病案讨论、技能实践或临床见习
六、呼吸系统疾病患儿的护理				理论讲授多媒体演示
(一)小儿呼吸系统解剖、生理特点		√		案例分析、讨论
(二)急性上呼吸道感染患儿的护理				归纳对比逻辑推理
1. 疾病概述		√		复习
2. 护理评估			√	
3. 护理诊断/问题			√	
4. 护理目标	√			
5. 护理措施			√	
6. 健康教育			√	
(三)急性支气管炎患儿的护理				
1. 疾病概述		√		
2. 护理评估			√	
3. 护理诊断/问题			√	
4. 护理目标	√			
5. 护理措施			√	
6. 健康教育			√	
(四)肺炎患儿的护理				
1. 疾病概述		√		
2. 护理评估			√	
3. 护理诊断/问题			√	
4. 护理目标	√			
5. 护理措施			√	
6. 健康教育			√	
实训7:肺炎患儿的护理	规范			病案讨论或临床见习
七、循环系统疾病患儿的护理				理论讲授多媒体演示
(一)小儿循环系统解剖、生理特点		√		案例分析、讨论

续表

教学内容	教学要求			教学活动参考
	了解	理解	掌握	
(二)先天性心脏病患儿的护理				归类联想 逻辑推理
1. 疾病概述		√		复习
2. 护理评估			√	
3. 护理诊断/问题			√	
4. 护理目标	√			
5. 护理措施			√	
6. 健康教育			√	
(三)病毒性心肌炎患儿的护理				
1. 疾病概述		√		
2. 护理评估			√	
3. 护理诊断/问题			√	
4. 护理目标	√			
5. 护理措施			√	
6. 健康教育			√	
八、造血系统疾病患儿的护理				理论讲授 多媒体演示
(一)小儿造血和血液特点		√		案例分析、
(二)小儿贫血的概述		√		讨论
(三)营养性缺铁性贫血患儿的护理			√	归纳对比 复习
1. 疾病概述		√		
2. 护理评估			√	
3. 护理诊断/问题			√	
4. 护理目标	√			
5. 护理措施			√	
6. 健康教育			√	
(四)营养性巨幼细胞性贫血患儿的护理				
1. 疾病概述		√		
2. 护理评估			√	
3. 护理诊断/问题			√	
4. 护理目标	√			
5. 护理措施			√	
6. 健康教育			√	
实训8:营养性缺铁性贫血患儿的护理	规范			病案讨论或临床见习
九、泌尿系统疾病患儿的护理				理论讲授 多媒体演示
(一)小儿泌尿系统解剖、生理特点		√		案例分析、 讨论
(二)急性肾小球肾炎患儿的护理				逻辑推理 归纳对比
1. 疾病概述		√		复习
2. 护理评估			√	
3. 护理诊断/问题			√	
4. 护理目标	√			
5. 护理措施			√	
6. 健康教育			√	
(三)肾病综合征患儿的护理				
1. 疾病概述		√		
2. 护理评估			√	
3. 护理诊断/问题			√	
4. 护理目标	√			
5. 护理措施			√	
6. 健康教育			√	
(四)泌尿道感染患儿的护理				
1. 疾病概述		√		
2. 护理评估			√	
3. 护理诊断/问题			√	
4. 护理目标	√			
5. 护理措施			√	
6. 健康教育			√	
实训9:急性肾炎患儿的护理	会			病案讨论或临床见习
十、神经系统疾病患儿的护理				理论讲授 多媒体演示
(一)小儿神经系统解剖、生理特点		√		案例分析、 讨论
(二)化脓性脑膜炎患儿的护理				归纳对比 自学讨论
1. 疾病概述		√		复习
2. 护理评估			√	

续表

教学内容	教学要求			教学活动参考
	了解	理解	掌握	
3. 护理诊断/问题			√	
4. 护理目标	√			
5. 护理措施			√	
6. 健康教育			√	
(三)病毒性脑炎患儿的护理				
1. 疾病概述		√		
2. 护理评估			√	
3. 护理诊断/问题			√	
4. 护理目标	√			
5. 护理措施			√	
6. 健康教育			√	
十一、免疫性疾病患儿的护理				理论讲授 多媒体演示 案例分析、讨论 联想学习 自学讨论 复习
(一)风湿热患儿的护理				
1. 疾病概述		√		
2. 护理评估			√	
3. 护理诊断/问题			√	
4. 护理目标	√			
5. 护理措施			√	
6. 健康教育			√	
(二)过敏性紫癜患儿的护理				
1. 疾病概述		√		
2. 护理评估			√	
3. 护理诊断/问题			√	
4. 护理目标	√			
5. 护理措施			√	
6. 健康教育			√	
十二、传染病患儿的护理				理论讲授 多媒体演示 案例分析、讨论 对比归纳 观察
(一)麻疹患儿的护理				
1. 疾病概述		√		
2. 护理评估			√	
3. 护理诊断/问题			√	
4. 护理目标	√			
5. 护理措施			√	
6. 健康教育			√	

教学内容	教学要求			教学活动参考
	了解	理解	掌握	
(二)水痘患儿的护理				
1. 疾病概述		√		
2. 护理评估			√	
3. 护理诊断/问题			√	
4. 护理目标	√			
5. 护理措施			√	
6. 健康教育			√	
(三)流行性腮腺炎患儿的护理				
1. 疾病概述		√		
2. 护理评估			√	
3. 护理诊断/问题			√	
4. 护理目标	√			
5. 护理措施			√	
6. 健康教育			√	
(四)猩红热患儿的护理				
1. 疾病概述		√		
2. 护理评估			√	
3. 护理诊断/问题			√	
4. 护理目标	√			
5. 护理措施			√	
6. 健康教育			√	
(五)小儿结核病患儿的护理				
1. 小儿结核病概述		√		
2. 原发型肺结核患儿的护理				
(1)疾病概述		√		
(2)护理评估			√	
(3)护理诊断/问题			√	
(4)护理目标	√			
(5)护理措施			√	
(6)健康教育			√	
3. 急性粟粒型肺结核患儿的护理				
(1)疾病概述		√		
(2)护理评估			√	

续表

教学内容	教学要求			教学活动参考
	了解	理解	掌握	
(3)护理诊断/问题			√	
(4)护理目标	√			
(5)护理措施			√	
(6)健康教育			√	
4. 结核性脑膜炎患儿的护理				
(1)疾病概述		√		
(2)护理评估			√	
(3)护理诊断/问题			√	
(4)护理目标	√			
(5)护理措施			√	
(6)健康教育			√	
实训10:结核性脑膜炎患儿的护理	规范			病案讨论或临床见习
十三、常见小儿急症患儿的护理				理论讲授 多媒体演示
(一)惊厥患儿的护理				案例分析、
1. 疾病概述		√		讨论
2. 护理评估			√	归纳对比
3. 护理诊断/问题			√	复习
4. 护理目标	√			
5. 护理措施			√	
6. 健康教育			√	
(二)急性充血性心力衰竭患儿的护理				
1. 疾病概述		√		
2. 护理评估			√	
3. 护理诊断/问题			√	
4. 护理措施			√	
5. 健康教育			√	
(三)急性呼吸衰竭患儿的护理				
1. 疾病概述		√		
2. 护理评估			√	
3. 护理诊断/问题			√	
4. 护理目标	√			
5. 护理措施			√	
6. 健康教育			√	
实训11:惊厥患儿的护理	规范			病案讨论或临床见习

四、学时分配建议（72学时）

序号	教学内容	学时数		
		理论	实践	合计
1	绪论	2	0	2
2	儿科护理基础	6	4	10
3	新生儿与新生儿疾病患儿的护理	8	2	10
4	营养性疾病患儿的护理	4	1	5
5	消化系统疾病患儿的护理	6	2	8
6	呼吸系统疾病患儿的护理	4	2	6
7	循环系统疾病患儿的护理	4	0	4
8	造血系统疾病患儿的护理	3	1	4
9	泌尿系统疾病患儿的护理	4	1	5
10	神经系统疾病患儿的护理	3	0	3
11	免疫性疾病患儿的护理	3	0	3
12	传染病患儿的护理	7	1	8
13	常见小儿急症患儿的护理	3	1	4
合计		56	16	72

五、教学大纲说明

（一）适用对象与参考学时

本教学大纲可供护理、助产等医学相关专业教学使用，通常在第四学期开设，总学时为 72 学时，其中理论教学 56 学时，实践教学 16 学时。

（二）教学要求

⑴ 本教材的理论教学分为掌握、熟悉、了解三个层次。掌握：是能够“应用”知识，指在记忆、理解的基础上，运用所学知识，进行综合分析并解决实际问题，是知识目标的最高层次。熟悉：是知道“为什么”，能领会、解释教材内容知识点的涵义。了解：是知道“是什么”，能够简单记忆所学知识，是知识目标的浅层次。本教材护理评估、护理诊断 / 问题、护理措施和健康教育为掌握内容，疾病概述为熟悉内容，护理目标为了解内容。

⑵ 本教材对实践技能教学方面的要求为：熟练、规范、会三个层次。熟练：是指学生能独立、正确、规范和熟练地完成护理操作。规范：是指在教师的指导下，能够正确规范地完成护理操作。会：是指能够在教师的指导下进行护理操作。

⑶ 根据专业实际，本课程力求将所需的理论知识和应用这些理论需要掌握的实践操作技能结合起来，做到知识讲授和实践操作一体化设计。理论知识强调“必须、够用”，实践操作强调操作步骤和考核标准，突出教学中的实用性，真正体现以学生为中心、以职业岗位胜任力为导向的教学理念。

（三）教学建议

⑴ 本课程依据医疗卫生相关职业岗位的工作任务和职业能力需求，强化理论实践一体化，强调用已知的知识去解决实际问题，突出“做中学、做中教”的职业教育特色。根据培养目标、教学内容、中职学生的学习特点及执业护士资格考试的要求，本着“教无定法，贵在得法”的原则，以学生的兴趣为出发点，采取双向教学活动，突出学生的主体性，教师发挥启发、引导、演示和指导的作用，激发学生学习的兴趣，让他们动手做，动脑想，学会运用所学知识解决实际问题。教学中，将自主学习、合作学习和“教”、“学”、“做”并重的混合式学习进行有机结合。

⑵ 教学评价：要对学生的知识技能过程与方法、情感态度与价值观三个维度的目标进行评价。评价要多元性，通过学业评价、阶段评价、目标评价、理论与实践一体化评价等形式关注学生对知识的理解和技能的掌握、运用知识解决实际问题的能力和水平、职业素养的形成，使学生在其职业生涯的各个阶段都可以获得持续学习所需要的能力、知识和态度。

⑶ 数字化课程设计：通过“爱医课”互动教学平台，提供全方位的教学资源，营造真实工作场景，贴近实际工作过程，提供仿真素材，让形象、感性的微课和案例等教学素材融入教学，使微观的内容宏观化、抽象的知识具体化、复杂的问题简单化，真正实现形象化的多媒体教学，以此提高学生的学习兴趣。

选择题参考答案

第1章

1.B 2.B 3.B 4.C 5.D 6.B 7.A 8.B 9.C 10.D 11.D 12.B 13.C 14.A 15.B 16.A 17.C 18.A

第2章

1.D 2.D 3.B 4.C 5.C 6.B 7.A 8.B 9.A 10.D 11.D 12.B 13.C 14.B 15.A 16.A 17.D 18.C 19.B 20.B 21.A 22.E 23.D 24.B 25.D 26.C 27.E 28.C 29.C 30.A 31.D 32.C 33.A 34.A 35.B 36.E

第3章

1.D 2.E 3.A 4.A 5.C 6.C 7.B 8.E 9.D 10.E 11.D 12.B 13.C 14.C 15.A 16.D 17.B 18.B 19.A 20.C

第4章

1.E 2.C 3.A 4.A 5.B 6.B 7.E 8.B 9.A 10.D 11.E 12.E 13.C 14.E 15.A 16.C 17.E 18.A 19.C 20.D 21.B 22.C 23.C 24.D 25.E

第5章

1.C 2.D 3.E 4.E 5.B 6.B 7.C 8.B 9.B 10.A 11.D 12.C 13.C 14.A 15.D 16.D 17.D 18.D 19.A 20.A 21.B 22.B 23.E 24.E 25.C 26.A 27.B 28.E 29.C 30.A 31.B 32.B 33.A 34.B 35.C 36.A 37.E 38.B

第6章

1.C 2.E 3.E 4.D 5.E 6.C 7.B 8.C 9.A 10.A 11.E 12.C 13.D 14.E 15.A 16.D 17.A 18.D 19.D 20.E

第7章

1.B 2.A 3.B 4.A 5.A 6.C 7.E 8.E 9.B 10.D 11.C 12.D 13.B 14.A 15.C

第8章

1.A 2.C 3.A 4.D 5.E 6.D 7.A 8.C 9.E 10.B 11.A 12.B 13.D 14.B 15.D 16.C 17.C 18. C 19.E 20.A

第9章

1.C 2.B 3.C 4.E 5.C 6.B 7.C 8.D 9.C 10.D 11.B 12.D 13.B 14.A 15.A

第10章

1.C 2.E 3.A 4.D 5.E 6.A 7.E 8.A 9.B 10.D 11.E 12.B 13.E 14.B

第11章

1.B 2.E 3.D 4.B 5.E 6.D 7.D 8.D 9.B 10.A 11.D 12.C 13.A 14.D 15.C

第12章

1.A 2.C 3.A 4.C 5.C 6.A 7.C 8.B 9.A 10.E 11.D 12.B 13.A 14.A 15.D 16.A 17.C 18.D 19.D 20.D 21.D 22.E 23.A 24.C 25.A 26.C 27.D

第13章

1.E 2.C 3.E 4.B 5.C 6.B 7.E 8.D 9.A 10.B

参 考 文 献

崔焱 . 2013. 儿科护理学 . 第 5 版 . 北京：人民卫生出版社 .

董志甫 . 2014. 儿科护理学 . 第 2 版 . 北京：中国协和医科大学出版社 .

高凤 . 2015. 儿科护理 . 第 3 版 . 北京：人民卫生出版社 .

贺鸿远 .2008. 儿科护理 . 北京：科学出版社 .

贺鸿远，田芸芳 .2013. 儿科护理 . 第 2 版 . 北京：科学出版社 .

胡荣 .2015. 全国护士执业资格考试模拟试卷与解析 . 北京：人民卫生出版社 .

黄力毅 .2004. 儿科护理学 . 北京 : 人民卫生出版社 .

黄力毅，李砚池 . 2015. 儿科护理 . 第 2 版 . 北京 : 人民军医出版社 .

黄力毅，张玉兰 . 2011. 儿科护理学 . 第 2 版 . 北京 : 人民卫生出版社 .

廖少玲 . 2012. 儿科护理学 . 北京：中国协和医科大学出版社 .

王卫平 . 2013. 儿科学 . 第 8 版 . 北京：人民卫生出版社 .

王晓菊，冷丽梅 .2013. 儿科护理 . 北京 : 中国医药科技出版社 .

叶春香 . 2008. 儿科护理 . 第 3 版 . 北京：人民卫生出版社 .